EDUCATION WELFARE

교육 복지론

제2판

장덕호
—
김성기
—
유기웅
—
최경일

박영story

　　교육복지론 제1판을 펴낸 지 벌써 5년이 지났다. 당시 교육복지에 대한 관심과 관련한 정책들이 날로 쏟아지는 상황에서 이를 보다 체계적으로 이해하기 위한 교재의 필요성을 많이 느꼈다. 교육복지 현장에 진출하고자 하는 미래의 교육복지 전문인력들에게 보다 폭넓은 이해를 제공하기 위한 노력을 담고 싶었다. 5년이 지난 시점에서 이러한 의도는 부족하지만 어느 정도 달성하지 않았나 자평해 본다.

　　하지만 아쉬운 점도 많다. 날로 변화하는 교육복지 현장을 충분히 담아내지 못한 점이 그러하다. 또, 여전히 무엇이 교육복지인지, 어디까지가 교육의 영역이고 어디까지가 교육복지의 영역인지에 대한 혼란도 남아 있다. 교육복지 총량은 증가하였지만 교육복지를 이끌어갈 전문역량은 과연 얼마나 비례하여 증가하였는지는 여전히 의문이다.

　　우선 현장과 정책의 변화를 반영하여 제2장(교육복지의 발전과 교육복지정책)을 대폭 보완하였다. 한편으로는 교육복지의 역사가 빠른 속도로 축적되고 있다는 점을 확인할 수 있었지만 질적인 도약을 위한 길이 아직도 멀었음을 느낀다. 또 제3장(교육복지의 대상)도 관련 통계를 중심으로 많이 보완하였다. 새로운 취약계층이 급증하고 있어서 이들에 대한 정책적 고려가 절실하다는 점도 새롭게 확인할 수 있었다. 마지막으로 제6장(교육복지 인력과 전문성)에서 교육복지 전문성을 보다 이론적으로 뒷받침하고, 이를 통해 교육복지 전문인력이 갖추어야 할 전문성의 깊이와 넓이를 논의할 수 있는 방향으로 수정을 가하였다.

　　사실 일부 국가를 제외하고는 대다수 국가들에서는 교육복지라는 용어를, 그리고 교육복지라는 정책을 이렇게 타이틀을 걸고서 추진하지는 않는다. 어쩌면 우리의 척박한 교육풍토와 제도, 실천 방식들이 그만큼 복지와는 거리가 있었기에 행정가들과 연구자들에게 큰 관심을 받고 있다고 생각한다. 교육이 교육복지에 의해서 훨씬 더 나은 교육으로 나아갈 수 있음은 두말할 나위가 없고, 우리 여건과 맥락에 적합한 교육복지의 길을 만드는 일은 매우 중요하다. 모든 집필진과 함께 더욱 그러한 방향으로 노력할 것을 다짐해 본다.

　　다시 새봄이다. 교육복지를 바라보는 시선과 능력이 더욱 높아지는 날을 기대한다.

2020. 3. 집필진을 대표하여 장덕호 識

머리말

교육복지에 관한 학술적 논의와 실천적 관심이 커지고 있는 현실에서 교육복지를 체계적으로 이해하고, 이를 바탕으로 교육복지 현실의 장에서 능숙하게 당면한 복지적 과제를 헤쳐 나갈 수 있는 전문인력의 육성에 관심이 모아져 왔다. 그러나 교육복지라는 개념에 대한 학문적 합의 형성이 미처 이루어지지 못한 상태에서, 교육적 그리고 사회복지적 차원의 접근의 상이함 등으로 인하여 앞으로 우리 교육복지의 미래를 짊어질 예비 전문인력들에게 무엇부터 어떻게 가르쳐야 할지조차 쉽게 정하고 있지 못한 상황이다. 무엇보다 이들이 활동할 교육복지의 영역이 모호한 상태에서 앞으로 전문성을 함양하고 직업적 비전을 심어줄 수 있는 하나의 예시적 준거가 필요한 상황이다. 본서는 이러한 현실을 고려하여 앞으로 우리가 만들어가야 할 교육복지의 모습을 하나의 예시의 형태로 그려보고자 만들어졌다.

이 책은 4부, 총 열두 개의 장으로 구성되었다. 2장(교육복지의 발전과 교육복지정책), 4장(교육복지의 법적 근거), 5장(교육복지 조직), 12장(당면과제와 전망)은 장덕호 교수가, 1장(교육복지의 개념), 7장(교육복지 프로그램 개발), 11장(해외 교육복지 정책)의 집필은 유기웅 교수가, 3장(교육복지의 대상)과 6장(교육복지 인력과 전문성)은 김성기 교수가, 그리고 8장(교육복지 실천 관점과 운영모델), 9장(교육복지 실천단계), 10장(교육복지 사례관리 실천)는 윤철수 교수가 각각 집필하였다.

먼저 제1부(교육복지의 개념과 발전)에서는 교육복지에 관한 관점을 제시하고, 이를 바탕으로 교육복지의 개념을 나름대로 제시하였다. 그리고 그동안 우리나라 현실에서 교육복지가 어떻게 발전되어 왔는지를 주요 교육복지정책들을 중심으로 살펴보았다.

제2부(교육복지의 기반)에서는 교육복지의 대상, 법적 기반, 조직, 인력과 전문성을 논의하였다. 교육복지의 영역에서 누가 주요 대상이 되며, 교육복지를 실천적으로 이끌어가기 위한 법령의 체계와 내용에는 무엇이 있는지를 살펴보았다. 또한 교육복지 조직을 어떻게 이론적으로 접근할 수 있으며, 그 조직적 특성에는 무엇이 있는지를 검토하였고, 앞으로 교육복지 전문가들이 갖추어야 할 역량과 이들이 진출할 수 있는 진로에는 무엇이 있는지 제시하였다.

제3부(교육복지 프로그램과 실천)에서는 우선 교육복지 전문가들의 교육복지 프로그램 개발의 접근과 방법을 제시하였고, 실제 우리 교육현실에서 교육복지를 실천할 수 있는 관점과 바람직한 운영모델을 제시하였다. 또한 교육복지의 실천의 단계에서 유의해야 할 사항들과 핵심 실천기법인 교육복지 사례관리에 관하여 집중적으로 논의하였다.

마지막으로 제4부(해외사례 및 당면과제와 전망)에서는 해외 주요국들의 교육복지 실천 현실과 정책들을 살펴보고, 우리나라에의 시사점을 찾아보고자 하였다. 또한 우리나라 교육복지의 발전을 위하여 시급히 해결해야 할 과제를 제시하고, 향후의 교육복지의 미래에 관하여 조망하였다.

본서가 우리나라 교육복지의 모든 것을 말할 수는 결코 없다. 단지 우리나라 교육복지의 학술적, 실천적 논의가 한 단계 더 진전할 수 있는 작은 디딤돌이 되기를 바랄 뿐이다. 이 책의 집필과정에서 생긴 오류는 온전히 집필진 모두가 책임져야 할 것이다. 여러 제현들의 따끔한 질책을 기대해본다. 앞으로 더욱 충실한 논의와 토론을 거쳐 더욱 정교화해야 할 의무가 저자들에게 있다.

감사해야 할 분들이 많다. 우선 연구 전반을 지원을 해주신 교육부 박영숙 국장님과 한국교육개발원 류방란 박사님, 김경애 박사님께 감사를 드린다. 아울러 전문가로서 일조를 해주신 경기대 하봉운 교수님, 한국교육개발원 황준성 박사님, 국회입법조사처 이덕난 박사님, 경기도교육청 서동미 프로젝트조정자님께도 고마움을 전한다. 이 책의 출판 과정에 많은 도움을 주신 박영사 안상준 상무님, 이선경 과장님, 그리고 배근하 님께 깊은 감사를 드린다. 참으로 많은 인내를 해주셨다.

곧 새봄이다. 교육복지의 꽃이 활짝 만개하는 날이 빨리 다가오길 소망한다.

2015. 3. 저자를 대표하여 장덕호 識

차례

PART 03 교육복지 프로그램과 실천

CHAPTER **09** 교육복지 실천단계

01 교육복지 실천을 위한 이해와 점검단계 / 228

02 교육복지 실천 단계 / 236

PART **01** 교육복지의
개념과 발전

CHAPTER 01 교육복지의 개념[1]

학습목표

1. 공정성과 선에 대한 이해를 바탕으로 다양한 교육적 정의관에 대해 설명할 수 있다.
2. 교육복지의 다양한 개념과 정의를 설명할 수 있다.
3. 교육복지 개념에 따른 교육복지의 대상에 대해 설명할 수 있다.
4. 교육복지의 내용과 수준에 대해 설명할 수 있다.

01 교육적 정의에 대한 이해

우리가 소중하고 가치 있게 여기는 교육을 누가, 어떻게, 얼마나, 어떻게 하는 것이 보다 정의로운지에 대해 사회의 모든 구성원들은 매 순간 고민과 갈등 속에서 최선의 선택을 하기 위해 끊임없이 노력해오고 있다. 더군다나 사회구성원들의 합의하에 공적 자금으로 운영되는 제도교육에 적용되는 교육적 정의justice는 공정성 fairness의 원칙을 바탕으로 교육적으로 유의미한 경험의 제공 및 교육의 본질적 가치 실현이라는 중요한 문제를 다루고 있다김경애 외, 2011. 즉, 제도교육에서의 교육적 정의는 교육의 본질적 가치 실현을 위해 교육적 자원이 사회의 모든 구성원들에게 공정하게 배분되는 원칙 및 절차에 대한 구성원들의 합의라고 볼 수 있다. 따라서 교육복지는 사회구성원들이 인정하고 합의하는 정의관 및 교육에 대한 정의관을 바탕으로 학습자들에게 유의미한 경험의 제공과 이와 관련한 교육적 자원이 사회의 모든 구성원들에게 공정하게 배분되어 행복한 삶에 기여하는 원칙과 절차에 관한 논의라고 할 수 있다. 하지만 교육복지 현장과 학계에서는 교육복지에 대한 개념이 불명확하고 교육복지를 연구하는 연구자들 사이에서도 개념에 대한 다양한 의견 및 논의가

---

1 장덕호, 김성기, 박경호, 손병덕, 유기웅, 윤철수, 이덕난, 하봉운(2012). 미래지향적 교육복지정책의 방향과 과제. 한국교육개발원. 5장의 내용 일부를 수정·보완하였음.

존재하고 있는 형편이다장덕호 외, 2012.

　　교육 현장과 학계에서 교육복지에 대한 개념이 불명확하고 개념과 범위에 대한 다양한 의견이 존재하는 이유는 무엇인가? 수많은 요인이 관련되어 있기 때문에 간단하게 답을 내리기는 어렵지만 사회의 모든 구성원들의 행복한 삶을 증진하기 위해 공정하게 배분되는 기준에 대한 다양한 원칙과 관점이 존재하기 때문일 것이라는 가정에 입각해있다고 볼 수 있다. 왜냐하면 교육적으로 유의미한 경험과 관련된 가치 있는 자원을 사회의 모든 구성원들에게 공정하게 배분하는 원칙과 절차의 핵심에는 공정성과 선의 관계를 묻는 부분이 있기 때문이다. 즉 공정성과 선의 관계에 대한 입장 및 사회적 합의에 따라 교육복지에 대한 정의, 원리 및 절차가 다르게 나타날 수 있다는 것이다.

❶ 공정성과 선에 관한 다양한 관점

　　몇 해 전 미국의 정치철학자인 Michael J. Sandel 교수의 하버드 강의가 텔레비전에 방영되고 이와 함께 그의 저서 'JusticeSandel, 2009'가 번역되어 나오면서 사회적 정의justice에 관해 큰 관심을 일으켰던 적이 있었다. 우리나라에서는 '정의란 무엇인가'라는 타이틀로 번역되었으며, 원제는 'Justice: What's the right thing to do?'이다. 원제에서 볼 수 있듯이 Sandel은 '옳은 일 하기라는 것은 무엇인가?'라는 질문에 대한 답을 제시하면서 정의에 대한 관점을 세 가지 측면에서 설명하고 있다.

　　첫 번째 관점은 '최대다수의 최대행복'의 원리가 적용되는 것이 정의롭다는 입장으로, 공리주의적 정의론이라고 할 수 있다. 즉, 공리주의적 입장에서의 '옳은 일 하기'란 최대한 많은 사람이 최대의 행복, 기쁨, 쾌락을 얻을 수 있는 것에 기여해야 하는 것으로 한 사회의 정치, 사회, 경제적인 측면에 적용되어 최대의 결과를 얻는 데에 관심과 노력을 기울이게 된다.

　　공리주의적 원리는 영국의 철학자 Jeremy Bentham의 사상에서 찾아볼 수 있는 데 최고의 선인 행복을 극대화하기 위해 기쁨은 최대한 늘이고 고통을 최소한으로 줄이는 원리를 강조하였으며 이러한 원리가 적용되는 것이 최대의 결과를 얻기 위한 효용성utility의 원리라는 입장이다. Sandel2009은 이러한 공리주의의 원리를 망망대해에서 조난을 당해 구명보트에 목숨을 의지하고 있는 상황을 예로 들어 설명하고 있다. 이 이야기의 핵심은 구명보트에 있는 선원 네 명이 조난 상태에서 일주일이 지나자 식량이 다 떨어져 굶주리게 되고, 보름이 지나 극도의 기아상태에 다다르자 몸이 아파 누워 있는 한 어린 선원을 죽여 식량으로 삼아 목숨을 연명한다는 것이다. 생존한 선원 세 명은 극적으로 구조되어 후에 재판을 받게 되는데, Sandel은 만약 당신이 판사라면 어떤 판결을 내릴 것인가라는 물음을 던져 인간의 존엄이라는 관점에서 공리주의가 나타낼 수 있는 문제점을 지적하고 있다.

공리주의 원리에 입각하여 위 사건을 본다면 어차피 몸 상태가 좋지 않아 죽게 될 선원을 희생시켜 나머지 세 명의 선원이 살았으므로 이는 올바른 행위일 수 있다는 것이다. 즉, 모든 사람이 굶어 죽는 것보다는 한 사람의 희생으로 인해 다수가 생존하는 방향으로 의사결정을 하는 것이 옳다는 입장이다. 하지만 한 사람을 희생시켜서그것도 희생을 감수하겠다는 희생자의 자유의지와 관계없이 얻는 이익이 희생으로부터 얻는 것보다 과연 더 크다고 할 수 있겠는가에 대해서는 반박의 소지가 있을 수 있다. 희생으로부터 얻는 이익을 계산하기에 앞서 과연 그 사회에서 이러한 살인행위를 용납할 수 있겠는가에 대한 물음과 한 개인의 동의 없이 그 사람의 생명을 타인의 이익을 위해 좌지우지시키는 행태가 과연 올바른 행위인가에 대해서 또한 의문을 가지지 않을 수 없다는 점이다.

여기에서 공리주의적 정의관의 한계점이 드러나게 된다. 첫째, 아무리 최대다수 행복의 총합을 증가시키는 것이 옳다고 하더라도 개인의 기본적인 권리까지 박탈하거나 억압하면서까지 공리주의의 원칙을 적용한다는 것은 인간존중에 대한 심각하고 명백한 도전이자 침해라는 점이다. 최대다수의 행복을 위해 아파서 누워있는 무고한 사람을 아무런 동의 없이 살해하는 행위는 인간의 기본적인 권리를 짓밟는 행위이자 인간존중 사상에 위배될 수도 있다는 점이다. 보다 극한 상황을 예로 들어본다면, 공리주의적 입장에서는 사람들이 다른 사람이 고통스럽게 죽어가는 모습을 보고 쾌락 또는 행복을 얻는다최대다수의 최대행복는 행위가 정당하다고 여길 수도 있다는 것이다. 둘째, 공리주의적 입장에서 취하고 있는 비용 · 편익 분석을 통한 의사결정 적용의 맹점이다. Sandel2009은 체코에서 담배회사 필립 모리스의 비용 · 편익 분석의 예를 들면서 공리주의의 한계점을 지적하고 있다. 흡연으로 인해 국가의 의료비 부담은 증가하지만, 흡연자는 비교적 빨리 사망하기 때문에 이에 따른 예산 절감, 노년층을 위한 의료, 연금, 주거 등의 비용이 줄어들게 되어 오히려 흡연으로 인한 이익이 커지게 된다는 것이다. 즉, 흡연으로 인한 폐암의 증가는 비용·편익 분석 결과 오히려 국가에 이익을 가져다준다는 것이다. 최대다수의 최대행복 원칙을 비용·편익 분석을 통해 비용과 이익을 금전적으로 계산하여 각종 의사결정과정에서 활용하려 하지만, 현실적으로 모든 가치를 금전으로 환산하기에는 무리가 따르며 인간의 기본권을 대상으로 이익과 비용을 저울질한다는 자체가 옳지 않다는 것이다.

두 번째 관점은 자유지상주의적 관점으로 개인의 자유로운 의사를 최대한 존중하는 것이 정의로우며 이를 방해하거나 제한하는 행위는 가급적 배제되어야 한다고 주장한다. Sandel 2009에 따르면 자유지상주의적 관점에서의 핵심은 자기 소유적 사고인데, 개인은 자신의 육체를 소유하고 있는 소유권자이기 때문에 자신의 육체를 사용해서 얻는 재산이나 성과는 바로 자신이 소유하는 것이 옳다는 입장이다. 이와 같은 입장은 개인적 수준뿐만 아니라 사회경제적 수준으로까지 확대될 수 있는데, 본질적으로 시장의 원리를 중시하여 국가나 정부에 의한 각종 규제의 완화, 민영화 등 국가의 관여는 최소한이어야 한다고 주장한다.

이러한 시장원리에서는 부유한 사람들에게 더 많은 세금을 부과하여 그 세금을 가난한 사람들에게 재분배하자는 제도나 생각에 대해 부정적이며 국가의 역할은 이렇게 시장의 원리에 위배되는 제도나 장치를 만들어 내는 것이 아니라 최소한의 룰과 시장이 원리·원칙에 맞게 잘 돌아가도록 관여를 최소화해야 한다는 것이다.

Sandel 2009은 이러한 자유지상주의적 관점을 마이크로소프트사의 빌 게이츠Bill Gates와 미국 농구 선수였던 마이클 조던Michael Jordan의 예를 들어 한계점을 지적하고 있다. 익히 알려진 대로 빌 게이츠와 마이클 조던 모두 상당한 부를 축적한 인물들로 이들의 소득이 순전히 개인의 것만은 아닐 수도 있기 때문에 소득에 대한 과세의 문제에 대해 거부만은 할 수 없다는 의견이다. 예를 들어, 마이클 조던의 경우 농구에 대한 재능을 가진 것은 우연이며 그의 재능이 발휘될 수 있었던 것도 시대적 배경에 의한 것이기 때문에 그의 소득을 모두 조던 개인의 것만으로 삼기에는 무리가 있을 수 있다는 것이다. Sandel 2009은 보다 극단적인 예로, 매춘, 간통, 동성애, 인체 장기매매, 식인 등도 자유지상주의적 관점에서는 법률로 규제하는 것이 옳지 않다는 논리가 성립될 수 있다는 점을 지적하면서 자유지상주의적 관점을 넌지시 비판하고 있다.

세 번째 관점은 Rawls 1971의 '정의론'에 입각한 '정의 원칙에 의한 사회적 합의'

적 관점이다. Rawls에 따르면 우리 사회는 다양한 이해관계를 가지고 살아가는 곳이며 또한 한정된 재화를 가지고 있기 때문에 가치 있는 것에 대한 공급 또는 분배하는 기준의 설정이 필요하며, 최대한 공정하게 배분될 수 있도록 기준을 정하는 것이 사회적 합의와 통합에 도움이 된다는 입장이다.

Rawls는 정의로운 사회를 만들기 위해 정의로운 사회제도의 확립을 강조하였다. 여기에서 말하는 정의로운 사회제도란 모든 사회구성원들에게 공평하게 적용되는 규칙과 같은 것으로 사회구성원은 모두가 동등하고 독립적인 존재이기 때문에 정의로운 사회제도는 어느 특정한 개인이나 집단에게 유리하거나 불리하게 작용하지 않도록 하는 것이 중요하다는 것이다.

Rawls는 정의로운 사회제도 형성을 위해 두 개의 원칙을 제시하였는데 '무지의 베일 가정'이라는 가설적인 상황을 가정하여 이 두 가지 원칙을 설명하였다. 우선 '무지의 베일'은 사회구성원들이 자신의 인종, 빈부, 계급 등 개인적 특성이나 사회에서 차지하는 위치를 알지 못하게 가리고 있는 일종의 원초적 상태로 이러한 베일로 인해 사회구성원들은 서로 다투지 않고 사회적 정의의 원리에 합의할 수 있다는 것이다. 반대로 베일이 없는 경우 사회구성원들은 자신의 인종, 빈부, 계급 등에 의해 사회적 합의에 도달하는 것은 쉽지 않다는 가정이다. 다시 말하면, '무지의 베일'적인 상황에서 사회구성원들은 모두 유사한 상황에 처하게 되어 아무도 자신에게 유리하거나 또는 타인들에게 불리한 원칙을 만들어 낼 수 없고, 자신도 사회에서 불우하게 살 수 있다는 가능성을 염두에 두어 정의로운 사회제도를 만들기 위해 합의한다는 것이다. Rawls는 이러한 가설적인 상황에 기초하여 다음의 두 가지 원칙을 제시하였다.

첫 번째 제 1원칙은 '평등한 자유의 원칙'으로 개개의 사회구성원은 기본적 자유에 대해 평등의 권리를 가져야 한다는 것으로 근대 헌법의 자유권 보장에서 그 뿌리를 찾을 수 있으며, 예를 들어, 개인으로서의 신체적 자유, 시민으로서 투표권, 피선거권 등이 여기에 해당한다. 하지만 평등한 자유의 부여는 사회구성원들 간 경쟁을 유발할 수 있으며 또한 빈부 격차 등을 야기할 수 있다는 점이다.

두 번째 제 2원칙은 '차등의 원칙'과 '공정한 기회균등의 원칙'으로 나눠지는데, 먼저 '차등의 원칙'이란 사회 내에서 사회·경제적 불평등이 허용되는 경우는 가장 불우한 여건에 있는 구성원들의 편익이 최대가 되는 상황이어야 하며, 이러한 차등의 원칙을 통해 불우한 계층에게 최대의 혜택이 주어질 수 있는 제도의 형성이나 정책이 지향해야 한다는 점을 설명해주고 있다. 둘째, '공정한 기회균등의 원칙'이란 사회구성원 모두에게 동등한 기회를 부여하여 사회·경제적 불평등의 원인으로 작용할 수 있는 직책이나 지위 등이 모두에게 개방되어야 한다는 것이다. 또한 이렇게 개방된 직책이나 지위를 획득하는 과정에서 개인의 능력이나 노력 등으로 인해 발생하는 격차는 정당하다고 볼 수 있으나, 개인의 가정배경이나 선천적인 조건피부색, 장애 등에 의한 격차는 정당하지 않다는 입장이다.

요컨대, Rawls는 정의라는 개념을 종교적으로 가져야 하는 신념 내지 사상적으로 이해하기보다는 사회계약론적인 관점에 입각한 사회적 합의라는 점을 강조하였다. 또한 공리주의에서 제한되었던 개인의 평등한 자유를 우선적으로 보장함으로써 공리주의의 한계를 극복하려는 입장을 내세웠다. 무엇보다도 공정한 가치의 분배를 위한 원칙을 제시하였는데, 사회·경제적으로 불우한 사람들에게 차별적 특혜를 인정하여 절대적 평등이 아닌 상대적이고 실질적인 평등을 추구하려고 했다는 점이 특징이라 할 수 있다.

Sandel2009은 이러한 Rawls의 관점에 대해 도덕적 가치에 무관하게 재분배를 정당화하고 있다고 지적하면서 자칫 소수집단 우대정책 논리에 빠질 수 있어 결국 최하층을 위한 복지에만 유리하게 된다고 주장하였다.

네 번째 관점은 Sandel2009의 공동선을 중시하는 공동체주의적 관점으로 사회의 모든 구성원이 공동선을 추구하여 자신들이 원하는 것을 얻고 행복한 삶을 살 수 있도록 해야 하며, 이를 위해서 공동선에 대한 구성원들 간의 공론, 시민의식, 미덕의 함양이 필요하다는 것이다. 즉, 공동체주의적 관점에서 정의란 미덕을 추구하는 공동체 형성과 이에 기여하는 것이라고 보았으며, 이를 위해 희생, 봉사 등과 같은 시민의식과 도덕에 대한 구성원들 간의 논의, 불평등 극복을 위한 시민 연대 등이 필요하다는 것이다.

Sandel2009에 의하면 정의로운 사회에서는 사회구성원들이 함께 자신들이 소속된 사회가 지니고 있는 다양한 문제에 대해서 함께 고민하고 걱정하며 어떻게 하면 사회 전체가 지향하는 공동의 목표와 이로움에 다다를 수 있을지를 찾아야 한다고 주장한다. 이렇게 사회구성원이 하나가 되어 공동선을 추구하기 위해서는 개인적인 이익보다는 시민으로서의 미덕을 키우는 것이 중요하고 강조한다.

또한 Sandel은 시장이 가지고 있는 도덕적 한계와 전통적인 사고방식과의 충돌 현상을 지적하면서 시장에서 벌어지고 있는 다양한 현상에 대해 사회구성원들이 올바른 선택과 판단에 대해 공개적으로 토론을 벌여 시장의 도덕적 한계를 공론에 부칠 것을 주장했다. Sandel은 인간의 장기를 공개된 시장에서의 매매, 학업 성취도가 낮은 학교에 다니는 학생들의 좋은 성적에 대한 포상 문제, 미국에서 외국인 이민 정책을 해결하기 위해 미국의 시민권을 10만 달러에 파는 문제 등을 예로 들면서 시장에 모든 것을 맡겼을 때 발생할 수 있는 문제를 놓고 공동의 선에 합치하는 방향과 방법으로 사회 전체가 논의를 해야 한다는 점을 강조하였다.

이러한 관점에서는 불평등의 문제에서도 공동의 선에 기여하는 방향과 방법을 찾을 것을 강조하고 있다. Sandel2009은 미국 내 빈부 격차의 심화 현상을 언급하면서 부자에게 세금을 부과해 그 돈을 가난한 사람에게만 혜택이 돌아가게 하는 정책 또는 논리의 문제점을 지적하면서 불평등이 심해져 부자들이 공공기관이나 공공서비스를 사용하지 않게 되면 세금이 잘 걷히지 않게 되고 시민의식과 공동체 의식이 사라지게 되어 좋지 못한 영향을 미칠 수 있다는 점을 경고하고 있다. 따라서 부의 재분배에 초점을 맞추기보다는 부자들이 낸 세금으로 공공기관과 공공서비스를 활성화시켜 세금을 낸 부자와 가난한 사람들이 모두 이용할 마음이 생기도록 만들어야 한다고 주장하였다. Sandel의 이러한 주장은 사회구성원 모두가 혜택을 누릴 수 있게 자원을 배분해야 하며 공동의 선에 기여하는 방향으로 작동되어야 함을 강조하고 있다.

❷ 교육적 정의에 관한 다양한 관점

앞서 살펴본 다양한 정의관에서 볼 수 있듯이 한 사회에서는 모든 구성원들의 행복한 삶을 증진하기 위해 공정하게 배분되는 기준에 대한 다양한 원칙과 관점이 존재하고 있다. 이러한 원칙과 관점을 살펴보는 것은 교육을 이해하는 데도 훌륭한 지침을 줄 수 있다. 왜냐하면 다양한 원칙과 관점의 차이가 존재하듯이 교육과 관련된 여러 현상, 문제 등을 대하는 방식에 있어서도 일정한 차이를 만들어 내고 있기 때문이다. 즉 교육적으로 유의미한 경험과 관련된 가치 있는 자원을 사회의 모든 구성원들에게 어떻게 하면 공정하게 배분하는 것이 좋은지에 대한 다양한 원칙과 절차가 존재할 수 있음을 의미한다.

첫 번째로 살펴본 관점은 '최대다수의 최대행복'의 원리가 적용되는 것이 정의롭다는 공리주의적 입장이었다. 앞서 살펴보았듯이 공리주의적 입장에서의 '옳은 일하기'란 최대한 많은 사람이 최대의 행복, 기쁨, 쾌락을 얻을 수 있는 것에 기여해야 하는 것으로 한 사회의 정치, 사회, 경제적인 측면에 적용되어 최대의 결과를 얻는데에 관심과 노력을 기울이게 된다.

이러한 관점에서 교육적 자원의 배분의 원칙은 '최대다수의 최대행복'에 초점을 맞추게 되므로 최대한 많은 사람들에게 교육적 자원배분이 발생하게 하여 최대한 많은 사람들이 교육적 성취를 얻는 것에 관심을 두게 하는 것으로 이해할 수 있다. 특히 공리주의의 이러한 관점은 교육복지의 구축을 견인하는 데 공헌한 것으로 평가된다김경애 외, 2011. 하지만 개별성과 특수성을 강조하는 교육적 가치배분에 있어서는 최대의 결과를 얻기 위한 효용성을 강조하는 공리주의 원리를 그대로 적용하기에는 적지 않은 문제점에 봉착하게 된다김경애 외, 2011. 예를 들어, 교육을 통해 최대다수 행복의 총합을 증가시키는 것이 옳다는 생각으로 학생 개인의 기본적인 권리까지 박탈하거나 억압하면서까지 이러한 원칙을 적용한다는 것은 인간존중을 간과할 수 있는 결과를 가져올 여지가 있다. 또한 최대다수의 최대행복 원칙을 비용 · 편익 분석을 통해 비용과 이익을 금전적으로 계산하여 교육과 관련된 의사결정과정에서 활용하려 할 때, 현실적으로 모든 가치를 금전으로 환산하기에는 무리가 따르며 교육이라는 가치 있는 활동을 대상으로 이익과 비용을 저울질한다는 자체가 항상 옳지 않을 수도 있다는 것이다.

두 번째로 살펴본 관점은 자유지상주의적 입장으로 교육의 문제를 접근하는 데 있어 시장의 원리를 중시하여 국가나 정부에 의한 각종 규제의 완화, 민영화 등 국가의 관여는 최소한이어야 한다고 주장하게 된다. 앞서 자유지상주의의 원리에 대해 살펴보았듯이 이러한 원리에서는 부유한 사람들에게 더 많은 세금을 부과하여 그 세금을 가난한 사람들에게 재분배하자는 제도나 생각에 대해 부정적이며 국가의 역할은 이렇게 시장의 원리에 위배되는 제도나 장치를 만들어 내는 것이 아니라 최소한의 룰과 시장이 원리 · 원칙에 맞게 잘 돌아가도록 관여를 최소화해야 한다는 것이다. 따라서 교육은 일종의 소비 행위로 간주되어 부유한 사람과 그렇지 못한 사람들 간의 소비에 대한 차이가 많이 나게 되며 이러한 불평등에 대해 국가나 정부는 원칙적으로 관여를 하지 않게 된다는 논리로 설명될 수 있다. 이러한 자유경쟁의 상황에서 교육은 자칫 더 높은 사회적 지위를 획득하기 위한 수단이며, 경쟁에서 유리한 조건을 가진 자가 더 높은 지위나 소득을 차지하게 만드는 데 영향을 미칠 수 있다김경애 외, 2011.

세 번째로 살펴본 관점은 Rawls1971의 '정의론'에 입각한 '정의 원칙에 의한 사회적 합의'적 관점이었다. 특히 Rawls는 '차등의 원칙'과 '공정한 기회균등의 원칙'을 주장하였는데, '공정한 기회균등의 원칙'에 입각하여 사회구성원 모두에게 동등한 교육의 기회를 부여하여 사회·경제적 불평등의 원인으로 작용할 수 있는 직책이나 지위 등이 모두에게 개방되어야 한다는 입장으로 해석할 수 있다. 또한 이렇게 개방된 직책이나 지위를 획득하는 과정에서 개인의 능력이나 노력 등으로 인해 발생하는 격차는 정당하다고 볼 수 있으나, 개인의 가정배경이나 선천적인 조건피부색, 장애 등에 의한 격차는 정당하지 않다는 입장이다. 다만 차등의 원칙에 입각하여 교육적 자원의 분배는 불우한 계층에게 더 큰 혜택을 주는 것은 불평등한 것이 아니라 정당하다는 입장이다.

네 번째 관점은 Sandel2009의 공동선을 중시하는 공동체주의적 관점으로 사회의 모든 구성원이 공동선을 추구하여 자신들이 원하는 것을 얻고 행복한 삶을 살 수 있도록 해야 하며, 이를 위해서 공동선에 대한 구성원들 간의 공론, 시민의식, 미덕의 함양이 필요하다는 입장이었다. 공동체주의적 접근에서 교육적 정의는 사회의 구성원이 자신들이 원하는 것을 얻고 행복한 삶을 살 수 있도록 공동선에 기여하는 방향으로 나아가야 함을 의미한다. 즉, 공동체주의적 원리에 입각한 교육에서는 미덕을 추구하는 공동체 형성을 목적으로 이를 위해 희생, 봉사 등과 같은 시민의식과 도덕에 대한 구성원들 간의 논의, 불평등 극복을 위한 시민 연대 등을 강조하는 방향으로 자원배분이 이루어지게 된다. 이러한 점에서 교육은 다양한 구성원들과 계층에게 통합의 중요성을 강조하여 공동체의 가치를 깨닫고 불우한 계층뿐만 아니라 모든 구성원들이 함께 혜택을 받는 방향으로 작동해야 함을 시사한다김경애 외, 2011.

❸ 교육적 정의에 관한 시사점

지금까지 살펴본 공정과 선에 관한 다양한 입장에 관한 논의와 교육적 정의의 다양한 관점들을 통해 찾아볼 수 있는 시사점은 다음과 같다.

첫째, 교육적 정의는 교육의 본질적인 목적에 위배되어서는 안 된다. 즉, 교육적 정의는 아리스토텔레스의 목적론적 정의론에서 정의는 목적론적이어야 한다고 주장하였듯이 교육적 자원의 배분은 교육의 본질적인 목적에 부합되어야 함을 의미한다.

둘째, 교육적 자원을 배분하는 데 있어서의 중요한 원칙은 되도록 많은 사람들에게 혜택이 주어지도록 해야 한다는 것이다. 최대한 많은 사람들이 자원의 혜택을 얻어 행복과 기쁨을 얻는 방향으로 교육적 정의가 작동해야 한다.

셋째, 교육적 자원을 배분하는 데 있어서 누구나 자유롭게 경쟁을 하기 위해서 국가나 정부의 관여는 불가피하다는 점이다. 자유지상주의적 관점에서처럼 국가의 관여를 최소화하고 교육을 완전히 시장원리에 맡겨버린다면 교육의 기회를 형식적으로 허용하는 수준에 머무르게 된다. 형식적인 교육기회를 허용하는 수준에 머무르지 않고 교육의 결과까지 고려하는 적극적인 조치가 필요하다는 것을 시사한다.

넷째, 그렇다고 교육의 결과를 고려하는 적극적인 조치를 취하기 위해서 교육적 약자에게만 집중적으로 교육적 자원을 배분하는 것은 문제가 될 수 있다. 교육적 자원의 배분이 공동선에 기여하여 사회의 다른 구성원들까지 혜택을 받을 수 있는 원칙을 만들어 내는 것도 중요하다.

02 교육복지의 개념

지금까지 교육복지의 개념 정립과 이론화에 대한 노력은 학계에서의 요구뿐만 아니라 정치적, 정책적 요구에 의한 교육복지정책 및 사업들이 추진되면서 등장하기 시작했다. 다음에서는 그동안의 교육복지 연구에서 논의되었던 교육복지의 개념에 대한 이해와 앞서 살펴본 교육적 정의에 대한 논의를 바탕으로 교육복지에 대한 개념을 새롭게 정립하고자 한다.

① 교육과 복지의 관계 분석을 통한 개념화

기존의 교육복지 연구에서는 주로 교육과 복지의 관계를 명확히 하려는 시도를 통하여 교육복지의 개념을 정립하고자 하였다김경애 외, 2011; 김인희, 2006; 류방란, 이혜영, 김미란, 김성식, 2006; 성기선, 박철희, 양길석, 류방란, 2009; 윤여각, 2005; 이돈희, 1999; 이혜영, 류방란, 윤종혁, 천세영, 2002; 정동욱, 2011; 한만길, 김정래, 윤여각, 윤종혁, 2000; 홍봉선, 2004.

우선 기존의 연구에서는 주로 교육과 복지 양자 간의 관계를 교육이라는 개념에 복지 개념이 내재되어 교육과 교육복지가 사실상 구분되지 않는다고 바라보는 입장, 교육을 사회복지의 하나의 주요한 영역으로 바라봐야 한다는 입장, 그리고 교육복지는 교육이 이루어지기 위한 토대로서의 복지로 이해해야 한다는 입장으로 구분하여 설명하였다.

교육이라는 개념에 복지 개념이 내재되어 있다는 '내재적 관점'은 주로 교육학자들에 의해 제기되었다임연기, 이병승, 최준렬, 이영재, 박성희, 박혜원 외, 2013. 예컨대, 이기범 1996: 21에 따르면 교육복지는 "복지의 개념이 교육에 내재되어 있다는 상식을 명시화한 개념"이라는 주장과 일치한다. 이러한 맥락에서는 교육의 본연의 목표를 실현하는 데 있어 교육과 복지를 별개의 영역으로 구분하는 것은 의미가 없으며, 교육과 복지는 본래 추구하는 목적이 동일하거나김인희, 2006, 교육이 추구하는 목적에 충실하다 보면 복지의 목적도 실현된다는 입장이돈희, 1999이다. 내재적 관점에서는 교육을 신분 이동이나 높은 사회적 지위를 얻기 위한 수단으로 간주하기보다는 교육을 통한 진정한 인간이 되기 위함이 기본이라는 점을 강조하며 이러한 점에서 모든 사회구성원들에게 교육 기회의 개방이라는 점에서 교육복지라는 개념을 설명하고 있다김정원, 김경애, 김가영, 2009.

두 번째는 교육을 사회복지에 속하는 하나의 주요 영역으로 간주하는 입장으로, 예컨대, 한만길, 감정래, 윤여각, 윤종혁2000: 11의 연구에서는 교육과 복지의 관계를 "교육은 복지의 한 영역이다. 교육활동 자체가 하나의 복지이다"라고 설명하면서 교육복지를 "교육 받고 있는 사람을 대상으로 한 사회복지"라고 정의하였다. 이러한 관점에서 교육은 사회복지의 한 영역으로 이해되며 사회 불평등 해소를 위한 사회복지 서비스 영역의 하나로 간주하거나 교육을 사회복지 실현을 위한 방법 내지 수단으로 보는 입장으로 구분되어진다김정원 외, 2009; 임연기 외, 2013.

교육을 사회복지의 한 영역으로 보는 입장은 주거, 의료, 노동 등과 같이 교육을 사회복지의 영역에 포함되는 하나의 요소로 간주하여 교육복지 활동을 이해하며, 교육복지는 한 개인의 삶 전반에 걸쳐 교육과 관련된 복지적 활동으로 이해된다. 한편 교육을 사회복지 실현을 위한 하나의 방법 내지 수단으로 보는 입장에서는 교육을 통한 사회적 신분이동, 삶의 질 향상, 빈곤 퇴치 등의 목적을 달성하기 위한 필수적인 과제로 보는 입장이다.

세 번째 입장은 교육복지를 교육이 이루어지기 위한 토대로서의 복지로 이해해야 한다는 관점으로 사회복지의 기반 및 토대를 통해 교육의 본질적인 이념이 실현될 수 있다고 주장한다. 즉, 교육이 추구하는 이념이 실현될 수 있도록 복지를 통한 기반 및 토대를 제공해야 한다는 입장이다임연기 외, 2013. 이러한 관점에서의 교육복지는 교육이 추구하는 목적을 제대로 실현하기 위한 조건 내지 지원 활동으로 이해할 수 있는데, 각종 교육의 장에서 이루어지는 복지를 교육복지와 동일하게 간주하고 있다김정원 외, 2009.

이러한 입장의 차이는 앞서 언급하였듯이 사회적 및 교육적 정의관에 의한 차이에서 비롯되기도 하지만, 교육복지라는 용어가 교육이라는 영역과 복지라는 영역의 결합어로 이루어졌기 때문에 태생적으로 발생될 수 있는 각 영역 간 관점의 차이 때문이라고 생각해 볼 수 있다. 즉, 교육계에서는 교육복지를 '교육이라는 렌즈'를 통해 바라보며, 복지계에서는 '복지라는 렌즈'를 통해 교육복지를 이해하는 과정에서 각자의 관점에 영향을 받은 눈으로 상대방을 바라보게 되어 동일한 대상에 대해 서로 다른 관점에서 설명을 하게 되는 것이다.

❷ 교육복지의 대상 또는 교육복지 목적에 따른 개념화

기존의 연구에서는 교육복지의 대상 또는 교육복지가 추구하고자 하는 바에 비추어 교육복지 개념을 이해하고자 하여, 교육복지를 최소한의 절대적 수준의 보장을 강조하는 입장과, 교육격차 해소, 교육소외 해소 등 상대적 격차의 해소에 중점을 두는 입장으로 구분하였다. 즉, 교육복지를 최소한의 절대적 수준의 보장이라는 입장에서 보아야 하는가, 아니면 상대적 격차의 해소라는 입장 중에서 어느 것이 옳고 그른지, 양자의 견해가 양립 가능한지에 대한 답을 찾는 데서 교육복지를 이해하려는 시도이다정동욱, 2011.

우선 교육복지를 최소한의 절대적 수준의 보장을 강조하는 입장에서는 교육 대상자의 교육 형평성equity 보장이라는 관점에서 접근하여, 모든 국민이 일정한 수준의 교육 기회의 접근 및 교육 서비스를 제공받아 교육적으로 유의미한 경험을 통해 행복을 증진하고 삶의 질을 높이는 활동으로 이해한다. 이러한 관점에서 교육복지는 사회구성원 전체를 대상으로 그 사회가 정해 놓은 일정한 수준의 교육을 보장하는 것에 초점이 있다김병욱, 김인홍, 이두휴, 1999; 이돈희, 1999; 이혜영, 박재윤, 황준성, 류방란, 장명림, 이봉주, 2005.

두 번째 관점에서는 교육복지를 모든 국민의 최소한의 절대적 수준을 보장하는 것에 관심을 두기보다는 개개인의 상대적인 차이에 보다 초점을 두는 입장이다. 이러한 관점에서 교육복지는 상대적으로 취약한 집단 또는 교육 불평등을 겪고 있는 대상을 중심으로 교육격차를 해소, 즉 상대적으로 취약하지 않은 집단과의 차이를 극복하기 위한 활동에 초점을 두게 된다정영수, 2009; 최송식, 김효정, 박해긍, 배은석, 송영지, 2007. 여기에서 말하는 교육격차는 "장애, 거주 지역, 가정의 경제 · 문화 · 언어적 배경 등, 개인이 통제할 수 없는 요인에 의해 교육의 기회, 과정, 결과에서 나타나는 계층 간고소득층/저소득층, 상위계층/하위계층, 비장애/장애 등, 지역 간도시/농촌, 대도시/중소도시 등 차이"로 규정할 수 있다김정원 외, 2009: 15.

하지만 대부분의 연구들은 교육복지의 개념이 절대적 수준의 보장과 상대적 격차 해소로 이분화 하여 논의하기보다는 양자 간의 스펙트럼 선상에서 교육복지를 이해하는 것으로 나타났다정동욱, 2011.

❸ '현실적 필요주의 관점'에서의 교육복지 개념

교육복지의 개념이 이처럼 다양한 관점에서 설정되어 있다는 사실은 교육복지의 학문적 정체성의 혼란을 초래할 수 있다. 뿐만 아니라 교육복지의 실천적 유용성을 확보하기에도 한계가 있어, 교육복지 관련 정책 및 사업을 실행함에 있어서 혼선을 가져와 그 효과성 확보에도 어려움을 가져다줄 수 있다는 문제가 있다. 이러한 점은 최근까지 교육복지 분야와 관련하여 대표적으로 실행되어 오고 있는 교육복지 우선지원사업을 비롯하여, 학교사회복지사업, 위스타트, 드림스타트 사업 등 교육복지와 관련한 4대 사업에서 정의하고 있는 교육복지의 개념에 대한 면밀한 검토의 필요성이 제기되는 주요한 이유이다. 또한 학문으로서의 '교육복지학'의 위상을 정립하기 위해서는 개념에 대한 분석과 고찰이 필연적이며, 교육복지와 인접한 학문과의 차별성을 밝히는데도 중요하다. 이러한 맥락에서 볼 때 교육복지를 학문적으로 접근하든 하나의 실천적 접근방식으로 간주하든 명확하고 고유한 기초 개념을 정립하는 일은 매우 가치 있는 작업이다.

그런데 교육복지 개념 정립에 있어서의 문제는 '어떠한 특정 개념은 옳고, 다른 개념은 옳지 않다' 등 개념 의미상의 오류적 문제에서 비롯된다기보다는, 사회 및 사회구성원들이 가지고 있는 정의justice에 대한 다양한 관점과 교육적 정의justice에 대한 서로 다른 관점의 다름에서 오는 이념과 가치관의 충돌 양상의 관점에서 이해해야 한다. 즉, 어떤 특정한 정의관을 바탕으로 자신이 가지고 있는 교육적 정의관이 있으며, 이 교육적 정의관공리주의, 자유주의, 평등주의, 공동체주의 등이 교육복지의 개념과, 대상, 내용, 그리고 범위를 결정하는 데 영향을 준다는 것이다. 동일한 사회의 구성원일지라도 사람마다 교육적 정의관이 서로 다를 수 있기 때문에 교육복지에 대한 자신의 관점과 다른 사람의 관점 간의 차이가 있을 수 있다. 이러한 관점의 차이는 또한 교육복지 현장의 실천적, 한계적 문제와도 관련이 깊어, 우리가 현재 살아가고 있는 상황과 맥락에서, 그리고 우리가 살아갈 미래에서 '(교육복지 관련 정책, 사업, 프로그램 등의 차원에서) 할 수 있는(없는) 것이 무엇인지 그리고 어떻게 할 수 있는지'를 규정하는 원칙과 절차에 영향을 미치게 된다.

이 책에서 설정하는 교육복지의 공정한 분배 원칙은 교육복지를 바라보는 교육계와 사회복지계의 입장, 그리고 교육복지의 주요한 쟁점인 상대적 교육 소외 및 교육 격차 해소와 최소한의 절대적 수준 보장이라는 입장을 아우르는 규범적 행위기대에 부합하는 '현실적 필요주의'의 관점이다. [그림 1-1]에서 보는 바와 같이 교육복지는 학교와 지역사회를 중심으로 교육복지가 우선적으로 필요한 학생에게 집중적으로 교육복지적 서비스 및 활동을 제공하여 사회 · 경제 · 문화적 불평등 및 부적응을 해소 또는 방지함으로써 최소한의 절대적 수준 보장이라는 목표에 집중하고 더 나아가 잠재력 실현이라는 궁극적인 목표를 지향하게 된다. 그림에서 학교와 지역사회 기관에서 학생으로 향하는 여러 화살표가 진할수록 교육복지의 집중대상이 된다. 동시에 교육복지는 보편적이고 시민권적 입장에서 모든 학생들을 대상으로 최소한

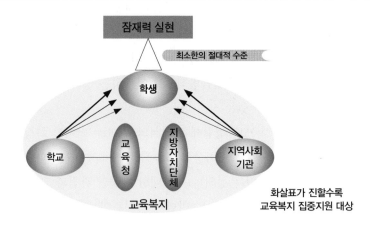

[그림 1-1] 현실적 필요주의 관점에서의 교육복지

의 절대적 수준을 보장하기 위한 서비스 및 활동을 제공하여 잠재력 실현이라는 궁극적인 목표를 지향하게 된다. 그림에서 학생에게 직접적으로 교육복지 서비스 및 활동을 제공하는 학교와 지역사회기관, 그리고 교육청, 지방자치단체 등 학생을 둘러싼 공동의 노력이 여기에 해당한다.

즉, 궁극적으로 교육복지는 공동목표를 모든 학생의 잠재력 실현으로 설정하되, 교육복지가 우선적으로 요구되는 대상자를 중심으로 사회 · 경제 · 문화적 불평등 및 부적응을 해소 또는 방지하여 최한의 절대적 수준 보장이라는 목표에 집중하는 것이다. 이러한 공동목표의 변화를 뒷받침하는 원칙으로 사전에 교육복지의 역할을 제한하는 최소주의가 아닌 보편주의와 현실적 필요주의의 접근이 요청된다. 여기서 현실적 필요주의란 보편주의 원칙하에 '모든' 교육 수요자의 다양한 필요를 감안하여 복지 관련 자원을 배분하고 국가 및 교육복지 담당자가 사회적 합의 과정을 거쳐 배분된 자원과 시대적 요구에 맞춰 실제 역할과 책임을 한정하고 임무를 수행하되, 교육취약계층과 같은 '우선적 권리자'가 희망할 경우 그들에게 가장 우선적으로 교육복지 서비스를 제공한다는 실천적 규범을 의미한다.

일반적으로 개념을 정의하는 방식에는 기술적 정의記述的 定義, 조작적 정의操作的 定義, 그리고 강령적 정의綱領的 定義가 있다오혁진, 2009: 279-280; 이돈희, 1983: 73-74; 이홍우, 1991: 11-25. 먼저, 기술적 정의란 국어사전에서 내리는 정의라고 할 수 있는데, 모든 사람들이 일상생활에서 그리고 보편적인 맥락에서 동일하게 받아들일 수 있는 정의를 말한다. 이러한 기술적 정의는 특정한 맥락에 관계없이 누구에게나 받아들여지는 상식적인 의미의 뜻을 알려줌으로써 일상생활에서 최소한의 의사소통을 원활하게 하는 데 기여한다. 교육복지의 기술적 정의는 주로 교육복지와 관련된 다양한 정책, 사업, 프로그램 등과 관련지어, 교육복지를 '무상급식', '방과 후 학교', '교육복지우선지원사업', 등의 구체적이고 단편적인 사업으로 이해하는 방식을 예로 들 수 있으며, 교육과 복지의 통합, 교육과 관련된 복지활동, 학교라는 장에서 일어나는 복지활동 등 구체적이지 않고 보편적 의미에서 교육과 복지를 연관지어 이해하는 방식도 여기에 포함될 수 있다.

둘째, 조작적 정의 또는 약정적 정의는 특정한 상황과 맥락에서 그 개념이 갖는 애매모호함으로 인해 발생할 수 있는 부작용을 극복하기 위해 그 분야 관계자들이 특정한 의미로 약속하여 사용하는 정의를 말한다. 조작적 정의는 일상생활에서 보편적으로 받아들여지는 기술적 정의와는 다르게 개념에 담긴 의미를 보다 엄밀하게 규정하려고 한다는 점이 특징이다. 교육복지의 조작적 정의는 주로 교육계 및 복지계 전문가, 교육복지 관련 전문가 및 현장 실무자들에 의해서 이해되고 있는 교육복지의 구체적인 분야와 영역에 대한 구분을 근거로 두어 이해하는 방식이라고 할 수 있다. 이러한 맥락에서는 교육복지의 세부 분야 및 대상을 구체적으로 명시하고, 교육과 복지와 구분되는 교육복지만의 엄밀성과 독자성에 비추어 교육복지를 이해하는 방식이다.

강령적 정의는 다른 말로 규범적 정의라고 할 수 있다. 강령적 정의는 개념이 추구해야 할 가치를 포함하고 있다. 주로 강령적 정의는 현실에 대한 비판적인 문제의식을 토대로 대안을 제시하는 성격을 가진다. 예를 들어, 각 시대의 위기상황에서 교육사상가들은 현실에 대한 비판적인 문제의식을 토대로 하여 해결책 및 나아가야 할 방향을 제시하는 강령적 정의를 많이 내놓게 된다. 이런 점에서 특정한 강령적 정의가 많은 대중들에게 수용될 때 지배적인 교육적 가치체계가 되지만, 이러한 가치체계가 구체적으로 검증되지 않고 수용될 때 일종의 슬로건과 같은 성격을 갖게 된다. 교육복지 맥락에서의 강령적 정의 사례는 교육 격차 해소를 위한 교육, 학습자를 행복하게 만들어주는 교육 등을 들 수 있다.

이상에서 살펴본 바와 같이 현재 교육복지에 대한 개념은 앞서 세 가지 유형이 혼합되어 사용되고 있다. 일반인들은 교육복지를 단순히 교육과 복지를 통합하여 생각한다거나 혹은 학교현장에서 복지적 성격을 지닌 사업들을 중심으로 교육복지를 이해하고 있다. 또한 대다수의 선행연구에서 정의하는 교육복지는 강령적이고 규범적인 차원에서 교육복지가 나아가야 할 방향을 제시하고 있다. 교육복지사업이 확대되고 일반인들의 복지에 대한 관심이 높아지면서 교육복지의 개념은 주로 넓은 의미의 교육복지 기술적 정의 또는 강령적 정의가 점점 상식화되고 있다. 즉, 교육복지는 교육과 관련된 복지 서비스 및 활동으로 국민의 삶의 질 향상이라는 개념이 일반화되고 있는 것이다. 하지만, 교육복지는 엄연하게 교육, 사회복지와 구분되는 목표, 구체적인 분야와 영역, 그리고 대상이 존재하기 때문에 이를 정의하는 조작적 정의를 정립하는 작업이 필요하다. 다시 말하면, 지금까지 교육복지에 대한 논의는 주로 넓은 의미 기술적 또는 강령적 정의에서의 교육복지에 대하여 이루어져 왔으며, 좁은 의미 조작적 정의에서의 교육복지의 개념에 대해서는 아직 정립된 정의를 내놓고 있지 못한 실정이다.

따라서 이 책에서는 교육복지를 앞서 언급한 현실적 필요주의라는 분배의 원칙과 절차에 기초하여, 교육복지란 "유·초·중·고등학생을 대상으로 국가, 지역사회, 학교가 중심이 되어 학생의 사회·경제·문화적 불평등 및 부적응을 해소 또는 방지를 위한 모든 형태의 공적 지원을 말하며, 이를 통하여 학생의 최소한의 절대적 교육기준을 보장하고 더 나아가 잠재력 실현을 통한 행복한 삶의 영위를 목표로 한다"라고 정의한다.

위의 정의에서 첫째, 교육복지의 구체적인 대상은 교육기본법 상의 '초중등교육법'의 대상에 해당하는 모든 유치원생, 초등학생, 중학생, 고등학생이다. 물론 교육복지에서 교육이라는 의미는 인간이 태어나면서부터 죽을 때까지의 교육이라는 평생교육적 의미로 해석할 수 있기 때문에 대상은 모든 국민이 되어야 하지만, 이 책에서는 제도권 교육의 공적 지원의 주요한 대상이 되는 미성년 학생에게 한정짓는다는 점을 재차 언급한다. 둘째, 교육복지의 주체 및 대상은 교육복지가 우선적으로 필요한 학생이지만, 이러한 서비스와 활동을 기획, 설계, 실행, 평가하는 주체는 국가, 지역사회, 학교라는 것이다. 이는 교육복지가 모든 해당 학생을 대상으로 한다는 보편성과, 교육복지의 요구가 맥락적이고 지역특수적인 성격을 동시에 지니고 있다는 특성에 따라 국가단위, 지역단위, 그리고 단위학교가 합작하여 이루어 내는 활동이라는 의미를 내포한다. 셋째, 교육복지의 단기적인 목표는 학생의 최소한의 절대적 교육기준을 보장하기 위해 학생의 사회·경제·문화적 불평등 및 부적응을 해소 또는 방지하는 데 있다. 교육복지는 단순하게 경제적으로 어려운 사람들에게 물질적인 도움과 혜택을 주는 서비스라기보다는, 최소한의 절대적 교육기준에 모든 학생이 도달하는데 요구되는 사회·경제·문화적인 측면에서 지원이라고 할 수 있다. 여기에는 교육격차 해소 및 방지 관련 활동, 소외자 및 부적응자 문제를 해결하고 방지하기 위한 활동 등이 포함된다. 마지막으로 교육복지의 궁극적인 목적은 학생의 잠재력 실현을 통한 행복한 삶의 영위라고 할 수 있다. 이는 교육복지뿐만 아니라 교육, 사회복지 영역에서 추구하는 목표와도 겹치게 되는 공동목표라고 할 수 있다.

03 교육복지의 대상

교육복지의 여러 쟁점 중에서 교육복지의 대상을 누구로 볼 것인가에 대한 문제는 크게 두 가지 입장에서 살펴볼 수 있다. 첫째, 교육복지는 모든 학생들을 대상으로 질 높은 교육에 기여하는 데 초점을 두어야 한다는 입장이다. 둘째, 교육복지는 상대적으로 취약한 집단의 문제에 집중하여 교육 불평등을 해소하는 데 초점을 두어야 한다는 입장이다. 몇 해 전 무상급식의 대상 논란으로 교육 부문에서의 보편적 복지와 선별적 복지 논쟁으로 자주 대두되는 문제이기도 하다. 다음에서는 그동안의 선행연구에서 논의되었던 내용을 살펴보고 현실적 필요주의 관점에서의 교육복지 대상에 대해 논의하도록 한다.

❶ 교육복지 대상에 관한 선행연구에서의 논의

교육복지 대상에 관한 대부분의 선행연구들에서는 교육복지의 대상을 교육기회 접근 제한 및 불충분 집단, 교육부적응 집단, 교육불평등계층, 지역, 집단 간 집단 등으로 집중하여 이루어지는 것이 바람직하다는 입장이다정동욱, 2011. 이처럼 교육복지의 대상이 사회적·경제적 소외계층과 문화적으로 소외된 집단에 한정되고 있는 것은 교육복지를 교육격차 해소 또는 교육불평등이라는 관점으로 이해하고 있기 때문인 것으로 보인다.

그러나 최근 장덕호 외2012의 교육복지의 개념, 범위, 대상에 대한 인식조사에서 교육전문가, 복지전문가, 행정가, 그리고 학부모를 대상으로 조사된 설문 결과는 두 입장이 서로 비슷하게 나타났다.[2] 이와 같은 결과는 비록 수치상으로 약간의 차이는 있지만, 교육복지 관련자들의 입장에서는 교육복지의 대상을 '상대적으로 취약한 집단'과 '모든 학생들' 양자 모두라고 인식하고 있다는 점을 보여준다. 또한 교육복지의 대상이 어느 집단이 되는 것이 '맞다, 틀리다'의 문제라기보다는 한정된 자원의 문제, 그리고 다양한 여건을 고려해 볼 때 우선적으로 교육복지의 대상이 되어야할 집단이 존재한다는 점을 의미한다. 즉, 중요한 것은 이들을 위한 교육적 불평등 및 부적응 해소 또는 방지 활동을 우선적으로 실시하여 최소한의 절대 기준을 보장하는 데 있어 앞서 언급한 현실적 필요주의 원칙에 입각하여 보편주의 원칙하에 '모든' 교육 수요자의 다양한 필요를 감안하여 교육복지를 수행하되, 교육취약계층과 같은 '우선적 권리자'가 희망할 경우 그들에게 가장 우선적으로 교육복지 서비스를 제공한다는 점이다.

❷ 현실적 필요주의 관점에서의 교육복지 대상

[그림 1-2]는 현실적 필요주의 관점에서 교육복지의 대상을 나타내고 있다. 이 관점에서 교육복지의 대상은 궁극적으로는 모든 집단을 대상으로 한다. 그림에서 A 와 B영역에 있는 모든 형태동그라미, 세모, 네모, 마름모 등의 학생집단이 이에 속한다. 이는 교육복지가 시민권적이고 보편적인 입장에서 모든 집단을 대상으로 최소한의 절대적 수준을 보장하고 궁극적으로 모든 학생의 잠재력 실현이라는 목표를 지향하고 있다는 점이다. 그런데 그림의 아래쪽A영역에 위치한 집단은 교육에 있어서 달성해야할 최소한의 수준에 도달하지 못한 학생들로, 교육기회의 보장적인 측면무상의무교육 등과 교육의 결과의 평등과 보장이라는 측면에서 보았을 때 교육복지의 우선적 대상자가 된다. 다시 말하자면, 사회 · 경제 · 문화적 불평등 또는 부적응 등으로 인한 교

---

2 '교육복지는 모든 학생들을 대상으로 질 높은 교육에 기여하는 데 초점을 두어야 한다'라는 입장(전체 응답자의 74.4%가 '그렇다(40.0%)', 혹은 '매우 그렇다(34.4%)'라고 응답)과 '교육복지는 상대적으로 취약한 집단의 문제에 집중하여 교육 불평등을 해소하는 데 초점을 두어야 한다'라는 입장(전체 응답자의 76.6%가 '그렇다(36.9%)', 혹은 '매우 그렇다(39.9%)'라고 응답)이 비슷하게 조사되었다.

[그림 1-2] 현실적 필요주의 관점에서의 교육복지 대상

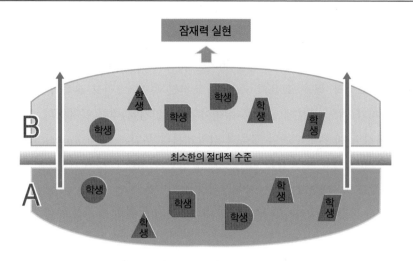

육 격차를 경험하고 있는 A영역에 속하는 학생들에게 교육복지 대상의 우선권을 주자는 것이다. 여기에서 말하는 최소한의 수준은 최소한의 수업 연한을 중심으로 하는 기회의 보장무상의무교육, 즉 양적인 측면에서의 교육기회 보장적 측면으로 이해할수 있으며, 질적인 측면에서는 학습자가 달성해야 할 최소한의 절대적 수준이라는 것을 동시에 의미한다정동욱, 2011.

또한 최소한의 절대적 수준에 이미 도달한 학생집단B영역에 속한 학생일지라도 사회·경제·문화적 불평등 및 부적응 등의 문제를 겪고 있는 학생일 경우 교육복지의 우선적 대상자가 될 수 있다. 요컨대, 앞서 언급한 현실적 필요주의 원칙에 입각하여 보편주의 원칙하에 '모든' 교육 수요자그림에서 A, B영역에 속해 있는 모든 집단의 다양한 필요를 감안하여 교육복지를 수행하되, 교육취약계층과 같은 '우선적 권리자그림에서 대부분의 A영역의 학생 및 일부 B영역의 학생'가 희망할 경우 그들에게 가장 우선적으로 교육복지 서비스를 제공한다는 점이다. 따라서 교육복지의 대상은 국가가 정해 놓은 절대적 수준의 최소한의 보장에서 격차가 벌어진 집단소외된 집단과 이러한 상대적 격차와 관계없이 집단 내에서 불평등을 겪고, 소외되고, 부적응을 경험하는 집단을 포함한다고 할 수 있다.

04 교육복지의 내용과 수준

　　교육복지의 내용과 수준에 관한 논의는 교육의 여러 상황과 장면, 즉 교육기회
의 허용 및 보장적 측면, 교육의 과정 및 조건적 측면, 그리고 교육의 결과적 측면
중 교육복지가 어느 부분에 중점을 두어야 할 것인지에 대한 문제이다. 다시 말하
면, 교육복지의 내용과 수준이 교육적 상황에서의 투입input, 과정process, 그리고 결
과output 중 어느 부분에 초점을 둘 것인지에 관한 논의라고도 할 수 있다정동욱, 2011.
이러한 입장은 교육평등관 또는 교육정의관에 기반을 두어, 투입, 과정, 결과 중 어
느 것에 보다 중점을 두어야만 평등하고 정의로운지에 관한 논의라고 할 수 있다.

❶ 다양한 교육평등관에 따른 교육복지의 내용과 수준

　　우선 원론적으로 교육의 접근기회의 균등을 강조하는 입장에서는 학생의 성별,
거주지, 사회경제적 지위 등에 관계없이 누구나 동등하게 학교에 접근할 수 있는 기
회가 주어지는 것을 의미하며, 법이나 제도상으로 교육의 기회가 허용되고 더 나아
가 취학에 방해가 되는 제반 여건을 제거하여 교육의 기회를 보장하는 것에 초점을
둔다. 예를 들어, 영국의 '1944년 교육법1944 Education Act'은 중등교육을 보편화 · 무상
화하고 경제적으로 어려운 학생들에게는 의복, 점심, 학용품 등을 지급하여 의무교
육 차원에서 투입적인 요소의 균등을 실현하고자 하였다김신일, 2009. 교육복지에서는
교육여건을 보장받는 데 있어서 중요한 인적, 물적 자원 등 재원의 지원적인 측면을
강조하는 입장으로 생각해 볼 수 있다.

　　둘째, 교육의 접근기회가 모두에게 주어지고 다양한 투입적 요소 등을 지원받
아 교육기회를 보장받는다는 것도 중요하지만 교육이 진행되는 모든 과정 및 여건이
평등하고 지원의 초점이 이러한 과정적 요소에 두어야 한다는 입장에서는 교육복지
내용의 초점이 교수−학습의 질, 교사의 질, 양질의 교육과정 등에 강조를 두어야 한
다고 본다.

　　셋째, 교육의 접근기회가 보장되고 교육과정이 평등하게 이루어지는 것도 중요
하지만, 결국 무엇보다도 중요한 것은 교육결과가 평등해야 한다는 입장이다. 결과

의 평등을 위해 저소득층의 아이들을 위한 보상교육 등이 대표적이며 학교교육에서 상대적으로 뒤떨어지는 학생들에게 취해지는 다양한 예비적 조치가 이에 해당한다 김신일, 2009. 이러한 입장에서의 교육복지의 내용은 주로 학생의 학업성취결과, 학업 만족도 등과 같은 교육의 결과적 요소에 보다 강조를 두는 입장이라고 할 수 있다.

한편 최근 실시된 교육복지 내용과 수준에 대한 인식도 조사에서는 교육복지의 '투입요소 강조'에 응답자의 71.3%, '과정요소 강조'에 87.2%, '결과요소 강조'에 50.9%가 그렇다고 응답하였다 장덕호 외, 2012. 이와 같은 응답 양상은 교육복지를 현실화 하는 과정에서 투입, 과정, 결과의 어느 부분에 강조를 둘 것인지에 대한 많은 선행연구들이 투입, 과정, 결과 모든 요소에 관심을 두어야 한다는 입장과 약간의 차이가 있으며 정동욱, 2011, 특히 이혜영 외2002의 입장, 즉 교육의 평등에 대한 관점이 교육접근 기회의 허용, 보장이라는 소극적 입장에서 교육의 과정, 그리고 더 나아가 교육결과의 평등의 실현이라는 보다 적극적인 측면으로의 시대적 흐름과도 의견의 차이가 나는 부분이다. 이혜영의 입장은 교육의 평등관의 시대적 변천을 네 단계로 정리한 Coleman1966의 주장과도 일치하는데, 마지막 네 번째 단계에서는 학교에 누구나 다닐 수 있는 기회를 보장해주는 것만으로는 교육의 진정한 평등을 이루기 어려우며, 학교를 다니는 진정한 목적은 배움에 있는 것이므로 진정한 학습, 즉 교육의 결과가 평등해야 진정한 평등이라는 것이다 김신일, 2009.

그런데 설문조사에서 교육의 결과적 측면보다는 교육의 투입적 요소와 과정적 측면을 보다 중요하게 생각하는 이유는 무엇일까? 이에 대한 원인은 설문조사 문항의 구조적인 문제, 타당성 및 신뢰성, 연구 대상자의 선정의 문제 등의 다양한 이유에서 찾을 수 있겠으나, 근본적으로 사회구성원들, 특히 학부모를 비롯하여 교육복지 관련자들은 아직 우리 사회가 건실하고 양질의 교육기회의 보장이 이루어지지 않았으며, 교육의 과정의 측면에서의 실질적인 평등도 이루어지지 않은 상태임을 단편적으로 보여주는 결과라고 해석할 수 있다.

❷ 미래형 교육복지의 내용과 수준

이 책에서 교육복지의 내용 및 수준과 관련하여 미래형 교육복지는 교육의 투입, 과정, 결과의 모든 부분에 중점을 두어야 한다고 결론을 내리고, 다음의 [그림 1-3]과 같은 모형을 제안한다.

[그림 1-3] 교육복지의 내용과 수준

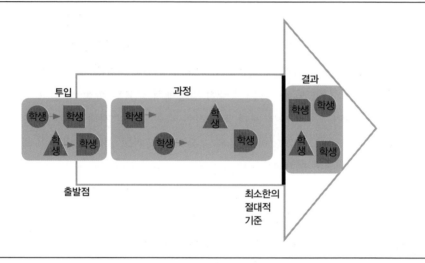

첫째, 교육의 투입은 주로 기존의 교육복지와 관련된 주요한 쟁점이 되어 왔다. 예를 들어, 무상급식, 학습준비물, 또는 범위를 확장하여 무상의무교육 등과 같은 투입적 요소에 중점을 두어 적지 않은 논의가 이루어져 왔다. 그림의 좌측에 있는 투입에서 살펴볼 수 있듯이 학생집단마다 사회 · 경제 · 문화적인 차이로 인해 출발선상에서 각자 다른 위치에서 출발하게 된다. 그림에서 예를 들어, 동그라미와 세모꼴의 집단은 출발점에서 뒤처져 있는 집단으로 앞의 두 학생집단과 격차가 있다는 점을 볼 수 있다. 따라서 교육복지는 출발점에서의 평등을 위해 뒤처진 학생들에게 교육복지 서비스와 활동을 제공하여 출발점으로 끌어오는 노력을 기울이게 된다. 이와 같은 논리는 기존의 교육에 대한 평등관에서 논하는 접근기회의 허용적 평등관 및 교육기회의 보장적 평등관보다는 보다 적극적인 입장이라고 할 수 있으며, 결국에는 결과의 평등을 이루려는 일종의 '사전작업'으로 해석할 수 있다. 저소득층 어린이들을 위한 보상교육적 성격을 지닌 미국의 헤드 스타트 프로젝트Head Start Project, 영국의 EAZEducational Action Zone, 프랑스의 ZEP교육우선지역사업 등은 불우층의 취학전 어린이들에게 기초학습능력을 길러주어서 이들이 학교교육에서 뒤떨어지지 않도록 예비적 조치를 취하는 것도 바로 출발점에서의 평등을 위한 적극적인 조치라고 할 수 있다김신일, 2009. 하지만 교육복지의 대상이 이렇게 뒤처진 집단에만 한정되는 것은 아니다. 현실적 필요주의에 입각하여 모든 집단을 위해 교육복지 서비스와 활동을 제공하되, 그림에서 상대적으로 뒤처져 있는 동그라미 및 세모꼴 학생집단에게 우선적으로 교육복지 서비스와 활동을 제공한다는 것이다. 물론 출발점에 이미 위치한 집단일지라도 사회·경제·문화적 불평등 및 부적응 등의 문제로 어려움을 겪고 있는 학생집단일 경우 교육복지 서비스와 활동을 제공받을 수 있다.

둘째, 교육의 과정적 측면에서 주로 논의되는 사항은 학교에서 이루어지고 있는 교수-학습의 질, 교사의 질, 교육과정의 수준 및 질 등이며정동욱, 2011, 교육복지가 이러한 교육의 과정적 요소에 중점을 두어야 한다는 입장이다. 여기에서 교육복지가 중점을 두는 부분은 비록 의무교육의 실현으로 초등교육과 중등교육의 취학이 보편화되었지만, 지역 간, 학교 간, 학교 내에서의 교육의 과정적인 측면에서의 격차 및 불평등적인 요소가 여전히 존재하고 있으므로 이를 극복하기 위한 입장이라고 볼 수 있다. 그림에서는 모든 학생의 교육의 과정에서의 평등을 위한 노력을 전개하되, 특히 불평등을 겪고 있는 집단네모꼴, 동그라미 집단을 우선적인 교육복지의 대상으로 삼아 교육복지 서비스와 활동을 제공한다는 입장이다.

세 번째 입장은 학생이 교육을 받는다는 것은 단순하게 무상의무취학을 하여 학교를 다니는 것 자체가 궁극적인 목적이라기보다는 배워야 할 것을 배우는 데 주된 목적이 있으므로 교육의 결과가 평등하지 않으면 결코 평등이 아니라는 교육결과의 평등관에 입각한 관점이라고 볼 수 있다김신일, 2009. 여기에서 말하는 교육결과는 단순히 학생들의 학업성취뿐만 아니라 학교 및 교육만족도까지도 포함된다. 이 관점에서는 우수한 학생들보다는 상대적으로 열등한 학생에게 보다 많은 관심을 기울이고 이들의 교육결과 향상을 위한 다양한 조치를 취하게 된다. 롤즈Rawls의 보상적 평등주의에 입각하여 결과의 평등을 위한 교육으로 소외집단을 위한 각종 보상교육이 여기에 해당된다. 이러한 관점에서 교육복지는 모든 학생이 도달해야 할 최소한의 절대적 기준을 설정하고, 모든 학생이 이 기준에 도달하여 학습결과의 성취 내지 학교 및 교육에 대한 만족감을 얻을 수 있도록 하며, 특히 상대적으로 뒤떨어지는 혹은 최소한의 절대적 기준에 도달하기 어려운 학생들에게 우선적으로 교육복지 서비스 및 활동을 제공하게 된다.

요컨대 교육복지의 내용과 수준은 교육의 투입적 측면에서 교육의 접근기회의 허용과 교육의 기회를 보장하는 무상의무교육의 질을 강화하는 차원에서 모든 학생을 대상으로 접근하되, 상대적으로 교육의 접근기회의 평등만으로는 불충분한 집단을 우선적으로 지원할 수 있는 방향으로 접근해야 할 것이다. 이렇게 출발점에서 평등하게 출발할 수 있도록 조치를 취해 놓았다고 다 끝난 것이 아니다. 교육을 받는 전 과정에서도 모든 학생을 위한 교육조건의 평등을 위해 교수-학습, 교사, 교육과정적인 측면에서의 교육복지 서비스와 활동이 제공되어야 한다. 또한 교육을 받는 모든 학생은 교육에 있어서의 도달해야 할 최소한의 절대적 기준에 도달할 수 있도록 교육복지정책을 추진해야 하며, 마찬가지로, 여기에서도 현실적 필요주의 원칙에 입각하여 사회·경제·문화적 불평등 및 부적응 등의 문제로 어려움을 겪고 있는 집단일 경우 교육복지 서비스와 활동을 우선적으로 제공할 수 있다. 결론적으로, 교육복지의 내용과 수준은 교육의 투입, 과정, 결과적 측면의 전 분야에 걸쳐 개입해야 하는 것으로, 사회적으로 합의가 가능한 범위 내에서 교육복지의 우선적 수혜자 선정과 최소한의 절대적 수준을 설정해야 한다.

 생각해 볼 문제

교육복지는 사회구성원들이 인정하고 합의하는 정의관 및 교육에 대한 정의관을 바탕으로 학습자들에게 유의미한 경험의 제공과 이와 관련한 교육적 자원이 사회의 모든 구성원들에게 공정하게 배분되어 행복한 삶에 기여하는 원칙과 절차에 관한 논의라고 할 수 있다. 우리나라의 교육복지정책을 다양한 교육적 정의관에 입각하여 설명해보자.

교육복지의 발전과 교육복지정책

학습목표

1. 우리나라 교육복지의 태동과 전개과정을 설명할 수 있다.
2. 우리나라 교육복지정책의 현황을 설명할 수 있다.
3. 우리나라 교육복지정책을 둘러싼 쟁점과 이슈를 설명할 수 있다.

01 우리나라 교육복지의 태동과 전개

　　해방이후 우리나라는 교육을 통하여 인적 자원을 효과적으로 육성·관리함으로써 세계사에 그 유례를 찾아보기 어려울만큼 눈부신 경제적 성장을 달성할 수 있었다. 그동안 우리나라가 채택한 인적 자본의 확대 정책은 한편으로는 높은 경제적 성장을 달성하는 데 기여하였지만, 다른 한편으로는 계층 간, 지역 간 불균형의 발생 등 심각한 사회적 양극화 문제를 불러왔다장덕호 외, 2012.

　　급속한 양극화가 진행되고 있는 우리 현실에서 교육복지가 필요한 사회적 배경은 우선, 이러한 양극화의 문제가 해당 취약 계층으로 하여금 빈곤의 굴레로부터의 탈출을 어렵게 함으로써 사회적 통합의 위기와 사회적 배제가 일상화되는 문제를 불러온다는 점이다. 더욱이 가정 내에서 부모의 역할이 변화하는 등 전통적 가족 구조와 기능이 흔들리고 있다. 또한 급속히 진행된 도시화는 지역의 공동체성을 파괴함으로써 지역민들의 삶의 질을 약화시키고 있다.

　　새로운 교육복지의 요구는 교육시스템 내부에서도 발생하고 있다. 학교 간, 학생 간 교육격차가 심화되고, 학습 결손의 누적이 점점 더 극복하기 어려운 상황으로 치닫고 있다. 이러한 계층 간, 지역 간 차이에서 비롯되는 교육의 양극화 문제는 저출산·고령화 및 다문화 사회 도래, 농산어촌지역 공동화 등 사회적 문제와 맞물려 상당한 정책적 부담으로 작용하고 있으며, 사회통합의 구현을 위해 많은 걸림돌로 작용하고 있는 실정이다. 특히 이러한 교육적 양극화의 문제는 헌법 제31조 제1항이 규정한 교육기회 균등 원리의 실현에 장애요인으로 작용할 가능성이 높고, 계층 간 이동의 촉진을 통해 사회적 활력을 불어 넣어온 한국교육의 장점 역시 상쇄될 가능성도 높아졌다고 할 것이다.

우리가 당면한 이러한 사회적, 교육적 상황은 전통적인 학교와 교육의 역할과 기능에 있어서 일대 전환을 요구하고 있는 상황인 것이다. 아동 및 청소년 등 교육 복지의 대상의 변화뿐만 아니라 가족과 공동체의 변화는 학교만이 아니라 지역사회의 다양한 자원과 네트워킹에 기반한 적극적인 개입과 활동을 요구하고 있다한국교육 개발원, 2013.

우리나라에서 교육복지에 대한 정책당국의 관심은 1995년 발표된 5.31 교육개 혁안의 '신교육체제' 구상에서 비롯되었다. 즉, '신교육체제'는 '모든 국민이 자아실 현을 극대화할 수 있는 교육복지 국가'를 지향한다는 점을 밝힌 바 있다. 그러다가 본격적인 정책적 대응 노력은 1997~1998년에 진행된 외환위기 이후부터 시작되었 다고 할 수 있다. 경제위기 속에서 실직자의 증가와 급속한 중산층의 붕괴를 목격하 면서 정책당국의 대응책은 교육복지 및 사회복지 정책의 증가로 귀결될 수밖에 없었 다. 특히, 1998년부터 사회안전망 구축 차원에서 실직자 자녀 학비지원사업이 시작 되어 1999년까지 시행된 바 있으며, 2000년부터 저소득층 자녀 학비 보조사업으로 전환되어 현재까지 추진되고 있다안병영·김인희, 2009. 우리나라 교육정책의 역사를 개 관하면 다음 [표 2-1]과 같다.

우리나라가 본격적으로 교육복지에 대한 체계적인 정책을 수립하기 시작한 것 은 노무현 정부부터라고 할 수 있다. 노무현 정부는 교육복지 종합계획2004-2009에서 교육복지의 개념을 정의하고, 국민기초교육수준 보장, 교육부적응 및 불평등 해소, 복지친화적 교육환경 조성 등의 3대 정책목표 아래, 모든 국민의 교육기회 보장, 기 초학력 성취, 학교부적응 치유, 교육여건 불평등 해소, 밝고 건강한 교육환경 구축 이란 5대 영역으로 구분하고 그에 따르는 정책과제를 명시함으로써 종합적인 교육 복지 기본 틀을 마련하였다([표 2-2] 참조).

[표 2-1] 시기별 교육복지정책 현황

시기	특징	주요 정책
문민정부 그 이전 (~1998.2.24)	• 보편적 복지(초, 중학교 의무교육 추진) • 일부 대상에 대한 제한적 지원 • 전반적인 교육재정의 부족으로 복지수준은 낮음	• 장애인, 중도탈락자, 학습부진아, 귀국학생 등에 대한 일부 대책 수립
국민의 정부 (1998.2.25~ 2003.2.24)	• 외환위기 이후 중산, 서민층 자녀 교육지원 필요성 증대 • 교육복지에 대한 관심 시작	• 만 5세아 무상교육실시(99) • 저소득층 자녀 학비지원 실시(00)
참여정부 (2003.2.25~ 2008.2.24)	• 양극화 문제가 사회 이슈가 됨에 따라 소득계층간, 지역간 교육격차 해소에 주목 • 교육복지정책이 양적으로 확대 및 기존의 지원 정책에서 구체적 프로그램으로 확대 시행	• 교육복지투자우선지역 지원사업 추진(03) • 중학교 무상의무교육 실시 및 저소득층 학비 지원 확대(04) • 신취약계층 교육지원 본격화(06) • 방과후학교 도입 및 확산(05)
이명박정부 (2008.2.25~ 2013.2.24)	• 2008년 미국 발 경제위기 여파로 인한 취약계층 확대, 사회양극화 문제 심화 • 저소득·소외계층의 교육기회 확대, 학력격차 해소 지원의 체계화, 교육복지 사각지대 보완 교육복지정책 지속	• 유아학비 지원 확대 • 중학교 무상교육확대, 직업계 고교 장학금 확대 • 저소득층 대학생 국가장학지원 확충(장학재단 설립, 09) • 농산어촌 연중돌봄학교 • Wee 프로젝트 시행
박근혜정부 (2013.2.25~ 2017.3.10)	• 종합적 교육복지 대책은 발표하지 않음 • 대통령 공약 중심으로 교육복지 정책 시행	• 누리과정 확대 • 돌봄교실 프로그램 강화 • 다문화 및 탈북학생 지원 확대 • 특수교육 지원
문재인정부 (2017.5.10~ 현재)	• 경제사회 양극화에 대응한 교육복지 확대 추진 • 저소득층 지원, 취약계층 지원, 성장단계별 지원, 종합적 지원기반 구축의 추진과제 설정	• 저소득층 학비 부담 경감, 장학제도 정책 확대 강화 • 방과후학교 지원 강화 • 사회적 배려 대상자 입학전형(고입, 대입) 확대 • 농산어촌 지원 확대 • 학습부진학생 지원 확대

출처: 김민희(2018), 엄문영 외(2014), 교육부(2008, 2017), 김성식 외(2019) 참조.

이 시기의 주요 정책으로는 저소득층 자녀에 대한 교육경비 지원학교급식비 및 정보화사업 지원, 교육복지투자우선지역사업 등이 주를 이루고, 농산어촌지역 학생 지원농산어촌 우수고 육성 등, 신취약계층 자녀에 대한 지원다문화 가정 자녀 교육지원, 새터민 학생 지원, 장애학생지원 등, 기초학력 미달 학생과 학교 부적응 및 학업 중단 학생을 위한 지원이 추진되었다. 또한 부처 간, 시·도 간 연계·협력을 위한 협의체 구성, 학교·가정·지역사회의 협력체계 구축을 촉진하는 등 다양한 교육복지정책 추진을 위한 행정체제를 마련하면서, 이를 뒷받침할 수 있는 통합적 법적 근거인 '교육복지기본법' 제정의 필요성이 처음 검토되었다. 이처럼 노무현 정부의 교육복지정책들은 정책 대상의 측면에서

저소득층 학생뿐만 아니라 학교 부적응 및 교육 소외자까지 포괄하고 있으며, 정책
범위도 유아교육에서 평생교육에 이르기까지 폭넓게 아우르고 있음을 알 수 있다.
특히, 중학교 의무교육 실시, 학비지원 확대, 방과 후 학교의 도입과 확산, 교육복지
투자우선사업 시행 등을 통하여 교육기회 및 교육여건의 불평등으로 인한 교육격차
를 완화하고자 하는 사업들을 적극 추진하였다. 또한 장애학생에 대한 교육기회 및
복지 확대, 신취약 계층에 대한 교육지원 본격화 등을 통하여 교육소외 및 부적응의
문제에도 적극적으로 접근하고자 하였다. 하지만 실제 주요 사업들이 취약계층, 특
히 저소득 계층에 집중되어 있으며, 각각의 개별적인 근거 법에 의해 사업이 기획되
어 사업 간, 부처 간 연계가 부족하여 복합적인 결핍 및 배제에 대한 다차원적인 접
근에는 한계를 보였다이근영 외, 2014.

[**표 2-2**]　노무현 정부의 교육복지정책

정책목표	정책영역	정책대상	정책과제
국민기초교육 수준 보장	모든 국민의 교육기회 보장	장애인 및 건강장애아	특수교육 강화
		저소득층 학생	유아교육 기회 확대
			저소득층 교육비 지원
		저학력 성인	저학력 성인 교육기회 확충
		고등교육 소외자	장애인 · 저소득층 고등교육 기회 확대
		외국인근로자 자녀	외국인근로자 자녀 교육지원
	기초학력 성취	기초학력 미달자	기초학력 보장
교육부적응 및 불평등 해소	학교부적응 치유	학업중단자	학업중단자 예방 및 대책
		귀국학생	귀국학생 교육 지원
		북한이탈 청소년	북한이탈 청소년 대책
	교육여건 불평등 해소	도시저소득지역학생	도시저소득지역 교육지원
		농어촌지역학생	농어촌지역 교육여건 개선
		정보화 취약 계층	정보화 격차 해소
		저소득층 자녀	사교육으로 인한 불평등 완화
복지친화적 교육환경 조성	밝고 건강한 교육 환경 구축	학교 풍토	밝고 즐거운 학교 만들기
		학생 건강	학생건강 증진
		학교 내외 교육환경	안전하고 건강한 교육환경 조성

출처: 교육인적자원부 보도자료(2004. 10. 19.).

　　다음으로 이명박 정부에서도 2008년 미국 발 경제금융위기 여파로 인해 취약계
층이 확대되고 여전히 사회양극화 문제가 심화됨에 따라 저소득 · 소외계층의 교육

기회 확대, 학력격차 해소 지원의 체계화, 교육복지 사각지대 보완을 목표로 교육복지정책이 지속되었다. 이명박 정부의 교육복지 비전은 '교육복지 확충을 통한 선진 인류국가'이고 3대 전략으로 실질적 교육격차 해소, 국민이 피부로 느끼고 공감하는 정책, 지역 · 학교 · 학생의 특성을 고려한 맞춤형 복지를 전략으로 제시하였다. 5년 간 핵심 과제 15개를 포함한 총 54개 과제를 제안하였으며 국민의 수요가 높은 사업을 확대하는 것에 역점을 두었다. 가장 핵심적인 교육복지 과제는 [표 2-3]과 같다.

[**표 2-3**] 이명박 정부의 교육복지정책과제

15대 핵심과제	담당부서
1. 저소득층 중학생 무상교육 대폭 강화	교육복지기획과
2. 저소득층 · 농산어촌 학생 급식비 지원 확대	학생건강안전과
3. 장애학생에 대한 무상 · 의무교육 실현	특수교육지원과
4. 등록금 걱정 없는 대학생활(저소득층 대학생 장학금 학자금 지원)	학생장학복지과
5. 저학력 성인의 학력취득 경로 다양화	평생학습정책과
6. 기초학력 향상 지원체계 구축	학력증진지원과
7. 농산어촌 연중돌봄학교 및 (가칭)K-2학교 지정 육성	교육복지기획과
8. 교육복지투자우선지역 사업 확대 및 저소득층 밀집학교 지원	
9. 유치원 · 보육시설 등 기관미이용 아동을 위한 희망교육사 파견	유아교육지원과
10. 다문화가정 학생을 위한 중장기대책 마련 추진	잠재인력정책과
11. 북한이탈 학생의 사회적응력제고 및 학력향상 지원 확대	
12. 위기학생을 위한 3차원의 안전망 구축: Wee Project	학생생활지도팀
13. 2012년까지 일반 학교 내 특수학급 1,500개 증설	특수교육지원과
14. 안전하고 맛있는 학교급식 제공	학생건강안전과
15. 전국 모든 유치원에 종일반 설치	유아교육지원과

출처: 교육부 보도자료(2008. 12. 17.).

이명박 정부의 교육복지정책은 이전 정부의 교육복지 대상과 사업에서는 큰 차이는 없지만, 교육복지정책에 대한 기본적 관점이 저소득층 및 서민을 중심으로 지원을 확대함으로써 취약계층에 대한 교육 기회를 보장하고, 기초학력 보장을 위한 체계를 구축함으로써 교육 격차 완화를 위한 기반을 마련하는 데 주력하였다. 즉, 교육의 전 과정 중 투입 영역의 형평성을 도모하여, 교육격차특히 학력격차 완화에서의 불평등 완화를 도모하고자 했다는 점에 주목할 만하다. 하지만 여전히 일관된 법적 토대가 미비한 상태로 특정 대상을 위한 단위학교 중심으로 프로젝트성 사업들이 산

발적으로 이루어지고 있어 종합적이고 체계적인 교육복지정책 추진에는 한계를 보인 바 있다이근영 외, 2014.

박근혜 정부의 교육복지정책은 국정과제를 통해서 살펴볼 수 있다. 우선 교육부 소관 국정과제로서 교육비 부담경감국정과제 29을 통해 학생·학부모의 교육비 부담을 감축하고, 경제적 여건에 상관없이 공평한 기회를 제공하고자 노력하였다. 이를 위해 '고등학교 무상교육 단계적 실시'를 추진하고, 대학생들의 '소득연계 맞춤형 반값등록금 지원'과 '학자금 대출이자 실질적 제로화 추진', 그리고 '대학기숙사 확충 및 기숙사비 인하'를 추진하였다. 또한 무상보육 및 무상교육 확대국정과제 64를 통해 영유아 보육·교육에 대한 국가 완전 책임을 실현하고자 노력하였는데, 구체적으로 '0-5세 보육 국가완전 책임제 실현', '3-5세 누리과정 지원 강화'를 추진한 바 있다. 또한 학교교육 정상화 추진국정과제 66을 제시하고, 참고서가 필요 없는 '교과서 완결 학습 체제' 마련과 '개인 맞춤형 진로 설계 지원'을 추진하였다. 학교폭력 및 학생위험 제로 환경 조성국정과제 76을 통해 '학교 반경 200미터 이내를 학생안전지역으로 지정 추진', '학교 내부 및 학교주변의 학교폭력 감지·대응체계 구축', 'Wee 프로젝트 확대 및 전문상담교사 확대를 통한 상담·치료 지원 강화', '정서행동특성검사 사후 관리 및 학생 자살예방 체계 확립' 등을 추진하였다.

2017년 5월 출범한 문재인 정부의 복지정책의 비전은 '모두가 누리는 포용적 국가'이다문재인 정부 국정운영 5개년 계획. '포용적 복지국가'란 소외되는 계층 없이 모두가 성장의 과실과 복지적 혜택을 누리면서도 개인 자신의 역량과 잠재력을 충실히 발휘할 수 있는 나라를 의미한다. 이전 정부가 효율성을 중시하여 재정 건전성이 허용하는 범위 내에서 취약계층에 대한 집중적인 복지투자를 지원하였다면 문재인 정부는 더욱 보편적인 복지 서비스를 통해 모든 국민이 기본적인 삶의 질을 누릴 수 있도록 하는 데 초점을 맞추고 있다설세훈, 2018.

교육부 교육복지정책국장이 밝힌 문재인 정부의 주요한 교육복지 추진 계획을 제시하면 아래와 같다설세훈, 2018.

첫째, 유아교육의 국가책임을 확대한다. 유아교육에서부터 균등한 교육 기회를 보장하고 학부모 교육비 부담을 경감하는 것은 생애 출발선에서부터 교육의 공공성을 증진한다는 데 특히 큰 의미를 가진다. 유아교육비 경감을 위해 올해 누리과정 예산 20,586억 원을 전액 국고로 편성하여 안정적으로 유아교육 재정을 지원해 나가고 있으며, 일부 지역에서만 적용되던 저소득층 자녀 유치원 우선 입학을 올해 전국으로 확대하여 유아교육에서의 교육 격차 완화를 추진하고 있다.

둘째, 빈틈없는 온종일 돌봄 체계 구축을 위하여, 2018년 4월에는 돌봄 정책 관계 부처인 교육부·행정안전부·복지부·여성가족부 등이 모여 온종일 돌봄구축·운영에 대한 기본 계획을 수립하였다. 2022년까지 1조 1,053억 원을 투입하여 학교 돌봄 및 마을돌봄 대상을 현재 33만 명에서 53만 명까지 확대해 나갈 계획으로, 이를 통해 돌봄 사각지대가 상당 부분 해소될 수 있을 것으로 기대된다. 향후 돌봄 서비스의 질을 한층 더 높이기 위해 전국 10개 시·군·구에서 온종일 돌봄 생태계 구축 선도 사업을 시범적으로 추진하고, 지역사회의 다양한 인적·물적 자원을 활용하여 지역 특성에 맞는 모델을 단계적으로 구축해나갈 계획이다.

셋째, 교육급여제도 및 교육비 지원제도를 개편한다. 현재 형편이 어려운 아이들도 희망을 품고 공부할 수 있도록, 교육급여 및 교육비를 적극적으로 지원하고 있다. 교육급여는 기준 중위소득 50% 이하 초·중·고 학생들에게 학용품비·부교재비·고교수업료·입학금 등을 지원하는 국가 의무지출 성격의 사업으로, 이미 약 35만 명의 학생이 혜택을 누리고 있다. 특히 2018년부터는 초등학생에게 학용품비를 신규 지급하고, 부교재비와 학용품비 지원 금액을 대폭 인상하였으며, '19년에는 최저교육비 100% 수준으로 인상을 인상을 계획하였다.

넷째, 고교 무상교육 실편을 추진한다. 실직적인 교육 기회 보장을 위하여 고교 무상교육을 2019년 하반기부터 추진하여 2021년까지 전면적으로 시행을 확정하였다. OECD 회원국 35개국 중 한국은 고등학교 교육이 무상으로 제공되지 않는 유일한 국가이다. 이미 고등학교 진학률이 99.9%[17년]로 고교 교육이 실질적으로 보편화되어 있는 상황에서, 고교 무상교육의 추진은 실질적인 교육기회 평등 실현에 큰 역할을 할 것으로 기대된다. 정부는 고교 무상교육 시행 기반 조성을 위하여 「초·중등교육법」 개정 및 소요 재정 확보 방안을 포함한 추진 기본계획을 확정하고 관련 입법을 완료한 바 있다.

다섯째, 대학 등록금 및 주거비 부담 경감을 추진한다. 청년들의 구직 경쟁은 갈수록 심화되고 있으나 많은 대학생들이 학비와 주거비 걱정으로 학업에 충실하기 곤란한 상황이다. 고등교육에서도 경제적 부담 없이 자기 계발에 몰두할 수 있는 학생과 그렇지 못한 학생 간의 교육 격차는 갈수록 커지고 있다.

교육부는 대학생들이 등록금 걱정 없이 학업에 집중할 수 있도록, 관련 재원을 추가 지원하였다2017년 정부 재원 장학금 4조 원, 대학 자체 재원 3.2조 원. 중산층 이하 가정 지원을 위하여 올해부터는 소득분위별 지원 금액을 인상하였고, 이를 통해 등록금 반값 이상을 지원받는 수혜자가 약 87,000명으로 늘어날 것으로 기대된다. 사회적 배려계층 성적 기준은 완화되거나 폐지되고, 다자녀 장학금 지원 대상 역시 셋째 이상 대학생에서 다자녀 가정의 모든 대학생으로 확대된다. 아울러 국가장학금 소득 2구간을 교육급여 수급 기준인 기준 중위소득 50%에 일치시켜 초등학교에서 대학까지 지원되는 교육복지 혜택 간의 연속성을 높여 나갈 계획이다.

02 교육복지의 추진체계 및 현황

교육복지의 추진체계는 어떤 기준으로 보느냐에 따라 다양하게 설명할 수 있다.

❶ 저소득층 교육비 지원

저소득층에 대한 교육비 지원은 크게 국민기초생활보장법상의 교육급여[1]와 각 시·도교육청이 시행하는 저소득층 학생 교육비 지원사업으로 구분할 수 있다. 교육급여는 기초생활보장제도 수급자격을 갖춘 가구 중에서 초·중·고등학생이 있는 가구에 지급되는 급여이다. 현행 제도의 급여체계가 통합급여체계로 불리고 있지만 실제로 초·중·고 학생이 있는 즉, 교육비에 욕구가 있는 가구에게 지급된다는 점에서 이미 개별 급여의 성격을 가진다고 볼 수 있다.

---

1 「국민기초생활보장법」 제7조에 따르면 생활이 어려운 사람들에 필요한 급여로서 7종의 급여를 규정하고 있는데, 1. 생계급여, 2. 주거급여, 3. 의료급여, 4. 교육급여, 5. 해산급여, 6. 장제급여, 7. 자활급여가 그것이다. 동법 제12조 교육급여에 관한 규정은 다음과 같다.
제12조(교육급여) ① 교육급여는 수급자에게 입학금, 수업료, 학용품비, 그 밖의 수급품을 지급하는 것으로 하되, 학교의 종류·범위 등에 관하여 필요한 사항은 대통령령으로 정한다.
② 교육급여는 금전 또는 물품을 수급자 또는 수급자의 친권자나 후견인에게 지급하는 것으로 한다. 다만, 보장기관이 필요하다고 인정하는 경우에는 수급자가 재학하는 학교의 장에게 수급품을 지급할 수 있다.

표 2-4	2018년 기준 교육급여와 교육비지원 사업 비교

구분	교육급여	초 · 중고 학생교육비 지원 사업
주관	교육부, 시 · 도교육청	교육부, 시 · 도교육청
근거	국민기초생활보장법 제12조	초 · 중등교육법 제60조의4부터 제60조의10
사업성격	국가의 의무지출(권리성 급여)	시 · 도교육청 재량적 예산 사업
지원대상	중위소득 50% 이하 초 · 중 · 고 학생	교육감이 정하는 저소득층 초 · 중 · 고 학생
지원내용	• 고교학비(입학금 및 수업료 연 133.5만원) • 고교 교과서대(연 9.35만원) • 학용품비 초(연 5만원), 중 · 고 (연 5.7만원) • 부교재비 초(연 6.6만원), 중 · 고 (연 10.5만원)	• 시 · 도교육청별로 다름 • 고교학비(입학금+수업료+학교운영지원비: 연 170만원) * 교육급여 수급자에게는 학교운영지원비만 지원초 · 중 · 고 급식비(연 63만원) 초 · 중 · 고 방과후수강권(연 60만원) 초 · 중 · 고 교육정보화지원(PC 지원, 인터넷통신비 연 23만원 등)
지원방식	수급자의 계좌로 현금 지급 교과서대 및 학비는 시 · 도교육청에서 해당 학교로 송금	납부금을 3월에 선 납부, 대상자 선정 시 4~5월에 환급 * 교육급여 수급자는 납부유예 처리 이후 납부금은 학교에서 면제 처리

출처: 교육부(2018). 이선호 외(2018)에서 재인용.

　　교육급여의 지원대상은 기초생활보장 수급가구의 초 · 중 · 고 학생이고, 고교학비, 고교 교과서대와 부교재비, 중 · 고 학용품비, 초 · 중 부교재비를 지원받는다. 교육급여는 「국민기초생활보장법」에 근거하여 2015년부터 최저생계비 이하의 빈곤가구에 대한 통합지원을 생계 · 주거 · 의료 · 교육 등으로 나눠 급여별로 별도의 기준을 설정하는 맞춤형 급여 방식으로 개편되었다. 맞춤형 급여 도입으로 2015년부터 교육급여 지급 대상자 선정기준이 기준중위소득 40% 이하에서 기준중위소득 50% 이하로 확대되었다([그림 2-1] 참조). 실제로 지급 대상 소득기준이 기준중위소득 40%이하에서 기준중위소득 50% 이하로 상향조정되고, 소득 산정시 부양의무자 기준이 폐지되어 부모 소득이 지급 기준에 해당하는 경우 조부모 소득과 관계없이 교육급여를 지급받을 수 있게 되었다이선호 외, 2018.

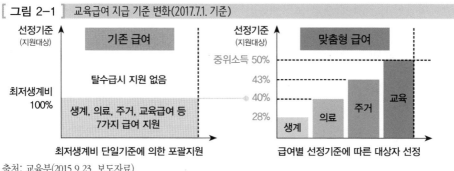

[그림 2-1] 교육급여 지급 기준 변화(2017.7.1. 기준)

출처: 교육부(2015.9.23. 보도자료).

교육급여 지원내용 및 지원기준은 소득인정액이 기준중위소득의 50% 이하인 가구의 초·중학생 부교재비, 중·고등학생 학용품비, 고교 교과서비, 입학금 및 수업료를 지원하고 있다. 2018년과 2019년 기준에 따른 교육급여 지원항목 및 지원 단가를 정리하면 [표 2-5]와 같다이선호 외, 2018: 교육부, 2019.

[표 2-5] 학교급 및 항목별 교육급여 지원금액

지급 대상	급여항목	최저 교육비	1인당 지급금액		지급방법
			'18년	'19년	
초	부교재비	131,208원	66,000원	132,000원(100%↑)	연 1회 일괄지급
중·고		208,860원	105,000원	209,000원(99%↑)	
초	학용품비	70,494원	50,000원	71,000원(42%↑)	연 1회 분할지급
중·고		80,826원	57,000원	81,000원(42%↑)	
고	교과서대	-	정규 교육과정에 편성된 교과목의 교과서 전체		연 1회 일괄지급
	수업료	-	연도별·급지별 학교장이 고지한 금액 전부		분기별 지급
	입학금	-			1학년 제1분기 신청시 전액 지급

출처: 교육부(2019).

「국민기초생활보장법」 제43조의2에 따르면 소득인정액이 기준중위소득 40% 이상~50% 이하 및 소득인정액이 40% 미만인 경우 법 제12조의2부양의무자 기준 폐지에 따라 추가적으로 적용되는 기준에 따른 수급자의 입학금·수업료의 지급은 시·도교육청이 부담하고, 소득인정액이 기준중위소득 40%~50% 이하의 부교재비, 학용품비, 교과서대금은 국가, 시·도, 시·군·구가 분담하며, 소득인정액 기준중위소득

40% 미만인 수급자에 대한 보장비용은 국가, 시·도, 시·군·구가 분담하도록 되어있다([표 2-6] 참조). 국가, 시·도 및 시·군·구의 예산부담 비율은 「국민기초생활보장법」 제43조 제4호에 따라 타 급여의 국가와 지자체의 예산부담 비율에 준하여 교육급여 예산에 반영하고 있다(이선호 외, 2018).

[표 2-6] 교육급여 보장 비용 부담 주체

기준		고등학교 입학금 · 수업료	부교재비, 학용품비, 교과서대
중위소득 40% 이상~50% 이하		시 · 도교육청	국가, 시 · 도, 시 · 군 · 구
중위소득 40% 미만	부양의무자 있음		
	부양의무자 없거나 부양능력이 미약 (의료급여수급자 기준)	국가, 시 · 도, 시 · 군 · 구	

출처: 교육부(2017). 2017년 국민기초생활보장사업 교육급여 운영 방안 안내. p.150.

교육급여 지급대상 학생수를 보면([표 2-7] 참조) 2015년 7월 1일부터 교육급여 지급 기준이 중위소득 50%로 변경되면서 대상 학생수 2015년 387,980명, 2016년 400,874명으로 크게 증가하였다가 학생수 감소 등의 영향으로 2017년 351,557명, 2018년 326,091명으로 다소 감소하였다.

[표 2-7] 연도별 교육급여 지급 대상 초 · 중 · 고등학생수   (단위: 명, %)

구분	전체		초등학교		중학교		고등학교		특수학교	
	학생수	증감률	학생수	증감률	학생수	증감률	학생수	증감률	학생수	증감률
2015년 (12월)	387,980	118.2	131,655	150.4	106,232	113.6	144,645	102.8	5,448	31.0
2016년 (5월)	400,874	3.3	135,395	2.8	102,706	△3.3	156,932	8.5	5,841	7.2
2017년 (5월)	351,557	△12.3	119,935	△11.4	88,594	△13.7	137,098	△12.6	5,930	1.5
2018년 (5월)	326,091	△7.2	115,297	△3.9	80,934	△8.6	123,673	△9.8	6,187	4.3

출처: 이선호 외(2018).

교육급여 외 초 · 중 · 고 교육취약계층 학생을 대상으로 한 교육비 지원사업은 시 · 도교육청별로 예산이 허락하는 범위 내에서 재량적으로 추진하고 있다. 시 · 도

교육청 자체적으로 지원하고 있는 교육비 지원의 경우, 교육급여와 선정기준과 지원 내용이 달라 선정기준에 충족된다면 둘 다 지원 받을 수는 있다. 다만, 고등학생의 경우 교육급여 대상자가 교육급여를 신청하여 지원 받았다면 입학금 및 수업료, 교과서비에 한해서는 중복지원이 불가하다. 대표적인 시·도교육청별 재량적 교육비 지원 사업에는 고교학비입학금, 수업료, 학교운영지원비와 급식지원, 방과후수강권, 교육정보화지원 사업 등이 있으며, 이외에도 시·도교육청별로 차이는 있으나 현장체험학습비 지원, 교복비 지원, 기숙사비 지원 등을 하고 있다.

한편 정부는 「제1차 기초생활보장 종합계획2018~2020년」을 수립하고, 교육급여 지원액을 인상하여 2020년까지 최저교육비의 100% 수준까지 인상하고, 2018년부터 초등학생에 대해서도 학용품비를 지급하고 있다([표 2-5] 참조). 또한 교육급여제도와 교육비 지원사업 간의 연계 강화를 추진하고 있다. 우선 교육급여 신청 시 교육비도 동시 신청되도록 제도화하여 저소득층 사각지대 해소 및 양 사업간 연계 강화 기반을 마련하고자 한다. 이미 「사회보장급여 관련 공통서식에 관한 고시」를 개정2017.11하여 교육급여 신청 시 별도 의사표시가 없으면 교육비도 함께 신청되도록 변경한 바 있다2018년 신청 시부터 적용. 2019학년도부터는 초·중·고 교육급여 및 교육비 지원 집중신청기간3.4~3.22 동안에 교육급여 및 교육비를 동시에 신청할 수 있도록 적극 안내하고 신청을 독려한 바 있다.

이러한 교육급여제도의 재구조화 작업도 추진되고 있는데, 이와 관련한 이선호 외2018의 연구를 요약하면 다음과 같다.

첫째, 교육급여의 성격을 변화시켜 타급여와의 차별화가 필요하다. 교육급여는 저소득층에서 적절한 교육기회의 제공함으로써 미래 사회구성원의 경쟁력 제고라는 미래 투자적 성격이 강하고, 학교교육 안에서의 최저 수준이란 없으며 비용이 수반되는 학교교육활동은 선택 또는 포기로 나뉜다. 이 같은 이유에서 실제로 많은 저소득층 가정의 학생들은 처음부터 선택의 기회를 박탈당하고 있다.

둘째, 최저교육비의 재개념화가 필요하다. 현재의 규범적 의미가 강한 최저교육비 정의'사회구성원으로서 자아를 실현하고 정상적으로 사회생활을 수행할 수 있는 수준의 교육을 위해 지출되어야 하는 최소한의 비용'를 실질적 교육급여 지급대상자인 학교교육을 받아야 하는 학생으로 구체화하고 학교교육에 참여하는데 소요되는 비용에 비해 매우 제한적인 교육급여 항목을 확대할 수 있도록 '모든 학생들이 학교교육활동에 참여하기 위해 필요한 최저 소요 교육비'로 재개념화 할 필요가 있다.

셋째, 교육급여 지원 항목의 재구조화가 필요하다. 고교무상교육이 실시되면서 기존 학비지원입학금 및 수업료, 학교운영지원비은 더 이상 지원항목이 될 수 없지만 여전히 초·중·고등학교 단계에서 학교교육 참여를 위한 교육비현장체험학습비, 수학여행비, 급식비, 방과후교육활동비 및 재료비, 교복비, 기숙사비, 통학비 등가 필요하며, 학교교육환경 변화교육핵심 서비스를 넘어선 부가 서비스 확대, 스마트기기를 활용한 교수학습활동 변화 등를 고려하여 교육급여 지원항목을 재구조화할 필요가 있다. 현재 교육급여 지원에서 누락되어 있는 보충교육비를 지원하여 최저교육수준의 보장이 필요하며, 장기적으로는 최저수준의 교육기회 보장 차원에서 사교육영역까지 교육급여 지원을 확대할 필요가 있다.

넷째, 교육급여 지원 방식도 전환이 필요하다. 학교교육참여를 위해 필요한 최저교육비는 교육급여 수급자 권리성 보장 차원에서 교육급여에서 우선적으로 보장하고, 시·도교육청 재량에 따라 추진되고 있는 수많은 교육지원 사업들은 통합하여 행정력 낭비를 최소화하고 이를 맞춤형 지원 체제 지원을 위한 행정력으로 전환할 필요가 있다.

이선호 외2018는 이상의 현실적 필요성을 바탕으로 [그림 2-2]와 같이 교육급여

[그림 2-2] 교육급여 지원 항목 재구조화

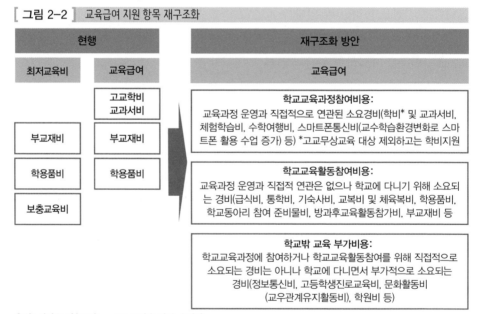

출처: 이선호 외(2018). p. 103 그림을 일부 수정함.

지원 항목의 재구조화가 필요함을 주장한 바 있다.

한편 각 시 · 도교육청이 시행하는 교육비 지원 사업은 다음의 측면에서 문제가 있다.

첫째, 교육비지원사업의 권리보장의 문제이다. 「초 · 중등교육법」 개정 등을 통해 법령적 근거를 마련하였다고 하겠으나, 어디까지나 이는 정책의 시행을 위한 행정상의 처리에 관한 것이지 저소득층의 권리 보장의 관점에서 보았을 때에는 여전히 미약하다고 할 수 있다. 둘째, 교육비지원사업의 실효성 문제이다. 우선, 가장 큰 교육비지원사업인 방과후 수강권 제도는 경제적 여건상 사교육이라는 부가적인 보충수업의 기회에서 소외당한 학생들에게 교육 기회를 확대하는 측면에서는 의미가 있다고 하겠으나, 통계적 추론 결과를 보아 판단하였을 때 저소득층이 밀집될 개연성이 높은 '기초학력미달' 수준의 학교의 유의미한 학력개선에는 별반 큰 효과가 없는 것으로 나타나고 있다[2]이준호 · 박현정, 2012. 저소득층 학생들의 누적적 교육격차에 대한 고려 부족, 저소득층 학생들의 실질적인 수준과 필요에 대한 고려가 부족한 형식적 지원 등의 문제도 나타나고 있다박지연 · 김병찬, 2010. 또한 저소득층 인터넷통신비 지원 사업의 경우, 계층 간 정보격차의 해소에는 도움이 되고 있으나, 대다수의 학생들이 인터넷을 게임 등의 유희적 목적으로 활용하고 있어허진옥, 2010, 이를 어떻게 학습의 흥미를 높이는 등 교육적 관점으로 활용할 수 있을 것인지에 관한 대책이 필요하다.

❷ 교육복지사업

교육부와 보건복지부가 주축이 되어 추진하고 있는 이른바 교육복지 4대 사업은 [표 2-8]과 같다.

---

2 이준호 · 박현정(2012: 80)은 이에 대한 해석을 다음과 같이 하고 있다. 첫째, 방과후학교에 참여하는 저소득층 학생의 출석률이 저조하여 기초학력미달인 학생에게 방과후학교 프로그램의 효과가 나타나지 않는 경우일 수 있고, 둘째는 1인당 연간 33만 원 수준(2009년의 경우: 필자주)으로 제한된 방과후학교 자유수강권 지원금이 보충수업을 통해 기초학력미달인 학생들의 학력을 끌어올리기에는 부족한 수준일 가능성이 있다. 방과후학교 프로그램의 체계적인 관리도 일종의 자원 투입으로 본다면, 결과적으로 기초학력미달 학생들에 대한 방과후학교 프로그램 지원 투입이 충분 혹은 적정하지 않다는 것을 의미한다.

[표 2-8] 교육복지 4대 사업의 특성

	교육복지 우선지원사업	학교사회복지사업	위스타트 內 학교사회복지사업	드림스타트 사업
시행주체	교육부(시 · 도교육청)	지방자치단체/단위학교	지방자치단체	보건복지부
운영 목표	도시 저소득층 지역 학 교(학생)의 교육, 복지, 문화 수준을 총체적으 로 제고하여 저소득층 학생들의 건전한 발달 도모	공평한 교육기회 제공 및 모든 학생의 교육목 적 달성을 위해 학생을 중심으로 학교-가정- 지역사회를 연계한 통합 적 서비스 제공	지역사회 저소득층 아동들의 건강하고 건전한 발달 도모	모든 아동에게 공평한 양육여건과 출발기회 보장
대상	저소득층 학생	모든 학생(어려움이 있 는 학생)과 교사, 학부모	저소득층 초등학생과 그 가족 및 지역사회	저소득층 초등학생과 그 가족 및 지역사회
전문인력	지역사회교육전문가	(학교)사회복지사	(학교)사회복지사	(학교)사회복지사
주요역할	교육격차의 해소	학교복지의 활성화	사례관리	사례관리
예산	학교당 1억 원	학교 당 4천만 원 (사업초기)	4천 2백만 원~	4천 5백만 원~
사업규모 (2011년)	전국 1,801개교 (2012년)	경기도 39개교	경기도 13개교	전국 131개 센터
법적 근거	없음	없음	없음	「아동복지법」 제37조 (취약계층 아동에 대한 통합서비스지원)

출처: 이태수(2011)를 토대로 일부 수정함.

(1) 교육복지우선지원사업

2003년부터 추진된 교육복지우선지원사업 이하 '교복우사업'은 교육부의 대표적인 교육복지사업이라고 할 수 있다. 교복우사업은 교육복지정책 전반의 큰 틀에서 설계되고 추진되고 있는 사업으로서 교육복지에 대한 관심 증가로 여러 정책들이 분화, 확대되어 왔으나 아동 · 청소년을 중심으로 한 통합의 필요성과 여러 유관정책사업의 연계, 협력을 통한 통합적 접근의 기반을 갖고 있다고 할 수 있다. 또한 교육 취약계층 아동 · 청소년을 위한 통합지원망 구축을 기반으로 학교-지역사회의 연계를 추진하되, 전반적으로 아동의 교육적 성취를 높이면서 종국적으로 자주적 · 능동적 시민 양성을 통한 사회통합을 달성하고자 하는 사업이다.

[**그림 2-3**] 교육복지우선지원사업의 비전

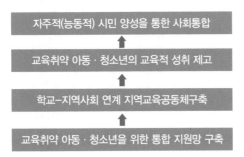

서울특별시교육청 녹번초등학교의 사례를 바탕으로 교복우사업의 구체적인 내용을 설명하면 다음 그림과 같다.

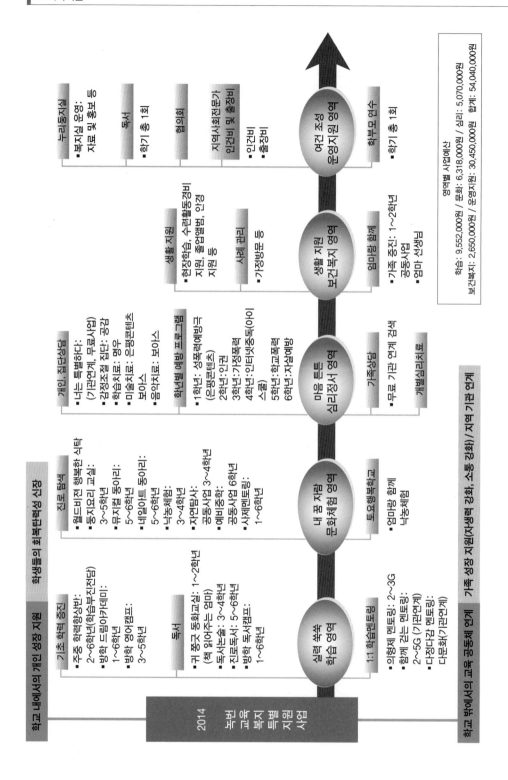

녹번초등학교 프로그램 운영 과정 및 관리 현황

1. 운영과정 및 성과

가. 프로그램의 체계적인 운영 과정

욕구조사	목표설정	기획 · 운영	평가 · 피드백
▸ 전년도에 실시된 교육복지 단위사업을 중심으로 교육복지 학생, 학부모에게 수요 조사 실시 (교육과정 설문 및 가정통신)	▸ 서울시 및 서부교육청 중점 과제를 바탕으로, 교육복지 사업의 목표설정 ▸ 자생력 강화, 회복탄력성 강화를 위한 프로그램 설정 ▸ 가족기능지원, 개인역량 강화 프로그램 마련	▸ 중점과제 실현 및 학교단위 강조 사업, 수요자 상황에 맞는 단위 사업 기획 (협의회 및 학운위 심의) ▸ 교육복지 업무전담팀 중심 사업 추진, 각 사업 추진 매뉴얼 학기 초 제공 (1학기 부서 협의회)	▸ 단위사업 종료 시 학생, 학부모에 대한 설문평가 실시 ▸ 지역기관연계사업은 각 기관에 평가보고서 요청 ▸ 학기말, 학년말 부서협의회 추진(개선점 논의) ▸ 차년도 사업 반영

【학습영역의 드림아카데미 프로그램 운영 사례】

2013년 평가, 피드백	목표설정	기획 · 운영	평가 · 피드백
▸ 여름(4-6학년), 겨울방학(1-3학년), 각10일씩 국어, 수학 집중지도 실시 ▸ 학생, 학부모 모두 90%이상의 프로그램에 대한 만족도를 나타냄. ▸ 특히 저학년일수록 기초학습이 다져지면서 만족도가 높았음. ▸ 평가협의시, 2학기 학습의 효율화를 위해 여름에 전학년 드림아카데미를 운영하기로 함.	▸ 서울시 및 서부교육청 중점 과제를 바탕으로, 교육복지 사업의 목표설정 ▸ 개인의 역량 및 자생력, 회복탄력성 신장 ↑ ▸ 학교적응력, 자존감 향상 ↑ ▸ 학습능력도 강화, 문화체험 및 심리정서 상담 ▸ 1:1 학습프로그램, 소규모 집중 학습프로그램	▸ 수요자 욕구 조사 결과 반영, 2013년도 운영 결과 반영 ⇒ 겨울방학 드림아카데미 폐지, 여름방학 드림아카데미를 집중 운영(국어, 수학, 한글익히기 집중지도) ▸ 외부 영화관람 대신 교내 문화체험활동 접목 ▸ 아침을 거르고 오는 학생들에게 식사대용 간식 지급	▸ 여름방학 드림아카데미 종료시 학생, 학부모, 교사에게 만족도 설문 실시(모두 90%이상 만족도를 나타냄, 지표 2-1) ▸ 10일, 하루 4시간 운영이 효율적이었으며, 간식 및 교재 구입을 위한 예산이 좀 더 늘었으면 함. ▸ 여름방학 집중지도로 2학기 학습이 좀 더 수월해짐. ▸ 차년도 사업 반영

2. 집중지원학생 관리 현황

경제적 지원 대상자 선정 기준		선정 시기 및 관리 내용
3차 2차 1차	▪1차: 법정보호 대상자 (국민기초수급자, 법정한부모, 법정차상위)	▪선정시기: 3월~4월 ▪방과후 자유수강권, 체험학습비 일부, 교육복지 프로그램
	▪2차: 소득수준 100~120% 이하 ▪급작스런 경제적 위기 대상자 (교내 교육복지위원회 협의하여 선정)	▪선정시기: 3월~4월, 신규사례 발굴시 ▪방과후 자유수강권, 교육복지 프로그램, 급작스런 경제적 위기 대상자는 협의를 통해 체험학습비 일부 지원 가능
	▪3차: 소득수준 130~150% 이하 ▪담임추천에 의한 경제적 위기 아동 (교내 교육복지위원회 협의하여 선정)	▪선정시기: 3월~4월, 수시 발굴 ▪교육복지 프로그램 지원

위기 지원 대상자 선정 기준		관리 내용(수시 발굴)
점검 지속 집중	▪집중관리: 정서불안, 학교 부적응, 학습부진, 가정내 방임 등 총체적인 문제와 관리 필요 아동	▪지역기관 연계, 심리정서 치료 지원, 지속적인 사례관리, 복지프로그램 지원
	▪지속관리: 가정의 관리 미흡, 학습 부진 등 특정 분야에서 어려움을 나타내는 아동	▪사례관리 및 상담, 교육복지 맞춤 프로그램 지원
	▪점검관리: 경제적 지원 대상자의 범주에 해당, 집중지원학생에 포함되나 자기관리 및 가정관리가 가능한 아동	▪자원 연계, 교육복지 문화체험 프로그램 등 지원

녹번초등학교 학교 내적 시스템 구축 및 성과

항 목	운영 내용	성 과
원활한 협의시스템 구축	▶교내 교육복지추진위원회 특수부장 중심으로 구성 운영 (경제적 위기로 인한 지원 대상자 발굴 및 학교 집중지원 학생 선정 기준 마련) ▶교육복지부 협의회(학년초 사업 공유, 학기초, 학기말 평가 협의회) 운영 ▶업무 담당자 실무 협의회 2회 운영 ▶지역센터와의 정기적인 사례 회의 실시 (은광지역아동센터, 알로이시오, 복지관 등) ▶담임교사, 복지부장, 지전가 간 수시 학생 상담 협의 실시 (위기 대상자 작년 19명→26명으로 증가)	▶특수부장 중심의 교육복지 추진위원회는 학교 교육과 정과의 긴밀한 협조 운영이 가능하며, 수시 협의에 원활함. ▶복지부협의회, 단위 사업 전후 업무 담당자 협의를 통해 단위 사업 운영이 보다 효과적이고 긴밀한 협조 하에 진행됨
효율적인 교육복지사업 전담부서 운영	▶교육복지 사업 전담 부서 구성(8명) ▶학년초 부서 간담회를 통해 교육복지 업무 추진을 위한 매뉴얼 공유 ▶매 학기초, 학기말, 학년말 부서협의회 및 평가회를 개최하여 피드백 진행 ▶5개 영역 36개 사업을 계획, 운영, 평가, 환류함	▶사업전담부서의 운영으로 담임교사의 업무를 경감시키면서, 보다 숙련된 인력의 효율적인 교육복지 사업 운영이 가능하였음.
집중지원학생의 지속적 관찰, 상담 담임교사	▶각종 프로그램 진행시 담임교사와의 협력 강화 (학습부진, 학교 부적응, 심리적 불안 등 위기 대상자 선정 시 협의, 프로그램 대상자 참석 독려, 프로그램 종료 후 피드백 등) ▶복지대상자 개별관리카드(1학년부터 6학년까지 누가 기록) 작성, 위기 아동들에 대한 수시 협의 ▶대상 학생의 지속적 관찰, 상담, 지지 및 격려	▶담임교사와 교육복지부장, 지전가와의 수시 상담 협의를 통해서 위기 아동에 대한 관리가 원활하게 진행되고, 학생에 맞는 프로그램 및 치료 지원이 가능하였음.
집중지원학생과 소통하는 지역사회교육 전문가	▶집중지원학생들의 지속적인 사례 관리 실시 ▶가정방문을 통한 대상자 발굴, 상담, 관리 ▶위기 아동들에 대한 수시 상담, 협의, 지역기관과의 연계 및 사례 회의 ▶학생 및 학부모와의 전화, 대면 상담 진행 ▶집중지원학생들이 보다 편안하게 마음을 열 수 있도록 지속적인 소통의 기회 마련	▶학생, 학부모와의 지속적 상담과 친밀감 유지를 통해 학생에 알맞은 프로그램을 연결, 지원해 줄 수 있음. ▶유관기관과의 긴밀한 협조 체제를 구축함.

동 사업은 형평성불리한 집단에게 불리함을 극복할 수 있도록 우선적 여건 개선과 기회 제공, 통합성아동 · 청소년 중심의 접근, 학습자의 필요와 요구에 부응하는 통합적 접근, 네트워킹학교와 지역사회, 지역사회 내 여러 자원 간의 연계 협력을 통한 지원, 공동체성아동 · 청소년의 배움과 성장을 공동의 목표로 하는 학교 구성원, 지역사회 내 구성원 간의 공동체성, 협치의 거버넌스관료제적 한계 극복, 학교와 지역사회의 자체 역량 발휘 등을 위한 관·민 협력의 의사소통과 의사결정의 체계화 등을 기초적 원리로 하고 있다. 추진전략은 네트워커지역사회교육전문가, 프로젝트조정자 등의 배치, 지역사회와 학교의 연계 강화지역의 교육복지적 자원을 학교교육에 활용 등, 학교 조직의 재구조화교육복지부서의 설치, 교육복지중심의 학교운영 등, 학교교육 계획에 사업계획을 포함하여 하나로 통합, 지역의 자구력 유도예산 배정, 대응투자 유도 등이다.

이러한 교복우사업은 세 번의 단계를 통하여 발전해 왔다. 먼저 시범단계2003~2004년에서는 사업지역을 서울특별시와 부산광역시에 한정하였고, 행정동의 기초생활수급자 비율, 재산세 납부, 학교의 기초생활수급 가정 자녀 수 등을 고려하여 사업지역과 대상학교를 선정하였다. 본격 확대기인 2단계2005~2010에서는 도시 중심의 점진적 확대 단계로 서울특별시와 모든 광역시로, 다시 인구 25만 이상의 도시에서 모든 시로 확대하였다. 보편화단계라고 할 수 있는 3단계2011~에서는 재원의 변화특별교부금→보통교부금, 전국 모든 지역으로 확대, 시 · 도교육청에서 학교에 일정 규모 이상의 기초생활수급 가정 학생 수, 기타 취약계층 수 등을 고려한 기준 마련을 특징으로 한다.

1단계와 2단계 시기의 교육복지투자우선지역지원사업은 지역을 단위로 하는 초등학교와 중학교를 중심으로 추진되는 사업이므로, 교육지원청에서 사업을 추진하는 방식을 택하였다. 사업을 직접 추진하는 학교에서는 사업의 효과적인 추진을 위하여

[표 2-9] 교육복지우선지원사업의 선정 기준 변화

연 도	지역수	대상 지역	재원	지역 선정 기준, 고려 사항
2003-2004	8	서울, 부산	특별교부금	행정동별 기초생활보장 수급자 비율 등
2005	15	특별시/광역시	특별교부금	상동
2006	30	25만 이상 도시	특별교부금	상동
2007	60	25만 이상 도시	특별교부금	기초생활보장 수급자 학생 수 평균 70명 이상
2008-2010	100	모든 시	특별교부금	기초생활보장수급자+법정한부모가정 학생수 평균 70명 이상, 혹은 전체학생의 10% 이상
2011-	지역, 학교	도시, 농촌 지역	보통교부금	시도교육청 기준 설정: 저소득층 학생 일정 수 이상 재학 학교

사업 추진조직을 마련하였으며, 학교와 지역사회 연계업무를 위하여 새로운 인력인 '지역사회교육전문가'를 교육지원청에서 선발 · 배치하도록 권장하였다. 반면, 3단계의 '교육복지우선지원사업'에서는 중앙 차원에서는 한국교육개발원에 위탁하여 시도별로 통일된 성과관리가 이루어질 수 있도록 성과관리 모델을 개발하여 제시하고, 시 · 도교육청 차원에서는 시 · 도교육복지협의회를 통하여 단위학교의 사업 활성화를 위한 성과관리 및 지원업무를 담당하도록 하였으며, 교육지원청 차원에서는 지역교육복지지원센터를 통하여 지역의 교육 공동체 구축, 지역 차원의 사업 계획을 수립하며 사업학교의 효과적인 운영을 위한 지원을 추진하도록 하였다. 단위학교 차원에서는 교육복지 전담부서를 두고 교육복지 구현을 위해 필요한 사업계획을 수립 · 시행하며 지역사회 유관 기관과의 연계 · 협력을 활성화하고 관련 사업을 통합적으로 연계 · 운영하도록 하였다. 또한 시 · 도교육청 간 협의체를 두어 사업의 효과적인 수행을 위한 시 · 도간 협력을 촉진하며, 사업의 효과적인 운영을 위하여 사업학교와 교육지원청 및 교육청에 민간전문인력프로젝트조정자, 지역사회교육전문가을 배치하여 활용토록 하였다. 종합하면, 교육복지우선지원사업은 단위학교를 중심으로 학교 내 지원과 학교 밖 지원, 가정이 연계된 지역사회 교육공동체를 통한 학생의 삶에 총체적으로 개입하는 사업으로 자리매김하였으며, 제도적으로는 법제화를 기반으로 단위학교, 교육지원청, 시도교육청, 교육부가 주축이 되어 중앙교육복지연구지원센터KEDI와 시도교육복지협의회, 지역교육복지지원센터 등 다양한 지역사회 기관과 연계하여 종합적인 추진체계를 갖추는 방향으로 형성되어 왔다고 할 수 있다김한나, 장덕호, 2017.

교복우사업의 성과는 여러 측면에서 관찰된다. 첫째, 학교와 지역사회의 연계 협력 체제를 구축함으로써 학교의 폐쇄성 극복, 학생을 중심에 두고 학교와 지역사회의 협력 체제 구축에 기여하였다는 점이다. 동 사업을 계기로 지역사회의 아동 · 청소년 교육네트워크 구축, 교육안전망 구축 사례가 증가하였다. 둘째, 학생들의 이해를 기초로 한 학교교육 혁신의 계기가 되었다. 학교에서 주변화 되었던 학생들을 중심에 두는 학교교육 계획 수립의 계기가 되었다는 것이다. 교실 수업에서 소외되었던 학생들을 위한 교육활동과 공간을 제공하였고, 저소득층 학생에게 필요한 프로그램 제공을 하였고, 동아리활동, 축제 등을 통한 문화적 욕구를 충족하였고, 교육복지실 공간 속에서 또래 집단 교류와 중심 역할을 수행하였다는 점이다. 셋째,

무엇보다 학생과 학교의 변화가 관찰된다는 점이다. 학생의 변화로는 우선 비사업 학교의 유사한 여건의 학생에 비해 사업학교 우선지원 학생은 교사의 관심과 지지 등에 의해 자존감, 사회성, 학교 적응 등 개선 효과가 있었으며, 학교의 변화로는 교사들의 학생 지도 효능감 증가, 교사들의 학생의 이해와 관심 증가, 학교 풍토 개선이 있었다. 교육복지우선지원사업의 성과에 관한 메타분석[3]을 시행한 결과, 이 사업은 교육적으로 유의미한 효과가 있는 것으로 나타났다. 즉, 교육적 효과를 인지 영역, 정의 영역, 사회적 행동 영역으로 구분하여 분석한 결과, 인지, 사회적 행동, 정의적 영역 순으로 효과가 높은 것으로 나타났다. 특히 인지적 특성의 경우 교육적으로 유의미하며, 실질적 효과가 있는 수준으로 나타난 반면, 정의적 특성의 경우 상대적으로 미약한 효과 크기를 보였다. 각 영역별 효과크기effect sizes를 살펴본 결과, 인지 영역에서는 학업 성취, 정의 영역에서는 학교생활만족도, 사회적 행동 영역에서는 학교 적응 행동에 대한 효과 크기가 각각 높게 산출되어, 이 사업이 수혜학생의 '학교생활'의 질 제고에 긍정적 영향을 미치고 있음을 확인하였다. 제도 변화에 따른 효과를 추적한 결과, 2011년 법제화 이후 효과가 커진 것으로 나타났다. 학교급별 효과크기는 초등학교, 중학교, 고등학교의 순으로 사업 효과가 크게 나타났으며, 지역별 효과크기는 경기와 강원도에서의 사업성과가 상대적으로 높게 산출되었다김한나, 장덕호, 2017.

---

3 메타분석(meta-analysis)이란 특정 주제에 관한 개별 연구들을 체계적이고 계량적으로 종합하여 전체효과의 크기와 방향을 제시하는 통계적 분석방법이다. 메타분석은 특정 주제에 관한 전체 효과의 크기를 제시해주고, 관심 변수의 효과에 관한 방향(direction)과 크기(amount)를 제시하는 데 주요한 특징이 있다(김한나, 장덕호, 2017).

교육복지사(지역사회교육전문가)

교육복지사는 시 · 도교육청에 따라 '지역사회교육전문가'로도 불린다. 단위학교에서 교육복지우선지원사업을 담당하거나 교육지원청에서 프로젝트조정자로도 일하고 있고, 경우에 따라서는 시 · 도교육청 본청에서 네트워커로 활동하기도 한다. 어느 서울지역 단위학교에서 발표한 교육복지사 채용공고를 살펴보고자 한다.

1. 지원 자격 조건

가. 타 기관에서 중복업무를 하지 않고 동 사업에 충실할 수 있는 자 중 아래의 필수 요건 중 한 가지 자격 요건 사항을 충족하는 자

자격요건	필수1	사회복지사 2급 이상, 청소년 지도사 2급 이상, 청소년상담사 2급 이상, 평생교육사 2급 이상, 교사 자격증 중 한 가지 이상 자격증 소지자
	필수2	2년 이상의 교육, 문화, 복지 등의 분야에서 아동 및 청소년 대상 활동 경험 및 지역 네트워크 사업 활동 경험이 있는 자(세부 활동경력서 제출) ※ 지역 네트워크 사업 활동: 소속된 기관에서 다양한 지역기관(교육, 문화, 복지, 상담 등)과 공동프로그램을 기획하여 함께 진행하였거나, 인적 · 물적 자원을 연계하는 등의 활동을 의미함.
우대		- 지역사회교육전문가 활동 경력자 - NEIS · 에듀파인 활용 가능자

나. 공고일 기준, 「서울특별시교육청 교육공무직원 채용 등에 관한 조례 시행규칙」 제14조(결격사유) 및 기타 관계법령에 의하여 응시자격이 정지되지 않은 자

다. 아동 · 청소년의 성보호에 관한 법률 제56조 및 같은 법 시행령 제25조에 따라 범죄경력 조회 결과 취업이 제한되지 아니한 자

2. 업무 내용

가. 교육복지사업과 관련하여 본교와 지역사회기관과의 네트워크를 통해 인적 · 물적 자원을 연계하는 역할

나. 학생의 기본적 욕구를 파악하고, 이를 토대로 하여 학교와 지역사회의 청소년 · 문화 · 복지기관(단체), 학교와 가정과 연계 도모

다. 교육복지사업과 관련하여 학교장이 지정하는 업무 등

3. 근무 조건

가. 신분: 기간제 계약직

나. 보수: 2018학년도~2019학년도 교육청 인건비 지원 기준에 따름. (월급제)

다. 근무조건

- 근무일수는 학사일정에 따라 조정될 수 있으며, 기타 사항은 근로기준법 적용
 (적용법령: 근로기준법, 기간제 및 단시간근로자 보호 등에 관한 법률 등 노동관계 법령, 학교회계예산편성기본지침, 학교회계세출예산집행지침, 교육비특별회계예산편성 · 집행지침)
- 근로시간: 1일 8시간, 주 40시간

4.

가. 면접(최종)시험 합격자는 「공무원채용신체검사 규정」에 의한 신체검사 및 범죄경력조회를 받아야 하며, 이에 불합격 판정을 받은 자는 임용이 취소될 수 있음.

나. 제출된 서류에 기재된 사항이 사실과 다를 경우 임용이 취소될 수 있음.

다. 접수된 서류는 반환하지 않으며, 기재사항은 수정할 수 없음.

라. 지원서 접수결과 응모자가 선발 예정 인원수와 같거나 미달하더라도 적격자가 없는 경우 선발하지 않을 수 있음.

(2) 드림스타트(DREAM START) 사업

드림스타트 사업은 취약계층 아동에게 맞춤형 통합서비스를 제공하여 아동의 건강한 성장과 발달을 도모하고 공평한 출발기회를 갖도록 함으로써 궁극적으로 빈곤의 대물림에서 벗어날 수 있도록 지원하는 것을 사업목적으로 한다보건복지부 · 드림스타트, 2013.

드림스타트 센터가 2007년에 서울, 부산, 전남, 경북, 강원 등 13개 시 · 도의 16개 지역에 처음 설치된 이후, 2015년에 229개 지역을 포함한 전국으로 사업확대를 완료하였다. 2017년에는 취약계층 아동 수 및 수행 인력규모 등 지역여건을 고려한 예산 차등 지원 방식으로 전환하였고, 민간 전문인력 명칭 역시 종래 '아동통합서비스전문요원'에서 '아동통합사례관리사'로 변경한 바 있다드림스타트 홈페이지.

보건복지부에서 사업비국비 100%, 시 · 군 · 구별 3억원 지원. 단, 서울시 자치구는 2억원 지원를 전액 지원하고, 해당 지방자치단체에서는 국고 지원금3억 원외에 전담인력 공무원과 민간 전문인력을 배정함으로써 사업을 운영하고 있다. 이 사업은 별도의 법적 근거를 갖지 않고 시작되었으나 아동복지법이 2011년 개정되면서 비로소 법적 근거[4]를 갖게 되었다.

---

4 제37조(취약계층 아동에 대한 통합서비스지원) ① 국가와 지방자치단체는 아동의 건강한 성장과 발달을 도모하기 위하여 대통령령으로 정하는 바에 따라 아동의 성장 및 복지 여건이 취약한 가정을 선정하여 그 가정의 지원대상아동과 가족을 대상으로 보건, 복지, 보호, 교육, 치료 등을 종합적으로 지원하는 통합서비스를 실시한다.
② 제1항에 따른 통합서비스지원의 대상 선정, 통합서비스의 내용 및 수행기관 · 수행인력 등에 필요한 사항은 대통령령으로 정한다.
③ 보건복지부장관은 통합서비스지원사업의 운영지원에 관한 업무를 법인, 단체 등에 위탁할 수 있다.

[**그림 2-4**] 드림스타트사업 지원체계

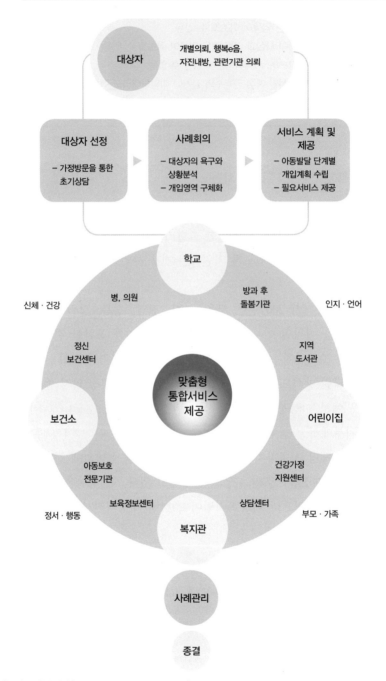

출처: 드림스타트 홈페이지(https://www.dreamstart.go.kr).

드림스타트 사업은 각 시·군·구별 빈곤가구 밀집지역1~2개 읍면동에 거주하는 기초생활수급가정 및 차상위층 가정 등 취약계층의 임산부 및 0~12세 아동을 대상으로 하며, '가족 단위 지원'이 제공되는 특색을 가지고 있다. 평균적으로 사업 지역당 1~2개의 동洞이 지원되고 있으며, 1개 지역에서 약 300명 아동에게 지원되고 있다.

[표 2-10]   드림스타트 지역유형

구분		지역유형	대도시 자치구	대도시형 기초단체	중소도시 기초단체	농산어촌 기초단체
서비스	기본	내용	통합사례관리, 가정방문			
		제공 방법	100% 직접 제공			
	필수	내용	건강검진 및 예방, 정신건강, 산전산후관리, 기초학습, 사회정서, 부모교육			
		제공 방법	직접방식 15%까지 제공가능	직접방식 20%까지 제공가능	직접방식 30%까지 제공가능	직접방식 40%까지 제공가능
	선택	내용	건강관리, 치료지원, 학습지원, 양육지원, 문화체험			
		제공 방법	100% 연계 또는 혼합 방식 제공			
인력 역할	팀장		서비스 조력자 (지역현황 파악, 개발 발굴)	서비스 조직자 (분산된 활용가능한 자원 조직화)	프로그램 촉진자 (프로그램별 운영방법 및 연계지원 결정)	프로그램 개발자 (대상아동과 자원을 탐색하여 서비스 개발)
	팀원		프로그램 중재자 (사례관리 중심)	프로그램 중개자 (연계 및 직접운영 중 가능한 방법 판단 및 수행)	프로그램 실행자 (사례관리 및 직접 수행)	
운영위원회			부구청장 위원장으로 구별 운영	부사장 위원장으로 시별 운영	부시장 위원장으로 시별 운영	부군수 위원장으로 군별 운영
수퍼비전 체계			전문기관, 대학교 등 풍부한 지역자원 활용하여 다양한 분야의 인력풀 형성, 분기별 1회 이상 운영	지역에 근거한 다양한 인력풀 구성, 분기별 1회 이상 운영	인근 대도시 자치구형 및 대도시 기초단체형에 소재한 센터와 협력을 맺어 수퍼바이저 공유, 관련학회를 활용하여전문가 추천 받아 구성, 분기별 1회 이상 운영	수퍼바이저 강사비 지급시 교통비를 합리적으로 산정할 필요, 직접서비스 운영 관련 사례 수퍼비전 강화 필요, 분기별 1회 이상 운영
지역자원 연계			① 전문적 수준의 영리 민간자원 개발 ② 인접한 대도시 자치구 지역의 자원으로 발굴 확대 ③ 지역자원이 부족한 중소도시 기초단체 및 농산어촌 센터와 보유자원 공유	① 시단위의 연계자원이 가장 많으므로 발굴 및 조직화 노력 ② 창의적 프로그램을 개발하여 지역의 독창적 자원 개발 독려	① 도시형/농산어촌형 성격이 혼재되어 있으므로 보다 지역특성을 고려하여 지역자원 개발 ② 지역사회에 근거한 자발적 봉사단체 등 지역특성화 자원 활용	① 풀뿌리식 토착자원 활용 ② 아동청소년 이외 분야에서 다양한 자원 개발 ③ 대도시 자치구형, 대도시 기초단체에 소재한 센터와 협력하여 자원 공동활용

출처: 2011년도 드림스타트 사업 안내, 보건복지부, p. 89.

특히 상이한 지역적 특성을 고려하여 2010년부터 지역유형을 구분하여 각 유형마다 일부 다르게 운영하고 있다. 지역유형은 크게 대도시 자치구, 대도시형 기초단체, 중소도시형 기초단체, 농산어촌 기초단체 등 네 가지로 구분되며, 기본서비스는 지역유형과 관계없이 100% 직접 제공해야 하고, 필수서비스는 연계 또는 혼합방식으로 서비스 제공이 어려울 경우 드림스타트 센터가 직접 방식을 활용해서라도 아동에게 반드시 서비스를 제공해야 한다. 이때 불필요한 직접서비스 제공을 제한하고자 지역자원의 양을 고려하여 지역유형별로 직접 방식에 의한 서비스 제공 정도를 차등화 하였다. 먼저 지역 자원이 빈약한 농산어촌 기초단체형은 필수서비스를 직접 방식으로 제공하는 수준을 40%까지로 제한하는 반면, 연계자원이 많은 대도시 자치구형은 필수서비스를 직접 방식으로 제공하는 수준을 15%까지로 제한한다. 연계자원이 많은 지역에서는 직접 서비스를 제공하지 말고 연계자원을 찾으라는 의미이다. 대도시 자치구형에 가까운 대도시 기초단체형은 20%, 대도시 기초단체형과 농산어촌 기초단체형의 중간 형태를 띠는 중소도시 기초단체형은 30% 이하로 필수서비스를 직접 방식으로 제공할 수 있게 하였다. 선택서비스는 100% 연계 혹은 혼합방식으로 제공해야 한다. 정의된 서비스 유형과 제공방식을 지역유형별로 제시하면 앞서 [표 2-10]과 같다.

최근 드림스타트 사업은 사업예산이 빠르게 증가하고 있다. 2007년에는 16개 지역에 48억 원이 지원되었고, 2012년 462억 원으로 증액되어 최근 5년 동안 9.6배 증가되었다. 정부는 빠른 시일내에 이 사업을 663개 지역으로 확대할 계획이고, 예산부담 때문에 향후 지자체의 분담 비율을 증가하는 방안을 검토하고 있다. 하지만 이 사업 추진을 위해 이미 지자체가 전담 공무원 인건비 및 센터 사무소 확보 등을 통해 1억 원 정도의 대응투자를 하는 점을 고려할 때 지자체 분담 비율의 증가에 대해서는 신중한 검토가 필요하다.

[표 2-11] 드림스타트 사업지역 현황

연도	사업지역(개소)	예산	아동 수(명)	가구수(가구)
2007년	16	48억	3,769	2,465
2008년	32	96억	9,901	6,516
2009년	75	223억(지방비 2억)	2만 6208	1만 7141
2010년	101	298억(지방비 2억)	3만 2634	2만 1699
2011년	131	369억(지방비 2억)	4만 4651	2만 9332
2012년	181	462억	6만 5724	4만 2387
2013년	211	시·군·구별 3억원 (서울 자치구별 2억원)	9만 5133	6만 1630
2014년	219	시·군·구별 3억원 (서울 자치구별 2억원)	10만 7127	6만 6551
2015년	229	시·군·구별 3억원 (서울 자치구별 2억원)	12만 5562	8만 102
2016년	229	시·군·구별 3억원 (서울 자치구별 2억원)	13만 4853	8만 6681
2017년	229	시·군·구별 3억원 (서울 자치구별 2억원)	14만 4289	9만 3298

출처: 보건복지부(2018.5.31.)

알아봅시다

아동통합사례관리와 아동통합사례관리사

1. 아동통합사례관리란 복합적 욕구를 가진 서비스 대상자에게 포괄적(comprehensive), 체계적(system-atic), 지속적(consistent)으로 지역사회 보호서비스를 제공하기 위한 사회복지실천 모델을 의미한다. 예를 들어, 가정방문·상담을 통한 현황조사 및 욕구조사, 양육환경 및 아동발달 사정을 통해 서비스 목표 및 사례관리(상세 내용은 제10장 참조)를 계획하여 지역사회의 다양한 기관 및 자원 연계로 맞춤형 서비스 제공 및 관리를 해 나간다.

   목표는 아동의 양육환경, 아동 발달영역(신체/건강, 인지/언어, 정서/행동) 및 발달연령을 고려한 전문화된 서비스 지원을 통한 전인적 발달을 도모하고, 지역사회 내의 다양한 기관들 간의 팀 접근을 통해 취약계층 가족 전체의 문제해결 능력을 향상시키는 것이다.

2. 아동통합사례관리사가 이러한 역할을 담당한다. 즉, ① 대상아동 및 가족을 대상으로 초기 정보 수집 및 사정, 개입계획의 수립·조정 및 점검, 평가, 종결 등 사례관리의 전 과정을 총괄하는 역할, ② 대상아동 및 가족의 문제와 욕구 해결에 필요한 직접 서비스를 제공하거나 간접 서비스를 연계하는 역할, ③ 사례관리에 필요한 모든 정보를 기록 및 보고하여 슈퍼바이저의 지도와 감독을 수행하는 역할 등을 담당한다.

3. 드림스타트 사업에서 아동통합사례관리 과정은 다음 그림과 같다.

사정 결과에 따라
사례관리 대상 선정

2) 사후관리

4. 시 · 군 · 구에서 이러한 업무를 담당하는 사람이 바로 아동통합사례관리사이다.

우선, 아동통합사례관리사는 아래와 같은 분야별 자격 기준이 있어야 한다.

채용분야	자격기준	해당 분야 현장경력 기준
보건	간호사, 간호조무사	• 간호사 자격을 취득한 후, 해당 분야 근무경력이 1년 이상인 자 • 간호조무사 자격을 취득한 후, 해당 분야 근무경력이 2년 이상인 자
복지	사회복지사	• 사회복지사 1급을 취득한 후, 해당 분야 근무경력이 1년 이상인 자 • 사회복지사 2급을 취득한 후, 해당 분야 근무경력이 2년 이상인 자
보육 (교육)	보육교사, 정교사 (준교사)	• 보육교사 1급, 정교사 자격을 취득한 후, 해당 분야 근무경력이 1년 이상인 자 • 보육교사 2급, 준교사 자격을 취득한 후, 해당 분야 근무경력이 2년 이상인 자

채용 형태는 시 · 군 · 구가 직접 고용 형태로 채용한다. 이들에 대해서는 공공부문 비정규직 근로자 정규직 전환 관련 정부 방침에 따른 정규직(무기계약직) 채용 원칙이고, 서비스기관에 인건비를 보조하는 형태의 간접 채용은 불가하며, 주 40시간 미만의 근로형태 채용은 불가하다. 무엇보다 드림스타트 사업에 종사하는 아동통합사례관리사(기간제근로자)는 「공공부문 비정규직 근로자 정규직 전환가이드라인('17.7.20.)」에 따라 직접 고용 정규직(무기계약직) 전환 대상이다.

출처: 보건복지부(2019). 2019년 드림스타트 사업안내.

(3) 위스타트(We Start) 사업

저소득아동을 위한 맞춤형 통합서비스인 We StartWelfare Education Start 사업은 2004년 중앙일보 기획 연재 "가난 속에 갇힌 아이들"을 계기로 'We Start운동' 준비위원회가 구성되면서 시작되었다. 당시 손학규 경기도 지사가 새로운 빈곤아동정책을 추진할 의지를 표명하면서 2004년 경기도에서 최초로 'We Start 마을 만들기' 사업이 본격화되었다. 매년 관심을 가지는 지자체가 늘어나면서 2008년까지 사업대상 지역이 23개로 확대되었지만 그 이후에는 드림스타트와의 관계설정 문제 때문에 정체상태이다. 2011년 현재, 서울2개소, 경기12개소, 강원6개소, 전남3개소 총 23개 지역마을에서 운영 중이다.

위스타트 사업은 0~12세 아동을 대상으로 건강 · 복지 · 교육을 통합한 맞춤형 서비스를 제공하고 있다. 위스타트 센터당 평균 200~300명에게 서비스를 제공하고 있다. 예산은 지자체별 재정분담능력에 따라 지자체 · 위탁 민간기업 · 위스타트 운동본부와의 협의를 통해 분담구조를 결정하고 있다. 경기도 마을의 경우는 대상아동 400명 이상인 경우 예산은 4억 원/년을 배정하고 있으며, 200~300명 수준인 경우 3억 원/년으로 차등 지원하고 있다. 다른 마을은 지역사회의 여건에 따라서, 대상아동 200~300명을 기준으로 약 2~3억 원을 사업비로 지원하고 있다.

위스타트 사업은 경기도에서부터 시작되어 2007년 이후는 더 이상 확대되지 않는 사업으로서 지역적으로 제한적인 의미를 두고 있지만 그 가운데 학교사회복지사업을 세부사업으로 두고 학교에 인력을 파견하는 학교가 13개 학교가 존재함으로써 지역사회와 학교의 연계가 긴밀하게 조성되는 효과를 지니고 있다. 특히 지역사회의 복지기관이 주도하여 학교를 적극적으로 포용함으로써 학교에 단독의 사회복지사가 배치되어 지역사회와 학교를 연계하는 경우보다도 연계의 조건은 훨씬 유리할수 있다.

[표 2-12] 위스타트 사업지역 현황

연도	사업지역	예산
2004	3개	9억
2005	12개	32.4억
2006	15개	43.8억
2007	20(3)개	63.3억(65.4억)
2008	23(3)개	66억(68.1억)
2009	23(3)개	65.8억(68억)
2010	23(3)개	66.8억(70억)
2011	23(3)개	65억(69억)

주: 괄호는 '위스타트 마을만들기' 이외 사업을 의미함. 위스타트 파견사업3지역은 2007-2009년 진행, 2010년부터는 글로벌아동센터1지역, 해외센터2지역 사업을 시작함.
출처: 위스타트 운동본부(2011).

[표 2-13] 위스타트 사업지역 운영 현황

구 분	서울	경기	강원
추진근거	- 시장방침 ('06년부터 추진)	- 위스타트 사업 조례 ('04년부터 추진)	- 도지사 지시사항 ('05년부터 추진)
시범마을현황	- 2개소(강북, 강서)	- 10개소(군포, 안산 등)	- 3개소(속초, 정선, 철원)
사례관리 대상아동	- 2개소 371명 (강북 252명, 강서 119명)	- 10개소 2,517명	- 3개소 431명
사업비	- 476백만 원 (시비 100% 지원) - 강북(290백만 원) - 강서(186백만 원)	- 3,000백만 원 (도비 50%/시비 50%) - 개소당 300백만 원	- 2,250백만 원 (도비40%/시비40%/민간20%) - 개소당 350백만 원 (센터건립비 1,200백만 원)
공적 조직 지원 여부	- 민간위탁방식 (공무원 배치 별도 없음) - 보육교사, 사회복지사 등으로 구성된 사례관리팀을 개소당 1개씩 운영	- 공무원으로 운영 (개소당 3~4명씩 배치) - 공무원+사업수행기관(보육 교사,사회복지사 등) 인력 으로 구성된 사례관리팀을 개소당 1개씩 운영	- 민간위탁방식 (2개소 공무원 1인씩 배치) - 보육교사, 사회복지사 등으로 구성된 사례관리팀을 개소당 1개씩 운영
서비스내용	- 교육, 복지, 의료 통합 맞춤형 서비스 제공 (서울형 모델 개발) - 대상: 0-12세 아동	- 교육, 복지, 의료 통합 맞춤 형 서비스 제공 (복지지원 연계에 중점) - 대상: 0-12세 아동	- 교육, 복지, 의료 통합 맞춤형 서비스 제공 (위스타트본부와 연계) - 대상: 0-12세 아동
특이사항	- 지역사회 복지자원 연계 조정 등을 위한 서비스지원센터로 종합사회복지관을 활용	- 통합서비스의 모범모델로 평가되고 있는 등 사업성과 가 높음 - 지자체 중 최초 추진	- 통합서비스 지원센터로 지역아 동센터 건립중 (2개소: 속초, 정선)

(4) 지자체 학교사회복지사업

학교사회복지사업에 대한 법적 근거 마련을 위한 그간의 노력은 지대하였다. 17대 국회에서도 관련된 법안이 국회에 제출되었으나 자동 폐기되었고, 18대 국회에서는 이주영 의원 등 10명의 국회의원이 학교사회복지법안을 발의한 바 있다.

법 제정의 지지부진함과는 달리 학교사회복지사업의 법령의 기반은 오히려 지자체의 조례 제정을 중심으로 형성되고 있다. 현재까지 성남, 수원, 용인, 안양, 과천 등 경기도 내 일부 지방자치단체별로 학교사회복지사업의 시행을 위한 명시적 근거로서의 조례를 제정해왔다. 이러한 경향성을 고려할 때 향후 국회에서 관련법의 제정도 중요하지만 지방자치단체의 조례 제정을 통해 학교사회복지의 근거 마련에 대한 노력이 당분간 더 힘을 받게 될 전망이다.

이상의 지방자치단체 주관의 학교사회복지, 드림스타트, 위스타트의 현황을 경기도 사례를 중심으로 종합하여 정리하면 다음과 같다.

[표 2-14] 학교사회복지, 드림스타트, 위스타트 운영 현황

사업명	대상	사업내용	주체	재정규모 외	사업근거
(지자체) 학교 사회복지	학교부적응 학생 및 전교생	교육, 상담, 체험, 지역연계, 사례관리	과천	- 교당 7,300천 원 - 인건비 22,000천 원 - 과천청소년지원센터에서 직접 운영 - 8교(초4, 중2, 고2)	과천시 청소년지원센터 설치 및 운영조례
			용인	- 강남대 위탁운영에서 - 용인시 조례(11.1.11)로 시청에서 관리함 - 연간 40,000천 원 - 6교(초3, 중3)	용인시 학교사회복지활성화 및 지원에 관한 조례
			수원	- 교당 35,000천 원 - 신규시설비 10,000천원 추가 - 조례제정(10.10.11) - 10교(초, 중)	지방자치단체의 교육경비 보조에 관한 규정
			안양	- 조례제정(11.9월)	안양시 학교사회복지사업 지원조례
			성남	- 조례제정(09.6월) - 성남시 학교사회복지 활성화 및 지원에 관한 조례	
드림 스타트	사업지역 거주 0~12세 저소득층 아동 및 임산부	빈곤아동, 가족 사례관리 및 맞춤형 통합서비스 지역 자원과 연계	보건 복지부 아동 복지과	센터별 3억 (총 96개 지역) 국비 100% (서울제외)	아동복지법 제37조, 아동복지 법시행령 제38조
위스타트	사업지역 거주 0~12세 저소득층 아동	보건, 복지, 교육(학교사회복지 파견)관련 통합 서비스 지원	경기도청 청소년과	마을별 2억 내외 (총 24개 지역) 지자체 100%	언론사와 시민단체가 주도하면서 지방자치단체의 협조를 바탕으로 운영되는 공익적 시민운동의 성격임(별도 법적 근거 없음)

	구분		운영시간	예산지원처
방과후 돌봄교실	초등보육보금자리		방과후~19:00내외	도교육청, 지자체
	엄마품 온종일 돌봄교실	아침돌봄	아침 6:30~19:00내외	교육부 도교육청, 지자체
		저녁돌봄	방과후~21:00내외	
		온종일돌봄	아침 6:30~22:00내외	
	꿈나무안심학교		방과후~21:00내외	경기도청, 지자체

알아봅시다

학교사회복지사

일부 기초지방자치단체들을 중심으로 채용하고 있는 학교사회복지사의 채용 및 근무조건을 살펴보고자 한다.

1. 업무 내용 및 자격요건

업무 내용	자격요건
• 학생 · 학부모의 개별상담 및 심리검사, 전문가 의뢰 • 가정방문 및 학부모 연수 • 교사연수 및 교내 서비스 체계 마련 • 학급연계 및 방학중 캠프 운영 • 학교사회복지실 운영 지원	• 학교사회복지사 자격증 소지자 우선 • 사회복지학 4년제 대학졸업자와 동등 이상의 학력을 가진 사회복지사 1급 자격증소지자로서 학교사회사업 실무 경험이 있거나 학교현장에 대한 실습 및 인턴수련 과정을 이수한 자

2. 근무조건

가. 신분: 공무원이 아닌 계약직 직원

나. 채용기간: 사업기간 동안

다. 보수: 월 163만원 ~ 월 187만원(자격기준별 보수 차등지급, 4대 보험료 중 개인 부담금 포함)

라. 근무시간: 주 5일, 전일제 근무

마. 후생복지: 4대보험 가입, 시간외수당 및 여비, 명절휴가비 별도지급

3. 응시자격

가. 자격조건: 학교사회복지사는 다음 채용기준 1을 우선 적용하고 채용기준 1에 해당하는 인력 수급이나 채용여건이 여의치 않을 경우 채용기준 2를 적용(사회복지사 2급은 지원불가)

구분	자격조건
채용기준 1	• 학교사회복지사 자격증 소지자
채용기준 2	• 사회복지학 4년제 대학졸업자와 동등 이상의 학력을 가진 사회복지사 1급 자격증 소지자로서 학교사회사업 실무 경험이 있거나 학교현장에 대한 실습 및 인턴 수련 과정을 이수한 자

☞ 단, 공개모집 결과 정원 미달 시 채용기준 2의 사회복지사 1급은 반드시 적용하며 채용기준 중 "학교사회사업 실무 경험이 있거나 학교현장에 대한 실습 및 인턴수련 과정을 이수한 자"라는 조건은 완화하여 적용가능

03 교육복지정책의 주요 특징

❶ 중앙정부의 교육복지정책 기획과 배분상의 문제

우리나라 교육복지는 여전히 중앙정부의 교육복지정책 기획에 많이 의존하고 있다. 앞에서 살펴보았듯이 참여정부2003~2008에서는 교육복지 종합대책2004~2008을 만들어 교육소외와 교육격차를 해소하고, 복지적 교육환경을 구축하기 위한 정책의 기본 틀과 추진 과제를 세운 바 있다. 또한 지난 이명박 정부에서는 '이명박 정부 교육복지 대책2008~2012'을 수립하여 빈곤으로 인한 교육기회 차단 해소, 학력수준 향상 및 교육격차 해소, 건강하고 안전한 학교, 유아교육 및 특수교육 내실화, 평생학습 환경 구축 등의 정책과제를 제시한 바 있다.

아직 단일의 교육복지 종합대책이 발표되지는 않고 있으나, 앞에서 살펴본대로 국정과제를 중심으로 중앙차원의 정책과제를 추진하고 있다.

이렇듯 우리나라 교육복지는 중앙정부차원의 정책 기획이 뒷받침되지 않고서는 그 추진이 매우 어렵다. 이러한 배경에는 중앙정부 재원에 의존할 수밖에 없는 교육복지재정 구조가 자리잡고 있다. 즉, 유ㆍ초ㆍ중ㆍ고등학교 차원의 교육복지재원의 상당부분은 지방교육재정교부금에 의해 절대적으로 의존할 수밖에 없는 구조가 자리잡고 있는 것이다.

이러한 중앙의존형 교육복지재정 구조는 현장에서 교육복지 사업, 즉, 프로젝트 중심 교육복지가 추진되는 기본 원인으로 작용하고 있다. 즉, 중앙정부차원의 특별교부금국가시책사업이 지방자치단체의 국가시책사업 또는 시ㆍ도교육감의 정책사업으로 얽어져서 단위학교로 이어지게 되는 구조가 된 것이다.

[그림 2-5] 중앙의존형 교육복지 재정구조

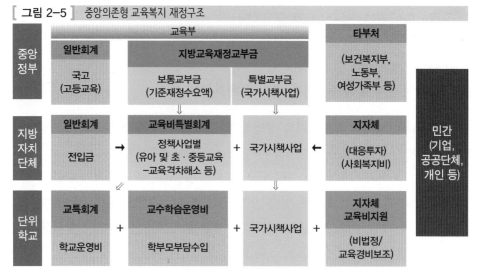

출처: 김민희(2012). p.99 표.

❷ 교육복지정책의 프로젝트화

교육복지는 재원을 바탕으로 인적 · 물적 지원을 투자하는 사회서비스의 일종 이다. 이러한 사회서비스는 그 전달과정에서 관련 인력의 전문성, 조직차원의 제도 화, 서비스의 지속성과 안정성 등을 핵심적인 특성으로 한다. 그러나 지금까지는 교 육복지정책이 중앙정부 주도의 프로젝트 형식으로 추진되는 과정에서 상당한 문제 점들을 야기하고 있다.

첫째, 중앙정부가 일방적으로 기획한 사업들이 대부분이어서, 온전한 복지 를 추진하기 위한 맞춤형 복지 지원과는 상당히 동떨어진 지원사업들이 적지 않 다는 점이다. 중앙정부 주도의 교육복지 기획은 교원 등 단위학교 구성원들의 관점에서 보았을 때 광범위한 사업 참여 및 추진을 위한 공감대 형성이 생략되는 경 우가 많고, 학교장, 교육청의 요청에 의해 단위학교 구성원들이 수동적으로 참여하 는 경우가 다수 발생하고 있어서, 복지예산사업으로서의 효과성을 잠식하는 요인으 로 작용하고 있다.

둘째, 지방자치단체시 · 도교육청 및 교육지원청 포함 및 단위학교장의 역할을 잠식하고 있다는 점이다. 최근 일부 교육감들이 자체적인 교육복지사업을 펼치고는 있으

나 사업규모면에서 중앙정부 예산 사업과는 비교가 되지 않고 있다. 이는 '지역의 교육문제는 지역이 해결한다'라는 지방교육자치의 원리와도 상당히 배치된다. 중앙정부의 교육복지 예산사업의 추진과정에서 시·도교육청 내지 지역교육지원청의 역할이 축소될 수밖에 없고, 단순히 수동적 사업관리자의 역할에 국한될 수밖에 없는 한계가 노정되고 있다. 또한 중앙정부 주도의 사업관리시스템이 작동함에 따라 학교장의 리더십이 발휘될 여지가 적고, 이는 사업의 효과성을 제약하는 주요한 요인으로 작용한다.

셋째, 관료적 통제를 앞세운 획일적 사업방식이 온존하고 있다. 특히 '감사 우려', '책임 회피', '부서 할거주의' 등 뿌리 깊은 관료적 행정 관행 때문에 교육복지 예산사업의 침투성이 상당히 제약되고 있다. 또한 상당수의 예산사업에서 시범/연구학교 지정을 받아 승진 가점 등을 통해 유리한 입지를 확보하려는 교원들의 의사와도 상당한 관련이 있는 것으로 보인다. 또한 시·도교육청 평가에의 반영, 학교평가와의 연계 등 각종의 평가기제로 활용되는 측면이 있어 이른바 강제적 동형화corcive isomorphism기제[5]가 더욱 강화되는 경향과 관행을 보이고 있다. 이러한 관료적 관행들은 결국 사업의 주인성ownership을 크게 상실케 하는 주요 원인으로 작동하고 있어서 사업방식의 근본적 개혁이 필요한 시점이라고 하겠다.

넷째, 사업의 지속성에 대한 끊임없는 의문으로 사업 효과가 제약받고 있다. 상당수의 사업들이, 안정성이 상대적으로 약한 특별교부금의 시책사업들을 통해 추진되고 있어서 사업의 안정적 시행을 위한 심리동기적 토대가 약화되고 있다. 이러한 약화된 심리적 기대는 학교의 관점에서 사업의 장기적 추진을 기반형성, 자체연구를 통한 발전 등 학교 내 조직학습을 위한 동기를 제약하고 있다.

다섯째, 나홀로식 지원 및 부서간 칸막이 효과로 인한 사업효과가 약화되고 있다. 사업이 중앙정부의 각 부서별로 기획되고, 다시 산하기관으로 내려가고 있으며, 충분히 연계가 가능한 사업들이 독자적으로 지원되다 보니 사업예산의 시너지synergy 효과가 약화되고 있다. 이는 결국 교육복지를 위한 예산이 누구로부터, 무슨 목적을 위해, 얼마만큼의 예산이 투입되고 있으며, 그 효과가 과연 어떠

---

[5] 대표적인 동형화론자들인 DiMaggio와 Powell(1983)은 제도적 동형화를 이끄는 세 가지 힘으로 강제적 동형화(coercive isomorphism), 모방적 과정(mimetic process), 그리고 규범적 압력(normative pressures)을 제시하였다. 강제적 동형화는 조직이 의존하고 있는 다른 조직으로부터 공식적, 비공식적 압력이 있거나 혹은 조직에 대한 사회문화적 기대에 의해 발생한다.

한지에 대한 모니터링 시스템이 부재하다는 점에서 사업방식의 총체적 개선이 시급하다고 할 수 있다.

❸ 최근의 이슈

(1) 선별적 복지에서 보편적 복지로 전환

교육복지는 어느 한 정부 내에서 추진되어야 할 일이 아니다. 왜냐하면 교육복지의 혜택을 받는 국민들은 정부에 상관 없이 늘 존속하고 있기 때문이다. 교육복지는 사회서비스의 한 영역으로서 보편적 복지 vs. 선별적 복지 사이에서 일방적 선택을 강요받아야 하는 과업도 아니다. 재정적 여건과 상황을 고려하여 최선을 다하여 완성시켜야 하는 일이기 때문이다. 그러나 교육복지가 가진 통합적 특성과 미래지향적 성격을 고려한다면 보편적 토대 위에 선별적 성격을 가미하는 것이 옳은 선택일 것이다. 특히, 우리 헌법 제31조[6]가 지향하는 이념과 영·유아교육, 초·중등교육이 지향하는 공공성을 고려할 때 더욱 그러하다.

그동안 문민정부와 국민의 정부를 거쳐 교육복지에 관한 정책들이 추진되는 과정에서 우리나라 교육복지도 점차 선별적 복지에서 보편적 복지로의 방향을 전환시켜 왔다. 특히, 장애아, 중도탈락자 등에 대한 대책 위주의 문민정부에서 만 5세아 무상교육 실시, 참여정부에서 '만 3-4세아 유아교육비' 지원, '중학교 무상교육'과 같은 보편적 복지 정책과제들이 수립 및 추진되어 왔다. 이명박 정부[7]에서도 이러한 기조는 이어져서 중학교 완전 무상교육 실현, 저소득층 학비 부담 완화, 5세 누리과정 도입과 같이 정책들이 추진되었다. 박근혜 정부는 맞춤형 복지라는 관점에서 교육복지의 틀 구축을 시도한 바 있고, 다시 문재인 정부에서는 보편적 복지의 확대를 기조로 여러 교육복지 정책을 추진하고 있다고교무상교육, 돌봄지원체계구축 등.

---

6 헌법 제31조 ① 모든 국민은 능력에 따라 균등하게 교육을 받을 권리를 가진다.
    ② 모든 국민은 그 보호하는 자녀에게 적어도 초등교육과 법률이 정하는 교육을 받게 할 의무를 지닌다.
    ③ 의무교육은 무상으로 한다.
    [교육복지의 법적 근거에 관하여서 제12장 참조]
7 물론 이명박 정부의 교육복지가 오히려 과거 문민정부 시절의 선별주의로 회귀하였다는 비판도 있다. 자세한 내용은 김용일(2013)을 참조.

(2) 교육복지 재정의 방향 전환

교육복지지원은 장기적 관점에서 교육복지정책의 목표와 대상, 지원규모, 지원방식 등을 제시하고 실현하기 위한 노력을 아끼지 말아야 한다. 교육복지는 무엇보다 안정성을 추구하여야 한다. 우리나라 복지지출이 정치적 영향을 많이 받게됨으로써 교육복지 재정 역시 정치적으로 결정되면서 안정성을 해칠 가능성이 높아졌다. 예를 들어 최근 무상보육을 둘러싼 국가와 지방자치단체시·도교육청 포함 논쟁을 보면 무상보육을 기획하는 과정이 얼마나 근시안적이고 단견적이었는가를 알 수 있다.

또한 교육복지는 학교교육과정과의 통합성을 추구하여야 한다. 재원의 한계로 인해 특정의 불리한 대상집단을 한정하는 것은 학교교육운영 전반의 활력을 저하시키는 요인으로 작용한다김민희, 2012. 예를 들어 교육복지우선지원사업을 펼치면서 지원대상으로 저소득층 학생들만을 지원대상으로 삼는다면 해당 학생들이 갖는 낙인감으로 인하여 아무리 좋은 프로그램이라고 하더라도 관련 학생의 참여를 확보하는 데에는 근본적인 한계가 따른다.

교육복지는 또한 철저히 책무성accountability을 확보할 수 있어야 한다. 교육복지의 책무성이란 교육복지를 위한 추가적인 재정투입이 이루어지면 이에 상응하는 산출이 있고, 사용된 경비에 대한 설명의 책임을 지는 것이라고 할 수 있다. 지금까지의 교육복지는 사업의 기획과 투입에만 관심이 있어온 것이 사실이다. 지금부터는 교육복지정책과 프로그램의 성과에 대한 관심, 질 높은 교육복지를 위한 효율성에 대한 관심 등에 대해 노력해야 할 것이다.

사례 탐구

교육복지 우선지원사업의 실례

다음은 경기도 산본중학교의 교복우사업 중 '학력비상 프로젝트'의 추진 과정을 설명한 것이다.

1. 사업목적 및 기대효과(목표)

■ 사업 목적

저소득층 학생의 경우 기초학습능력 부족으로 인해 학습 자체가 매우 어려운 경우가 많다. 누적된 학습 결손으로 인하여 자존감이 떨어지고, 학습에 흥미를 잃은 경우가 많은 것이다. 학습에 대한 자신감이 회복되지 않는다면 궁극적인 학교생활 적응이 어렵다는 판단 아래 학생 스스로 관리할 수 있도록 한 자기주도형 학력 비상프로젝트 프로그램을 실행하여 학생들의 결손된 학습을 보완하여 실력을 키운다. 특히 방학 중에는 학생들의 생활 리듬을 고려하여 패키지로 문화체험과 대학생 멘토링 소질계발 프로그램을 합류시켜 진행을 함으로써 효율적인 운영으로 질 높은 학습 프로그램을 제공하고자 한다.

■ 목표

● 목표 1.

학습 부진으로 인한 학교생활 전반의 자신감 상실 및 부정적 정체감 극복을 통해 즐거운 학교생활을 영위할 수 있다.

● 목표 2.

누적된 학습 결손으로 인하여 자존감이 떨어지는 학생들에게 학습에 대한 흥미를 증진시켜 준다.

● 목표 3.

방학 중 학력 비상프로젝트 반을 통해 결손된 학습을 보완하고 학습에 대한 흥미와 이해력을 높인다.

2. 추진 전략 및 방침

● 집중지원대상자 학생들을 수준별로 나누어 집중적으로 학력향상 프로그램을 제공한다.
● 상ㆍ하 수준은 소수인원 반편성으로 개별학습프로그램을 제공하며 중수준반 학생은 방과 후 프로그램 중심으로 학력증진을 한다.
● 방학 중에는 학생들의 생활 리듬을 고려하여 패키지로 문화체험과 대학생 멘토링 소질계발 프로그램을 합류시켜 진행을 함으로써 효율적인 운영으로 질 높은 학습을 제공하고자 한다.
● 모든 학습 프로그램의 운영상 학생들 모집에 대해서는 성적을 고려하되 자신이 희망하는 과목에 중점을 두도록 한다.
● 문화체험 요리교실을 하는 과정에서 요리기구 사용상 안전에 만전을 기한다.
● 문화체험 소질계발 시 외부강사를 섭외하여 진행한다.

3. 세부 추진 계획

■ 사업 기간 : 2011년 3월 ～ 2012년 2월

■ 대상 선정 기준 및 인원수 (단위: 명)

총 참가 학생 수	일반 학생 수	집중지원대상 학생 수				
		기초생활 수급자 수	법정 한부모가정 지원자 수	차상위 계층	담임 추천 등 기타	총 계
350(연)	0	150	80	90	30	350

■ 추진 주체(사업담당자) (단위: 명)

순위	소속	성명	직위	담당 역할	비 고
1	교육과정부		부장	사업총괄	
2	교육과정부		교사	사업진행	
3	교육과정부		지·전·가	사업진행	
4	국어		교사	사업진행	
5	영어		교사	사업진행	
6	수학		교사	사업진행	
7	사회		교사	사업진행	

확인학습

1. 우리나라의 교육복지는 취약계층에 대한 개별적 지원사업으로 출발하였으나, 최근 여러 정부를 거치면서 다양한 종합교육복지사업을 추진하고 있다.

2. 저소득층 교육비지원을 위한 교육급여(보건복지부)와 교육부 및 시도교육청의 교육비지원사업 등이 있다.

3. 여러 교육복지사업 중에서 교육복지우선지원사업, 드림스타트 사업, 위스타트 사업, 그리고 지방자치단체 학교사회복지사업이 대표적이다.

생각해 볼 문제

* 다음 고교 무상교육 조기 시행 논쟁을 읽고, 우리나라 교육복지 재정의 구조적 문제점에 대해 말해보자.

찬성

(교육부) 장관의 재원조달 계획에 따르면 국고예산의 투입 없이 현재 내국세의 20.27%로 고정돼 있는 지방교육재정교부금 비율을 높이거나 다른 재원 확보방안을 마련한다면 충분히 가능하다는 것이다. 지방교육재정교부금을 내국세의 21.14%로 상향 조정하는 지방교육재정교부법 개정안이 이미 발의돼 있기 때문에 여야 합의를 통해 법안이 통과된다면 2조원의 재원 확보는 가능하다. 특히 교부금이 내국세에 연동돼 세수가 늘어남에 따라 증가하는 '기형적인 구조'를 띠고 있기에 재원 확보에 불리하지도 않다. 급속하게 학생 수가 감소하는 추세는 전면적인 시행에 유리한 국면을 만들고 있다. 아울러 저소득층을 비롯해 60% 이상의 고교생들이 이미 입학금과 수업료를 지원받고 있기 때문에 전면적인 정책 시행의 명분도 크다.

현재 OECD 회원국 35개국 중에서 고등학교 단계에서 무상교육을 실시하지 않는 나라는 우리가 유일하다. 일본도 2010년부터 공립고의 무상교육이 전면 실시됐다. 중앙정부보다 더 일찍 제주특별자치도교육청은 올해부터 고교 무상교육을 실시하고 있기도 하다. 2016년 기준으로 고교 진학률이 99.7%에 달하기 때문에 고교 무상교육은 보통교육의 확립에도 기여할 수 있다. 2017년 민간이 부담하는 공교육비가 OECD 회원국 평균의 2배에 이르는 것은 우리의 경제 규모와 국격에 어울리지 않는다. 따라서 고교 무상교육은 국가 간 비교의 맥락에서 교육정책의 정상화에 가깝다.

여당 소속 서영교 더불어민주당 의원이 17개 시도교육청으로부터 받은 자료에 따르면 고교등록금을 미납한 학생 수가 1만 5,617명에 달한다. 수업료와 학교운영지원금을 포함해 1년간 200만원에 육박하는 등록금은 서민들 가계에 적지 않은 부담이다. 한편 고교 무상교육의 효과로 중위소득 기준 가구당 확보되는 약 13만 원의 가처분 소득이 결국 사교육비로 흘러간다는 반론도 있다. 하지만 소득 불평등이 심화하고 있는 상황에서 이는 전체 계층을 설명하는 데 설득력이 없다.

고교 무상교육은 교육 부문에서의 보편적 복지에 해당한다. 이를 선별적 복지 정책과 어떻게 결합할 것인가는 국가교육 복지체제와 같은 구조적인 차원의 문제이면서 동시에 세밀하게 다듬어야 할 과제다. 이를테면, 고교 무상교육의 범위에 포함되는 수업료와 학교운영지원비 이외에 급식, 교복, 교과서 및 학용품, 비(非)교육과정, 교통비, 학교 밖 문화 활동 등을 지역 및 계층 요인과 어떻게 결합시킬 것인가 하는 과제가 남아 있다. 선진국들의 고교 무상교육이 다양한 모습을 띠는 것은 이러한 세부적인 사항에서의 차이에 기인한다. 공교육의 확립을 국가 정책의 기조로 삼고 있는 선진국에서 보편 복지의 정당성과 그 실현은 이미 합의가 끝났다.

기고: 조상식 교수(동국대학교 교육학과)
출처: 서울경제 (https://m.sedaily.com/NewsView/1S5YMJ6B80/GG03)

반대

첫째, 교육 분야의 정책 우선순위와 재정배분과 관련해 충분한 논의가 되지 않은 설익은 정책을 정상적인 정책검토 절차를 생략하고 발표해버린 점이다. 고교 무상교육이 대선 공약이니 이런 절차 정도는 생략해도 큰 문제가 없을 것으로 생각한 것 같으나 이는 그렇게 간단한 문제가 아니다. 보통 선거 공약은 인수위원회에서 국정과제로 선정되고 이를 구체화해 행정부가 실행안으로써 정책을 설계한다. 국정과제 간 우선순위가 설정되고 현실적인 소요재원과 재원대책이 확정된다. 이는 정치인들의 새로운 정책 아이디어가 행정부 관료조직의 전문성의 지원을 받아 사회적 조건에 맞는 형태로 구체화되는 과정으로 이해할 수 있다.

이번 교육부 장관의 발언은 고교 무상교육 실행을 위해 교육부가 발주한 정책연구도 아직 끝나지 않은 상태에서 이런 시너지 효과는 전혀 얻을 수 없는 상황으로 보인다. 정책 집행의 주체인 교육부는 서둘러 구체화된 정책 로드맵을 설계해야 하고 시도교육청과 논의하는 한편 재정 확보를 위해 국회 및 기획재정부와 논의해야 한다. 교육부 장관이 시한을 명시함으로써 제대로 된 토론은커녕 이를 뒷수습하는 데 행정력이 낭비되는 상황이 됐다.

둘째, 정상적인 정책 결정 과정을 거쳤다면 당연히 제기됐을 질문들이 생략돼 보다 타당한 정책 우선순위에 따른 교육정책이 설계되지 못한 면이 있다. 사실 지방교육재정교부금이 교육정책의 재원이라고 할 때 국가 재정은 유아교육 투자가 우선이 되는 것이 이론적으로나, 정책적으로 타당할 것이다. 한정된 교육재원을 사회적으로 가장 효율적으로 활용한다는 측면에서 공동체교육에 해당하는 유아교육이 직업전문교육으로 전환되는 고교교육에 비해 공공성이 크다는 것은 누구나 동의할 것이다. 최근 사태에서 보이듯 낮은 공립유치원 비율을 고려할 때 우선적인 투자가 필요하다고 판단할 수 있다. 만일 정상적인 절차를 따랐을 때는 고교 무상교육이 공약이지만 국민들과 사회적 요구를 검토할 때 보다 타당한 교육재원 배분을 위해 도입시기를 조정한다든지 하는 의사결정을 할 수 있었을 것이다.

셋째, 신임 장관이 지방교육재정교부금 인상을 가정하고 고교 무상교육을 추진하겠다고 언급한 것도 적절하지 않다. 교육계에서 이런저런 이유로 지방교육재정교부율 인상을 주장하는 것은 교육정책의 중요성에 대한 강조로 이해는 된다. 하지만 저성장·저출산·고령화라는 현재 우리나라의 경제적 상황과 사회적 요구를 고려할 때 세입의 일정 비율을 자동으로 배분하는 교부율의 상향 조정 추진은 전문가들이나 국민들의 지지를 받기 어렵다. 복지지출 급증에 따라 잠재성장률을 높이는 기술투자를 위한 재원이 급감하고 있고 학령인구가 급속히 주는 상황에서 교육계의 자체적인 지출 구조조정의 노력 없이 국가 재정의 추가 배분을 요구하는 것은 적절하지 않다.

마지막으로 시민들을 소비자로 가정하고 중요한 교육정책의 내용을 월 13만 원의 가처분소득으로 환원시켜 소비자로서 상정된 시민과 직접 거래하고자 하는 포퓰리즘 태도가 나타나는 것은 유감이다. 국민들은 이익보다 원칙을, 사익보다 국가 전체의 이익을 먼저 생각한다는 점을 정책 책임자들이 명심해주기 바란다.

기고: 이정희 교수(서울시립대 행정학과)
출처: 서울경제(https://m.sedaily.com/NewsView/1S5YMG5NPZ)

PART

02

교육복지의
기반

CHAPTER 03 교육복지의 대상

학습목표

1. 빈곤 위기에 처한 학생들의 교육적 상황을 설명할 수 있다.
2. 학업중단 현황을 제시하고 학업중단 위기에 처한 학생들을 지원할 수 있는 방안을 제시할 수 있다.
3. 다문화학생과 탈북학생의 현황을 설명할 수 있다.
4. 특수교육대상자에게 필요한 지원이 무엇인지 제시할 수 있다.

01 빈곤

양적 성장 위주의 사회경제적 환경 속에서 빈곤층이 증가하고 있다. 1997년 외환 위기 이후 중산층이 감소하고 빈곤층이 증가하여 빈부간 격차가 극심해지는 양극화가 진행되면서 '부와 지위의 세습', '빈곤 대물림'에 대한 우려가 커지고 있다이혜영 외, 2011:3. 빈곤층 가구가 빈곤에서 실질적으로 벗어날 확률은 6%에 불과한데, 그 주된 이유는 빈곤층의 교육비 지출이 적은 데 있다는 주장도 있다김대일, 2004.

이러한 주장은 앞서 말한 바와 같이 가정의 사회경제적 지위가 자녀의 학업성취도에 지대한 영향을 준다는 것과 같은 맥락의 주장이다. 또한 빈곤은 가정위기의 근본적 원인이다. 그러한 환경에서 자녀가 정상적으로 성장하기 어렵고 그러한 문제는 고스란히 학교로 가져오게 된다. 따라서 근본적으로 가정의 빈곤 문제를 돌보지 않고는 이러한 문제가 해결되기 어렵다.

빈곤의 가장 대표적인 사례는 국민기초생활보장 수급자기초생활수급자이다. 기초생활수급자는 가구의 소득인정액이 최저생계비 이하인 계층으로서 생계, 주거, 교육, 해산, 장제급여 등의 기초생활수급자로 수급률은 총 인구대비 비율을 의미한다. 2008년 1학기까지는 기초생활수급자의 고등학생 자녀에게는 수업료와 학교운영지원비를 지원했으나, 차상위계층에게는 수업료만 지원될 뿐 학교운영지원비는 지원되지 않아 저소

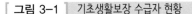

[그림 3-1] 기초생활보장 수급자 현황

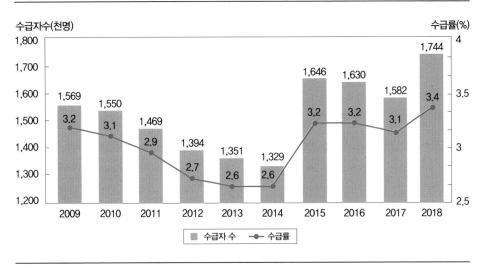

출처: e-나라지표 http://www.index.go.kr/potal/main/EachDtl PageDetail.do?idx_cd=2760(검색일: 2019.10.8.)

득층 자녀의 교육비 부담이 실질적인 교육기회 균등을 저해하고 있다는 지적에 따라 '08년 2학기부터 차상위 저소득층 고교생에 대하여 학교운영지원비 지원을 실시하고 '09년도부터 기초생활수급자뿐만 아니라 차상위계층 고교생까지 학비를 전액 면제하였다.

저소득층, 상대빈곤층의 비중 증가와 교육비 부담 증대에 따라 공교육비 성격이 강한 수익자부담 교육경비체험학습비, 특기적성교육비, 졸업앨범비, 수학여행비 등를 학교 단위에서 발굴되는 저소득층 자녀까지 지원할 수 있도록 해당 규모의 경비를 각 학교에 통합하여 지원하였다.

법적 저소득층 외의 저소득층 학생[1]의 기본교육비 및 급식비 지원과 저소득층 학생의 문화적 결손을 학교 내에서 보완하기 위해 학교 내에서 다양한 문화체험활동을 기획하고 저소득층 학생들의 경비를 지원하였으며, 학교 단위 지원 대상 선정으로 사업 간 지원 기준 불일치 문제를 해결코자 학교 단위에서 저소득층 학생들을 적극적으로 발굴하고, 법적 저소득층에 속하지 않는 경우, 학교 내 교육복지위원회혹은 관련 기존 위원회에서 심사하여 지원 대상을 결정하여 사업 간 지원 기준이 달라 지원하지 못하는 학생에 대해 학교 차원에서 지원 여부를 결정하여 지원토록 하였다장덕호 등. 2012: 44.

---

1 법적으로 인정받지 못한 수준이지만 그 집단과 크게 다르지 않은 저소득층 학생이나 일시적인 가정환경의 변화로 어려운 상황에 있는 학생.

02 학업중단위기

❶ 학업중단 현황

매년 6만 명 이상의 학업중단자가 신규로 발생하고 있다. 이들 중에는 대안적 교육프로그램을 찾아서 자발적으로 학교를 그만 두는 학생들도 있지만 가사, 질병, 부적응, 품행 등의 사유로 인한 학업중단자도 있다. 이들에 대해 대안교육과 같은 재교육기회가 주어지지 않는다면 그것은 미래에 사회적 부담[2]으로 돌아오게 될 것이다. 이러한 사회적 비용 문제를 떠나서 더 근본적으로는 그들도 행복한 교육의 기회를 가질 권리가 있다는 점에서 학업중단 문제는 해결해야 할 중요한 문제이다. 이러한 측면에서 그들에게 적절한 대안교육기회를 모색하는 것은 매우 의미있는 일이다.

[**표 3-1** 　2013학년도 초·중등학교 학업중단 현황 　(단위: 명)

구분	초등학교	중학교	고등학교	계
재적생(A)	2,674,227	1,381,334	1,669,699	5,725,260
신규중단자(B)	16,422	9,129	24,506	50,057
B/A x 100(%)	0.6	0.7	1.5	0.9

출처: 교육부(2018). '2018년 교육기본통계 주요 내용', p. 17.

이러한 사회적 비용 문제를 떠나서 더 근본적으로는 그들도 행복한 교육의 기회를 가질 권리가 있다는 점에서 학업중단 문제는 해결해야 할 중요한 문제이다. 이러한 측면에서 그들에게 적절한 대안교육기회를 모색하는 것은 매우 의미있는 일이다.

---

2 고등학교 졸업 미만의 학력자가 고등학교 졸업을 통해 얻을 것으로 기대되는 생애소득 증가분은 8,142만원 수준으로 나타났고, 학업중단자의 사회·경제적 손실 비용을 추정한 결과는 학업중단자 1명이 소득감소로 인해 624만 원의 생애 근로소득세를 감소시키고, 범죄 증가로 인해 645만 원의 사회적 비용을 증가시키는 것으로 나타났다. 이 결과와 CART분석을 통하여 향후 학업중단 가능성이 있는 학생으로 판별된 123,156명이 실제로 학업을 중단한다면 이로 인해 학생 개인과 사회가 부담해야 할 손실 비용은 약 11조 5,902억 원에 이를 것으로 추정되었다(최상근 등, 2010: 260).

[표 3-2] 고등학교의 학업중단 세부사유

항목	사유	계(명)	비율(%)
질병	질병(정서장애, 신체장애 등)	1,743	4.3
	교통사고 등	209	0.5
	게임중독	45	0.1
	기타	408	1.0
	소계	2,405	5.9
가사	경제사정(채무 등)	1,510	3.7
	가정불화(이혼 등)	1,323	3.2
	주거불안정	574	1.4
	부모병간호 등	43	0.1
	기타	4,371	10.7
	소계	7,821	19.2
품행	폭행, 절도 등	170	0.4
	기타	382	0.9
	소계	552	1.4
부적응	학습부진, 학업기피	7,721	18.9
	엄격한 규칙 등 학교생활부적응	7,453	18.3
	친구와의 관계악화	132	0.3
	학교폭력피해(따돌림, 폭행 등)	45	0.1
	교사와의 관계악화	15	0.0
	기타	1,789	4.4
	소계	17,155	42.0
기타	검정고시준비	2,680	6.6
	어학연수 등	687	1.7
	실종이나 가출	554	1.4
	공교육거부(홈스쿨링, 대안교육 등)	301	0.7
	종교	126	0.3
	행방불명(부모도 연락두절)	55	0.1
	이성관계(임신 등)	27	0.1
	배우, 연예인 등 방송활동	24	0.1
	기타	1,717	4.2
	소계	6,171	15.2
유학, 이민		6,634	16.3
사유불명	교사전보 등으로 파악 곤란	81	0.2
계		40,819	100.0

출처: 김성기 등(2009: 63).

❷ 학업중단 예방 정책

(1) 학업중단 숙려제도 시행

정부에서는 학업중단 위험요인을 사전에 예측할 수 있는 체크리스트를 개발하여 위기징후를 조기에 발견하고 대응, 보고, 지원하기 위한 체제를 구축하고 있다. 5일 이상의 장기결석자 발생시 교육청에 보고하고, 교육청은 해당 학생에게 지속적으로 학업복귀를 지원하는 '희망 손잡기' 프로젝트를 추진한다. 필요한 경우에는 학업, 취업을 위한 정보를 제공하고 무료검정고시 과정을 운영한다. 또한 방송통신 중·고교 운영을 활성화하여 학업복귀를 지원한다.

[표 3-3] 위기학생 지원체계

학교 부적응 징후 발견	학교 부적응 원인진단	진단 결과에 따른 맞춤형 지원	
▪ 학교규칙 위반 등 징후 ▪ 기타 학교 생활 적응 곤란	▪ 학교 부적응 진단도구를 통한 진단 ▪ 담임 교사 등 상담 ▪ 기타 가정 환경, 학교 생활 등 자료를 참고 ⇒ 학교 부적응 원인 진단	학업 부적응, 특별한 교육 수요	– 대안교육
		학업중단 위기	– 학업중단 숙려제
		학습 결손	– 기초학력증진
		경제적 어려움	– 교육복지 지원
		또래 간 갈등	– 또래 조정 등 학생자치활동
		진로 고민	– 진로·진학 등 상담

위와 같은 내용으로 학업중단숙려제가 2014년부터 전면 시행되고 있다. 학업중단 위기학생에게 최소 1주 이상 최대 7주까지의 숙려 프로그램을 운영할 것을 표방하였으나 아직은 체험프로그램과 같은 대안교육 프로그램이 제대로 연계되지 않고 며칠간의 상담만 이루어지고 있는 상황이다.

(2) 대안교실 운영

정부의 대안교육 정책의 기조는 대안교육이라고 해서 무조건 학교 밖에서 할 것이 아니라 학교 안에서 안정적으로 진행하자는 것이다. 만약 기존 교육체제로는 대안교육을 하기 어려울 수 있으므로 대안교육이 필요한 학생들을 위해서 학교마다 대안교실을 갖추어 운영하겠다는 것이다.

(3) 위탁형 대안교육 활성화

아울러 원적교에서 일반적인 교육이나 대안교실 수업조차도 수용하기 어려운 학생에게는 위탁형 대안교육을 통해 교육을 이어나갈 수 있도록 할 계획이다. 원적교에 학적은 그대로 두고 대학이나 청소년기관, 예체능단체, 대안학교 등 다양한 사회적 자원을 활용하여 각자의 소질과 적성에 맞는 학습기회를 제공한다는 것이다. 이미 시행되고 있는 제도이지만 더 활성화하겠다는 계획이다.

❸ 학교 밖 청소년 지원

학교 밖 청소년이라 하면 학교를 다니다 그만 둔 아이들로만 생각하는 경향이 있다. 그러나 이 때의 학교 밖 청소년이란 크게 세 가지로 나뉜다. 첫 번째 유형은 의무교육기관초등학교와 중학교에 처음부터 취학하지 않은 사람이고, 두 번째 유형은 학교를 다니다 중간에 그만 둔 사람이며, 세 번째 유형은 의무교육기관은 졸업했지만 고등학교에 진학하지 않은 사람이다.

최근 들어 이들에 대한 지원정책이 수립되어 시행되는 것은 다행스러운 일이 아닐 수 없다. 그런데 여기서 주목해야 할 점이 있다. 여기서 청소년이라 함은 「청소년기본법」상 9세 이상 24세 이하인 사람을 가리킨다. 그런데 우리는 지금까지 주로 고등학교 이하 단계의 학업중단자에 대해서만 관심을 가져 왔다. 24세 이하의 청소년에 대해서는 검정고시 지원과 원격교육 등의 지원정책이 제시되어야 한다.

(1) 정보 습득을 위한 체계적 실태조사

현재 한국청소년정책연구원을 학업중단예방센터로 지정하여 학업중단 예방활동을 펼치고 있다. 우선은 학업중단 실태파악을 위해 학교–시·도교육청–지자체–청소년상담복지센터 간에 개인정보제공 동의를 받은 정보를 공유하여 서비스 연결고리를 확보하고자 노력하고 있다.

이러한 빅데이터를 활용하여 위기청소년 발생추이, 행태, 특성변화를 예측하고 선제적으로 대응할 수 있게 될 것으로 예상하고 있다. 또한 학업을 지속할 수 있도록 문자 등을 통해 다양한 정보를 제공할 계획이다.

이들은 학교에 다니는 학생들과 마찬가지로 자신들에게 적합한 교육을 받을 권리를 갖고 있다. 자퇴의 형식을 띠었다고 해서 그 권리를 박탈해서는 안 된다. 학교에 있든 학교 밖에 있든 청소년은 누구나 교육받을 권리를 갖고 있다. 학교 밖 청소년에 대한 교육적 지원책으로는 복교 후 위탁교육 유도, 대안학교 안내, 검정고시 지원, 학업상담이 필요하다.

(2) 전방위적인 맞춤형 복지서비스 제공

학교 밖 청소년에게는 교육, 자립, 건강, 주거 등 전방위적으로 맞춤형 복지서비스가 제공되어야 한다. 학업을 유지하기 위해서는 우선 생활이 안정되어야 한다. 이를 위해 정부에서는 학교 밖 청소년을 위한 '스마트교실'을 전국적으로 확대하여 학습·상담공간을 마련하고 진로지도, 자격증 취득 등 통합지원을 한다. 특히 비행·범죄, 청소년한부모 등 정책의 사각지대에 있는 청소년들을 위해 직업훈련과 양육, 주거 등을 위한 지원을 제공한다. 청소년쉼터도 확대하여 거리배회·가출청소년들을 안전하게 보호하고 교육으로 연계한다김성기, 2014b.

아울러 현재 학교 밖에 머무르는 상태에 있는 청소년 중 가출청소년 등이 매우 불안정한 생활을 하고 있다. 범죄에 노출되기도 한다. 쉼터가 있지만, 가출청소년의 1%밖에 수용하지 못할 정도로 부족하다. 특히 여성의 경우에 성적으로 위험한 상태에 노출되어 있다. 가출청소년에 대한 대책 마련이 절실하다. 특히 이들에게 가정으로의 복귀보다도 더 중요한 것은 경제력의 문제이다. 취업지원을 위한 대책이 마련되어야 한다. 이 외에도 다양한 사유에 적합한 맞춤형 대책이 필요하다.

(3) 자원의 연계

자원이 없어서 못하는 것이 아니다. 학교밖청소년지원센터, 청소년수련관, 청소년쉼터, 청소년상담원, WEE센터 등 이미 많은 청소년지원기관이 산재해 있다. 이 밖에도 지역마다 문화의 집, 평생학습관, 도서관 등 청소년프로그램을 운영할 수 있는 시설들이 많이 있다. 그러나 고리가 없다. 학교에서는 정원외 관리되는 아이들의 정보를 제공하지 못한다. 평생학습관에서는 주로 성인들을 대상으로 꽃꽂이, 댄스, 바리스타자격증 과정 등을 운영하고 있다. 상담기관에서는 상담에 주력한다. 자원은 충분하지만, 연계가 없다. 산발적이고 분절적이다. 아이들은 체계적으로 지원받지 못하고 있다. 위와 같은 연계망을 구축하여 중앙정부부터 단위학교에 이르기까지 체계적인 정보관리와 실질적인 지원이 있어야 한다.

(4) 학교 밖 청소년 교육시설 지원

이미 학교에서 감당하기 힘든 아이들도 있다. 학업중단이나 부적응을 예방할 수 있는 방도를 학교에서만 찾으려는 생각을 버려야 한다. 앞서 말한 것처럼 많은 청소년지원기관이 있고 학교보다도 더 잘 지도할 수 있다. 청소년전문가들도 있고, 노하우를 알고 있다. 이런 취지에서 이미 2003년부터 위탁교육이 시행되고 있다. 그러나 위탁교육시설의 상근교사 인건비 등 재정지원이 부족하여 수탁을 거부하는 곳까지 생겨나고 있다. 정규학교에서는 위탁을 보낼 필요성을 느끼면서도 위탁교육시설이 부족해서 못 보내고 있다. 위탁교육시설들에 대해 재정을 충분히 지원하되 인증평가를 통해 엄격히 질관리를 하는 정책이 필요하다.

(5) 조기발견 시스템 구축 및 개인정보 활용 법제화

학교 밖 청소년을 지원하고자 한다면 먼저 그들과 연락이 되어야 하지만 현재로서는 어렵다. 학교에서는 학생이 학교를 그만 둘 때 가칭 '학교밖청소년지원을 위한 개인정보 제공 동의서'를 받아두도록 해야 한다. 현행「개인정보 보호법」에서는 정보주체의 동의 없이도 공공목적으로 개인정보를 수집·이용하는 것을 제한적으로 허용하고 있지만 더 명확한 법적 근거를 갖기 위해서는「초·중등교육법」에서 학업중단자를 지원하기 위하여 개인정보를 국가기관에서 수집·활용하는 것이 가능하도록 명시해야 한다.

(6) 맞춤형 지원을 위한 매뉴얼 개발

조직이 있고, 사람이 있고, 정보가 있어도 지도가 없으면 무효다. 학교 밖 청소년의 요구와 특성에 따른 맞춤형 지원이 제대로 이루어지기 위해서는 사례별 대응과 지원 내용을 담은 가칭 '학교밖청소년지원매뉴얼'이 개발되어야 한다. 이미 많은 사례와 경험들이 있다. 각 단위현장에서는 이러한 사례들을 체계적으로 정리해야 한다. 위의 센터에서 이러한 사례를 수집, 체계화하여 매뉴얼로 개발한다면 학교는 물론이고 각 시설에서 학생을 안내하고 지도하는 데 유용하게 사용될 수 있다김성기, 2014a.

03 다문화학생

국제결혼으로 인한 이주자와 외국인 근로자 등이 급증하면서 우리 사회 구성원의 문화적 배경이 매우 다양해지고 있다. 이에 따라 다음 그림에서 볼 수 있듯이 다문화가정 학생_{이하 '다문화학생'이라 함}도 매년 계속적으로 증가하고 있다.

[그림 3-2] 다문화학생 현황

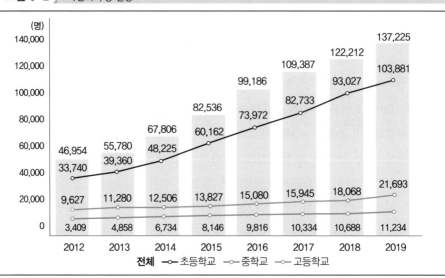

출처: 교육부(2019). 교육기본통계.

[표 3-4] 다문화학생 비율

연도 인원수	2012	2013	2014	2015	2016
전체 학생 수(A)	6,732,071	6,529,196	6,333,617	6,097,297	5,890,949
다문화 학생 수(B)	46,954	55,780	67,806	82,536	99,186
다문화학생 비율 (B/A * 100)	0.70%	0.86%	1.07%	1.35%	1.68%

출처: 교육부(2017). 보도자료.

[표 3-5] 학교급별 다문화학생 추이

구분		2014	2015	2016	2017	2018
합계		67,806	82,536	99,186	109,387	122,212
학교급별	초	48,297	60,283	74,024	82,806	93,116
	중	12,525	13,865	15,105	15,983	18,127
	고	6,984	8,388	10,057	10,598	10,969

출처: 교육부(2014). 다문화 학생 통계 현황(2014.4.1.)

[표 3-6] 다문화학생의 유형   (단위: 명, %)

	전체 학생 (천명)[1]	다문화 학생수[2]	구성 비[3]	전년 대비	초등 학교	구성 비[4]	중학교	구성 비[4]	고등 학교	구성 비[4]	각종 학교	구성 비[4]
2012	6,730	46,954	0.7	-	33,740	71.9	9,627	20.5	3,409	7.3	178	0.4
2013	6,489	55,780	0.9	18.8	39,360	70.6	11,280	20.2	4,858	8.7	282	0.5
2014	6,294	67,806	1.1	21.6	48,225	71.1	12,506	18.4	6,734	9.9	341	0.5
2015	6,097	82,536	1.4	21.7	60,162	72.9	13,827	16.8	8,146	9.9	401	0.5
2016	5,891	99,186	1.7	20.2	73,972	74.6	15,080	15.2	9,816	9.9	318	0.3
2017	5,733	109,387	1.9	10.3	82,733	75.6	15,945	14.6	10,334	9.4	375	0.3
2018	5,593	122,212	2.2	11.7	93,027	76.1	18,068	14.8	10,688	8.7	429	0.4

출처: 한국교육개발원 · 교육부, 「교육기본통계조사」.
주: 1) 초등학교, 중학교, 고등학교 및 각종학교 재적 학생수
   2) 국제결혼가정 학생(국내출생 + 중도입국) + 외국인가정 학생
   3) 다문화학생 수/전체 학생 수 × 100
   4) 다문화학생 중 구성비

[그림 3-3] 부모 국적별 다문화가정 학생 현황(2012년)

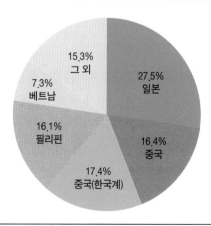

출처: 한국교육개발원(2012). 간추린 교육통계.
   주: 부모가 모두 외국인인 경우 아버지 국적에 따름.

다문화학생은 우리 사회에 문화적 다양성을 증진시킬 수 있다. 또한 이중언어도 가능하고 문화적 개방성도 강하기 때문에 국제교류에도 큰 기여를 할 수 있는 소양을 갖추고 있다고 할 수 있다. 이것은 다문화학생들에게만이 아니라 일반학생들에게도 마찬가지이다.

그러나 피부색이 약간 다르고 발음상의 차이가 약간 있다고 하여 따돌리거나 괴롭히는 경우가 발생하고 있다. 이러한 이유 등으로 인해 다문화학생의 학업중단율은 일반학생보다 훨씬 더 높다.

[**표 3-7**] 다문화학생 학업중단율(2017년도)

구분	전체학생	다문화학생
전체	0.87 (0.47)	1.17 (0.32)
초	0.61 (0.13)	0.99 (0.15)
중	0.66 (0.27)	1.47 (0.52)
고	1.47 (1.18)	2.11 (1.37)

출처: 교육부(2017). 보도자료.

따라서 학교에서는 다문화학생에 대한 교육지원을 강화하여 학교적응을 돕고 언어·문화적 격차가 해소될 수 있도록 지원해야 한다. 일반학생에게는 다문화이해교육을 활성화하여 문화적 감수성과 개방성을 키워줘야 한다.

04 탈북학생

다문화학생과 마찬가지로 북한이탈주민의 자녀도 증가하여 왔다. "북한이탈주민"이란 군사분계선 이북지역이하 "북한"이라 한다에 주소, 직계가족, 배우자, 직장 등을 두고 있는 사람으로서 북한을 벗어난 후 외국 국적을 취득하지 아니한 사람을 말한다. 탈북학생이란 북한이탈주민의 학령기 자녀를 일컫는 말이다. 계속적으로 증가 추세에 있다.

EDUCATION WELFARE

[표 3-8] 연도별 탈북학생 재학 현황

연도	초등학교		중학교		고등학교		기타학교		계
	학생수	비율	학생수	비율	학생수	비율	학생수	비율	
2005. 4.	247	(58.7)	131	(31.1)	43	(10.2)			421
2006. 4.	248	(52.3)	166	(35.0)	60	(12.7)			474
2007. 4.	341	(49.6)	232	(33.8)	114	(16.6)			687
2008. 4.	495	(51.2)	288	(29.8)	183	(19.0)			966
2009. 4.	562	(49.2)	305	(26.7)	276	(24.1)			1,143
2010. 4.	773	(54.5)	297	(21.0)	347	(24.5)			1,417
2011. 4.	1,020	(60.7)	288	(17.1)	373	(22.2)			1,681
2012. 4.	1,204	(60.4)	351	(17.6)	437	(21.9)			1,992
2013. 4.	1,159	(57.3)	478	(23.6)	385	(19.0)			2,022
2014. 4.	1,128	(51.7)	684	(31.3)	371	(17.0)			2,183
2015. 4.	1,224	(49.5)	824	(33.3)	427	(17.2)			2,475
2016. 4.	1,143	(45.4)	773	(30.7)	601	(23.9)			2,517
2017. 4.	1,027	(40.5)	726	(28.6)	785	(30.9)			2,538
2018. 4.	932	(36.7)	682	(26.9)	751	(29.6)	173	(6.8)	2,538

탈북청소년의 수는 2018년 기준으로 총 2,805명이다. 이 중 재학생은 2,538명이다.

[표 3-9] 학교유형별 재학 현황

구분	학교유형								대안교육시설** (전일제)	계
	초등학교		중학교		고등학교		기타학교*			
	남	여	남	여	남	여	남	여		
재학현황 ('18.4월)	487	445	342	340	368	383	78	95	267	2,805
	932		682		751		173			
	2,538									

  * 특수학교, 공민학교, 고등공민학교, 고등기술학교, 각종학교, 방송통신중 · 고등학교 등
** '18.6.기준(자료제공: 통일부)
출처: 탈북청소년교육지원센터(2018). 탈북학생 통계 현황.

[표 3-10] 탈북학생 증가 추이

구분	'08년	'09년	'10년	'11년	'12년	'13년	'14년
전체인원(명)	966	1,143	1,417	1,681	1,992	2,022	2,183
전년대비증감(명, %)	—	177 (18.3)	274 (24.0)	264 (18.6)	311 (18.5)	30 (1.5)	161 (8.0)

출처: 교육부(2014.7.25.)

탈북학생 중에는 북한에서 출생한 사람도 있지만 중국 등 제3국에서 출생한 사람도 포함된다. 이러한 '제3국 출생 탈북학생'은 부모 중 1인이 북한이탈주민이고 중국 등 제3국에서 출생한 학생이며, 탈북학생교육 사업 지원 대상이나, 대학 특례 입학 및 교육비 지원 등에서는 제외된다.

[표 3-11] 탈북학생 출생지별 현황

구분		북한출생	중국 등 제3국 출생	계
초등학교	학생수	262	670	932
	비율	(28.1)	(71.9)	(100)
중학교	학생수	315	367	682
	비율	(46.2)	(53.8)	(100)
고등학교	학생수	353	398	751
	비율	(47.0)	(53.0)	(100)
기타학교	학생수	78	95	173
	비율	(45.1)	(54.9)	(100)
계	학생수	1,008	1,530	2,538
	비율	(39.7)	(60.3)	(100)

출처: 탈북청소년교육지원센터(2018). 탈북학생 통계 현황.

거주지역은 주로 수도권에 집중되어 있다. 경기도가 가장 많고 다음으로는 서울, 인천의 순으로 거주하고 있다.

탈북학생의 학업중단율은 지속적으로 줄어들고 있다. 다행스러운 일이지만 여전히 일반학생의 학업중단율보다 2배 이상 높다.

[표 3-12] 탈북학생의 학업중단율 추이 (단위: 명, %)

구 분		초등학교	중학교	고등학교	계
'08	'07. 4. 재학생 수	341	232	114	687
	학업중단자 수	12	30	32	74
	학업중단율(%)	3.5	12.9	28.1	10.8
'09	'08. 4. 재학생 수	495	288	183	966
	학업중단자 수	7	26	26	59
	학업중단율(%)	1.4	9.0	14.2	6.1
'10	'09. 4. 재학생 수	562	305	276	1,143
	학업중단자 수	5	26	25	56
	학업중단율(%)	0.9	8.5	9.1	4.9
'11	'10. 4. 재학생 수	773	297	347	1,417
	학업중단자 수	19	13	35	67
	학업중단율(%)	2.5	4.4	10.1	4.7
'12	'11. 4. 재학생 수	1,020	288	373	1,681
	학업중단자 수	27	11	18	56
	학업중단율(%)	2.6	3.8	4.8	3.3
'13	'12. 4. 재학생 수	1,204	351	437	1,992
	학업중단자 수	37	26	7	70
	학업중단율(%)	3.1	7.4	1.6	3.5
'14	'13. 4. 재학생 수	1,159	478	385	2,022
	학업중단자 수	7	15	29	51
	학업중단율(%)	0.6	3.1	7.5	2.5
'15	'14. 4. 재학생 수	1,128	684	371	2,183
	학업중단자 수	2	20	27	49
	학업중단율(%)	0.2	2.9	7.3	2.2
'16	'15. 4. 재학생수	1,224	824	427	2,475
	학업중단자 수	7	19	26	52
	학업중단율(%)	0.6	2.3	6.1	2.1
'17	'16. 4. 재학생수	1,143	773	601	2,517
	학업중단자 수	11	14	26	51
	학업중단율(%)	1.0	1.8	4.3	2.0
'18	'17. 4. 재학생수	1,026	697	661	2,384
	학업중단자 수	7	20	32	59
	학업중단율(%)	0.7	2.9	4.8	2.5

* 학업중단율 산출식: (해당연도 학업중단자 총수/전년 재학생 총수) × 100
* ('18년 이전) 전년도 재학생 수 및 해당연도 학업중단자 수에 기타학교를 포함하여 산출.
* ('18년) 유초중등교육통계 학업중단율 산출 방법 준용.
* '17년 재학생 및 '18년 학업중단자에 기타학교(각종학교, 공민학교 등) 학생 제외.
출처: 탈북청소년교육지원센터(2018). 탈북학생 통계 현황

　　이렇게 탈북학생의 학업중단율이 높은 이유는 무엇일까? 최근 5년간의 학업중
단 사유를 보면, 가장 많은 것이 이민 등 출국, 장기결석, 학교부적응, 진로변경, 가
정사정, 건강, 취업, 기타의 순으로 나타났다. 제3국으로 출국하는 것도 결국 남한
사회에 적응하기 힘들기 때문인데 그 나이에 사회에 적응하기 힘들다는 것은 결국
학교에 적응하기 힘들다는 것이다. 장기결석이나 진로변경 등도 사실은 학교부적응
이 원인이 되기 때문이다.

[**표 3-13**] 최근 5년간 탈북학생의 학업중단 사유　　　　　　　　　　　　(단위: 명)

구분	'10년	'11년	'12년	'13년	'14년	계
학교부적응 (기초학력부족, 고연령 등)	24	8	5	1	1	39
장기결석	–	9	13	22	8	52
가정사정 (경제사정, 가정환경 등)	9	16	–	4	4	33
진로변경(검정고시, 대안학교, 학력인정 평생교육시설 등)	6	6	12	–	12	36
건강	3	6	–	1	–	10
취업	–	1	–	–	–	1
이민 등 출국	–	12	24	33	13	82
기타	14	9	2	9	13	47
계	56	67	56	70	51	300

출처: 교육부(2014.7.25.).

　　학교부적응의 사유로는 문화적 차이와 함께 언어적 차이를 볼 수 있다. '탈북청
소년'으로 분류되는 학생 중에는 부모가 탈북자인 경우가 포함되어 있고, 이들의 자
녀가 중국에서 출생35.5%했더라도 '탈북청소년'으로 분류되고 있다. 따라서 중국에서
출생하고 장기 체류한 경우 한국어가 익숙치 않을 수 있다. 직접 탈북한 청소년도
중국에서 장기 체류한 경우 발음이나 용어 등이 한국어에 익숙치 않기 때문에 의사
소통에 어려움을 느낄 수 있다.
　　이러한 이유로 인해 많은 탈북학생들이 정규학교를 떠나 비인가 대안교육시설
에서 교육을 받고 있다.

05 특수 교육 대상자

"특수교육"이란 특수교육대상자의 교육적 요구를 충족시키기 위하여 특성에 적합한 교육과정 및 특수교육 관련서비스 제공을 통하여 이루어지는 교육을 말한다. "특수교육대상자"란 특수교육을 필요로 하는 사람으로 선정된 사람을 말한다. "특수교육 관련서비스"란 특수교육대상자의 교육을 효율적으로 실시하기 위하여 필요한 인적 · 물적 자원을 제공하는 서비스로서 상담지원 · 가족지원 · 치료지원 · 보조인력지원 · 보조공학기기지원 · 학습보조기기지원 · 통학지원 및 정보접근지원 등을 말한다.

이들을 위해 일선 학교에서는 「초 · 중등교육법」 제2조 제4호에 따른 특수학교 교원자격증을 가진 자로서 특수교육대상자의 교육을 담당하는 교원특수교육교원을 배치하여 운영하고 있다. 이 뿐만 아니라 "순회교육"을 실시하고 있다. 특수교육교원 및 특수교육 관련서비스 담당 인력이 각급학교나 의료기관, 가정 또는 복지시설장애인복지시설, 아동복지시설 등을 말한다. 이하 같다 등에 있는 특수교육대상자를 직접 방문하여 실시하는 교육을 말한다.

학교에서는 이들을 위한 별도의 교육뿐만 아니라 일반학생과의 통합을 위한 교육을 하고 있다. 이들이 언젠가는 사회에서 일반인과 함께 살아가야 하기 때문이다. "통합교육"이란 특수교육대상자가 일반학교에서 장애유형 · 장애정도에 따라 차별을 받지 아니하고 또래와 함께 개개인의 교육적 요구에 적합한 교육을 받는 것을 말한다.

이와 함께 "개별화교육"을 하고 있다. 개별화교육이란 각급학교의 장이 특수교육대상자 개인의 능력을 계발하기 위하여 장애유형 및 장애특성에 적합한 교육목표 · 교육방법 · 교육내용 · 특수교육 관련서비스 등이 포함된 계획을 수립하여 실시하는 교육을 말한다.

또한 "진로 및 직업교육"을 실시하고 있다. 특수교육대상자의 학교에서 사회 등으로의 원활한 이동을 위하여 관련 기관의 협력을 통하여 직업재활훈련 · 자립생활훈련 등을 실시하는 것을 말한다.

유 · 초 · 중등의 특수교육 기회가 양적으로 확대되었으나, 사교육비 부담이 크고 졸업생의 30%가 시설·가정으로 돌아가는 문제점을 해소하기 위하여 「장애인 등에 대한 특수교육법」 및 「제3차 특수교육 발전 5개년 계획'08-'12」에 따라 유치원 과정 의무교육 실시, 유치원 종일반 확대 운영, 일반학교 배치 특수교육대상학생 지원 확대, 장애학생의 기초학력향상을 위한 체계적인 평가체계 구축, 방과후학교 및 방학 프로그램 운영 활성화 등이 추진되었다.

확인학습

1. 빈곤의 대물림은 계층 간의 교육격차를 통해 사회적 양극화로 이어지고 이것은 사회적 분열의 요인이 될 수 있다.
2. 학업중단은 중단자의 교육적 손실은 물론이고 사회적으로는 재교육과 교정 비용을 발생시키는 사회적 문제이다.
3. 학업중단 예방을 위해 학업중단숙려제도와 대안교실, 위탁교육제도가 운영되고 있으며, 학교 밖 청소년을 위해서는 체계적 실태조사와 복지서비스가 제공되고 있다.

생각해 볼 문제

1. 현재 우리 사회에서 계층 간의 경제적 격차로 인한 교육적 불이익이 어떻게 발생되고 있는지 알아보자.
2. 학업중단을 예방하기 위한 단기, 장기 위탁교육 제도의 효과를 알아보고 실효성을 높이기 위한 방안을 찾아보자.
3. 다문화가정의 학생이 겪는 어려움이 무엇인지 살펴보자.
4. 탈북학생 중 학업중단 청소년을 지원하기 위한 시설에 어떤 것이 있는지 살펴보자.

04 교육복지의 법적 근거[1]

학습목표

1. 우리나라 교육복지의 법적 근거를 찾아서 설명할 수 있다.
2. 현행 교육복지 관련 법률의 구조를 체계적으로 설명할 수 있다.
3. 우리나라 교육복지 관련 법제를 둘러싼 쟁점과 이슈를 설명할 수 있다.

01 교육복지의 헌법적 근거

❶ 헌법과 교육복지

헌법은 모든 법규범의 최상위에 존재하는 최고의 법규범으로 모든 교육복지 관계법령의 궁극적인 법원法源이 된다. 우리 헌법은 그 전문前文에서 "정치·경제·사회·문화의 모든 영역에 있어서 각인의 기회를 균등히 하고, 능력을 최고도로 발휘하게 하며…"라고 명시하고 있다. 즉, 우리 헌법은 최고이념 내지 가치를 제시하고 있는 전문에서부터 모든 국민의 기회균등과 능력발휘 여건 조성이라는 교육복지 이념의 추구를 근본적으로 담고 있다. 또한, 개별 조항으로서 인간으로서의 존엄과 가치제10조, 법 앞의 평등제11조, 교육을 받을 권리제31조, 인간다운 생활을 할 권리제34조 제1항, 국가의 사회보장·사회복지 증진 노력 의무제34조 제2항, 국가의 청소년 복지향상 정책 실시 의무 및 사회적 약자의 국가로부터의 보호받을 권리제34조, 열거되지 않은 기본권 보장제37조 등도 교육복지의 중요한 헌법상 법원이 된다.

교육복지를 논의하고 실천하는 데 있어서 가장 핵심적이고도 기본적인 개념이 바로 교육기본권이다. 교육복지는 교육기본권의 보장과 실현이라는 헌법적 가치를 추구해 가는 과정에서 그 효율성을 더하기 위하여 논의되기 시작한 것이기 때문이

---

1 이 장의 제1절 및 제2절은 박재윤·황준성(2008)의 논문 일부분을 변화된 법령과 제도를 반영하여 수정한 것이다. 수정 및 게재를 허락해주신 저자께 감사를 표한다.

다. 즉, 교육복지는 교육의 특수성에 기인하여 독자적인 이념과 원리를 내포하고 있는 것으로 그 일차적인 헌법상 근거는 "모든 국민은 능력에 따라 균등하게 교육을 받을 권리를 가진다"고 규정하고 있는 헌법 제31조 제1항을 중심으로 도출됨이 타당하다. 즉, 교육기본권의 중심축인 교육기회균등이 교육복지의 핵심적 이념이라 할 것이다.

❷ 기본권과 교육복지

한편 교육영역에 있어서 헌법 다음으로 높은 규범적 효력을 갖는 법률인 교육기본법 제2조는 "교육은 홍익인간의 이념아래 모든 국민으로 하여금 인격을 도야하고 자주적 생활능력과 민주시민으로서 필요한 자질을 갖추게 하여 인간다운 삶을 영위하게 하고 민주국가의 발전과 인류공영의 이상을 실현하는데 이바지하게 함을 목적으로 한다"고 밝히고 있다. 이는 우리 교육이념으로서 홍익인간이 바로 교육복지가 추구하는 인간상과 상통함을 보여주는 것임과 아울러 교육복지의 추구는 결국 교육기본권의 보장 및 실현을 중심으로 이루어질 수밖에 없음을 보여주는 것이라 할수 있다.

그런데, 교육복지는 위와 같은 구체적인 기본권 조항을 넘어 우리 헌법 전반에 걸친 헌법적 원리로부터도 그 근원을 도출할 수도 있다. 이와 관련하여 이시우 외 2005는 교육복지를 헌법상 문화국가원리를 이념적 근거로 하여 헌법 제31조에서 규율하고 있는 교육을 받을 권리를 구체적으로 실현하는 방법 중의 하나로 정의하면서, 교육복지의 헌법적 근거와 관련하여 다음과 같이 진술한 바 있다.

> 교육복지의 헌법적 근거를 헌법상 사회국가원리 및 헌법 제34조에서 규율하고 있는 인간다운 생활을 할 권리 등에서 직접적으로 찾는 견해도 있을 수 있으나, 사회국가원리와 사회적 기본권들이 인간의 물질적인 삶의 질에 우선적인 초점이 맞추어져 있다면 문화국가원리와 교육, 예술, 학문 등에 관한 문화 관련 기본권들은 인간의 개성에 상응하는 문화적인 삶의 질에 관한 것이기 때문에 교육복지는 우리 헌법상 문화국가원리 및 교육을 받을 권리와 같은 문화 관련 조항들에서 헌법적 근거를 찾는 것이 옳다고 본다.

즉, 이시우 외2005는 헌법상 문화국가 개념과 사회국가복지국가 개념으로부터 문화복지의 개념을 도출한 후, 공적인 문화보호, 문화정책의 차선적 이용의 한계, 문화에의 사회적 접근 용이성, 학생·교원·문화예술인들에 대한 사회보장적 부조를 문화복지의 헌법적 의미로 설명하고 있다.

이와 관련하여 김수갑1993은 "현대국가에 있어서 교육은 헌법이 추구하는 민주주의의 정착에 기여하는 기능은 물론 문화국가실현과 사회국가실현을 위해서도 필수적인 전제조건이 된다고 하면서 특히 20세기에 들어와서 교육은 문화국가 및 사회국가의 입장에서 인간다운 생활을 가능하게 하는 문화적 기초이며 노동에 의한 생활유지의 기초가 되는 것으로 그 중요성이 강조되고 있다"고 한 바 있다. 또한, 우리 헌법재판소도 "교육을 받을 권리는 우리 헌법이 지향하는 문화국가·민주복지국가의 이념을 실현하는 방법의 기초"라고 하여 문화국가의 이념을 헌법상 원리로 인정하고 있다.[2]

즉, 궁극적으로 교육을 받을 권리의 실질적 실현과 그 맥을 같이 하는 교육복지는 우리 헌법의 중요 기본이념이라 할 수 있는 문화국가의 원리 및 사회복지국가의 원리로부터도 그 이념적 연원을 찾을 수 있는 것이다.[3]

02 교육복지 관련 법제 현황

❶ 분석 범위 및 범주화의 구분 기준

교육복지 관계 법령의 현황을 분석함에 있어서 가장 먼저 고려하여야 할 것이 범위의 문제이다. 21세기 오늘에 있어서 교육 그 자체를 복지적 측면에서 접근하는 입장이 있다는 점을 고려한다면 교육에 관한 모든 법령체제는 교육복지 관계 법령의 범위로 편입될 수 있을 것이다. 한편, 교육복지를 형식적 교육기회 균등과 최근 대두되고 있는 실질적 평등의 개념을 포함함은 물론 학교 등 교육과정에서의 복지를

---

2 헌재결 1991. 2. 11. 90헌가27.

3 이와 관련하여 교육권을 사회복지국가의 원리에 기인하는 사회적기본권의 하나로 봄에 더하여 문화국가의 이념을 실현하는 방법적 기초로서 교육을 받을 권리와 교육제도를 규정하고 있다고 보는 견해도 있다(권영성, 2003).

포함하는 광의의 개념으로 보게 되면, '국민의 최저한도의 생활을 보장하기 위해 빈곤자의 생활보호 · 공중위생 · 공동모금 등의 사업을 조직적으로 행하는 일'로 정의되는 사회복지와의 관계도 고려하지 않을 수 없다. 즉, 이때의 교육복지는 학교교육을 중심으로 하는 교육 관계 법령뿐만 아니라 아동, 청소년, 근로자 등을 대상으로 하는 일반 사회복지 관계 법령에서도 그 법원을 도출하여야 하는 복합적 구조를 가지게 된다. 본고는 후자의 입장에 따라 다음 그림의 영역을 분석 범위로 한다.

한편 관계 법령 현황을 조망하는 영역 기준도 중요한 문제이다. 이는 교육복지에 대한 개념이 다양하고 그 대상 및 범위도 다양하듯이 관계 법령의 범주화 및 범주화를 위한 구분 기준도 다양할 수밖에 없기 때문이다. 이와 관련하여 이시우 외 2005는 선행연구에서 교육복지의 영역을 일반적 교육복지유아교육, 초·중등교육 의무교육, 고등교육, 평생교육, 학교보건과 급식, 학교환경과 시설, 학교폭력과 안전사고, 교육 정보화, 특수적 교육복지장애아 교육, 저소득층 아동 및 자녀교육, 저학력 성인의 교육기회, 장애인 및 저소득층의 고등교육기회, 외국인 근로자 자녀의 교육기회, 북한이탈주민의 자녀교육, 기초학력부진아 교육, 교육복지 추진행정체제교육복지 추진행정체계의 현황과 문제점, 교육복지종합계획, 교육복지위원회의 설치, 교육복지정책 추진 행정체제, 교육복지재정교육복지기금의 조성, 교육복지 특별회계으로 구분하여 현황과 문제점을 분석한 바 있다.

그렇다면 교육복지정책과 대상을 어떻게 실체적으로 규정할 것인가에 관한 논의가 필요하다. 이미 2004년 10월 발표된 참여정부 교육복지 종합5개년 계획에서 '교육복지정책'을 "개인적, 가정적, 지역적, 사회·경제적 요인 등으로 인해 발생하는 교육소외, 교육부적응 및 교육여건 불평등 현상을 해소하고 모든 국민이 높은 교육의 질적 수준을 누리도록 하여, 국민 삶의 질 향상과 사회통합을 기함은 물론 국가의 성장 동력을 강화하기 위해 펼치는 다양한 정책적 노력들의 총체"로 정의한 바 있고, 이에 따라 [표 4-1]과 같이 교육복지정책의 영역과 대상, 정책 과제를 구분한 바 있다.

여기서, 국민기초 교육수준 보장은 개인적, 사회 경제적 요인 등으로 교육기회를 제한받고 있거나 기초 학력에 미달하는 교육 소외 계층 등에게 실질적인 교육기회를 보장하고 기초 학력 달성을 보장하는 것이며, 교육 부적응 및 불평등 해소[4]는

---

4 2005년 가입을 검토했던 유네스코의 교육차별철폐협약(Convention against Discrimination in Education)에 따르면, '차별행위'란 교육기회 및 대우의 평등을 손상하는 의도 또는 효과를 지니는 구별, 배척, 제

[그림 4-1] 교육복지 관계 법령 구분표

		영역	기본법	관련법령
교육 복지	헌법	학교교육 관계법령 →	교육 기본법 →	• 유아교육법 • 초·중등교육법(산업체의근로청소년의교육을 위한특별학급등의설치기준령 포함) • 고등교육법, 기능대학법 • 평생교육법 • 학교급식법, 학교보건법(학교신체검사규칙 포함) • 학교안전사고예방및보상에관한법률 • 학교폭력예방및대책에관한법률 • 장애인등에대한특수교육법 • 도서·벽지교육진흥법 • 인적자원개발기본법, 직업교육훈련촉진법 • 학점인정등에관한법률 • 독학에의한학위취득에관한법률 • 지방교육자치에관한법률, 지방교육재정교부금법 • 학술진흥및학자금대출신용보증등에관한법률 • 교육공무원법, 교원지위향상을위한특별법 • 고등학교이하각급학교설립·운영규정 • 장학금규정 • 시·군및자치구의교육경비보조에관한규정 • 재외국민의교육에관한규정 • 재외국민을위한국내교육과정운영규칙 • 학교수업료및입학금에관한규칙 등
		일반복지 관계법령	사회보장 기본법	• 영유아보육법 • 국민기초생활보장법 • 사회복지사업법 • 아동복지법 • 한부모가족지원법 • 장애인복지법 • 보호시설에 있는 미성년자의 후견 직무에 관한 법률 등
		청소년 관계법령	청소년 기본법	• 청소년보호법 • 청소년복지지원법 • 청소년활동진흥법 • 청소년의성보호에관한법률 • 학교밖청소년지원에관한법률 • 청소년헌장 등

		기타		• 북한이탈주민의보호및정착지원에관한법률
				• 농림어업인삶의질향상및농산어촌지역개발촉진
				  에관한특별법
				• 농어촌발전특별조치법, 농업·농촌기본법
				• 근로기준법
				• 정신건강증진 및 정신질환자 복지서비스 지원에
				  관한 법률
				• 국민체육진흥법
				• 보건의료기본법
				• 이러닝(전자학습)산업발전법
				• 도로교통법(어린이보호구역의지정및관리에관한
				  규칙 포함) 등

[표 4-1] 교육복지정책 대상과 과제

정책 목표	정책 영역	정책 대상	정책 과제
국민기초 교육수준 보장	모든 국민의 교육기회 보장	장애인 및 병·허약자	특수교육 강화
		저소득층 학생	유아교육 기회 확대
			저소득층 교육비 지원
		저학력 성인	저학력 성인 교육기회 확충
		고등교육 소외자	장애인·저소득층 고등교육 기회 확대
		외국인근로자 자녀	외국인근로자 자녀 교육지원
	기초학력 성취	기초학력 미달자	기초학력 보장
교육부적응 및 불평등 해소	학교부적응 치유	학업중단자	학업중단자 예방 및 대책
		귀국학생	귀국학생 교육 지원
		북한이탈 청소년	북한이탈 청소년 대책
	교육여건 불평등 해소	도시저소득지역학생	도시저소득지역 교육지원
		농어촌지역학생	농어촌지역 교육여건 개선
		정보화 취약 계층	정보화 격차 해소
		저소득층 자녀	사교육으로 인한 불평등 완화
복지친화적 교육환경 조성	밝고 건강한 교육환경 구축	학교 풍토	밝고 즐거운 학교 만들기
		학생 건강	학생 건강 증진
		학교내외 교육환경	안전하고 건강한 교육환경 조성

출처: 교육인적자원부 보도자료(2004. 10. 20). 교육복지 5개년 종합계획 발표.

교육기회에의 접근은 가능하나 부적합한 교육과정으로 인해 나타나는 부적응 현상을 치유하고, 교육 여건의 불평등 때문에 발생하는 교육의 과정 및 결과 측면의 상대적 격차를 해소하는 것이다. 끝으로 복지 친화적 교육환경 조성은 학교 내외의 비교육적, 비위생적 교육환경의 상존과 학생의 인권이 경시되는 풍토로 인해 학생들이 신체적, 정신적으로 건강하고 질 높은 삶을 영위하지 못하고 있는 실정이므로 이를 개선하기 위한 것이다.

한, 편중을 포함하며, 그 차별의 유형으로는 ① 교육기회에의 접근 차단, ② 특정 개인, 집단에 대한 열등한 기준 적용, ③ 분리된 제도나 교육기관의 운영, ④ 인간의 존엄성에 반하는 조건을 부과하는 행위 등이 포함된다.

❷ 범주별 관계 법령의 실태

(1) 국민기초교육수준 보장

가. 의무교육제도

국민기초교육수준 보장과 관련된 대표적인 규정은 의무교육제도에 관한 것으로서 헌법, 교육기본법은 물론 초·중등교육법, 지방교육자치에관한법률, 지방교육재정교부금법 등은 초등학교 및 중학교 교육기간 총9년을 무상 의무교육기간으로 하여 국가 및 국민의 의무를 명시하고 있으며, 이와 연동하여 근로기준법 제62조는 15세 미만인 자초·중등교육법에 의한 중학교에 재학 중인 18세 미만인 자를 포함한다는 근로자로 사용하지 못하도록 하고 있다.

나. 장애아 등에 대한 국민기초교육 강화

교육기본법 제18조는 "국가 및 지방자치단체는 신체적·정신적·지적 장애 등으로 인하여 특별한 교육적 배려가 필요한 자를 위한 학교를 설립·경영하여야 하며, 이들의 교육을 지원하기 위하여 필요한 시책을 수립·실시하여야 한다"고 명시하고 있는 바, 초·중등교육법 제55조는 특수학교의 설립에 관하여 규정하고 있다. 또한 이들의 교육환경 제공 및 교육실제 등과 관련하여 장애인등에대한특수교육법이 독립된 법률로 제정되어 있으며, 장애인복지법 및 정신건강증진 및 정신질환자복지서비스 지원에 관한 법률은 대상자들의 교육받을 권리 및 이와 관련된 국가 등의 의무를 규정하고 있다.

다. 유아 교육기회 확대

유아교육법 제24조에 의해 초등학교 취학직전 1년의 유아교육은 무상으로 하되, 대통령령이 정하는 바에 따라 순차적으로 실시하도록 되어 있는 바, 동법시행령 제29조는 국민기초생활보장법에 의한 수급권자의 자녀인 유아, 도서·벽지교육진흥법에 의한 도서·벽지에 거주하는 유아, 행정구역상 읍·면지역에 거주하는 유아 중 매년 3월 1일 현재 만 5세에 도달한 유아를 우선적인 대상으로 하도록 하고 있다. 이에 더하여 동법 제26조는 국가 및 지방자치단체에게 무상교육 대상이 아닌 유아 중에서 국민기초생활보장법의 규정에 따른 수급권자와 대통령령이 정하는 저소득층 자녀의 유아교육에 필요한 비용의 전부 또는 일부를 예산의 범위 안에서 부담하도록 하고 있다. 한편, 영유아보육법 제26조는 국가 또는 지방자치단체와 사회복지법인 그 밖의 비영리법인이 설치한 보육시설과 대통령령이 정하는 보육시설의 장은 영아 · 장애아 등에 대한 보육을 우선적으로 실시하도록 하고 있다.

라. 저소득층 교육비 지원

교육기본법 제28조는 국가의 장학제도 등의 실시 의무를 규정하고 있는 바, 국가의 장학사업과 관련하여 장학금규정이 제정되어 있으며, 학교수업료및입학금에관한규칙은 경제적 사정 곤란자 및 근로청소년 특별학급 등에 대한 수업료 · 입학금의 면제와 감액에 관한 규정을 두고 있다. 또한, 근로청소년의 교육기회 확대와 관련하여 초 · 중등교육법 제52조 및 산업체의근로청소년의교육을위한특별학급등의설치기준령이 이들에 대한 교육적 지원을 규정하고 있다. 그밖에 기초생활보장법 제12조는 교육급여를 규정하고 있는 바 교육급여는 수급자에게 입학금 · 수업료 · 학용품비, 기타 수급품을 지원하는 것으로 하고 있으며, 한부모가족지원법, 장애인복지법, 근로자복지기본법, 청소년복지지원법 등도 각각 교육급여 규정을 두고 있다. 아울러 학교급식법은 시 · 도교육감 수업일은 물론 방학기간 등에도 학생들의 급식을 위한 지원을 하도록 규정하고 있다.

마. 저학력 성인의 교육기회 확대

고등학교 이하 저학력 성인의 교육기회 확대를 위하여 관계법령은 공민학교, 고등공민학교, 방송통신고등학교, 학력인정 학교형태의 평생교육시설 등의 제도를 두고 있으며, 초등학교 · 중학교 · 고등학교 졸업자와 동등의 학력인정에 관한 규정을 별도로 두고 있다. 또한, 고등교육과 관련하여서도 방송통신대학은 물론 사내대학형태의 평생교육시설, 원격대학형태의 평생교육시설 및 교육계좌제 등이 설치 · 운영되도록 하고 있다. 그밖에 학점인정등에관한법률, 독학에의한학위취득에관한법률이 제정되어 있어 저학력 성인이 일정한 교육기관에 지속적으로 다니지 않아도 고등교육의 기회를 갖고 학위를 취득할 수 있도록 관련 규정을 정비하여 주고 있다.

바. 취약계층의 고등교육기회 보장

고등교육법 제34조 및 동법시행령 제34조는 대학입학에서의 특별전형 실시를 규정하고 있는데 이것이 취약계층의 고등교육기회 보장을 위한 중요한 법원이 되고 있다. 또한, 고등교육법시행령 및 기능대학법시행령상의 정원외 특별전형 규정도 같은 맥락에서 이해할 수 있다. 또한 사회적 약자의 고등교육기회 확대를 위하여 초 · 중등교육법 제54조 제4항의 고등기술학교의 전공과, 산업교육진흥및산학협력 촉진에관한법률상 단기 산업교육시설의 설치 · 운영, 고등교육법상 기술대학의 설립 및 방송 · 통신대학의 설립, 대학의 시간제 등록 등에 관한 규정이 있다. 한편, 경제 적 여건에 의한 고등교육 기회의 상실을 막기 위하여 전술한 장학제도와 함께 학술 진흥및학자금대출신용보증등에관한법률상 학자금지원 제도도 같은 범주에 포함시 킬 수 있다.

사. 외국인 자녀 등의 교육기회 확대

현행법에 있어서 외국인 자녀 및 최근 사회적 문제가 되고 있는 불법체류자 자 녀에게 내국인과 동등한 (의무)교육이 가능하도록 밝히고 있는 규정은 없다. 다만, 초 · 중등교육법시행령의 외국인 학생 입학 · 전학 및 편입학 특례 및 유아교육법 · 초중등교육법 · 사립학교법 등에 있어서의 외국인 학교에 대한 특례 규정이 있을 뿐 이다. 한편, 우리 재외국민의 교육복지와 관련하여 교육기본법 제29조는 "국가는 외 국에 거주하는 동포에게 필요한 학교교육 또는 사회교육을 실시하기 위하여 필요한 시책을 강구하여야 한다"고 규정하고 있으며, 재외국민의교육에관한규정이 별도로 마련되어 있다.

(2) 교육부적응 및 불평등 해소

가. 학업중단 예방 및 학업중단자를 위한 대책

학업중단 예방은 교육복지의 실효성을 높일 수 있는 방법이다. 먼저, 초 · 중등 교육법 제19조의2는 학교 등에 전문상담교사를 두도록 규정하고 있으며, 학교폭력 예방및대책에관한법률 제12조는 학교폭력 예방 등을 위해 상담실 설치 및 전문상담 교사의 배치와 활용 등을 규정하고 있다. 또한 초 · 중등교육법시행령 제21조 및 제 73조는 학교 부적응자 등에 대한 초등학교 및 중학교 전학 특례를 각각 규정하고 있 다. 또한 청소년복지지원법 제15조는 국가 및 지방자치단체가 전문가를 통한 상담 등의 교육적 선도를 실시할 수 있도록 하고 있는 바, 그 대상자는 동법시행령 제16

조에 따라 일상생활에 적응하지 못하여 비행·일탈을 저지른 청소년, 일상생활에 적응하지 못하여 전문가의 상담 등 가정 또는 학교 외부의 교육적 도움이 필요한 청소년이 된다.

한편, 학업중단자를 위한 대표적인 것이 초·중등교육법 제60조의3이 규정하고 있는 대안학교제도의 운영이다. 또한 직업교육훈련촉진법시행령 제10조는 고등학교 중퇴이하 학력자 등을 우선 선발하여 직업교육훈련을 실시하도록 규정하고 있다. 그 밖의 학업중단자에 대한 정책은 청소년 관계법령이 주로 규정하고 있는데, 청소년기본법 제46조는 지방청소년종합상담센터 및 지방청소년상담센터가 그 운영계획에 학업중단청소년에 관한 대책을 포함하도록 규정하고 있다. 청소년복지지원법은 국가 및 지방자치단체에게 특별지원청소년에 대하여 필요한 기초적인 생활지원·학업지원·의료지원·직업훈련지원·청소년활동지원 등 지원대책을 강구할 의무를 부과하고 있다.

나. 귀국학생 교육지원

학교교육 부적응 집단 중 대표적인 예가 외국에서 장기간 체류하면서 그 곳의 교육을 받다가 귀국한 학생들이다. 이와 관련하여 초·중등교육법시행령 제19조에 의해 교육감이 정하는 바에 따라 귀국학생 특별학급이 설치된 초등학교에 입학 또는 전학할 수 있으며, 동시행령 제75조 및 제82조에 의해 외국에서 귀국한 학생, 외국인 학생 또는 북한이탈주민의 자녀 등에 대해서는 각각 중학교와 고등학교에 대한 입학·전학 또는 편입학에 있어 특례규정을 마련하여 놓고 있다.

다. 북한 이탈자 및 그 자녀 교육지원

북한이탈 청소년에 대한 교육복지정책은 크게 세 가지로 구분될 수 있다. 하나는 그의 연령 및 학력에 맞게 교육기회를 제공하는 것이며, 다른 하나는 그들이 경제적 여건 등으로 인하여 주어진 교육기회를 제대로 활용하지 못하는 사례가 없도록하는 것이며, 마지막 하나가 교육기회의 제공 차원을 넘어서 그들이 대한민국의 학교교육에 정상적으로 적응하도록 지원하는 것이다. 이와 관련하여서는 주로 북한이탈주민의보호및정착지원에관한법률이 규정하고 있다.

라. 도시 저소득 지역 교육여건 개선

지난 2002년부터 교육복지투자우선지역지원사업후에 교육복지우선지원사업이 추진되고 있음에도 불구하고 현행 법령상 도시 저소득 지역만을 대상으로 하는 관련 규정은 찾아보기 어렵다. 다만, 인적자원개발기본법 제4조가 인적자원개발 시책에 있어 계층 간 등 균형 고려 의무를 규정하고 있을 뿐이다.

마. 농산어촌 지역 교육 여건 개선

농산어촌 지역에 대한 교육복지 관련 근거 법령은 잘 갖추어져 있는 편이다. 우선 도서·벽지교육진흥법 제3조는 국가에게 다른 것에 우선하여 학교 부지·교실·양호실 기타 교육에 필요한 시설의 구비, 교재·교구의 정비, 교과서의 무상 공급, 통학을 위해 필요한 조치, 교원에 대한 주택의 제공, 적절한 교원의 배치를 해야 하며, 이에 필요한 제 경비는 타에 우선하여 지급해야 함을 명시하고 있다. 또한 제4조에서는 지방자치단체에게 도서·벽지 교육의 특수 사정에 적합한 학습 지도에 필요한 자료의 정비, 교원의 연구 기회의 우선 부여와 그 경비의 지급 조치를 할 것을 의무화하고 있다. 한편, 농림어업인삶의질향상및농산어촌지역개발촉진에관한특별법은 제4장의 제목을 '농산어촌 교육여건의 개선'으로 하여 제20조부터 제28조까지에서 농산어촌 교육여건 개선, 농산어촌학교 학생의 학습권 보장 및 교육지원, 농산어촌학교 교직원의 확보·배치 및 우대 등을 규정하고 있다.

바. 저소득층 정보화 격차 해소 및 방과 후 활동·보충학습 지원

정보화 사회라 불리는 오늘날에 있어서 정보의 격차는 부의 격차 이상으로 교육 격차의 중요한 요인이 되지만 이에 관한 관계 법령은 아직 체계적이지 못하다. 교육기본법 제23조가 정보화교육 지원 및 교육정보산업의 육성 등 교육의 정보화에 관한 시책의 수립·실시의무를 규정하고 있고, 농림어업인삶의질향상및농산어촌지역개발촉진에관한특별법 제28조 제2항이 농산어촌학교의 정보통신매체를 이용한 수업에 필요한 시설 및 설비의 우선적 확보·지원 의무를 규정하고 있을 뿐이다.

한편, 저소득층 자녀의 방과후 활동 및 보충학습 지원에 관한 규정도 찾아보기 쉽지 않다. 사회복지사업법시행규칙 제22조 및 별표2에 따라 아동·청소년 방과 후 교육일환으로 "주거환경이 열악하여 가정에서 학습하기 곤란하거나 경제적 이유 등으로 학원 등 타기관의 활용이 어려운 아동·청소년에게 필요한 경우 학습내용 등에 대하여 지도하거나 각종 기능교육컴퓨터, 피아노, 미술, 태권도, 서예 등을 실시"하는 공부방 및 기능교실 운영사업을 사회복지관의 사업의 하나로 규정하고 있을 뿐이다.

사. 학교밖 청소년 교육 지원

개인적, 가정적, 경제적 이유 등으로 학교를 떠나는 학생들이 늘어나고 있다. 교육부의 조사에 따르면 2013년 4월 1일 기준 학업중단 학생수는 68,188명으로 전체 학생수(6,721,176명)의 1.01%에 달하고 있다교육부. 2014. 100명 중 1명은 매년 학교를 떠나고 있다는 것이다. 특히 학령기 청소년 중 무려 28만여 명이 학교를 떠나 있다는 점이다. 더욱 심각한 점은 이들 중 약 17만여 명에 대해서는 그들이 어디에 있는지 그 실태조차 파악되지 못한 학생들이 약 17만여 명에 달한다는 사실이다([표 4-2] 참조).

[표 4-2] 학령기 청소년 현황

학령 인구 (중도입국 포함)	구성					
	학생	각종 교육시설, 유학, 보호관찰 등	기타(약 28만 명)			
			취업자	청소년 쉼터 아동복지시설	검정고시 준비	실태 미확인*
713.3만 명	677.1만 명	8.3만 명	5.1만 명	2.5만 명	3.3만 명	17만 명

출처: 교육부·여성가족부(2013).

최근 이러한 심각성을 깨닫고 정부와 각 지방자치단체는 학업중단 예방 및 학교밖 청소년 지원을 위한 다양한 노력을 경주하고 있다. 우선 교육부가 학업중단 위기학생 전체약 3만 8천 명에 대한 숙려제 프로그램, 대안교실 1,500개 및 위탁기관 111개 운영 지원, 학업중단 다수발생 학교200교 예방 프로그램 지원, 1천여 명 규모의 꿈키움 멘토단 운영, 학업중단 실태조사 실시, 우수교육청7개 선도모델 개발 등을 노력하고 있다교육부. 2014. 여성가족부는 학교밖 청소년 지원에 관한 법률 제정을 추진하여 입법을 완성한 바 있다. 동 법률의 주요 내용은 학교밖 청소년 지원에 대한 국가와 지방자치단체의 책무를 밝히고제3조, 그 구체적인 내용으로 학교밖 청소년 지원계획 수립제5조, 실태조사제6조, 상담지원제8조, 교육지원제9조, 직업체험 및 취업지원제10조, 학교밖 청소년지원센터 지정·운영제12조, 지역사회 청소년 통합지원체계와의 연계제14조 등을 규정하고 있다.

(3) 복지친화적 교육환경 조성

가. 학생 안전

학생 안전과 관련된 대표적인 법원은 학교의 장에게 "학생의 안전사고를 예방하기 위하여 학교의 시설·장비의 점검 및 개선, 학생에 대한 안전교육의 실시 기타 필요한 조치"를 할 의무를 부과하고 있는 학교보건법 제12조이다. 또, 교원지위향상을위한특별법 제5조는 학교 안전사고로부터의 보호라는 타이틀 아래에 교육시설의 설치·관리 및 교육활동 중에 발생하는 사고로부터 교원과 학생을 보호하기 위하여 학교안전공제회를 설립·운영하도록 하고 있으며, 이를 위해 학교안전사고예방및보상에관한 법률이 별도로 제정되어 있다. 등하교시의 안전과 관련하여서는 주로 도로교통법이 규율하고 있으며, 동법 제12조는 유치원, 초등학교 또는 특수학교, 영유아보육법상 보육시설 등에 '어린이 보호구역의 지정 및 관리'를 규정하고 있으며, 이를 상세화하는 어린이보호구역의지정및관리에관한규칙이 별도로 제정되어 있다.

나. 학교폭력 예방 및 대책

학교폭력에 관해서는 학교폭력예방및대책에관한법률시행 2014. 11. 19.이 제정되어 있다. 동법은 제2조에서 학교폭력을 "학교 내외에서 학생을 대상으로 발생한 상해, 폭행, 감금, 협박, 약취·유인, 명예훼손·모욕, 공갈, 강요·강제적인 심부름 및 성폭력, 따돌림, 사이버 따돌림, 정보통신망을 이용한 음란·폭력 정보 등에 의하여 신체·정신 또는 재산상의 피해를 수반하는 행위"로 규정하고, 이어서 집단 따돌림 문제의 증가에 따라 따돌림을 "학교 내외에서 2명 이상의 학생들이 특정인이나 특정 집단의 학생들을 대상으로 지속적이거나 반복적으로 신체적 또는 심리적 공격을 가하여 상대방이 고통을 느끼도록 하는 일체의 행위"로 규정하고, 다시 사이버 따돌림을 "인터넷, 휴대전화 등 정보통신기기를 이용하여 학생들이 특정 학생들을 대상으로 지속적, 반복적으로 심리적 공격을 가하거나, 특정 학생과 관련된 개인정보 또는 허위사실을 유포하여 상대방이 고통을 느끼도록 하는 일체의 행위"로 규정하는 등 매우 적극적으로 학교폭력의 예방을 위한 노력에 나서고 있다.[5] 또한 동법은 교육감

---

5 동법 제정 당시(2004. 7. 30. 시행)에는 학교폭력을 "학교내외에서 학생 간에 발생한 폭행·협박·따돌림 등에 의하여 신체·정신 또는 재산상의 피해를 수반하는 행위로서 대통령령이 정하는 행위"로 규정함으로써 현행 법률과 학교폭력의 범위, 유형, 위임의 여부 등에서 상당한 차이가 있다.

에게 학교폭력 예방과 사후 조치 등을 위하여 학교폭력 피해학생 상담 및 가해학생과 필요한 경우 가해학생 학부모를 조사할 수 있는 권한을 부여하고 있으며제11조의 2, 교육부장관, 교육감, 지역 교육장, 학교의 장은 학교폭력과 관련한 개인정보 등을 경찰청장, 지방경찰청장, 관할 경찰서장 및 관계 기관의 장에게 요청할 수 있고, 정보제공을 요청받은 경찰청장, 지방경찰청장, 관할 경찰서장 및 관계 기관의 장은 특별한 사정이 없으면 이에 응하여야 함을 규정하고 있다제11조의 3. 한편, 청소년기본법 제52조는 국가 및 지방자치단체에게 청소년을 폭력·학대·성매매 등 유해한 행위로부터 보호·구제하여야 하는 의무를 부과함에 더하여, 청소년의성보호에관한법률은 학생들에 대한 성폭력 방지 또는 성보호를 위한 구체적인 조항들을 담고 있다.

다. 학생건강 증진

헌법 제35조가 "모든 국민은 건강하고 쾌적한 환경에서 생활할 권리를 가지며"라고 규정하고 있듯이 환경·건강권은 국민의 중요한 기본권의 하나이며, 교육기본법 제27조는 학생 등의 건강 및 복지 증진을 위한 국가 등의 책무를 명시하고 있다. 우선, 학교 시설 정비와 관련하여 고등학교이하각급학교설립·운영규정 제3조 제1항 등은 보건위생에 적합한 교사의 유지 의무를 규정함에 더하여 교지, 급수·온수 공급시설, 교사의 내부환경의 기준과 함께 학교의 장에게 학교 환경위생 및 식품위생의 적절한 유지·관리의무를 부과하고 있다. 그밖에 학교보건법은 학교에서의 보건시설 설치 의무화, 학교환경위생정화구역, 주기적인 신체검사, 보건관리, 학생의 안전사고 예방에 대한 의무 등을 규정하고 있다.

라. 학교급식

급식과 관련하여서는 학교급식법이 별도로 제정되어 있으며, 동법 제3조는 영양교육을 통한 식습관의 개선과 학교급식의 원활한 수행을 위하여 필요한 시책을 강구할 것을 국가 및 지방자치단체의 임무로 명시하고 있다. 또한 제8조는 급식을 위한 경비 부담과 관련하여 학교급식 실시에 필요한 시설·설비에 요하는 경비와 학교급식의 운영에 필요한 경비 중에서 대통령령으로 정하는 경비는 당해 학교의 설립 경영자 부담을 원칙으로 하되, 대통령령이 정하는 바에 따라 후원회 또는 학부모가 그 경비의 일부를 부담할 수 있도록 하고 있다.

03 현행 교육복지 관련법제의 문제점 및 과제

❶ 현행 관련 법제의 문제점

2004년 중학교 무상의무교육제도가 완성되고, 영유아 무상교육이 전면실시되는 등 전반적인 교육기회 확대를 위한 제도적 구축 측면은 물론, 실제 교육으로부터 소외된 계층을 위한 다양한 정책들이 입안 추진되고 있다. 그럼에도 불구하고 그 노력의 결실이 가시적으로 나타나고 있지 못한 것 또한 사실이다. 이와 관련하여 주된 문제점들로 지적되는 것이 동원할 수 있는 예산의 부족, 부처 간 및 중앙·지방자치단체 간 그리고 민·관의 연계 체제 부족 등 추진방법상 한계이다. 특히 관련된 많은 정책들이 다양한 기존의 개별 법률에 근거하여 산발적으로 추진됨으로 인하여 정책의 일관성 및 효율성이 결여되는 문제도 지적되고 있다. 따라서 이와 같은 문제점들을 해결하기 위해서는 소요재원의 안정적 확보와 민과 관을 아우르는 협력을 위한 기구의 설치 등의 필요성이 논의되고 있으며, 이러한 모든 것을 가능하도록 하는 특히 관련 사업들이 현재와 같이 정책적 추진이 아닌 안정성을 갖는 법적 제도로 정착할 필요성이 지속적으로 제시되고 있다. 이하에서는 현행 관련법제의 문제점을 살펴보고자 한다.

(1) 교육복지의 사각지대 발생

복지에 대한 단일 법전은 일반적으로 사회적 소외계층으로 인식되는 대상을 중심으로 노인, 아동, 장애인, 모자·부자가정 등에 관한 개별 복지법이 있다. 또한 근로자에 대해서도 사용주 측면에 비하여 사회적 약자로 간주되어 근로자복지기본법이 제정되어 있으며, 청소년복지지원법이 별도로 마련되어 있다.

이와 같이 한 영역에 대한 단일 법전이 있는 경우 그 법에는 법의 제정목적과 이념 그리고 관련된 원칙들이 총론적으로 우선 규정되기 마련이다. 이는 법해석과 법적용에 있어 매우 중요한 의미를 갖는다. 무엇보다도 단일 법전이 각론에서 열거하지 못한 상황이 발생하더라도 총론에서 규정한 그리고 그 법에 내재되어 있는 이념 및 원리·원칙을 통하여 그 상황을 규율할 수 있는 힘이 발생하게 되기 때문이다.

그러나 교육복지는 교육과 복지라는 두 정책의 교집합에 놓여있음에도 불구하고 교육과 복지의 양쪽을 모두 포괄할 수 있는 단일 법전이 존재하지 않는다. 즉, 교육복지와 관련된 법원들은 단일 법전 없이, 헌법−교육기본법−초 · 중등교육법 및 고등교육법 등으로 이루어지는 교육관계법령을 중심으로 청소년관계법령, 일반복지관계법령 등에 산재하여 있다. 따라서 사안에 따라 각 부처가 주관하는 개별 법령의 규율을 받을 수밖에 없기 때문에 특정 사안에 대해서는 현행 법령의 힘이 미치지 못하는 현상이 발생할 개연성이 있다. 그 대표적인 예가 의무교육단계의 기초교육은 한 국가의 국민으로서 향유하는 기본권이기 이전에 인간으로서 당연히 갖는 인권임에도 불구하고, 이른바 불법체류자 자녀들에 대해서는 최소한의 교육 기회조차 우리 국가 · 사회가 제공하고 있지 않은 것이 그것이다.

즉, 교육복지에 관한 이념 및 원리 · 원칙을 제시할 수 있는 통합법이 없는 상황에서 구체적인 개별 법령만으로 관련 사안들을 규율할 때에는 뜻하지 못한 사각지대가 발생하게 되고, 이를 규율한 법적 근거 도출에 어려움을 겪게 된다. 이는 결국, 개별 법령의 사각지대에 대한 관계 법령 부재 현상이 발생하게 됨을 의미한다. 이러한 문제들을 해결하기 위해서는 교육복지의 이념 및 원칙을 포함하고 이를 책임지고 실현하여 나갈 수 있는 총괄조정 권한을 실질적으로 부여하는 교육복지법의 제정이 필수적이라 할 것이다.

(2) 정책을 뒷받침 하지 못하는 법체제

오늘날 국가들의 또 다른 모습은 행정국가화 현상이다. 이는 현대국가가 복지국가를 지향함에 따른 필연적인 결과이기도 하다. 그런데 여기서 행정국가란 반드시 법치행정을 전제로 한다. 따라서 법치행정 · 합법성을 현대행정의 주요 이념으로 하고 있는 한 아무리 긴박한 행정과제가 발생했다 하더라도 개별 해결수단으로서의 입법정책이 대응하지 않으면 행정책임이 명확한 형태로 발동한다는 것은 곤란하다이계탁, 1994.

특히 복지행정은 이른바 급부행정의 하나로서 법률적합성의 원칙에 따라 근거법령이 마련되어 있어야 국가의 복지행정권이 발동할 수 있다. 이는 복지행정이 막대한 재정적 수요를 동반하는 바, 그 재정은 국민의 세금으로서 이루어진 것이기 때문이다. 물론, 복지행정은 근거 법령이 마련되어 있다고 하더라도 그에 합당한 예산이 이를 뒷받침 하여 주지 않는다면 안 된다.

이와 같이 오늘날 국가가 이념적으로 복지국가를 지향한다고 하더라도 국가가 개별 사안에 있어서 복지행정권한을 발동하기 위해서는 예산과 함께 입법적 근거가 마련되어야 한다. 이 중 하나라도 갖추어져 있지 못하다면, 해당 분야에 있어 복지란 공허한 것에 불과하다.

즉, 국가 및 지방자치단체가 수행하여야 하는 교육복지정책은 급부행정의 하나로서 법치행정하에서는 법률적합성의 원칙에 의해 관계입법이 구비되어 있어야 적극적으로 개입할 수 있다. 그런데, 교육복지에 관한 단일법전이 없음은 물론 기존의 교육 또는 복지 관계법령들은 상호 간의 연계가 마련되어 있지 못하다. 따라서 교육정책은 교육정책대로, 복지정책은 복지정책대로 각기 따로 입안되고 시행됨으로써 그 실효성이 떨어지며, 관련정책에 대한 충분한 법적 기반을 확보하는 것에 어려움을 겪고 있다. 그 대표적인 예가 통합적인 법적 근거 없이 각 부처의 개별 법령에 의해 이루어지고 있는 교육복지투자우선지역사업의 전개 과정에서 겪고 있는 문제가될 것이다.

(3) 일관성·실효성 등의 부재

교육복지에 관한 개개 조항들이 개별 법령에 산재하여 있음에 따라 정책 집행의 일관성 및 효율성 저하의 문제가 발생하고 있다. 즉, 현행 법령 체계와 같이 관련 법령들을 아우를 수 있는 통합법이 없이 개별 법령들이 산재하여 있는 상황에서는 관련 정책들의 중복 또는 충돌에 의한 일관성 부족의 문제는 발생할 수밖에 없는 것이다.

특히, 교육복지는 국가의 직접적인 급부적 복지행정보다는 급부적 복지행정이 필요하지 않도록 국민들의 최소수준의 교육기회 제공 및 최소수준의 교육결과에 이를 수 있도록 여건을 보장하여 주는 것에 그 초점이 두어져야 한다. 그럼에도 불구하고 현행 개별 관계법령은 이러한 실질적 교육복지보다는 최소한의 형식적인 교육기회균등 실현에 그치고 있는 실정이다.

이는 교육복지 관련 조항들이 대체적으로 선언적 규정과 국가 및 지방자치단체의 책무만을 규정하고 있음에 그치고 있는 것과도 관련된다. 즉, 지금까지의 많은 조항들이 반드시 그러하여야 하는 강행 규정이 아니라, 해도 되고 안 해도 되는 임의규정 또는 추가적으로 하위 법령에서 구체화를 시켜야 실효성을 보장받을 수 있는 선언적 규정에 불과하다는 문제점을 지니고 있다. 따라서 국민들은 이러한 규정으로 자신의 교육복지에 관한 권리를 주장하기에 한계가 있을 수밖에 없다. 즉, 현행 법제들은 국민들에게 직접적인 구체적 청구 · 요구권을 부여하는 것에 인색하다는 문제점을 지적하지 않을 수 없다.

(4) 형식적 기회균등 중심의 규율

지식기반사회와 평생학습사회라고 불리는 21세기에 있어서 교육과 배움의 장소는 따로 있을 수 없으며, 모든 사회의 영역이 교육과 배움의 장이 되어야 한다. 이것이 지식기반사회 속에서 평생학습사회의 의미이기도 하다. 그런데, 이의 실현을 위해서는 형식적 의미의 교육기회 확대와 균등도 중요하지만 그에 못지않게 실질적 의미의 교육기회 확대와 균등도 중요하다. 특히 평생학습 사회에 있어서 가장 중요한 것은 자신이 스스로 학습하여 나갈 수 있는 기초학력을 갖추는 것인바, 국가 · 사회가 모든 국민들에게 최소한 이와 같은 기초학력을 키워주어야 함에도 불구하고, 현행 관련 법령 체제는 이에는 소홀하면서 형식적인 교육기회 제공에만 중점을 두고 있는 실정이다.

즉, 교육복지의 시작점이 균등한 교육기회의 보장이라고 한다면 그 끝은 교육결과의 균등이라고 할 수 있다. 그러나 결과의 평등에 대한 추구는 아직 현실적으로 요원한바, 교육복지는 국민교육과 관련된 최저 기초학력 보장을 추구하여야 한다. 그러나 이와 관련된 현행 법령 자체를 찾기조차 쉽지 않다. 초 · 중등교육법 제28조가 '학습부진아 등에 대한 교육'이라는 타이틀 아래에 "국가와 지방자치단체는 학습부진學習不振이나 성격장애 등의 사유로 정상적인 학교생활을 하기 어려운 학생과 학업을 중단한 학생들을 위하여 대통령령으로 정하는 바에 따라 수업일수와 교육과정을 신축적으로 운영하는 등 교육상 필요한 시책을 마련하여야 한다."고 규정하고 있는 것 또는 초 · 중등교육법 제60조의3의 대안학교 규정 정도를 모든 학생들에 대한 기초학력을 보장하기 위한 것으로 꼽을 수 있을 것이다.

한편, 이와 같은 학습부진아의 기초학력 보장을 위한 지도와 관련하여서는 이른바 학습부진아 등에 대한 판별 기제가 중요하게 부각될 수밖에 없다. 그럼에도 불구하고 현행 법제에서는 교육기본법 제26조가 제1항에서 "국가는 국민의 학습성과 등이 공정하게 평가되어 사회적으로 통용될 수 있도록 학력평가와 능력인증에 관한 제도를 수립 · 실시할 수 있다."라고 규정한 데 이어 제2항에서 "제1항에 따른 평가 및 인증제도는 학교의 교육과정 등 교육제도와 상호 연계되어야 한다."라는 선언적 규정만을 두고 있을 뿐 이에 대한 구체화된 법령은 찾아보기 어렵다.

(5) 유사 법안의 산재

법령 체제에 있어서 또 하나의 문제점은 관련된 유사 법안이 많다는 것이다. 유사 법안이 많다는 것은 관련 영역에 대한 국가적 관심이 크다는 것을 의미하는 것이기도 하지만, 오히려 법 체제의 복잡성과 그로 인한 법적용에 있어서 혼란을 야기시킴으로써 법적 효율성을 저하시키는 요인이 되기도 한다. 이와 관련하여 유사 법령으로서 관련 법령의 통합 · 정비가 바람직하다고 보는 대표적인 예로는 농어촌 지역에 대한 관계법령을 지적할 수 있다.

❷ 교육복지 관련 법제의 과제

우리나라 교육복지 관계법령에 있어서 전술한 문제점 등을 해결하고 우리나라의 교육복지정책을 안정적이고 효율적으로 추진해 나갈 수 있는 법적 기반을 구축하기 위한 가장 바람직한 방안은 그 법명이 어떻든 간에 단일 법전으로 교육복지에 관한 법이하 '교육복지법'을 제정하는 것이다.

이와 관련하여 선행연구들도 교육복지에 관한 단일 법전의 제정 필요성을 역설한 바 있다. 먼저, 이태수 외는 교육복지사업의 안정적, 지속적, 효율적 추진을 위하여 교육복지법의 제정을 제안하였으며, 교육복지사업의 법적 근거들이 개별 관련법령에 산재되어 있어 종합적이고 체계적인 교육복지 서비스 제공이 어렵고, 교육복지투자우선지역 사업에서 보았듯이 법적인 근거가 취약하면 공기관 사이의 연계가 어렵다는 점 등을 교육복지법 제정의 필요성으로 지적하였다. 이 연구는 교육복지기본법의 제정을 직접 제안하고 입법 필요성도 검토하였으나, 구체적으로 교육복지기본법이 어떤 형태를 가져야 하는가는 제시하지 못했다이태수 외, 2004.

또한, 이시우 외2005의 연구는 교육복지관계법제의 구축방안을 구체적으로 제안하였다. 이 연구는 교육복지관계법제 구축 방안을 교육기본법의 보완 및 교육복지 관련 기존법률의 정비, 개별법에 산재한 교육복지 관련조항들의 정리를 통한 종합적이고 체계적인 교육복지법 제정, 개별법에 산재되어 있는 교육복지 관련조항들의 정리를 통하여 교육기본법과는 별도로 기본법 수준의 교육복지정책의 총론적인 법적 근거가 되는 교육복지기본법 제정 등으로 설정하고 그 중 두 번째 안, 즉 교육복지법 제정을 제안한 바 있다.

하나의 법률을 새로 제정하는 경우에 우선 필요한 것은 그 법률이 규정해야 할 내용이 무엇이냐 하는 것이다. 우선 그 내용이 결정되어야 그것을 어떤 형식으로 규정해 나갈 것인가의 문제로 옮겨갈 수 있기 때문이다. 이와 관련하여 전술한 교육복지의 개념 및 교육복지정책의 이념 그리고 현행 법령의 태도 등을 근거로 하여 새로운 교육복지법에 담겨야 할 내용을 제시하면 [표 4-3]과 같다.

[표 4-3] 교육복지법의 영역 및 내용

교육복지법의 영역		내용
① 교육복지법의 기본사항	교육복지정책의 기본방향	1. 교육복지 이념 설정 및 교육복지 이념에 따른 입법계획
		2. 교육복지 관련 법령 및 제도 정비 및 재원확보 등
		3. 교육복지 기본계획 및 정책 수립
	교육복지정책 추진 및 지원체제	4. 중앙 및 지방의 교육복지추진기구
		5. 관련 연구등 지원 체제 및 교육행정기관 내 추진 체제 정비
② 국민기초교육수준 보장		1. 모든 국민의 기초교육권 실질 보장 원칙의 법제화
		2. 저소득층 유아의 교육 및 보육 지원 강화
		3. 장애아 및 건강장애아에 대한 국민기초교육 강화
		4. 저학력 성인의 교육기회 확대
		5. 외국인 근로자 자녀의 교육적 차별 금지
		6. 기초학력 보장 시책의 수립 및 실시
		7. 학습부진자의 기초학력 보장을 위한 지도
③ 학교 부적응 현상 해소		1. 학교부적응자 지원 및 학업중단자 발생 방지
		2. 귀국학생 교육지원
		3. 북한 이탈자 및 이탈자 자녀 교육지원
④ 교육여건 불평등 해소		1. 저소득 지역 및 저소득층 지원
		2. 농산어촌지역 교육여건 개선
		3. 소외계층 정보화 격차해소
		4. 취약계층 자녀 방과 후 교육활동 활성화
		5. 취약계층의 고등교육 기회보장
⑤ 교육환경복지 제고		1. 교육환경권의 보호
		2. 학생 건강의 보호 및 증진
		3. 학생의 안전권 보장
		4. 교육복지 중요성의 홍보 및 교육

그런데 전술한 것과 같이 앞서 내용 중 상당수는, 규정된 법령 수준 및 복지의 내용에 있어서는 차이가 있겠지만, 이미 각 개별 법령에서 규정되어 있는 것들이다. 즉, 새로운 교육복지법에서 필요한 것은 개개의 내용에 대한 보완과 추가보다도 산재되어 운영되는 규정들을 통일적으로 이끌어 갈 수 있는 교육복지의 기본적 법이념이라고 할 수 있다. 다만 현실적으로 중요한 교육복지정책의 영역들을 고려하지 않을 수 없으므로 교육복지에 관한 기본법의 성격을 가지면서도 실시법적인 조항들을 어느 정도 포괄하는 형태의 법이 타당하다고 본다.[6]

이와 관련하여 교육복지법은 일반법보다는 특별법적 성격을 부여하는 것이 타당하다고 본다. 특히 새로운 법의 입법취지를 살리고 법적 실효성을 높이기 위하여 특별한 사항은 기존 관련 법률에 앞서서 먼저 적용되도록 하는 장치를 어떻게든 강구할 필요가 있다.[7] 또한, 현실적 입장에서 교육복지의 개념을 구체적인 개념으로 조작하며 교육복지 추진체제와 전달과정을 중심으로 교육복지 관련 법안을 상정함으로써 타 법률과의 충돌은 최소화하면서 교육복지의 총괄부서인 교육부 중심의 교육복지정책 추진이 가능한 법적 근거를 마련할 수 있을 것이라는 주장도 설득력이 있다.

또한, 법령으로 국가와 지방자치단체의 의무를 추상적으로 규정한다고 해도 경우에 따라서는 국민 개개인 또는 특정 집단 그리고 총합적 의미로서의 국민 전체의 청구권이 인정되지 않으면 실효성이 거의 없을 우려가 있다. 따라서 필요할 경우, 청구권을 구체적으로 인정할 필요가 있다. 교육복지에 관한 국민의 권리가 그러하다. 법령에 담기는 내용들이 자칫 추상적인 구호 수준에 머무를 우려가 있는 바, 이를 불식시키고 법 제정의 취지를 살리기 위해서는 필요한 경우 국민의 이른바 복지청구권을 인정해줄 필요가 있다.

---

6 김형기는 "교육복지 관련 법률은 어느 경우이든 추상적이고 선언적인 내용이 아니라 구체적인 수준에서 규율되는 것이 바람직하다"고 한다(김형기, 2007). 전자의 경우라면 이미 헌법과 교육기본법에 규율된 내용을 확인하는 수준에 그칠 것이기 때문이라는 것이다.

7 이것은 법의 명칭과 관련된 문제이기도 하다. 즉, 이미 발의되어 있는 것과 같이 단순히 '교육복지법'이라고 하는 것은 소관부처의 문제가 발생할 수 있으므로 재고의 여지가 있다. 일반적으로 'ㅇㅇ복지법'으로 법명이 붙여진 것들은 보건복지부 소관법률에 해당하기 때문이다. 이러한 문제점으로 인해 '청소년복지지원법'도 처음에는 '청소년복지법'이라는 법명으로 논의되다가 마지막에 '지원'이란 명칭이 추가되었다.

❸ 지방자치단체의 조례 제정

(1) 광역 자치단체 차원의 조례

이렇게 중앙수준에서 교육복지법 제정 노력이 더딘 상황인 반면에 시·도교육청 및 광역·기초지방자치단체의 조례 제정 노력은 상당한 진척을 보이고 있다.

일례로 경기도교육청은 전국 최초로 「경기도교육청 교육복지 운영·지원에 관한 조례」제정 및 시행 2014. 1. 13. 경기도조례 제4684호를 제정하여 시행하고 있다. 이 조례는 제1조목적에서 "교육기본법 제27조 제1항에 따라 차별없이 균등하게 교육받을 권리를 보장하기 위한 교육복지정책 수립과 그 지원 등에 필요한 사항을 규정함으로써 경기도내 학생들의 교육복지 증진에 기여함을 목적으로" 하고 있음을 밝히고 있다. 특히 제3조정의에서 교육복지를 "가정적, 지역적, 사회·경제·문화적 요인으로 발생하는 개인·집단·지역 간의 학습기회, 학습과정, 학업성취, 학교생활 등의 차이를 해소하기 위해 학생에게 제공하는 모든 형태의 공적 지원"으로 규정함으로써 일체의 차별적 교육을 배제하는 적극적 교육격차 해소 노력을 이해하였다. 또한 동 조례는 교육감의 책무제4조, 교육복사업의 계획 및 수립제6조, 실태조사제7조, 교육복지사업제8조, 지원대상자제9조, 지원방법제10조, 교육복지정책위원회 설치 및 기능, 위원회의 구성 및 임기, 위원회의 운영제11조~제13조, 교육복지사업의 평가제14조, 지자체 등에 대한 협조 요청제15조 등을 동시에 규정하고 있다.

한 가지 흥미로운 사실은 제8조교육복지사업에서 다양한 교육복지사업을 예산의 범위 내에서 교육감의 지원 의무 사항으로 규정하고 있다는 것이다. 제시된 교육복지사업은 현재 교육체제 내에서 발생하는 교육복지적 과제들을 빠짐없이 대상별 혹은 영역별로 발굴하였다는 데에 큰 의의가 있다고 하겠으나, 이 역시 대단히 포괄적이고 사업내용이 불특정한 사업들로서 과연 얼마만큼의 실체적 효력을 발휘할 수 있을지 의문이다.

1. 교육과정이나 학습 기회 보장을 위한 사업
2. 친환경 무상급식 사업
3. 공교육비 부담 경감을 위한 사업
4. 유치원 교육을 위한 사업
5. 특수교육을 위한 사업

6. 학교의 돌봄기능 확대를 위한 사업

7. 학생의 건강관리 증진을 위한 사업

8. 학교부적응 및 소외계층 학생을 위한 사업

9. 취약계층 학생의 교육비 사업

10. 농·산어촌 지역 교육여건 개선을 위한 사업

11. 다문화, 북한이탈, 다자녀 학생 지원 사업

12. 그 밖에 교육감이 교육복지와 관련하여 필요하다고 인정하는 사업

광주광역시 역시 「광주광역시교육청 교육복지 운영 및 지원 조례」제정 및 시행 2014. 4. 1. 광주광역시조례 제4375호를 제정한 바 있으며 그 조문 구조 및 내용은 「경기도교육청 교육복지 운영·지원에 관한 조례」와 대체로 유사하다.

(2) 기초자치단체차원의 조례

한편 기초자치단체 차원에서도 교육복지사업을 추진하고 있는 경우가 있는데 용인시를 예로 들 수 있다. 용인시는 「용인시 학교사회복지활성화 및 지원에 관한 조례」시행 2013. 1. 1. [경기도용인시조례 제1264호]를 제정하여 운영하고 있다. 이 조례는 그 목적제1조을 "「지방교육재정교부금법」 제11조 제6항 및 「지방자치단체의 교육경비 보조에 관한 규정」에 따라 용인시 학교사회복지사업활성화 및 지원에 관하여 필요한 사항을 규정함"을 밝히고 있다.[8]

또한 한 가지 주목할 점은 제2조정의에서 학교사회복지사업을 "학교사회복지사가 학교환경의 생태학적 관점에서 학교·가정·지역사회와의 연계를 통하여 학생의 부적응 문제나 생활문제에 적극 개입하는 전문교육복지 분야를 말한다"라고 규정하고 있다는 것이다. 이는 그동안 학교사회복지사업을 최초로 제도화한 규정이고, 그러한 학교사회복지사업이라는 것이 1) 학교사회복지사주체, 2) 학생의 부적응문제나 생활문제에 개입내용으로 특정하고 있다는 점이다. 이는 바로 교육계에서 지적하는 교육복지사업 내지 영역과 근본적인 차이를 가져오는 지점이라고 할 수 있다.

동 조례는 또한 제3조계획수립를 통해 시정의 지원계획 수립의무를 규정하고 있으며, 제4조교육경비보조를 통해 학교사회복지 교육에 소요되는 경비의 보조 근거를

---

8 이는 현행 지방교육재정 관련 규정 및 제도의 취약성에서 비롯된 것으로서 현행 시도교육청의 교육비특별회계는 기초자치단체가 각 학교로 재정지원하는 노력을 허용하지 않는다.

마련하고 있다. 이어 제5조_{지원사업의 범위}에서는 1) 학생들의 개별·집단 활동 프로그램 지원 사업, 2) 가족 자원 활동을 통한 지역사회 자원연계사업, 3) 그 밖에 시장이 필요하다고 인정하는 학교사회복지사업으로 특정하고 있다. 제6조_{보조금의 신청} 역시 흥미로운 규정인데 보조금의 신청의 세부적인 절차를 규정하고 있다. 제1항에서 "제4조의 규정에 따른 교육 보조금을 교부 받고자 할 때에는 다음 각 호의 사항을 기재한 신청서와 기타 필요한 서류를 첨부하여 초·중학교장은 용인교육지원청 교육장을 통하여 제출하고 고등학교장은 시장에게 직접 제출하여야 한다."라고 명기하고 있다. 어떻든 초등학교와 중학교는 교육지원청이 관할을 하도록 위임한 반면에 고등학교는 직접 시장이 사업신청 접수 및 지원을 결정하고 있다. 제7조_{보조금의 결정}, 제8조~제10조는 보조결정의 변경, 집행, 목적외 사용금지를 규정하고 있으며, 제11조~제17조는 '학교사회복지사업 지원에 관한 위원회'의 구성 및 심의, 회의, 간사 등을 규정하고 있다.

사례 탐구

다음은 최근에 제안된 가칭 「교육복지법안」의 일부이다(장덕호 외, 2012). 교육복지법안의 제정 논의에서 쟁점 중의 하나가 바로 누구에 의해서(서비스 주체), 어떻게(전달체계) 교육복지서비스를 적합한 대상(수혜자)에게 전달하느냐에 관한 것이다.

교육복지법 제정(안)
제3장 지원체계 및 전담인력 등

제11조(교육복지실 등의 설치) ① 학교의 장은 교육복지실을 설치하고 대통령령이 정하는 교육복지에 필요한 시설·장비를 갖추어야 한다.

② 학교의 장은 교육복지실 이외에 교육복지 등을 위하여 추가적으로 필요한 공간 및 시설 등을 확보할 수 있다.

제12조(지역교육복지지원센터의 설치) ① 교육감은 하급교육행정기관에 지역교육복지지원센터를 설치하여야 한다. 이 경우 지역교육복지 지원센터는 학생 및 학부모들의 이용 편의를 고려하여 교육행정기관 이외의 장소에 설치할 수 있다.

② 지역교육복지지원센터는 교육복지사에 대한 자문과 단위학교 교육복지사업에 대한 컨설팅, 그 밖에 지역 내 교육복지의 활성화를 위한 각종 지원 업무를 담당한다.

③ 지역교육복지지원센터에는 제14조의 규정에 의한 교육복지사를 배치하여야 한다.

제13조(교육복지진흥원의 설치) ① 교육부와 시·도교육청은 교육복지 관련 연구·개발 및 지원업무를 전담하도록 하기 위하여 교육복지진흥원을 설치하거나 그 업무를 위탁할 수 있다.

② 교육복지진흥원은 다음 각호의 업무를 수행한다.

1. 교육복지에 관한 이론적 기초 연구 및 정책연구

2. 교육복지에 관한 프로그램과 방법 개발 및 보급

3. 교육복지사 양성 및 연수에 관한 체제 · 프로그램의 연구 · 개발

4. 교육복지지수 개발 및 작성

5. 그밖에 교육복지 관련 연구 및 지원 등의 업무

③ 교육부와 시 · 도교육청은 제1항의 규정에 따른 교육복지진흥원을 교육복지사 연수기관으로 지정할 수 있다.

제14조(교육복지사 등의 배치) ① 학교에는 교육복지사 1인을 배치한다. 다만, 교육복지 우선학생이 5명 이하인 학교에는 순회교육복지사가 그 직무를 대신할 수 있다.

② 순회교육복지사는 학교급 구분없이 생활권과 거리, 학생수 등을 고려하여 3개교 이내의 학교에서 교육복지사의 직무를 수행하며, 그 소속은 순회학교 중 하나로 하되 교육감이 지정한다.

③ 제12조의 지역교육복지지원센터에는 1인 이상의 교육복지사를 배치한다.

④ 교육감은 필요한 경우 시 · 도교육청 및 그 소속기관 등에 교육복지사를 배치할 수 있다.

⑤ 교육감은 필요한 경우 광역 및 기초자치단체의 장과 협의하여 시 · 도청 및 시 · 군 · 구청과 그 소속기관 등에 교육복지사를 배치할 수 있고, 그에 관한 사항은 해당 지방자치단체의 조례로 정한다.

제15조(교육복지사 등의 직무) ① 학교에 배치된 교육복지사 또는 순회교육복지사(이하 "학교교육복지사"라 한다)는 다음 각 호의 직무를 수행한다.

1. 교육복지 수요조사를 위한 학생 및 보호자, 교직원 상담

2. 교육복지 우선학생의 발굴 및 지원

3. 교육복지 사례관리

4. 학교내 교육복지 업무분장 계획 수립 지원

5. 학교내 · 외의 교육복지 연계체제 구축

6. 교육복지기록부 등 교육복지 관련 활동의 기록과 보존

7. 기타 교육감이 정하는 교육복지 관련 행정업무

② 교육복지사 등은 월별, 분기별, 연별 교육복지 직무수행 결과를 학교장 및 상급기관에 보고하여야 한다.

③ 지역교육복지지원센터에 배치된 교육복지사(이하 "센터교육복지사"라 한다)는 다음 각호의 직무를 수행한다.

1. 교육복지사 등에 대한 자문 및 교육

2. 교육복지 프로그램 개발 및 관리

3. 교육복지 우선학교의 발굴 및 지원

4. 단위학교 교육복지사업 평가 및 컨설팅

5. 교육복지지원체제 구축 등 교육복지행정

6. 기타 단위학교 교육복지 지원 활동

④ 시 · 도교육청 및 그 소속기관 또는 시 · 도청 및 시 · 군 · 구청과 그 소속기관 등에 배치된 교육복지사(이하 "행정기관교육복지사"라 한다)의 직무는 교육감이 정한다.

제16조(교육복지사의 임면·자격·연수) ① 제14조제1항부터 제4항의 교육복지사는 학교장 등 소속기관장의 제청에 따라 시 · 도교육감이 임명하고 제14조제5항의 교육복지사는 해당 지방자치단체장이 임명한다.

② 제1항의 교육복지사의 임용에 소요되는 예산은 광역 및 기초 지자체와 시 · 도교육청이 분담하며, 그 밖의 교육복지사의 임면 및 소요예산의 분담에 관하여 필요한 사항은 대통령령으로 정한다. 다만, 대통령령의 규정에도 불구하고 교육감이 소요예산의 분담에 관한 사항을 조정하려 할 경우에는 제10조의 지역교육복지협의회를 통해 협의 및 변경할 수 있다.

③ 교육복지사의 자격 및 양성에 관한 사항은 대통령령으로 정한다.

④ 국가 및 지방자치단체는 교육복지사의 전문성과 윤리의식을 높이기 위한 연수를 정기적으로 실시하여야 한다.

⑤ 제4항의 교육복지사 연수비용은 국가 및 지방자치단체가 부담함을 원칙으로 한다.

⑥ 제4항 및 제5항에 따른 연수의 실시 및 이에 소요되는 경비의 지원 등에 관한 사항은 대통령령으로 정한다.

제17조(교육복지보조인력) ① 학교장 또는 지역교육복지지원센터장은 교육복지사의 직무를 보조하기 위하여 교육복지보조인력을 둘 수 있다.

② 학교장 또는 지역교육복지지원센터장은 제1항의 교육복지보조인력이 필요한 경우 교육감에게 필요한 행 · 재정적 지원을 요청할 수 있으며, 교육감은 교육규칙이 정하는 바에 따라 지원하여야 한다.

③ 제1항의 보조인력은 전문상담교사 자격증, 교원 자격증, 청소년상담사 자격증, 학교사회복지사 자격증, 사회복지사 자격증 및 기타 교육감이 정하는 관련 자격증 중 하나 이상의 자격증 소지자로 한다.

제18조(교육복지사 등의 책무) ① 교육복지사 등과 교육복지보조인력 등 이 법에 따라 교육복지와 관련된 업무를 수행하는 자는 본인의 양심과 전문성에 근거하여 학생들의 이익을 위하여 모든 조치를 다하여야 하며, 본인의 전문성 신장을 위하여 부단히 노력하여야 한다.

② 교육복지사 등과 교육복지보조인력 등 이 법에 따라 교육복지 및 그 지원과 관련된 업무를 수행하거나 수행하였던 자는 그 직무로 인하여 알게 된 학생과 관련된 자료와 이 법 제19조에 따른 교육복지기록부 또는 직무상 비밀을 누설하여서는 아니 된다.

③ 제2항을 위반한 자는 업무상비밀누설에 관하여 규정하고 있는 「형법」 제317조를 적용하여 처벌한다.

제19조(교육복지 기록부) ① 학교의 장은 제15조에 따른 교육복지사의 직무수행의 과정에서 수집된 학생의 교육복지 관련사항을 기록한 교육복지기록부를 교육부령으로 정하는 기준에 따라 작성 · 관리하여야 한다.

② 학교의 장은 소속 학교의 학생이 전출하거나 고등학교까지의 상급학교에 진학할 때에는 그 학교의 장에게 제1항에 따른 자료를 넘겨 주어야 한다.

제20조(교육복지기록부 자료제공의 제한) ① 학교의 장은 교육복지기록부 자료를 당해 학생(학생이 미성년자인 경우에는 학생 및 학생의 부모 등 보호자)의 동의 없이 제3자에게 제공하여서는 아니된다. 다만, 다음 각호의 어느 하나에 해당하는 경우에는 그러하지 아니하다.

1. 학교에 대한 감독·감사의 권한을 가진 행정기관이 그 업무를 처리하기 위하여 필요한 경우
2. 교육복지기록을 상급학교의 학생선발에 이용하기 위하여 제공하는 경우
3. 통계작성 및 학술연구 등의 목적을 위한 경우로서 특정 개인을 식별할 수 없는 형태로 제공하는 경우
4. 범죄의 수사와 공소의 제기 및 유지에 필요한 경우
5. 법원의 재판업무수행을 위하여 필요한 경우
6. 그 밖에 관계법률의 규정에 의하여 제공하는 경우

② 학교의 장은 제1항 단서의 규정에 의하여 자료를 제3자에게 제공하는 때에는 당해 자료를 제공받은 자에 대하여 사용목적·사용방법 그 밖에 필요한 사항에 대하여 제한을 하거나 당해 자료의 안전성 확보를 위하여 필요한 조치를 강구하도록 요청할 수 있다.

③ 제1항의 규정에 의하여 자료를 제공받은 자는 그 본래의 목적 외의 용도로 이를 이용하여서는 아니된다.

제21조(교육복지기록부에 대한 지도·감독) 교육부장관 및 교육감은 필요하다고 인정하는 때에는 제19조의 규정에 의한 업무처리 및 제20조의 규정에 의한 자료제공 또는 이용에 관한 사항을 지도·감독할 수 있다.

제22조(지역교육복지 협력네트워크의 구축) ① 교육감과 학교의 장은 교육복지의 효율적인 운영을 위하여 법률 전문가, 교육 전문가, 사회복지 전문가, 상담 전문가, 의사, 심리학자, 교육복지 현장전문가 등이 참여하는 교육복지 협력네트워크를 구축하여 운영할 수 있다.

② 전항의 규정에 따라 교육복지 협력네트워크를 구축·운영하는 경우에는 교육감은 제9조의 규정에 의한 시·도위원회의 심의를 거쳐야 하고, 학교의 장은 「초·중등교육법」 제31조에 따른 학교운영위원회의 심의를 거쳐야 한다.

제23조(교육복지 운영평가) ① 교육감은 교육복지 운영의 내실화와 질적인 향상을 도모하기 위하여 단위학교의 교육복지 운영에 관한 평가를 실시할 수 있다.

② 제1항에 따른 평가를 실시할 때에는 제9조의 규정에 의한 시·도위원회의 심의를 거쳐 평가의 방법·기준, 그 밖에 교육복지 운영평가에 필요한 사항을 교육규칙으로 정하여야 한다.

확인학습

1. 교육복지의 헌법적 근거는 전문과 함께 인간으로서의 존엄과 가치(제10조), 법 앞의 평등(제11조), 교육을 받을 권리(제31조), 인간다운 생활을 할 권리(제34조 제1항), 국가의 사회보장·사회복지 증진 노력 의무(제34조 제2항), 국가의 청소년 복지향상 정책 실시 의무 및 사회적 약자의 국가로부터의 보호받을 권리(제34조), 열거되지 않은 기본권 보장(제37조) 등도 교육복지의 중요한 헌법상 법원이 된다. 또한 헌법 제31조 제1항의 교육기회균등 보장이 교육복지의 핵심적 근거라고 할 수 있다.

2. 현행 교육복지 관련 법제는 학교교육 관계 법령, 일반 복지관계 법령, 청소년 관계법령, 기타 등으로 구분하여 파악할 수 있다.

3. 현행 교육복지 관련 법제는 교육복지의 사각지대 발생, 정책을 뒷받침 하지 못하는 법체제, 일관성·실효성 등의 부재, 형식적 기회균등 중심의 규율, 유사 법안의 산재 등의 문제점을 안고 있다.

4. 중앙수준에서 교육복지법 제정 노력이 더딘 상황인 반면에 시·도교육청 및 광역·기초지방자치단체의 조례 제정 노력이 일부 이루어지고 있다.

 생각해 볼 문제

중앙단위에서 종합적으로서 가칭 '교육복지법'이 제정되지 못하는 이유를 교육정의관의 차이, 부처 간 할거주의, 교육체제 내 시스템상의 문제 등으로 구분하여 생각하여 본다면?

학습목표

1. 교육복지 조직에 대한 이론적 접근을 설명할 수 있다.
2. 교육복지 조직의 특성을 이해할 수 있다.
3. 현재 중앙과 지역차원에서 활동하고 있는 교육복지 조직들을 탐색할 수 있다.

01 교육복지 조직에 대한 이론적 접근

현대 사회는 조직사회라고 해도 과언이 아닐만큼 누구나 조직 속에서 태어나서 조직에 의해 교육받고, 조직을 위해 일하는데 일생을 바치고 있다. 이렇듯 인간은 누구나 어떤 형태로든 조직생활을 하고 있기 때문에 조직은 인간생활의 전반에 걸쳐 큰 영향을 미친다박성식, 2011. 이러한 조직에 관해서는 학자마다 다양한 정의한 정의를 내리고 있으나, 보편적인 개념적 요소들을 중심으로 정의하면 조직은 조직을 둘러싼 환경과 상호작용을 하면서, 공동의 목표를 구성원들의 분업과 협력을 통해 합리적으로 달성하기 위한 총체적인 수단이라고 할 수 있다권기헌, 2013.

현대생활은 사회조직을 중심으로 이루어지므로 어떠한 분야에서 사회현상을 연구하듯 조직의 문제가 주요 관심과 연구의 대상이 된다. 조직론이 발전하면서 학자들의 조직관도 조금씩 변화되어 왔다. 조직관은 대체로 구조에 역점을 둔 관료제 모형, 행태론이 지배하던 시대의 의사결정모형, 상황론 이후의 체제모형으로 구분할 수 있다권기헌, 2013.

조직을 "주어진 목표를 달성하기 위하여 필요한 자원과 기술을 효과적으로 활용하는 사람들의 공식적 집단"Holland, 1995이라고 한다면, 교육복지 조직은 이러한 보편적 조직질서 아래에서 당해 교육복지 조직이 아동 및 학생들의 복지well-being를 증진·고양시키는데 보다 많은 강조점을 두고 있는 조직이라고 할 수 있다.

따라서 교육복지를 바라보는 관점이 다양해지면서 교육복지 조직 역시 다양성과 복잡성을 띠게 된다. 여기에서 이러한 다양성과 복잡성을 띠는 교육복지 조직을 보다 효과적으로 이해하기 위한 인식의 틀이 필요하다. Morgan1997이 조직이론은 조직에 대한 이미지image와 은유metaphors에서 생겨난다고 말한 바 있다. 그러나 이러한 이미지와 은유는 그 조직에 대한 제한적이고 부분적인 그림 밖에 제공하지 못한다. 그 결과, 조직에 관한 전반적 설명을 시도하지만, 결코 그 이론은 제한적이고 부분적인 이해를 제공하는 데 그치는 아쉬움이 있다. 그러한 이미지는 조직을 특정한 목적을 달성하기 위한 합리적 기구라는 이해에서부터 문화적 의미와 규칙을 전달하는 것, 그리고 강력한 정치적 압력에 의해 설계된 시스템이라는 것에 이르기까지 매우 다양하다Garrow & Hasenfelt, 2010.

우리 현실 속에 존재하는 교육복지 조직은 주로 학교, 교육청, 지방자치단체, 지역사회복지기관, 청소년단체, 청소년활동지원 기구 등에 부분적으로 또는 전체적으로 형성되고 발전되어 왔다. 따라서 비록 짧은 역사라고 할 수 있으나, 대체로 교육복지 조직은 국가 또는 지방자치단체 등이 설립한 공공기관의 형태로 발전해온 조직도 있고, 지역자원봉사단체, 지역청소년단체 주민들의 힘으로 운영되는 민간기관의 형태로 발전해온 조직도 있다.

무엇보다 다양한 교육복지 조직에 대한 체계적인 이해를 위해서는 조직이론이 어떻게 형성되고 발전되어 왔는지를 이해할 필요가 있다. 과거에는 조직과 환경과의 관련성을 떠나 조직 내에서의 목적, 구조, 과정들에 초점을 두는 폐쇄체제적 조직이론예: 과학적 관리론, 인간관계론 등이 있었다면 오늘날은 조직과 환경과의 상호관계 속에서 구조, 행위, 과정을 이해하고자 하는 개방체제론적 관점이 주류를 이루고 있다. 즉, 개방체계적 이론들은 조직을 이해하는 데 있어서 조직을 둘러싼 환경적 요소들의 영향이 중요하다는 것을 강조하는 것으로, 정치경제이론, 제도이론 등이 여기에 속한다.

❶ 합리적-합법적 모델(rational-legal model)

조직에 대한 고전적 이미지는 바로 목표지향적이고, 의도적으로 설계된 기계machine와 같은 것이다. Morgan1997은 바로 조직orgniazation이라는 글자의 어원이 바로 그리스의 *organon*, 즉 도구 또는 수단을 의미하는 데에서도 이러한 점을 알 수 있다.

이러한 이론적 관점에서 조직은 분명하면서도 특수한 목표가 있고, 내적 구조와 업무처리 과정 역시 이러한 목표 달성을 위한 합리적 설계의 산물에 다름 아닌 것이다. 여기서 '합리적'이라는 의미는 내부적 분업화, 역할과 지위의 정의, 그리고 권한의 배분이 고도로 공식화·위계화됨으로써 조직의 목표달성을 위해 가장 효과적이고 효율적인 수단을 갖게 된다는 것이다. 또한 여기서 '합법적'이라는 의미는 지위에 대한 과업의 할당, 권한의 배분, 그리고 각각의 지위가 갖는 권한와 책무가 보편적으로 조직 내에 광범위하게 적용되는 몰인격적 규칙에 근거한다는 의미이다. F. Taylor의 과학적 관리론scientific management, M. Weber의 관료제bureaucracy는 바로 이러한 합리적-합법적 설계를 표현하는 이론체계이다. 결국 조직의 합리성rationality이라는 것은 조직이 복잡한 환경으로부터 단절된 고도로 안정된 환경에서 목표가 명확하고, 조직 내 사람들의 행위가 공식적으로 역할 규정에 의하여 온전하게 결정된다는 것을 의미하는 것이다.

실제 교육복지의 현장에서도 이러한 합리적-합법적 모델의 형태로 운영되는 사례는 적지 않다. 공공예산이 교육복지 증진을 위해 투입되는 경우에 특히 그러한데, 예컨대 교육복지우선지원학교에서 시행되고 있는 각종 학력증진 내지 정서함양을 위한 프로그램은 의도하는 성과도출을 위해 내부적으로 상호연관된 주체들예: 담임교사, 교과교사, 전문상담교사, 사서교사 등을 결합시킨 경우가 많고, 대체로 투입input-전환process-산출output-성과outcome라는 논리모형에 근거하여 이루어지는 경우가 흔하다.

그러나, 이러한 합리적-합법적 모델이 갖는 몇 가지 한계도 존재한다. 우선 외부의 정치적 압력으로 인해 현장교육복지 실천가들이 학생들에 대하여 강제적으로 사례관리를 시행하는 경우, 교육복지 서비스의 전달 자체가 대단히 부담스럽게 된다. 또, 종종 발생하는 리더십의 교체 내지 관련 예산의 축소는 규칙과 과정을 대단히 모호하게 만든다. 예를 들어 교육감이 교체되면서 교육복지 예산이 대폭 삭감되면 현장 실천가들을 대단히 불안정한 상태로 내몰고 결국 관련 사업내지 프로그램의 시행 자체가 불투명해지는 경우도 적지 않다. 이러한 서비스 제공의 불확실성으로 인해 현장 실천자들의 판단은 대단히 임시적ad hoc성격을 띠게 되고, 지위와 권한은 위험에 빠지는 경우가 많다. 수혜자와의 우호적 관계 형성 여부에 관한 불확실성 역시 매뉴얼대로 처리할 수 없는 대단히 불안정한 서비스 상황을 만들어 낸다.

❷ 인간관계론적 접근(human-relations approach)

인간관계론적 접근은 작업수행을 위한 요건과 조건은 구성원들에게 상당한 심리적 영향, 특히 자신들의 욕구물리적 요구에서부터 자아실현의 욕구에 이르기까지를 충족시킬 능력의 측면에 영향을 준다는 전제에서 출발한다. 이러한 욕구들은 교대로 작업과 동료들을 대하는 태도에 영향을 미치고, 종국적으로 작업의 수행 방법과 과정에 영향을 미친다Porter, Lawler, & Hackman, 1975. 이러한 접근의 근본적 가정은 바로 조직의 효과성은 조직의 목표와 구성원들의 개인적 욕구 사이의 보충성complementarity과 조화congruency에 기반한 작동에서 이루어진다는 것이다.

또한 이 관점에서는 조직 내 지도자의 본질과 특성이 부하들의 직무수행과 직무만족을 결정하는 중요한 변수라는 점이다. 리더가 가진 권력, 성숙도, 그리고 지성이 바로 부하들의 조직에 대한 헌신에 영향을 미친다. 결국 민주적 분위기를 조성하는 리더십이 부하들이 생산성을 높이는 길이라는 점을 확인시켜 준다Garrow & Hasenfelt, 2010.

이러한 인간관계론적 접근은 교육복지 서비스의 전달 및 관리에서 대단히 중요한 개념이다. 왜냐하면 교육복지라는 직무 수행의 상황과 협업을 해야 하는 동료들에 대한 실천가들의 태도는 종국적으로 수혜자를 향해 나아가는 교육복지 서비스의 질을 결정하는 중요한 요인이기 때문이다. 수혜자들의 신뢰, 긍정적 가치관, 보호적 정서는 직무수행자가 그들의 직무에 대해서 어떻게 느끼고, 직무수행의 과정에서 어느 정도 그들의 자아실현 욕구가 충족되며, 어떻게 조직이 그들의 작업을 촉진하고 지원하는 지에 따라 결정되기 때문이다.

현장 실천가들 그들의 수혜자 사이에 교육복지를 사이에 두고 맺어지는 연관은 교육복지의 성과를 좌우하는 요인이 된다. 우선 교육복지 실천가들의 사기와 직무만족은 바로 실천가-수혜자 사이의 좋은 관계 맺기의 출발이 바로 실천가들의 만족과 사기 앙양에서 비롯되어야 함을 인간관계론적 접근은 시사하고 있는 것이다.

그럼에도 인간관계론적 접근 합리적-합법적 모델과 같이 폐쇄적인 시스템을 가정하고 있고, 조직을 둘러싼 정치적, 경제적, 제도적 차원을 무시하고 있다는 데에 큰 문제가 있다. 환경이 조직구조와 프로세스에 주는 영향에 대한 고려는 조직을 이끄는 리더들과 구성원들이 자신들의 입장과 선호를 조직에 얼마나 가져올 수 있는 지를 인정하는 것이다. 더 나아가서 이 모델은 직무수행자-수혜자 사이의 관계 맺기의 중요성을 강조하고 있지만 교육복지 서비스 전달체계와 기대하는 성과명세서의 밑바탕이 되는 도덕적 선택moral choice에 대해서는 침묵하고 있다는 데에 문제가 있다. 또한 조직의 효과성을 달성하기 위해 심리적 욕구 충족과 민주적 참여를 강조하고 있는데, 이러한 요인들은 강력한 정치적, 경제적 제약 요인들의 발생과 같은 제도적 요소들에 의해 하루아침에 사라질 수도 있다는 점이다.

❸ 상황이론(contingency theory)

상황이론은 조직을 개방체제로 보면서 환경과 기술의 조직구조에 대한 영향에 주목한다. 기본적 가정은 조직의 효과성은 조직의 내부적 구조와 환경과 기술이 만드는 긴급한 상황 사이의 조화의 기능에서 달성된다는 것이다. 합리적-합법적 모델과 인간관계론과 달리 어떤 상황에서도 보편적으로 적용될 수 있는 효과적인 조직구조는 존재할 수 없으며, 효과적인 조직설계는 이상의 두 가지 요인들에 의해 만들어지는 상황적 요인에 따라야 함을 강조한다. 예를 들어, Donaldson1987은 조직이 놓여진 특정한 상황과 그 조직의 특성예를 들어 전략과 구조이 부합됨fit을 이루는 조직이 그러한 부합이 잘 이루어지지 못하는 조직보다 성과가 우월하다는 점을 지적하였다.

그렇다면 조직과 잘 부합되어야 할 환경은 도대체 무엇인가? 이러한 환경은 매우 다양하게 존재한다. 안정적이고 동질적인 환경은 제한된 단위 다양성limited unit differentiation과 표준화된 규칙을 필요로 하는 반면에 요동치고 이질적인 환경은 고도의 단위 다양성과 분권화된 의사결정이 필요하다Thompson, 1967. 기술 역시 작업의 난이도과 분화 정도에 따라 다양하게 존재한다. 이러한 기술은 네 가지의 서로 다른 차원을 만들어 내는데, (1) 형식화된 업무 관행routine, (2) 숙련도craft, (3) 응용력engineering, (4) 비공식적 관행nonroutine이 바로 그것이다Perrow, 1967. 각 기술은 작업자의 재량, 권력, 조정, 상호의존성의 측면에서 서로 다른 요구사항을 낳게 된다.

교육복지 조직에 관한 상황론적 논의는 조직구조를 설계해 나가는 데 있어서 조직이 직면하고 있는 상황의 중첩성multiplicity을 강조한다. 이러한 중첩성은 조직이 맺고 있는 네트워크의 기본 토대, 조직 내 하위 단위들 사이의 상호의존성, 환경 속에서 조직의 위치를 옮길 수 있는 능력예를 들어 소외된 지역을 교육복지 조직이 떠나는 것, 새롭게 생겨나는 이웃도시에 새로운 조직단위를 설치하는 것 등을 말한다.

상황론의 약점은 바로 이 이론이 정태적이고 기계적이라는 점이다. 환경과 기술, 구조 사이의 관계는 대단히 역동적이어서 많은 변수들에 의해서 영향을 받는다. 비단 제도적 차원의 논리나 정치적, 경제적 이해관계와 같은 변수는 거시적 변화뿐만 아니라 조직 내·외부에서 발생하는 수많은 요인들에 의해서 영향을 받는 것이다.

❹ 정치경제이론(political-economy theory)

정치경제이론은 조직과 환경 간의 상호작용을 중시하며, 그러한 상호작용이 조직의 내부역학 관계에 미치는 영향에 초점을 둔다Wamsley & Zald, 1976. 정치경제적 관점은 조직이 생존하고 서비스를 생산하기 위해서는 두 가지 차원에서 근본적 자원을 획득하여야 한다고 본다. 첫째, 정치적 차원으로서 정당성과 권력예: 합법성, 세력 등이고, 둘째, 경제적 차원에서 생산자원예: 자금, 클라이언트, 인력 등을 확보하여야 한다는 것이다. 정치경제적 관점은 조직의 서비스 전달체계에서 환경, 특히 과업환경의 중요성을 강조한다. 과업환경은 어떤 조직에 대하여 잠재적 이해관계를 지닌 다른 조직과 이해집단클라이언트를 포함한을 말한다. 이들 조직과 집단들은 어떤 조직이 필요로 하는 중요자원을 통제하거나 자신들의 이익을 증진시킬 수 있다.

이 이론의 핵심적인 특징은 바로 자원의존론으로 대표된다Pfeffer & Salancik, 1978. 자원의존론은 조직이 외부요소에 의해 통제되는 자원에서 더 많이 의존할수록 그 조직의 해당요소에 대해서만큼 더욱 많은 영향력을 행사한다는 것이다. 따라서 서비스 전달을 주목적으로 하는 많은 조직들이 활동의 과정에서 그 조직들이 필요로 하는 자원을 통제하는 측이 설정한 제약과 방침들을 반영하게 된다. 예를 들어, 교육복지우선지원사업을 위해 수행하기 위하여 교육청으로부터 예산을 받은 학교는 교육청이 설정한 각종의 사업규정과 절차를 따를 수밖에 없게 된다.

❺ 제도이론(Institutional theory)

정치경제학적 관점은 조직의 행태를 설명하는 데 있어서 가치와 이념, 맥락과 규범 등의 중요성을 간과하는 경향이 있다. 특히, 인간존재를 서비스의 대상으로 삼고 있는 교육복지 조직들의 경우에는 이러한 가치와 이념들을 어떻게 수용하고 대응하는지를 이해하는 것이 중요하다. 제도이론에서는 조직은 기술적인 특성들보다는 제도적인 환경 속에 존재하는 규범이나 규칙들에 의해서 조직의 성격들이 결정된다고 본다DiMaggio & Powell, 1983.

현대조직을 둘러싼 환경과 맥락의 중요성을 강조하는 이러한 제도주의적 관점은 조직의 생존과 발전을 결정하는 것이 과연 정당성legitimacy인가 아니면 효율성efficiency인가에 관해 많은 논쟁을 벌여 왔다. 높은 사회적 정당성을 확보한 조직일수록 그 생존 가능성이 높을 것이라는 기존의 관념에 대하여 내적 효율성internal efficiency의 확보가 수반되지 아니하는 상태에서의 정당성의 확보가 가능할 것인가에 관한 논쟁은 지금까지도 진행 중이다Rowan & Miskel, 1999.

효율성과 정당성은 매우 긴밀히 연계되어 있고 합리성과 효율성을 따지는 사회일수록 효율적이지 못한 조직이 그 존립의 정당성을 확보해나가기는 대단히 어려운 일이고, 효율성의 향상 없이 제도화된 규칙에 대한 일방적 순응conformity만으로는 조직의 생존 가능성을 높일 수는 없는 것이다Perrow, 1986. 예를 들어 사회조직으로서 학교가 과연 얼마나 내부적 효율성을 외면한 채 학부모나 지역사회로부터의 정당성 확보에 열을 올리는 것이 지속될 수 있을 지는 대단히 의문스러운 것이다. 또한, 새로운 교육복지 프로그램이 만들어져서 단위학교로 보급되는 과정에서, 그러한 프로그램이 만약 단위학교의 핵심적인 교육과정의 변화를 의도하고 있다면, 학교로서는 과연 이러한 개혁적 교육복지 프로그램을 온전하게 도입하여 기존의 교육과정을 근본적으로 변화시킬지, 아니면, 그 프로그램의 형식적 요구사항만을 수용하는 데 그칠 것인지를 심각하게 고려해야 한다는 것이다. 만약 그러한 교육복지 프로그램을 앞서서 도입한 학교가 있다면 그 학교 모델을 벤치마킹하고 적절히 교육청의 요구사항을 수용하는 데 그치는 것이 효과적일수도 있는 것이다.[1] 왜냐하면, 교육과정의 변화로 학교의 교육과정이라는 핵심 과정core process의 변화를 의미하고 이는 자칫 학교를 위험에 빠뜨릴 수 있기 때문에 학교는 공식적 요구와 실제적 운영상의 괴리decoupling를 통해서 환경으로부터의 요구와 내적 생존력을 동시에 확보하고 있는 것이다.

---

1 이것이 바로 DiMaggio & Powell(1983)이 말하는 모방적 동형화(mimetic isomorphism)라는 것이다.

학교조직과 교육복지

학교조직은 교육복지를 수행하는 중추적인 기관으로서 사회체제social system로서 독특한 특성을 지니고 있다. 학교조직은 복잡한 조직으로서 다른 조직들과 여러 면에서 비슷한 점을 공유하고 있기도 하지만, 전혀 다른 고유한 독자성도 함께 갖고 있다. 많은 학자들이 학교조직의 다양한 특성을 지적해 왔다.

① 전문적 관료제

M. Weber는 조직이 운영되기 위해서는 권위가 뒷받침 되어야 하는데 그러한 권위에는 전통적 권위traditional authority, 카리스마적 권위charismatic authority, 합리·합법적 권위rational-legal authority로 분류하고, 합리·합법적 권위에 바탕하여 움직여지는 관료제가 근대사회의 대규모 조직을 설명하는 가장 적합한 조직론적 체계임을 밝혔다Weber, 2009. 이러한 관료제는 분업과 전문화division of labor and specialization, 몰인격적 특성impersonal orientation, 권위의 위계hierarchy of authority, 규칙과 규정rules and regulations, 경력지향성career orientation, 효율성efficiency의 특성을 지닌다Weber, 2009; Hoy & Miskel, 2013.

그러나 학교조직은 다른 관료제적 조직과는 다른 특별한 성격을 지니고 있다. Mintzberg1979는 조직구조는 다섯 가지 핵심부문, 즉, 운영핵심operating core, 전략적 정점strategic apex, 중간계층middle line, 기술구조technostrcuture, 지원스태프support staff[2]으로 나누고, 이러한 다섯 가지 부문의 상대적 구성 특성에 따라, 단순구조simple structure, 기계관료제machine bureaucracy, 전문관료제professional bureaucracy, 분업화체제divisionalized form, 임시특별조직adhocracy로 구분하였다.

학교조직은 조직 내 조정의 기제로서 기술의 표준화를 활용하고, 운영핵심이 조직의 핵심부문이 되며, 전문화라는 결정적인 프로세스를 밟는다는 측면에서 전문적 관료제의 특성을 지닌다.

---

2 운영핵심(operating core)은 교수–학습을 전담하는 학교의 교사들이라고 할 수 있고, 전략적 정점 (strategic apex)은 교육감과 그 보좌기관으로 볼 수 있고, 일선 교사들과 교육감 및 그 보좌기관을 연결하는 교장은 중간계층(middle line)이라고 할 수 있다. 기술구조층(technostrcuture)은 교육과정의 조정자 및 장학담당자라고 할 수 있으며, 지원스태프(support staff)는 학교의 행정, 서무, 시설, 급식 담당자들이라고 할 수 있다(Hoy & Miskel, 2013).

이러한 전문적 관료제로서 학교는 직접적인 규제 내지 통제를 통해 조정을 하기보다는 전문직으로서의 훈련과정을 통해 습득한 기술의 표준화라는 방법으로 조정의 과정을 거친다는 특징을 지닌다Hoy & Miskel, 2013. 이러한 간접적이고 이차적인 조정의 방식은 학교조직의 구조적 이완성structural looseness을 낳게 되지만, 학습 결과에 대한 통일성 요구, 학생들의 질서정연한 형태로의 진급에 대한 요구, 학생들이 교육 기간의 장기성 등은 다시 학교 활동의 표준화와 학교조직의 관료적 통제를 불러오게 된다Mintzberg, 1979; Hoy & Miskel, 2013.

이러한 학교조직의 전문관료제로서의 특성은 만고불변의 특성이라고 볼 수 없으며, 개방적 사회체제로서의 조직 특성이 반영된 것이라고 볼 수 있다. 즉, 학교를 둘러싼 환경적 변화에 따라 학교조직의 모습도 변화할 수밖에 없는 것이다. 학교를 중앙집권적으로 관리하고, 통제하며, 표준화하면 할수록 전문적 조직으로서의 특징보다는 관료적 조직으로서의 특징을 강하게 띄게 된다.[3]

한편 전문가들이 상주하는 전문조직의 경우에는 전문가들이 자격을 취득하는 학습의 과정에서 자신들이 부여받은 과업을 자율적으로 수행할 수 있도록 교육 및 훈련을 받아 왔기 때문에 일반조직의 일반직원들과 다른 업무 우선순위와 작업 스타일을 견지한다. 특히, 전문가들은 자신을 고용한 조직organization을 바라보기 보다는 자신의 직업profession을 우선적으로 바로보도록 사회화되어 왔다. 한편으로 전문가는 조직의 직원으로서 그 조직이 설정한 금지사항과 의무사항들을 부여받고 있지만, 전문가의 직업적 소망은 전문성professional에 있지 결코 조직적organizational이지는 않다 ([표 5-1] 참조).

교육복지우선지원학교에서 근무하는 지역사회교육전문가지전가는 한편으로는 학교의 소속직원으로서 일반적으로 수행하여야 할 일들이 있다. 또한 학교는 관료적으로 수행하여야 일반적인 보고사항, 행정문서들이 적지 않다. 지전가는 근본적으로 복지에 관한 식견과 역량을 가진 전문가라고 할 수 있는데, 이들은 전문적 교육을 통해서 획득한 규범과 기준에 따라 교육복지사업을 펼쳐나가고자 한다, 그러나, 이들은 역시 학교조직이 갖는 관료적 성격으로 인해 상당한 업무들을 부여받고 있는데, 이 과정에서 이들이 겪는 심리적 갈등은 적지 않을 것이다.

---

3 미국이 2001년부터 추진한 낙오학생방지법(No Child Left Behind)은 바로 이러한 학교의 전문조직으로 특징보다는 관료제로서의 특징을 강화한 예라고 할 수 있다.

[**표 5-1**] 전문가와 전문가를 둔 조직 간의 갈등

특성	조직	전문가
이념적 헌신	조직 헌신	전문적 규범
기본적 참조체계	내부 조직	외부 전문기관
지식기반	조직훈련	전문적 교육
지위기반	내부 -승진	외부-자격
정당성	규칙	지식
실천 맥락	조직 내부 절차	전문적 기준
역할	피고용인	실천가
과업	기술적	기술 기반
수행 측정	효율성	효과성
자율성	처방적	개방적
책무성 대상	구조	고객
책무성 내용	과정	성과
의사결정	독단적	민주적
스태프 간 관계	위계적	동료적
권위에 대한 태도	수용적	비수용적
갈등의 관리	회피적	옹호적
변화에 대한 지향	반응적	적극적
미래에 대한 지향	장기간 헌신	개방적 헌신
조직에 대한 지향	경력	수단적
조직목표에 대한 지향	목적	수단
관리에 대한 지향	순응적	촉진적
고객에 대한 지향	사람이 진행함	사람이 봉사함

출처: Furman & Gibelman(2013), p. 9.

❷ 이완결합 체제

Bidwell 1965은 학교조직의 구조적 이완성을 분석한 바 있다. 그는 학생들의 능력에 관한 다양한 문제들을 일상적 측면에서 다루기 위해서는 교사들은 자신들만의 전문적 판단을 할 수 있는 자유가 있어야 함을 지적한 것이다. 따라서 전문직으로서의 자율성 professional autonomy은 부인할 수 없는 조건이 된다. 또한 교사들은 독립적으로 일하고, 동료들과 관리자들의 시야에서 벗어날 뿐만 아니라 학생들에 대한 광범위한 재량적 판단권한을 보유하게 된다 Hoy & Miskel, 2013.

K. Weick 1976은 교육조직이 갖는 이완적 결합체제 loosely coupled system으로서의 성

격을 제시하였다. Weick의 다음 글에서 그 의미를 확인할 수 있다.

> 연결된 각 사건은 서로 반응적이지만, 각 사건은 또한 그 자체의 정체성을 보존하고
> 있는 물리적 또는 논리적 독립성을 가지고 있다는 증거가 있다. 이리하여 교육조직
> 의 경우에 상담실은 교장실과 느슨하게 연결·결합되었다는 것은 하나의 사례이다.
> 여기서 갖는 이미지는 교장과 상담교사는 어느 정도 연결되어 있다는 것이지만, 각
> 자는 또한 정체성과 독립성을 보유하고 있다는 것이며, 이들의 연결은 아마 제한되
> 고, 빈번하지 않으며, 상호영향력이 약하고, 덜 중요하며, 반응은 느리다Weick, 1976: 3.

이상의 이완결합체제로서의 조직적 특성은 몇 가지 잠재적 기능을 갖고 있다.
즉, 이완결합은 ① 환경변화에 당면하여 생존하기 위해서 한 조직에서 근본적으로
이질적인 요소들이 공존하는 것을 허용하며, ② 광범위한 환경변화에 대한 민감성
을 허용하며, ③ 지역적인 적응을 허용하고, ④ 기발한 해결책의 개발과 유지를 고
무하며, ⑤ 다른 부분에 영향을 주지 않는 한 체제의 한 부분이 분리되는 것을 허용
하지 않고, ⑥ 체제 내의 활동자에게 보다 많은 재량권과 자기결정권을 제공해주며,
⑦ 부분 간의 조정을 위하여 비교적 소액의 비용을 요구한다Weick, 1976: 6-9.

교육복지를 실현하는 과정에서 학교의 교육복지 기능을 학교조직에 어떻게 결
합시킬 것인가는 대단히 중요한 문제이다. 만약 교육복지적 기능 중에서 관료적 보
고, 행정 통제만을 강조한다면 교육복지기능은 학교의 공식적 구조와 강하게 결합
tightly coupled될 수밖에 없을 것이다. 반면에 앞서 살펴본 바대로 교육복지를 수행하
는 전문가가 가진 재량권과 자율권, 교육복지 조직이 가진 특수한 성격을 인정한다
면 단위학교의 교육복지 기능에 대한 이해와 관리 역시, 일반 교육과정의 업무와 유
사하게 이완결합체적 성격의 관점에서 다뤄나갈 필요가 있다.

❸ 조직화된 무질서

Cohen과 March1974가 말한 조직화된 무질서organized anarchy로서의 특성은 오늘
날 학교조직을 설명하는데 중요한 시사점을 제공한다. 조직화된 무질서는 중앙으로
부터 내려오는 공식적 권한에 의한 조정과 통제가 받아들여지는 것이 아니라 하위조

직들의 상이한 목적에 따라 서로 다른 활동이 충분히 허용되는 조직적 특성을 말한다. 이러한 상황에서 지도자들이 강한 리더십을 발휘하기는 쉽지 않으며 결정은 개별적 행동에 의해 이루어진다. 조직의 목적이 모호하기 때문에 결정은 종종 의도하지 않은 활동의 산물일 가능성이 높다박성식, 2011.

조직화된 무질서로서의 조직은 다음과 같은 세 가지 특성을 지닌다.

첫째, 불분명한 목표unclear goals로서 학교조직이 지니는 일반적이고 추상적인 목표를 말한다. 예를 들어, 우리가 흔히 학교에서 발견할 수 있는 "전인적, 창조적 인간 육성" 혹은 "미래를 선도하는 인재 육성" 등을 목표로 내걸 때, 이 학교의 목표는 뚜렷한 행동으로 전환하기 어려운 추상적 성격을 띠게 된다. 대체로 학교조직에서 제시되는 목표에 관한 진술들은 대부분 행정적으로 도움이 되지 않는 진부한 것들이다.

둘째, 불확실한 기술uncertain technology로서 학교조직에서 목표수행을 위한 방법이나 기법이 불확실한 상황을 말한다. 예를 들어 학교에서 교육복지에 관한 이해를 높이는 목표를 달성하기 위해 강의식 기법이 좋은지, 아니면 토론식 수업이 좋은지 등 어떤 교육방법이 가장 효과적인지를 별로 알 길이 없다. 학교조직은 계획된 변화를 수행할 수 있는 능력을 거의 갖고 있지 못하며, 그 변화의 결과로 정확하게 예측하지 못한다.

셋째, 유동적인 참여자fluid participants로서 학교조직이 수행하는 일에 관여하는 인사들의 불특정성, 비일관성, 비공식성 등을 말한다. 예를 들어, 주요한 의사결정이라 하더라도 누가 이 의사결정과정에 참여할 것인가가 명확하게 규정되어 있지 못하다. 설령 규정되어 있다 하더라도 반드시 참여하여야 하는 것도 아니고, 참여가 규정되어 있지 않다고 하더라도 참여가 절대 불가능한 상황도 아닌 것이다. 또한 의사결정을 위한 대안의 성격에 따라서도 참여자가 다른 경우에도 자주 발생한다.

학교조직의 조직화된 무질서로서의 특성은 단위학교 차원의 교육복지의 기능 수행에도 적지 않은 영향을 준다. 우선 교육복지가 무엇이냐에 대한 개념과 성격 규정에 혼란과 혼선을 야기할 가능성이 높다.

이러한 개념과 성격 규정의 어려움은 바로 교육복지 조직으로서의 학교가 당면한 목표goal를 어떻게 규정할 것인가에 관한 어려움으로 연결된다. 당면한 목표를 학업능력의 향상으로 보는 사람학교과 어려움을 겪고 있는 학생들의 심리정서적 자존감 증진으로 보는 사람학교의 교육복지 양상은 사뭇 다를 것이다.

또한 과연 타당성있는 객관적 교육복지의 기술technology이 존재하느냐에 관한 것이다. 만약 교육복지의 기술을 단위학교에 배치된 교육복지전문가가 수행하는 사례관리case management정도로 생각한다면 교육복지의 기술은 비교적 쉽게 정의될 수 있다. 그러나, 교육복지를 교육과정과 연계하여 교육과정 속에 내재된 학생의 지적, 정서적, 신체적 발달과 성장으로 포괄적으로 이해한다면 교육복지의 기술은 교육철학, 교육심리, 교육과정, 교육평가, 교수-학습방법 등이 얽힌 대단히 복잡한 양상으로 전개될 수밖에 없다.

마지막으로 교육복지의 참여자를 누구로 정할지 역시 대단히 모호할 수밖에 없다. 단위학교에 배치된 교육복지전문가가 주요한 역할을 수행할 수밖에 없으나, 일반 교과교사의 참여와 협업, 관리자인 부장교사, 교감 및 교장의 지도가 어느 정도 개입될 수밖에 없다. 경우에 따라서는 학교운영위원회, 단위학교 교육복지위원회가 참여하기도 한다. 이 과정에서 교육복지 참여자의 수준과 범위가 중요한 이슈로 떠오르게 된다.

통상적으로 교육복지를 관료적 교육복지사업의 집행의 시각에서만 이해한다면 이러한 모호성을 줄이는 것이 최선일 것이다. 그러나 교육복지는 본질적으로 모호한 과업일 수밖에 없고, 단위학교 차원에서 교육복지 참여자들이 그러한 모호성을 줄이고, 그 효과성을 높이기 위한 대안을 마련하는 과정에서 자연스럽게 생성해야 하는 과업인 것이다.

03 교육복지 조직의 구성과 운영

❶ 단위학교 및 정부기관의 교육복지 조직

(1) 단위학교

현재 저소득층이 밀집된 지역 학교 또는 농산어촌 지역 학교를 중심으로 교육복지우선지원사업이 적용되고 있다. 이하에서는 경기도교육청 소관 교육복지우선지원사업2013년도 기준의 운영사례를 중심으로 살펴보고자 한다.

경기도교육청은 사업학교 교육복지위원회를 설치하여 교육복지우선지원사업학교의 사업 운영과정 전반에 관한 지원 및 조정을 담당한다. 사업학교 교육복지위원회는 12~15명 내외로 구성하되소규모 학교에서는 여건을 고려하여 축소 운영 가능, 교장, 교감, 행정실장, 담당부장, 단위사업 담당부장, 학년부장, 지역사회교육전문가 등으로 위촉한다. 임기는 2년으로 하되 연임이 가능하다. 주요한 기능으로는 ① 학교 단위 사업 총괄 기획, ② 학교 단위 사업 심의, 조정 및 협의, ③ 지원학생 선정기준 마련 및 선정 심의, ④ 사업추진 현황 점검 및 사업 평가, ⑤ 교내 타사업과의 연계 및 조정 협의 등이다.

사업학교의 운영조직으로 사례관리 팀을 설치하고 있는데, 이는 사업전담팀이라고 할 수 있다. 여기에는 담당부장, 담당교사, 지역사회교육전문가가 참여하며, 필요시 교내 학생복지 전문가를예: 상담교사, 보건교사 등 포함하여 운영할 수 있다. 주요 기능은 ① 통합사례관리 대상학생 선정, ② 교내·외 사례회의 주관, ③ 정보공유, 서비스 모니터링, 평가 및 사후관리 등이다. 회의는 필요시마다 개최한다.

또한 사업학교에는 확대 사례회의를 구성하여 운영한다. 이는 사례관리 팀을 기본으로 사안에 따라 교감, 학부모, (비)담임교사, 교과교사, 영양교사, 보건교사, 교내 유관사업 담당자, 자문위원 등 참여하는 회의체이다. 주요한 역할은 교내 학생복지 전문가들이 모여 지원학생에 대한 다차원적인 지원방향을 모색하고, 관련한 정보를 공유하며, 지원에 대한 역할분담, 프로그램 모니터링, 주요 합의사항 도출 등이다. 회의개최는 월 1회이며, 필요시 수시로 개최할 수 있다.

(2) 지역 차원

지역차원의 교육복지 추진기구는 사업에 관한 심의 및 조정을 담당하는 지역교육복지협의회와 실질적인 사업집행기구는 지역교육복지지원센터로 구분되어 운영되고 있다.

우선 지역교육복지협의회는 지역단위 사업 계획수립 등 중요사업 운영·지원에 관한 심의 및 조정을 담당하는 지역협의기구로서 사업학교가 4개교 이상인 지역교육지원청에 설치한다. 구성은 위원장인 교육장을 포함하여 15명 내외로 구성하고, 위원 임기는 2년이고 연임이 가능하다. 주요한 역할은 ① 지역단위 사업 추진

계획 및 전략 수립에 대한 사항, ② 지역 사업 발전을 위한 지원 등에 관한 사항, ③ 지역 사업예산 집행에 대한 평가 등에 관한 사항, ④ 지역사회 기관 간 연계 방안 협의 등이다.

또한 실질적 사업관리기관으로서 지역교육지원청이 주도하는 지역교육복지지원센터는 교육복지우선지원지역의 사업운영 전반에 관한 지원과 관련한 사업의 운영을 담당한다. 이 센터는 사업전문가, 사업관계자, 민간 관계자 등 7명 내외로 구성하며, 임기는 2년이며, 연임이 가능하다. 주요한 역할은 ① 지역의 사업방향이나 내용 등에 대한 실질적인 협의, ② 학교(기관)별 사업계획 및 예산배부 기준 심사, ③ 지역사회 기관 간 연계 방안 마련, ④ 컨설팅, 사업관계자 연수, 사업 연구 등 사업 지역 내 운영 지원 등이다.

(3) 시·도 차원

교육복지사업에 관한 도내 관련 사항을 총괄 심의 및 조정을 위해 교육감 소속의 경기도교육청은 교육복지정책위원회를 두고 있다 경기도교육청 교육복지 운영·지원에 관한 조례 제11조~제13조. 이 위원회는 ① 교육복지사업의 총괄 계획에 관한 사항, ② 교육복지사업의 선정, ③ 교육복지사업의 지원 및 평가, ④ 그 밖에 교육복지사업과 관련하여 교육감이 정하는 사항을 심의한다. 동 위원회는 위원장과 부위원장을 포함한 11인 이내의 위원으로 구성하고, 위원장은 제1부교육감이 되고, 부위원장은 기획조정실장으로 한다. 위원은 제1부교육감 소속 교육국장, 정책기획관, 복지법무담당관, 제2부교육감 소속 교육국장을 당연직으로 하고 교육복지 분야에 학식과 경험이 있는 외부 전문가 및 지역대표, 학부모단체, 시민사회단체, 교직원 중에서 교육감이 위촉하는 자로 한다. 다만, 위촉직 위원은 성별 균형을 고려하여 위촉한다. 위원의 임기는 2년으로 하되, 공무원인 당연직 위원은 그 직에 재임하는 기간으로 한다. 위촉위원은 1회에 한하여 연임할 수 있으며, 결원에 의하여 새로 위촉되는 위원의 임기는 전임위원의 남은 임기로 한다. 위원회의 사무를 처리하기 위하여 간사를 두되, 간사는 소관업무를 담당하는 장학관 또는 사무관이 된다.

도내 교육복지업무의 총괄 집행기관은 교육감이 되고, 경기도교육청 교육복지 운영·지원에 관한 조례제4조, 제6조~제8조, 제10조는 광범위하게 교육감의 권한과 책무를 규정하고 있다. 우선 제4조교육감의 책무에서 '교육감은 학생의 교육복지 증진을 위하여 필요한 정책을 수립·시행하고 재정을 확보하여 지원하여야 한다'라고 규정하여 선언적이지만 포괄적인 교육복지 증진 의무를 규정하였다. 또한 제6조_{교육복지사업}의 계획 수립 및 시행에서 '교육감은 교육복지 지원이 체계적이고 효율적으로 운영될 수 있도록 매년 교육복지사업 계획을 다음 각 호의 사항을 포함하여 수립하고 시행하여야 한다.'라고 하면서 교육복지사업 계획의 내용을 다음과 같이 명시하였다.

1. 교육복지사업에 관한 목표와 추진방향
2. 교육복지사업의 지원 대상 범위
3. 교육복지사업에 관한 세부 실행계획
4. 교육복지사업의 지원에 관한 사항
5. 그 밖에 교육복지사업 지원을 위하여 필요한 사항

이와 동시에 제2항에서 '교육감은 교육복지사업의 계획을 수립하고자 할 때에는 제11조의 규정에 따른 교육복지정책위원회의 심의를 받아야 한다.'라고 규정하여 교육감과 교육복지정책위원회의 관계를 설정하였다.

또한 제8조_{교육복지사업}에서 '교육감은 교육복지를 위하여 다음 각 호에 해당하는 사업을 예산의 범위 내에서 지원하여야 한다.'라고 규정하면서 다음의 사항을 교육복지의 대상사업으로 규정하였다.

1. 교육과정이나 학습 기회 보장을 위한 사업
2. 친환경 무상급식 사업
3. 공교육비 부담 경감을 위한 사업
4. 유치원 교육을 위한 사업
5. 특수교육을 위한 사업
6. 학교의 돌봄기능 확대를 위한 사업
7. 학생의 건강관리 증진을 위한 사업
8. 학교부적응 및 소외계층 학생을 위한 사업
9. 취약계층 학생의 교육비 사업
10. 농·산어촌 지역 교육여건 개선을 위한 사업
11. 다문화, 북한이탈, 다자녀 학생 지원 사업
12. 기초생활수급자가정, 차상위계층가정, 한부모가정 등 취약계층 여학생의

위생용품 지원을 위한 사업

13. 그 밖에 교육감이 교육복지와 관련하여 필요하다고 인정하는 사업

이러한 교육감의 보조기관으로서 실질적인 행정업무를 총괄하는 부서가 복지법무담당관이다. 위에서 살펴본 경기도교육청의 교육복지사업을 보면 유ㆍ초ㆍ중등교육 전반에 걸쳐 펼쳐져 있지만 실질적인 총괄부서는 평생교육복지과이다. 평생교육복지과는 경기도교육청 행정기구 설치조례 시행규칙_{교육규칙 709호}에 따라 다음의 사항을 담당하는데 그 중 교육복지에 관한 사항만을 정리하면 아래와 같다.

1. 교육복지정책 기획ㆍ운영에 관한 사항

2. 저소득층 지원(학비감면 등)에 관한 사항

3. 저소득층 학생 학교교육비 통합서비스 지원

4. 다자녀 학생 지원에 관한 사항

또한 학생생활인권과 역시 교육복지업무를 일부 담당하고 있다.

(4) 중앙차원

교육부 역시 다양한 교육복지시책을 펼치고 있다. 일단 교육부 장관의 자문기구로 교육복지분과가 있다. 또한 체계적인 교육복지를 추진하기 위한 부서로 교육복지정책국 소속으로 교육복지정책과를 두고 있다. 또한 학생지원국 소속으로 교육기회보장과, 학교생활문화과, 학생건강정책과, 특수교육정책과를 두고 있는데, 이 부서에서는 대안교육, 학생 숙려제도 운영, 그리고 교육복지우선지원사업을 담당한다. 우선 교육복지정책과는 다음의 업무를 관장하고 있다교육부와 그 소속기관 직제 시행규칙, 교육부령 제195호, 2019.11.12.

1. 초ㆍ중등학교 학생복지정책의 총괄

2. 교육복지 종합계획의 수립ㆍ시행 및 교육복지 및 교육격차 해소 관련 법령의 제ㆍ개정

3. 「국민기초생활 보장법」에서 정하는 교육급여에 관한 사항

4. 초ㆍ중등학교 저소득층 학생 교육비 지원 제도의 운영

4의2. 한부모 가족 자녀 교육비 지원 제도의 운영

5. 교육복지 지원을 위한 정책의 전달체계 구축

6. 교육복지 우선지원사업 추진

7. 초 · 중등학교 의무교육 기본정책의 수립 · 시행

8. 아동학대 예방을 위한 제도 개선 및 교육 지원 · 총괄

9. 고등학교 무상교육 추진에 관한 사항

10. 농어촌 초 · 중등학교 지원계획의 수립 · 시행

11. 도서 · 벽지 교육기관의 지정 · 해제

12. 초 · 중등학교의 통합 운영 지원

13. 교육 부문 저출산 고령사회 대책의 추진 총괄

14. 교복가격 안정화 대책의 수립 · 시행

또한 교육기회보장과는 다음의 업무를 관장하고 있다.

1. 교육소외 계층 · 지역 지원계획의 수립 · 시행

2. 학력인정 다양화 기본정책의 수립 · 시행

3. 학업중단 위기학생 등에 대한 교육 지원

4. 대안학교 운영 지원 및 대안교육 제도

5. 대안교육 위탁교육기관의 운영 지원

6. 초 · 중등학력 검정고시제도의 수립 · 시행

7. 방송통신중학교 및 방송통신고등학교의 설치 · 폐지 및 관련 법령 · 제도의
운영 · 개선

8. 북한이탈 학생 교육 지원

9. 다문화가정 학생 교육 지원

10. 학생 · 학부모의 다문화 이해 제고를 위한 정책의 수립 · 시행

11. 국가수준 학업성취도 평가계획의 수립 · 시행 및 관련 법령 · 제도의 운영 · 개선

12. 국가수준 학업성취도 평가 시행 관리 및 지원

13. 기초학력 미달 학생에 대한 기초학력 향상 지원

14. 초 · 중등 국제학력비교평가 사업계획의 수립 · 시행 및 국제협력

15. 초 · 중등 국제학력비교평가 결과자료 관리 및 분석

❷ 대안적 교육복지 조직

교육복지에 대한 사회적 관심이 높아지고 있는 상황에서 민간차원에서 다양한 교육복지 조직이 운영되고 있다. 여기에서는 그중에서도 대표적인 교육복지 조직을 소개하고자 한다.

(1) 서울시학교밖청소년지원센터

서울시학교밖청소년지원센터는 '서울특별시 학교 밖 청소년 지원 조례'서울특별시 조례제5571호에 근거하여 설립된 법정기구이다. '서울특별시 학교 밖 청소년 지원 조례' 제11조학교밖청소년지원센터의 설치를 보면, 제1항에서 '시장은 학교 밖 청소년 지원 사업을 효율적으로 추진하기 위하여 서울특별시 학교 밖 청소년 지원센터이하 "지원센터"라 한다를 설치할 수 있다.'는 사항을 적시하고, 제2항에서 구체적으로 지원센터의 기능을 다음과 같이 밝히고 있다

   1. 학교 밖 청소년 성공사례 발굴 · 홍보
   2. 학교 밖 청소년 상담 및 보호지원
   3. 학교 밖 청소년 인권 · 차별실태 조사
   4. 대안교육 프로그램 개발 및 보급
   5. 학교 밖 청소년의 진로교육
   6. 학교 밖 청소년 취업지원 프로그램 운영
   7. 학교 밖 청소년 지원방안 연구
   8. 학교 밖 청소년 지원 네트워크 구축 및 관리
   9. 대안교육기관에 대한 지원
   10. 잠재적 학업중단청소년 예방사업 지원
   11. 학교 밖 청소년 복교지원 프로그램 운영
   12. 기타 시장이 추진하는 학교 밖 청소년 지원 사업에 필요한 사항

이러한 지원센터를 효율적으로 운영하기 위하여 제12조지원센터의 위탁에서 시장은 지원센터를 효율적으로 운영하기 위하여 청소년 관련 사업을 시행하는 비영리 법인 · 민간단체 등에 위탁할 수 있음을 밝히고 있다. 이에 따라 2013년 7월부터 재단

법인 한국천주교살레시오회가 위탁을 받아 관련한 사업을 추진하고 있다.

센터의 비전으로 학교 밖 청소년 스스로가 아름다운 사회와 세계화의 주인공으로서 지속적인 배움과 활동을 이어갈 수 있도록 종합적인 지원을 하는 기관으로 설정한 바 있다. 센터 운영의 기본 방향은 1) 학교 밖 청소년에게 지속가능한 배움의 기회를 제공하기 위하여 학교 밖 배움터를 발굴하고 지원, 2) 학교 밖 청소년 지원을 위하여 지역사회를 비롯한 다양한 사회자원을 발굴하고 민·관·산·학 네트워크 강화, 3) 학교 밖 청소년의 다양한 환경에 맞는 지원체계를 확대, 4) 학교 밖 청소년을 위한 대안교육 및 성장사례의 우수성을 널리 홍보하여 사회적 인식을 개선에 두면서 서울특별시와 다양한 유관기관들과 협력하여 학교 밖 청소년들을 지원하고 있다서울시학교밖청소년지원센터 홈페이지.

(2) 오디세이학교

오디세이학교는 서울특별시교육청이 고등학교 1학년 학생들에게 성찰과 체험 등 창의적이고 자율적인 교육과정을 통해 스스로 삶의 의미와 방향을 찾고 삶과 배움을 일치시키는 1년의 전환학년Transition Year 과정을 운영하는 학교이다. 기존의 입시경쟁 교육을 벗어나 자율적이고 창의적 교육과정을 통해 학생들을 자발적 배움의 주체로 서게 하고, 미래 사회의 변화를 주도할 수 있는 창의적 진로개척 역량과 사회 속에서 함께 살아가는 자율적 시민의식을 함양하는 것을 목적으로 한다오디세이학교, 2019.

이 학교의 특징은 대안교육과 공교육의 협업으로 다양한 교육과정을 운영하는데 있는데 첫째, 길찾기를 지원하는 교육과정 운영으로서 고등학교 1학년 보통교과 시수를 최소화하고, 나를 탐색하고 세상을 알아가며 나와 세상을 연결시키는 과정을 통해 자신만의 길을 찾아가도록 돕는 1년의 교육과정을 운영한다. 둘째, 학력인정 위탁교육과정 운영을 통해 일반고·자공고에 학적을 둔 상태에서 오디세이학교에서 1년의 배움을 거친 후 원적교 2학년으로 진학한다본인이 희망할 경우, 1학년 복교도 가능. 셋째, 민관협력형 교육과정 운영으로서 오랫동안 교육의 본질을 고민하고 실천해온 민간 대안교육기관들이 협력운영기관으로 참여하여 다양한 교육과정을 운영한다. 넷째, 분산형 캠퍼스 운영으로 종로구 숭인동에 학교 본부와 1개의 캠퍼스를 두고, 서초구 서초동 서울시교육연수지원센터 내 1곳, 은평구 불광동 서울혁신파크 내 1곳, 영등포구 영등포동 하자센터 내 1곳으로 분산형 캠퍼스를 두고 있다.

각 조직별 역할은 [그림 5-1]과 같다.

[그림 5-1] 오디세이학교 협력 체계도

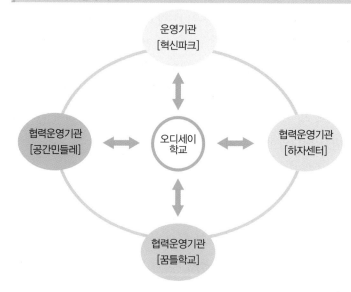

출처: 오디세이학교(2019).

[표 5-2] 오디세이 학교의 조직

오디세이학교 (교무실, 행정실)	• 교육청 및 대안교육기관과 소통 · 협력을 통한 운영 총괄 • 학생 모집 및 선발, 홍보 및 안내 상담 • 공동수업(자율, 교과), 공동의례 · 활동 등 공통과정 기획 및 운영 • 전체교사 회의, 교사연수 및 포럼 등 주관 • 오디세이학교 행 · 재정적 지원

협력운영기관	• 협력운영기관
	  - 공교육 운영 기관: 오디세이-혁신파크
	  - 민간 협력 운영 기관: 공간민들레, 꿈틀학교, 하자센터
	• 오디세이학교와 협의하며 기관별 교육과정 운영
	• 길잡이교사가 학생 10명 내외를 전담해서 학습과 생활을 이끌어감

운영협의회	• 교감, 부장교사, 협력기관 대표, 교육청 담당자로 구성 • 오디세이학교 제반 규정의 제 · 개정 심의 • 교육과정 운영에 관한 사항 심의 • 학생 모집, 협력기관별 학생 배치, 수탁 해제 심의

출처: 오디세이학교(2019). 2019학교교육계획서. 서울시교육청 오디세이학교.

확인학습

1. 교육복지 조직의 이해를 위한 이론에는 합리적–합법적 모델(rational–legal model), 인간관계론적 접근(human–relations approach), 상황이론(contingency theory)적 접근, 정치경제이론(political–economy theory)적 접근, 제도이론(Institutional theory)적 접근으로 구분할 수 있다.
2. 학교조직은 전문적 관료제(professional bureaucracy), 이완결합 체제(loosely coupled system), 조직화된 무질서(organized anarchy)로서의 특성을 지닌다.
3. 우리 나라에는 다양한 정부 및 대안적 차원의 교육복지 조직들이 운영되고 있다.

 생각해 볼 문제

1. 다양한 조직이론 체계 중에서 우리나라의 교육복지 조직을 설명하는 이론체계로서 가장 적합한 것은 무엇인가? 학교차원, 지역차원, 시도차원, 중앙차원으로 구분하여 설명해보자.
2. 대안적 교육복지조직에는 어떤 사례가 더 있는지 찾아보고, 그 주요한 특징을 찾아보자.

CHAPTER 06 교육복지 인력과 전문성

학습목표

1. 학교교육과 교육복지를 관련지어 설명할 수 있다.
2. 교육복지를 위한 학교구성원의 역할을 구분할 수 있다.
3. 교육복지 인력의 전문성을 향상시키기 위한 방안을 구상할 수 있다.

01 교육복지와 전문가

오늘날의 사회는 전문가 사회이다. 즉, 우리 사회에서 전문가는 없어서는 안될 존재로 인식되고 있다. 우리 사회 각 영역이 수행하는 거의 모든 활동들이 특별한 교육을 장기적으로 받은 전문가들에 의해서 이루어지기 때문이다. 학교, 병원, 정부 기관, 기업 등 전문가의 활동이 미치는 곳은 대단히 넓고 다양하다. 이러한 전문가 들이 수행하는 전문성은 과연 무엇일까?

국내외의 관련 연구들을 분석해 얻은 대체적인 흐름은 세 가지로 구분된다. 첫째, 특정 영역에서 필요로 하는 특수한 지식이나 기술이라는 입장이다. 두 번째는 절차나 과정을 강조하는 경우로서 개인의 인지적 요소로부터 우수한 퍼포먼스 결과 에 도달하도록 하는 사고구조나 패턴을 의미한다. 셋째, 수행의 결과를 강조하는 경 우로서 높은 수준의 효과성과 효율성이 비교적 일관되게 나타나는 개인의 행동결과 를 의미한다배을규, 동미정, 이호진, 2011.

[**표 6-1**] 전문성 정의에 대한 인식

강조점	내용
수행 요소	수행 영역과 관련된 개인의 특수한 지식 및 기술
수행 과정	수행 결과를 산출하는 개인의 인지적 과정 및 패턴
수행 결과	개인의 행동으로 산출되는 수행 성과 및 효과성

출처: 배을규, 동미정, 이호진(2011). pp. 5-6을 수정.

　그렇다면 이러한 전문성을 구성하고 있는 요소는 무엇인가? 이에 관해서도 다양한 입장이 존재한다. 통상적으로 지식, 경험, 기술, 태도 등[1]을 의미한다. 전문가는 특별한 분야의 전문지식, 풍부한 경험, 특정한 기술, 그리고 특별한 문제에 임하는 태도를 총칭한다. [표 6-2]는 최근의 전문성 요소들의 핵심적 논의들을 정리한 것이다.

[표 6-2] 전문성의 구성 요소

요소		특성
지식		• 분야 전문 지식 • 인지적 지식, 비인지적 지식 • 점차 암묵지 증대 • 서술적, 절차적 지식 증대
경험		• 다년간의 경험 • 현장에서의 실제적 경험 • 암묵지를 증대시킴
문제 해결		• 초보자는 구체적, 피상적 표상 • 전문가는 조직화된 문제표상 • 초보자는 표면적 문제해결 • 전문가는 심층적 문제해결
정의적, 행동적 특성	직관	• 점차 자동적, 직관적 수행 • 지식과 경험으로부터 형성
	창의성	• 기존 지식이나 틀에 얽매이지 않는 맥락적 유연성 • 지속적으로 전략 조정 • 더 많은 가능성 고려
	기타	• 자질, 태도, 가치, 흥미, 관심 등

출처: 배을규, 동미정, 이호진(2011). p. 7을 수정.

　한편 이러한 전문성의 구성 요소들은 각기 독립적으로 존재하는 것이 아니라 상호작용을 통해 특정한 전문성 행위로 발현된다고 보고 있다. 즉, 다음 [그림 6-1]에서 보는 바와 같이 각각의 전문성 구성 요소들은 정체 상태로 있는 것이 아니라 상호 관계를 맺고 역동적인 속성을 지니며 지속적으로 변화함을 의미한다. 즉, 전문

---

1 인적자원개발기본법 제2조 제1호에서 인적 자원을 "국민 개개인·사회 및 국가의 발전에 필요한 지식·기술·태도 등 인간이 지니는 능력과 품성을 말한다"라고 정의한다. 결과적으로 전문성 역시 인적자원과 일맥상통한다. 흔히 말하기를 '우리나라가 가진 자원이라고는 인적 자원 밖에 없고, 따라서 인적자원개발이 매우 중요하다'라고 할 때, 결국 우리가 개발해야 하는 대상은 바로 전 국민의 전문성이라고 할 수 있으며, 바로 이러한 전문성이 개발되고 존중되는 사회가 앞으로 한국사회가 가야 할 방향임은 두말할 여지가 없다.

성은 구성 요소 간 상호작용에 의한 지속적 학습의 과정으로서 끊임없는 지식 획득, 정보의 재조직화, 그리고 발전적 문제해결 노력의 상호 복합적 활동으로 나타나게 된다Herling, 2000. 즉, 전문성이 발달한다는 것은 전문성 구성 요소들의 속성이 질적으로 다른 차원으로 변화함을 의미하는 것으로 이해할 수 있다. 우리가 흔히 전문직 양성기관사범대학, 로스쿨, 사회복지학과 등을 졸업하면 마치 전문가가 되는 것처럼 오해하는 경우가 생기는데, 이러한 전문성에 관한 상호작용적 관점은 전문가가 보유해야 할 속성이 다양한 전문성의 요소들의 함양을 위해 끊임없는 노력에 의해서 지속적으로 이루어져야 함을 시사한다.

[**그림 6-1**] 전문성의 기본 요소

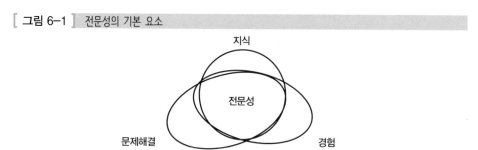

출처: Herling(2000). Operational definitions of expertise and competence. *Advances in Developing Human Resources*, *2*(1), 8-21.

02 전문직의 위기와 성찰적 실천지식의 중요성

최근에 전문직이 수행하는 실천활동과 관련하여 여러 가지 문제들이 지적되고 있다. 일반 교사는 물론이거니와 위기학생 상담과 교육적, 복지적 지원을 위해 배치된 전문상담사교사가 상담의 과업, 방법, 절차 등에 대한 지식을 잘 몰라서 고충을 겪는다던가, 순간적으로 분노를 참지 못하여 아이들을 가혹하게 대하여 신분적 위기에 내몰리는 일부 교육자들의 사례가 종종 언론에 보도되곤 한다. 이러한 전문직 위기의 배경에는 전문직들이 일상의 전문직 활동의 수행과정에서 겪는 '성찰의 부족'을 지적하는 의견이 많다. 다음으로 소개하는 신문칼럼은 우리나라의 대표적 전문직인 의사들의 전문직업성의 위기 원인과 대처방안을 지적하고 있다.

현대 의학이 우리나라에 처음 들어 온 것은 120년 전 선교사들을 통해 들어왔다. 당시 의료선교사들은 대부분 목사들이었기에 전문직이 갖추어야 할 기본 소양을 어느 정도 지니고 있었다고 볼 수 있다. 이타심, 책임감, 정직함, 봉사정신과 종교적 자비심 등의 소양으로 전문직으로서의 역할을 담당해 낼 수 있었다. 하지만 일본의 식민통치와 함께 일본의 의학체계가 우리나라를 지배하게 된다. 당시 일본은 메이지유신을 일으키면서 유럽으로 많은 인재를 보내 교육을 받고 오게 한다. 그 중 의료에 관하여서는 독일에 가서 서양의술과 지식을 배워 온다. 그런데 일본의사들은 전문의학 지식과 술기는 배워왔지만 정작 의사로서 반드시 갖추어야 할 소양인 전문직업성에 대해서는 배워 오지 못했던 것 같다. 그런 일본 의료시스템이 우리나라에 그대로 전해지게 되었고 대한민국 의사들은 전문직업성에 대해 들어 보지도 생각지도 못 하며 의학을 공부해 왔다. 전문직업성에 대한 교육의 부재는 의학교육의 큰 빈 공간으로 남았다. 일제강점기의 악영향이 의사들에게 큰 짐으로 남겨진 것이다. 그 결과 동양적 의사상에만 얽매여 있던 대한민국 의사들은 정체성의 혼란을 맞게 된다. 사회가 발전하면서 사회는 의사에게 전문직업성을 요구하게 되고 이에 따라주지 못하는 의사들을 법과 규칙으로 다스리려고 한다. 이런 현상에 대해 원인을 알지 못 하고 있는 의사들의 마음에는 분노만 가득 차게 되는 부정적인 현상이 발생하게 되었다. 기성의사들에게는 전문직업성의 내용을 받아들이기에 벅차고 불편한 것으로 여겨진다. 기존에 가지고 있던 동양적 사고로 이해하려고 하다 보니 의사가 무조건적인 희생만을 강요당하는 느낌으로 이해하기 때문일지도 모른다. 사회와의 계약이라는 개념을 이해하지 않고서는 전문직업성을 받아들이기가 쉽지 않을 것이기 때문이다. 또한 인문학적 깊은 성찰 없이 성장일변도로 달려온 대한민국 사회도 문제를 안고 있다. 아직 유교적 사고가 지배하는 우리나라에서 사회계약이라는 시스템을 받아들이기에 아직 서툴고, 생활의속에 잘 정착하지 못한 문화적 이유도 있기 때문이다. 그러기에 대한민국 의사들이 전문직으로서 역할을 감당하며 살아가기가 힘들고 짐이 무겁다. 대한민국 의사들이 힘든 이유에는 한국사회의 미성숙함과 의사들의 전문직업성의 부족이 가져온 산물인 것이다. (중략) 전문직업성을 가진 의사는 산술적 계산에 의해 만들어지지 않는다. 의사들은 필요에 따라 생산을 조절하는 양계장의 닭이 아니다. 삶과 죽음, 고통의 문제에 대한 깊은 성찰과 그 속에서 피어나는 소명의식이 바탕이 된 전문직업성이 배어있어야만이 좋은 의사로서 제대로 된 역할을 수행할 수 있게 되는 것이다. 최근 전문직업성에 대한 개념이 전무한 일부 정책가들이 의사 숫자에만 매달려 의과대학을 더 세워야 한다고 주장하거나 의사수를 늘려야 한다고 주장하고 있다. 이들은 단지 싼 값에 의료를 제공하는 단순 의료기술자만을 원하고 있는지도 모른다. 의과대학은 사회가 바라는 좋은 의사를 교육하고 배출하는 곳이지, 의료 공급자를 생산하는 곳이 아니다(이명진, 2013.2.4).

출처: 의사신문(http://www.doctorstimes.com)

위 칼럼이 지적하는 바와 같이 오늘날의 전문직 위기의 배경에는 전문직을 단순히 지식과 기술이 뛰어난 직군으로 인식하는 경향이 강하게 자리잡고 있고, 전문직 양성기관과 전문직 재훈련 과정에서 그러한 기능적 지식과 기술을 강조하는 경향이 강하다는 점이 자리잡고 있다. 전문직업성professionalism은 지식과 기술과 함께 고도의 정신적 훈련과 합당한 도덕적 재무장을 의미한다.

이러한 혼란 속에서 실천가들이 추구해야 할 중요한 과업은 바로 행위에 내재된 앎knowing의 중요성을 새롭게 인식하는 것이다. 예를 들어, 교육복지사가 학생을 상담하는 과정에서 전혀 뜻밖의 상황을 맞이했을 때, 이를 무시하거나 아주 예외적인 상황으로 돌려서 주의를 해태해버리지 말고, "내가 이 아이가 가진 문제점을 인식할 때 도대체 어떤 측면에 주목하고 있는 것인가? 내가 지금 내리고 있는 판단의 기준은 무엇인가? 내가 이러한 기법과 기능들을 활용할 때 어떤 절차들을 적용하고 있는 것일까? 내가 해결하고자 하는 문제의 본질을 나는 어떤 절차들을 적용하고 있는 것일까?" 즉, 실천적 행위를 하는 중에 현재 자신이 당면한 문제에 대한 성찰이 동시에 이루어져야 한다. 복잡하고 혼란한 상황에 직면하여 그동안 내가 이 문제에 대해 취해 왔던 행위에 내재된 앎, 그리고 앞으로 하게 될 행위에서 표출하고 비판하고 재구조화하고 구현하는 앎에 대해서 성찰이 필요한 것이다Schön, 2017 배을규, 2018: 50-57에서 재인용.

03 학교교육과 교육복지의 관계

학교교육은 그 자체가 교육복지활동이라 볼 수도 있다. 학교교육을 통해 사회적 계층 이동이 이루어질 수 있기 때문이다. 가난해도 학교교육에서 우수한 성취도를 보이면 부모보다 더 높은 학교급에 진학하고 졸업한 후에 부모의 직업지위보다 높은 직업을 얻을 수 있다. 그러나 이러한 빈부의 세습구조를 끊는 일은 그리 쉽지 않다. 학업성취도 결정요인 중 IQ를 제외하고 가장 큰 영향을 주는 요인이 가정의 사회경제적 배경이기 때문이다. 그 부모의 사회경제적 지위가 높고 낮음에 따라 자녀의 학업성취도가 높거나 낮다. 그렇다면 이러한 계층과 학업성취도 간 악순환의 고리는 어떻게 끊을 수 있을까?

교육복지활동이 그 하나의 통로를 열어준다. 교육복지활동을 제대로 한다면 저소득층 학생들도 열악한 가정의 사회경제적 배경에 영향을 받지 않고 그 배경이 베일에 가려진 채로 우수한 교육 여건 속에서 학업을 수행하고, 그 본연의 능력에 따라 교육적 성취를 보일 수 있기 때문이다. 그것을 통해 더 높은 학력을 취득하고, 더 높은 직업지위를 얻을 수 있다.

이처럼 학교교육활동 그 자체가 교육복지의 일환이고, 역으로 교육복지를 어떻게 실현하는가에 따라 학교교육에서의 성과가 달라질 수 있다. 어찌 보면 학교교육이 학생들 가정의 사회경제적 배경을 베일에 가린 채 진행될 때 교육복지는 실현되는 것이고, 교육복지정책을 통해 교육성과가 학생들 본래의 능력을 발휘하도록 할 때 학교교육은 소기의 목적을 달성한다고 볼 수 있다. 따라서 학교교육활동과 교육복지활동은 상보적 관계에 있다고 할 수 있다.

한편, 교육복지의 개념을 넓게 정의하면, 교육수혜자라 할 수 있는 학생은 물론이고 교육을 수행하는 교육직원교원과 직원 등 모두 행복한 상태에 이르는 것을 포함할 수 있다. 따라서 교육직원들 중 혹시라도 열악한 근무상태에 있거나 불공평한 처우를 받는 사람이 있지는 않은지 살펴봐야 한다.

04 교육복지 담당인력 배치기준

학교에 배치되는 교육복지 관련 지원인력의 배치 기준은 법적으로 정해지지 않았다. 재정여건상 이러한 지원인력을 무한정 배치하는 것은 곤란하다. 결국 주어진 인건비 내에서 교육청별로 선발하여 배치하고 있다. 이 때 인건비는 중앙정부에서 총액인건비로 지급한 범위 내에서 지출한다물론 이 외에도 수익자부담금이나 지방자치단체보조금, 국고보조금, 기타금이 인건비로 포함된다.

05 학교 교직원의 역할

교육복지가 학교에서만 이루어지는 것은 아니지만 교육복지의 가장 많은 수요자 혹은 수혜자들이 모여 있는 곳이 학교이므로 여기서는 학교에서의 교육복지를 담당하여 추진하는 교직원들이 어떤 역할을 어떻게 수행해야 하는가에 대해 살펴보고자 한다. 여기서는 학교관리자로서 교장과 교감, 담임교사 등의 교원, 교육복지사나 상담인력 등의 학교지원인력으로 나누어 각각의 역할을 제시하였다.

(1) 교육복지 전문성 향상을 위한 교육

교장은 학교에서 교육복지를 총괄적으로 지도하고 관리하는 사람이다. 따라서 이들은 교육복지에 대해 정확히 이해하고 있어야 한다. 따라서 학교의 교장, 교감 등 학교관리자의 경우에 교육복지에 대한 충분한 연수가 이루어져야 한다. 학교관리자에 대한 연수가 제대로 이루어지지 않으면 교육복지정책 실현과 관련해 학교 내 리더십 발휘가 쉽지 않다장덕호 외, 2012: 68.

교육복지에 대한 일반적인 연수를 관리자들도 받으려는 노력이 필요하다. 그리고 그것을 학교에서 전달하여 교직원 모두 교육복지에 관심을 가질 수 있도록 독려하는 것이 필요하다. 교사들은 교원양성이나 연수과정에서 교육복지에 대한 학습기회가 부족하여 이에 대한 이해가 낮은 상태이며 교육복지를 실현하는 전문인력으로 불리기에는 어려운 실정이다. 교장은 학교에서 교육복지에 대한 교육자의 역할을 맡아야 한다.

(2) 교육복지부서의 설치

학교에서 교육복지사업을 체계적으로 진행하기 위해서는 교육복지를 전담하는 부서가 필요하다. 학교에는 이미 상담가정규교사로서의 전문상담교사, 상담원, 상담사 등와 복지사지역사회교육전문가, 사회복지사 등, 영양교사, 보건교사 등이 각자의 역할을 행하고 있다. 한 학생의 복지적 문제는 심리적, 가정적, 신체적, 경제적 문제 등의 여러 가지 요소와 관련되어 있을 수 있다.

열악한 환경의 아동들이 가정에서 불행한 경험들을 하면서 부정적 학습결과를 학교에서 표출하는 것이 일반적 현상이다. 이렇듯 복지적 문제와 생활지도 문제는 함께 나타난다. 한 학생 안에 심리적 문제, 생활상 문제, 급식 문제, 건강 문제 등이 복합적으로 얽혀 있음에도 불구하고 학교 인력의 역할수행은 분리되어 있었다.

　이러한 학생복지접근체제를 개편해야 한다. 학교에 '교육복지부서'를 신설하여 이 부서에서 교육복지사, 정교사, 상담교사, 보건교사, 영양교사, 사서교사, 특수교사들이 통합적으로 학생보호활동을 펼칠 수 있도록 해야 한다. 예컨대 위기학생에 대해서 교육복지사는 가정(부모)에의 접근을, 상담교사는 심리적 접근을, 사서교사는 방과후독서활동 등을 행하는 것이다. 그 조직의 인적 구성과 역할은 [그림 6-2]와 같이 이루어진다장덕호 외, 2012: 421-422.

[그림 6-2]　학교 구성원들의 교육복지 역할

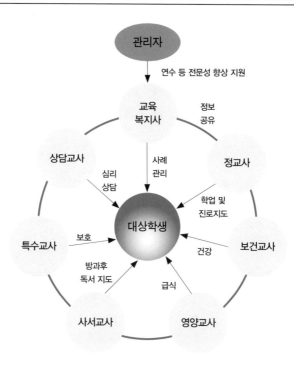

출처: 장덕호 외(2012: 422)의 그림을 수정함.

(3) 교육복지인력에 대한 처우 개선

어느 조직에서나 그렇듯이 관리자의 역할 중 가장 중요한 역할은 인적 관리이다. 교육복지를 직접적으로 담당하는 복지사나 상담사 등 교육복지에 직·간접적으로 기여하는 학교지원인력의 처우가 정규교원에 비해 열악한 상태이다. 비정규직으로 임용하는 경우가 많아 직무 수행에 있어 어려움이나 소외감이 발생하고 있다. 따라서 관리자는 이러한 소외가 발생하지 않도록 세심한 관심을 기울여야 한다.

학생·교원의 특성변화와 학교과업의 다원화에 따라 법제화되어 있는 교원과 직원 외에 다양한 학교지원인력이 학교에 배치되어 근무하고 있다.

(4) 교원의 역할

교원은 학생들과 가장 많이 접하는 사람이다. 따라서 누구보다도 가까운 거리에서 학생에 대한 상황을 잘 파악할 수 있다. 교육복지인력이 학교에 배치되어 있더라도 모든 학생의 정보를 갖고 있기란 거의 불가능하다. 이럴 때 담임교사나 교과교사 등 교사들의 학생정보는 교육복지 사안을 발견하고 문제를 해결하는 데 중요한 단서를 제공할 수 있다. 교원은 교육복지사의 동반자이다. 상시적인 정보공유와 협의가 있어야 학생들에 대한 지도가 가능하다.

06 교육복지전문인력의 역할과 역량

김인희 등2011은 교육복지전문인력의 역할을 기관 및 직책에 따라 다음과 같이 구분하고 있다.

[표 6-3]　교육복지전문인력의 역할

주체	직무	역할
교육청 교육 복지 담당	시도 및 지역 차원 - 교육복지정책 수립 및 실행 - 교육복지제도의 정비 개선	• 시·도 및 지역 교육복지 비전 수립 • 교육복지 현황 파악 및 문제점에 대한 개선방안 강구 • 교육복지 수요 조사 및 정보 수집 분석 • 교육복지정책 수립 및 추진 • 교육복지정책 실행 지원 및 관리 • 교육복지정책의 점검 및 평가 　- 시도: 지역사업 평가 　- 지역: 학교사업 평가 • 교육복지협의체 운영 • 효과적인 교육복지체제 구축
학교 관리자	학교 교육복지업무 기획 및 실행 지원	• 학교 교육복지 비전 수립 • 학교의 교육복지 실태 파악 • 학교 교육복지업무계획 수립 • 학교 교육복지업무 추진에 소요되는 인력, 재정, 시설 확보 • 학교 교육복지업무 추진을 위한 지역사회와의 협력 관계 수립 　(협의체운영) • 교육복지업무 담당자에 대한 지원 및 인센티브 제공 • 학교 교육복지업무에 대한 점검, 평가 및 환류
교사	교육복지업무 담당교사 - 학교 교육복지업무 담당 추진	• 교육복지 대상자의 진단 및 발굴 • 학교 교육복지업무계획 수립 추진 • 교육복지 프로그램의 개발 • 지역자원 발굴 및 연계 • 교육복지프로그램 개발 운영 평가 • 가정-지역과의 연계 협력 실시 • 학생의 변화와 발전에 대한 평가 및 기록 관리 • 학교 교육과정과의 연계 • 타 업무와의 조율, 타 교사 협조 유도
민간 전문 인력	교육청 교육복지정책 추진 지원 (프로젝트조정자)	• 지역단위 교육복지사업 기반 구축 • 지역자원 발굴 및 연계 • 지역공동사업 추진 • 지역사회 협력네트워크 구축 운영
	학교 교육복지업무 지원 (지역사회교육전문가)	• 지원 학생 발굴 지원 및 사례관리 • 가정-학교-지역 연계 네트워크 운영 • 교육복지실 운영 및 정보관리
학자, 연구원	교육복지정책 및 현장 연구 교육복지사업 추진 전문적 지원	• 교육복지정책 및 현장실천 개선을 위한 연구 실시 • 교육복지정책 및 사업 발전을 위한 자문, 컨설팅, 사업평가, 연수 지원

출처: 김인희 외(2011: 28-29).

　　학교변화모델을 효과적으로 실천하기 위해서는 학교사회복지사가 내부적 의사
소통의 절차에 관여할 수 있고, 학생과 교육환경에 대한 문제를 공식적으로 제의하
여 학교가 그 방안을 강구할 수 있도록 하는 위치에 있어야 하며, 학생의 대변자, 협

상자, 자문가, 중재자, 매개자의 역할을 하여야 한다. 또한, 학생들의 변화 요구를 파악하고 새로운 규칙 제정 등에 필요한 기본 자료를 학생들로부터 수집하여 문서화하는 역할을 수행해야 한다. 이러한 역할을 수행할 때에 가장 중요한 기준은 학교를 학생들이 생활하는 삶의 공간으로 보는 복지적 관점이고, 이러한 복지적 관점은 학교의 교육적 목적에 부합될 수 있도록 조성되어야 한다장덕호 외, 2011: 313~314.

사례관리 상황을 관리자인 교장-교감 선생님께 정기적으로 보고하여 학생문제 해결에 관심과 협력을 유도한다. 학교의 모든 책임은 학교장에게 있으므로 학교장이 사례관리 및 학생문제에 대하여 충분히 이해할 수 있도록 시스템을 갖추어야 한다장덕호 외, 2011: 338~339.

지역사회교육전문가는 사례관리가 효과적으로 진행될 수 있도록 교내 공식적인 운영체계를 조직화하고, 교외 운영체계를 조직화할 수 있어야 한다. 사례관리의 핵심이 자원을 연계하고, 조정하는 것이라는 것을 생각할 때, 지역사회교육전문가는 지역사회 자원을 목록화하고 필요한 경우에 접촉하여 자원을 활용하도록 하는 것이 바람직하다. 학교장 및 교직원들에게 사례관리에 대한 취지와 과정 그리고 효과 등을 설명하여 공식적으로 출범할 수 있도록 지속적으로 인식시켜야 한다.

김인희 등2011은 교육복지전문인력이 이러한 역할을 제대로 수행하기 위해서 갖추어야 할 역량을 다음과 같이 제시하고 있다.

[**표 6-4**] 교육복지전문인력의 역량

영역	역량	역량요소		
		인지	정의	기능
기초역량	정의(justice)에 대한 이해와 신념	V	V	
	인간의 존엄성, 성장가능성에 대한 신념	V	V	
	교육에 대한 기본적 이해와 철학	V		
	아동, 학생에 대한 관심과 애정		V	
	인간관계 형성 능력		V	V
	의사소통 능력		V	V
	감성과 감수성-공감 능력	V	V	
	이타심, 배려, 봉사의식		V	
	긍정적, 적극적 사고		V	
	학습을 통한 자기발전 능력	V	V	V
	관련 학문영역의 전문지식 및 소양-교육학, 철학, 심리학, 사회학, 인류학 등	V		

영역		역량	역량요소		
			인지	정의	기능
공통직무		교육복지에 대한 기본적 관심	V	V	
		교육복지의 개념, 원리, 접근법에 대한 이론적 지식	V		
		교육소외 현상에 대한 관심과 이해	V	V	
		저소득층의 삶과 자녀교육 문제 이해			
		아동, 학생, 청소년에 대한 심층적 이해	V	V	
		학교조직, 시스템, 문화에 대한 이해	V		
		학교교육의 이념과 원리에 대한 이해	V		
		학생중심 사고−인권, 학습권 존중	V	V	
		교육소외의 원인과 해소방안에 대한 지식	V		
		학교의 교육복지적 기능에 대한 이해	V		
		지역 교육복지시스템에 대한 지식과 이해	V		
		관련 법령, 제도, 정책에 대한 지식과 이해	V		
		협업 및 네트워킹 능력		V	V
특수직무	교육청 담당자	교육복지체제 구축 비전 및 실천의지	V	V	
		선진 교육복지제도에 대한 지식과 이해	V		
		실태조사 및 정보수집 분석 능력	V		V
		교육복지정책 기획 및 관리, 평가 능력	V		V
		관계기관 협조 및 네트워킹 능력	V	V	V
		다양한 교육복지 주체를 아우르는 리더십	V	V	V
	학교장	학교의 교육복지 기능에 대한 심층적 이해	V		
		학교 교육복지역량의 진단 및 제고 능력	V	V	V
		학교 교육복지사업 기획, 운영, 평가 능력	V		
		담당 교직원에 대한 동기부여 및 리더십	V	V	V
		담당 교직원의 학습 촉진 지원 능력	V	V	V
		대외협력 및 소통 능력		V	V

영역		역량	역량요소		
			인지	정의	기능
특수직무	교사	교육복지 발전의 성취동기 및 참여의지	V	V	
		학생, 학부모, 지역사회와의 소통 능력		V	V
		학생의 교육소외 진단 및 공감 능력	V	V	
		학생에 대한 상담능력	V	V	V
		교육복지 프로그램의 개발, 운영, 평가 능력	V		V
		지원학생의 변화, 성장에 대한 평가 능력	V		V
	프로젝트 조정자	지역교육복지 실태 파악 및 비전수립 능력	V		
		지역교육복지사업 기획 및 운영관리 능력	V		
		지역 가용자원 파악 및 발굴 능력	V		V
		지역내 교육복지 협력 네트워킹 능력	V	V	V
		지전가의 전문역량 제고 지원 능력	V	V	V
		지역내 관련 주체를 이끌어나가는 리더십	V	V	V
	지전가	지역사회 및 관련 네트워크 이해	V		
		프로그램 기획 운영 실무 능력	V		V
		학생 상담 및 사례관리 능력	V	V	V
		지역 자원과의 네트워킹 능력	V	V	V
		교사, 학생, 학교관리자 등과의 소통 능력	V	V	V
		지원학생의 변화, 성장에 대한 평가 능력	V		V
	학자, 연구원	관련 정책연구과제 수행 능력	V		V
		교육복지 실태조사 및 분석 능력	V		V
		교육복지정책 및 사업에 대한 평가 능력	V		V
		교육복지 관련 분야에 대한 전문 지식	V		
		컨설팅 및 평가 능력	V	V	V

출처: 김인희 외(2011: 28-29).

확인학습

1. 학교교육은 사회적 불평등의 세습구조를 차단하는 제도적 장치라는 의미에서 그 자체가 교육복지활동이라 할 수 있다.

2. 교육복지를 실현하기 위해 교장은 교육복지 전문성을 향상시키기 위한 연수를 실시하고 교육복지부서를 설치하며 교육복지인력의 처우를 개선하기 위해 노력해야 한다.

 생각해 볼 문제

1. 교육복지 전문직이 갖추어야 할 전문적 지식과 기술은 무엇이라고 생각하는가? 또한 그들이 갖추어야 할 직업적 정신은 무엇이라고 생각하는지 각자 말해보자.

2. 학교에서 교육복지업무를 수행하는 데 있어 한 학생을 대상으로 한 업무에 있어 담임교사와 교육복지인력의 역할이 엄격하게 구분되지 않는 상황이 있을 수 있다. 예컨대, 장기결석상태에 있는 학생의 문제를 확인하기 위해 가정방문을 해야 한다면 누가 해야 할까?

교육복지
프로그램과 실천

CHAPTER
07

교육복지 프로그램 개발

학습목표

1. 교육복지 프로그램의 개념, 유형, 특성 등에 대해 설명할 수 있다.
2. 교육복지 프로그램 개발을 위한 프로그램 기획, 설계, 개발, 운영, 평가 단계에서의 활동에 대해 설명할 수 있다.
3. 프로그램 기획, 설계, 개발, 운영, 평가에 대한 지식과 기술을 바탕으로 교육복지 프로그램을 개발할 수 있다.

01 교육복지 프로그램에 대한 이해

앞 장에서 교육복지는 국가, 지역사회, 학교가 중심이 되어 학생의 사회·경제·문화적 불평등 및 부적응을 해소 또는 방지하기 위한 모든 형태의 공적 지원을 말하며, 이를 통하여 학생의 최소한의 절대적 교육기준을 보장하고 더 나아가 학생의 잠재력 실현을 통한 행복한 삶의 영위를 목표로 한다고 정의하였다. 학생의 최소한의 교육기준을 보장하고 잠재력 실현을 통한 성장과 발달은 관련 정책만 수립해놓고 가만히 있으면 자동적으로 일어나는 것은 아니다. 수립된 교육복지정책의 목적을 달성하기 위해서는 적절하고도 의도적인 개입활동proper and purposeful intervention이 있을 때 가능하다. 즉 학생들이 최소한의 교육기준을 보장 받아 잠재력을 실현하여 올바른 성장과 발달을 할 수 있도록 도와주어 변화를 이끌어 내는 체계적인 프로그램이 요구되는 것이다.

이 장에서는 교육복지가 학생 개개인에게 의미 있는 경험으로 다가가기 위한 교육복지 프로그램과 프로그램 개발에 대한 기본적인 이해를 바탕으로 프로그램 개발의 핵심적인 활동에 대해 살펴보도록 한다.

① 교육복지 프로그램의 특성 및 개념

굳이 교육복지 분야에 국한하지 않더라도 프로그램이라는 단어는 일상생활에서 매우 흔하게 접하고 사용하는 단어이다. 텔레비전 프로그램, 공연 프로그램, 복지 프로그램, 각종 교육 및 훈련 프로그램 등 프로그램이라는 용어는 생활에서 매우 광범위한 영역에서 사용되고 있다. 프로그램program이라는 단어는 본래 'pro미리, 앞서'와 'gram쓰다, write'라는 의미 단위가 결합된 용어로 '미리 앞서서 쓰다' 정도의 의미를 갖는다김한별, 박소연, 유기웅, 2010. 즉 프로그램은 어떠한 활동을 수행하기 위해 요구되는 활동, 항목, 또는 절차 등을 미리 체계적이고 조직적으로 계획하여 놓은 실체라고 할 수 있다. 따라서 프로그램은 사용되는 맥락에 따라서 체제system, 기획, 계획, 기획 또는 계획된 문서, 미리 조직화되고 계획된 수행 또는 활동 등의 의미를 지닐 수 있다김한별 외, 2010.

이러한 맥락에서 우리가 교육복지 프로그램이라고 지칭하는 것은 일반적으로 다음과 같은 특성을 지니고 있다. 첫째, 프로그램은 하위의 여러 구성요소로 이루어져 있다. 예를 들어, 최근 서울시 남부교육지원청에서는 교육복지특별지원사업 금천권역 공동사업으로 금천구 건강가정지원센터와 연계하여 '우리 가족힐링캠프'라는 프로그램을 진행하였다. 이 프로그램은 참여자들의 몸과 마음을 정화할 수 있는 숲체험, 가족사진 찍기, 가족 앨범 만들기, 그림을 통한 가족 이해하기, 가족 협동심을 키우는 미니 올림픽 등 다양한 내용으로 구성되었다서울특별시교육청 꿈사다리, 2014. 이처럼 하나의 프로그램 안에는 여러 가지 요소들이 복수의 내용과 형식의 체계적인 조합으로 이루어져 있다는 것을 알 수 있다.

둘째, 프로그램은 의도적이고 체계적으로 조직되어 있다. 즉 프로그램은 개인이나 집단이 추구하는 특정한 목적을 달성하기 위해 의도적이고 체계적으로 계획된 일련의 활동 또는 절차이다. 예를 들어, 경상북도 칠곡교육지원청의 '전국 최초! 찾아가는 Wee버스 DRIVE 프로젝트'는 상담 소외지역에 버스로 직접 방문하여 학교부적응 위기 학생들에게 예방, 진단, 상담, 치료 서비스를 제공하고, 지역사회와 연계한 교육기부를 통해 다양한 체험활동 및 학교폭력예방을 위한 프로그램을 제공하고 있다. 이러한 목적을 달성하기 위해 학교현장 관계자 측면, 교육수요자 측면, 교육지원청 측면별로 세부 목표를 설정하였으며, 추진체제 구축, 홍보 및 확산 활동,

모니터링 활동, 평가 활동 등의 체계적인 절차로 구성하여 프로그램의 효과성을 극대화하려고 하였다황준성, 김성기, 조옥경, 유기웅, 박주형, 2012. 즉 프로그램이 포함하는 내용과 절차는 마구잡이로 섞여져 있는 것이 아니라 전문성 있는 프로그램 기획자에 의해 과학적이고 체계적인 절차에 따라 프로그램이 추구하는 목적을 달성하기 위해 가장 적합한 일련의 활동과 절차로 이루어져 있다는 것이다.

셋째, 프로그램은 운영과정 특히 결과에 대해 개인, 집단, 사회로부터 기대되는 관심이 존재하며 프로그램 결과가 이들에게 미치는 영향력을 소홀히 할 수 없다는 점이다. 예를 들어, 서울시동부교육지원청의 경우 학교 관계자 및 지역기관 실무자를 대상으로 사업에 대한 이해를 증진시키고 지정학교 교내외 사업관련 네트워크 기반을 조성하기 위해 교육복지특별지원사업 신규지역 사업추진체계 구축지원 프로그램을 진행하였다. 이 프로그램은 교육수요자인 학생 및 학부모, 지역사회를 위한 효과적인 교육복지 지원체계가 필요하다는 관심과 기대를 반영한 것이라고 할 수 있으며, 특히 학교를 중심으로 지역사회와 유기적으로 협력할 수 있는 시스템 구축을 통해 학생 및 학부모, 학교, 그리고 관할 지역사회에 모두 긍정적이고 유의미한 영향을 미칠 수 있는 지역사회교육공동체를 구축하고자 하였다교육부, 2011.

넷째, 교육복지 프로그램은 교육수요자 개인의 변화뿐만 아니라 개인이 속한 학교, 지역사회, 그리고 사회전체의 변화를 의도적으로 추구하는 활동이다. 교육복지 프로그램은 교육수요자, 학교, 지역사회의 요구와 현장 실무자의 진단 및 요구에 의해 정해진 기대수준에 최대한 도달하기 위한 총체적인 노력을 기울이는데 역점을 둔다. 예를 들어, 경상북도 안동꿈터유치원에서는 안동교육지원청교육복지지원사업의 일환으로 학습, 문화체험, 심리정서, 복지 영역에 걸쳐 다양한 프로그램들을 기획하여 운영하였다. 이러한 프로그램들은 주로 체험활동을 통해 유아들의 잠재능력계발과 문제해결능력 향상, 심리·정서적 감성을 함양시키는 것을 목적으로 하며 특히 저소득층 유아의 현장 학습지원을 통해 학부모의 경제적인 부담을 경감시켜 평등한 교육기회 제공에 기여한 것으로 나타났다경상북도안동교육지원청, 2011. 즉, 교육복지 프로그램을 통하여 교육수요자인 유아, 학부모의 변화뿐만 아니라 궁극적으로 이 기관이 속한 지역사회 및 사회전체의 변화에 긍정적인 영향을 미칠 수 있다는 점을 알 수 있다.

지금까지 프로그램에 대한 일반적인 개념과 중요한 특성을 바탕으로 교육복지 프로그램은 다음과 같이 정의될 수 있다. 교육복지 프로그램이란 '내용과 형식에 있어서 학생들이 최소한의 교육기준을 보장 받아 잠재력을 실현하여 올바른 성장과 발달을 할 수 있도록 도와주어 변화를 이끌어 내기 위해 의도적이고 체계화된 실체로서, 계획적으로 선정된 일련의 유의미한 경험들을 조직적으로 제공하여 교육수요자, 지역사회, 나아가 사회 전체의 변화를 실현하는 매개체'이다.

❷ 교육복지 프로그램의 유형

교육복지 프로그램은 국가, 교육수요자, 관련 기관 등의 요구 및 필요 등에 의해 개발되고 운영되기 때문에 특정한 기준에 의해 이를 명확하게 구분하기는 쉽지 않다. 그럼에도 불구하고 현재 개발되어 실행되고 있는 많은 교육복지 프로그램을 일정한 기준에 의해 분류하여 논의하는 것은 교육복지 프로그램을 이해하는데 의미 있는 작업이다. 여기서는 몇 가지 기준에 의해 프로그램들을 분류하고 각 유형별 특징을 살펴보도록 한다.

(1) 프로그램 목적 및 내용에 따른 분류

교육복지 프로그램의 주요 영역은 학습, 문화·체험, 심리·정서, 보육 및 보건, 그리고 기타 지원 등으로 나누어져 있으며, 각 영역별로 개발되어 운영되는 프로그램들이 있다.

첫째, 학습증진 프로그램은 교육수요자들로 하여금 학습결손을 예방하여 최소한의 절대적 기준에 도달하기 위한 목적으로 개발되어 실행되며 주로 학습향상 관련 프로그램들이 이 유형에 포함된다. 예를 들어, 기초학습능력증진 프로그램, 학습클리닉 프로그램, 멘토링 프로그램, 방과후 공부방, 학습 관련 방과후 프로그램, 학교 밖 방과후 청소년 교실, 각종 독서교육 관련 프로그램 등이 여기에 해당한다. 김정원, 김경애, 김가영2009에 따르면 대상 학생에 따라서 프로그램의 접근 방식을 달리해야 한다고 주장하였는데, 초등학생을 대상으로 하는 프로그램에서는 학습결손을 예방하는데 초점을 두어 적극적인 개입 프로그램이 필요하다고 하였다. 특히 1학년과 2학년 과정에 기초학습 부진 학생이 발생하지 않도록 프로그램을 구성해야 한다고 주장하였다. 점차 고학년으로 올라가면서 학습증진과 관련하여 다양한 프로그램을 제공하여 학습 무기력을 탈피할 수 있도록 지속적인 학습지원 프로그램이 요구되며, 일대일 학습지원 등 소그룹 형태로 지원하는 것이 적절하다는 것이 학습증진 프로그램 내용 구성에 있어서의 일반적인 원리라는 것이다김정원 외, 2009. 또한 학기 중에는 학습지도 및 진로지도에 학급 담임교사의 역할을 증대시키고 방학 중에는 학습활동과 보육 및 문화·체험 활동을 적절하게 혼합하여 프로그램을 구성하는 것이 바람직하다는 것을 알 수 있다.

둘째, 문화·체험 프로그램은 교육수요자를 대상으로 문화·체험활동을 통하여 다양한 문화적 욕구 충족 기회를 제공하여 예술, 기술, 체육, 공동체 기능 또는 의식을 함양하는 것을 목적으로 개발되어 실행되는 활동이다. 이러한 유형에 속하는 프로그램으로는, 예를 들어, 학교 내 특별활동을 통한 다양한 문화활동음악, 미술, 공연, 스포츠 등, 방과후 학교 문화활동, 각종 동아리 활동소모임 활동, 체험 학습, 토요 휴업일 프로그램, 축제 참여, 봉사활동, 학급자치활동 등이 있다. 문화·체험활동은 말 그대로 교육수요자들이 그 활동을 실제로 참가하거나 체험하는 것에 초점을 두기 때문에 이론적인 설명보다는 '활동', '행하기'에 중점을 둔다. 문제는 이러한 활동을 하기 위해서는 금전적 비용이 발생한다는 점이다. 특히 교육취약집단만을 대상으로 하는 프로그램의 경우 자칫 '낙인효과'와 같은 부작용이 발생할 수 있으므로 프로그램을 기획·운영 시에 각별히 유의해야 한다. 또한 문화·체험 활동은 학교 밖에서 일어나는 경우가 대부분이고 내용적 측면에서도 학교보다는 학교 밖의 기관 또는 지역사회가 우수한 전문성을 가지고 있는 경우가 있을 수 있으므로 타 기관 또는 지역사회와의 연계가 중요시된다김정원 외, 2009.

셋째, 심리·정서 프로그램은 교육수요자의 정서적 지원 및 심리·행동 상담치료 등의 활동을 통해 올바른 심성을 계발하고 심리 및 행동상의 문제의 진단을 통해 체계적인 대처 방안을 마련하는 것을 목적으로 하며, 궁극적으로 이러한 활동을 통해 학교 부적응을 사전에 예방하고 학교 적응력을 향상시키는 것을 목적으로 이루어지는 제반 활동을 의미한다. 이러한 프로그램들의 예로는 심성계발 프로그램, 인성교육 프로그램, 상담 활동, 정서 지원 및 인성 개발을 위한 멘토링 활동, 가정방문, 각종 심리검사 및 치료 등이 있다. 특히 고위험군에 속하는 학생들에게는 단순한 일회성 활동이 아닌 전문적인 정서·심리적 접근이 필요하다. 따라서 이들에게는 전문적인 심리치료 및 상담 등의 프로그램을 제공하고 학생 개개인뿐만 아니라 학부모와의 협조 및 학부모를 위한 학부모 연계 프로그램 등을 개발하여 운영하는 것이 효과적일 수 있다김정원 외. 2009. 또한 프로그램의 효과를 높이기 위해 일회성 행사를 지양하고 전문적인 진단에 의한 사후 조치에 각별히 신경을 써야 한다.

넷째, 보육·보건 프로그램은 가정의 양육 및 보건 기능을 학교 및 지역사회 차원에서 지원해주는 프로그램으로 학생들의 심리적 안정, 사회성 발달, 신체 건강 증진을 목적으로 이루어지는 활동들을 의미한다. 이러한 프로그램들의 예로는 방과후 교육취약 아동 대상 야간 돌봄이 프로그램, 건강 검진 및 치료 활동, 영양 및 의료지원 활동, 부모역할 교육 프로그램 등이 있다. 이 유형에 포함되는 프로그램들은 주로 가정기능 보완 및 강화 또는 올바른 부모역할 함양을 통해 교육취약집단 학생들이 방치 또는 방임되지 않도록 하고, 궁극적으로 이들의 건강한 심신의 발달, 그리고 올바른 사회성 함양을 도모할 수 있도록 학교와 지역사회가 연계·협력하는 활동들이라 할 수 있다.

다섯째, 기타 지원 프로그램은 앞서 네 가지 프로그램 유형에 포함되지 않는 프로그램들로서 교육복지 관련 교사연수, 학부모 연수, 교육복지 관련 각종 비용 지원 프로그램 등이 이 유형에 포함된다.

(2) 프로그램 운영 주체에 따른 분류

교육복지 프로그램을 분류하는 데 있어 프로그램 운영 주체가 누구냐에 따라 분류하면, 중앙정부 수준의 프로그램, 시·도교육청 수준에서의 프로그램, 지방자치단체 수준에서의 프로그램, 지역사회 수준에서의 프로그램 등으로 분류할 수 있다.

첫째, 중앙정부 수준에서의 프로그램이란 중앙정부 차원에서 정책적으로 개발하여 운영하는 교육복지 프로그램을 말한다. 중앙정부 차원에서의 교육복지 관련 프로그램은 주로 교육부, 보건복지부, 여성가족부, 문화체육관광부, 안전행정부 등의 중앙부처에서 담당하고 있다. 예를 들어, 학생들의 교육비 지원 관련 프로그램저소득층 수업료, 학교운영지원비, 급식비, 체험학습비, 특기적성교육비, 졸업앨범비, 수학여행비 등, 학업중단 청소년들에 대한 지원 프로그램생활 및 학습지도, 상담, 역량강화, 학생 안전 프로젝트 등, 다문화 및 북한이탈 가정 청소년 지원 프로그램심리·정서 프로그램, 한국 및 학교 적응력 강화 프로그램 등, 농산어촌 거주학생 지원 프로그램돌봄학교, 독서교육, 숙제지도, 문화예술교육, 방학돌봄 교실, 도·농 교류 학습 캠프, 봉사활동, 방과후 학교, 학습부진학생 1:1 지도, 공부방, 야간 보육 교실 등, 각종 도시 저소득층 학생 지원 프로그램, 그리고 유아 및 장애인 지원 프로그램종일반 운영, 방과후 학교 및 방학 프로그램, 기초학력 향상 프로그램 등 등이 있다.

둘째, 시·도교육청 수준에서의 프로그램이란 지역의 실정과 특성을 반영하여 시·도 교육청 차원에서 운영하는 교육복지 프로그램을 말한다. 예를 들어, 교육복지우선지원사업 관련 프로그램, 각종 비용지원수업료, 급식비 등, 정보화 지원 프로그램, 학력격차 해소 관련 프로그램 등 시·도교육청이 자율성과 다양성을 가지고 지역 특성에 맞게 운영하는 프로그램들이 여기에 해당한다.

셋째, 지방자치단체 수준에서의 프로그램이란 지방자치단체에서 주관하여 운영하는 교육복지 프로그램을 말한다. 예를 들어, 시군구별 빈곤가구 밀집지역에 거주하는 기초생활수급가정 및 취약계층의 임산부 및 아동을 대상으로 가족단위로 지원하는 드림스타트Dream Start 사업 관련 프로그램, 저소득층 아동을 위한 위스타트We Start사업 관련 프로그램, 그리고 지자체에서 실행하고 있는 학교사회복지 사업 관련 프로그램들이 여기에 해당한다.

넷째, 지역사회 수준에서의 프로그램이란 지역사회에서 주관하여 운영하는 교육복지 프로그램을 말한다. 여기에 해당하는 프로그램들을 주로 지역사회에 속한 아동·청소년 단체나 시설 등에서 독자적으로 또는 지역 교육지원청, 지방자치단체 등과 연계·협력하여 프로그램을 개발하여 운영하는 것이 대부분이다. 예를 들면, 각종 청소년 관련 단체에서 실시하고 있는 청소년 방과후 활동 지원 프로그램, 지역사회 청소년 통합지원 프로그램, 청소년 유해환경 정화 프로그램 등이 이에 속한다.

(3) 프로그램의 구성단위에 따른 분류

앞서 교육복지 프로그램을 정의했듯이 프로그램이라는 용어는 매우 광범위하게 사용되고 있으며 프로그램의 종류와 유형 또한 다양하다. 하나의 프로그램 안에 단일한 구성요소로 이루어진 프로그램이 있는가 하면 하나의 프로그램 내에 여러 구성요소가 함께 어우러져 있는 프로그램도 있을 수 있다.

첫째, 단일 단위 프로그램은 하나의 프로그램 내에 하나의 프로그램 또는 활동으로 구성된 것을 말한다. 주로 일회성 활동으로 구성되어 있으며 비교적 짧은 기간이 소요되는 프로그램으로 구성되어 진다. 예를 들어, 교육수요자들을 위한 공연문화 체험 활동, 기관 방문 및 견학 활동 관련 프로그램들이 여기에 포함된다.

둘째, 절차적 프로그램은 하나의 프로그램 안에서 다루는 내용이 일정한 순서 또는 단계에 따라 나누어져 있어 마지막 단계에 이를 때까지 지속되는 프로그램의 형태를 말한다. 많은 방과후 학교 프로그램운동, 음악, 미술 관련 교육들이 여기에 해당한다.

셋째, 복합 프로그램은 여러 개의 단일 단위 프로그램이 하나의 프로그램 내에 적절하게 구성되어 있는 프로그램 형태로 종종 절차적 프로그램과 단일 단위 프로그램이 하나의 주제 아래 혼합되어 프로그램의 목적을 달성하는 형식으로 구성되어 있다. 예를 들어, 일주일 단위로 기획된 환경 보호 방학 캠프의 경우 복수의 단일 단위 프로그램과 하나 또는 여러 개의 절차적 프로그램으로 구성되어 있는 경우가 이에 해당한다.

넷째, 종합 프로그램은 고유한 목표와 성격을 가진 독립된 프로그램들이 통합되어 하나의 종합적인 프로그램으로 구성되어 있는 형태를 말한다. 예를 들어, 학습 지원 프로그램, 문화 · 체험 프로그램, 심리 · 정서 프로그램, 보육 및 보건 관련 프로그램 등 각각 독자적으로 분류될 수 있는 프로그램 영역들이 체계적으로 어우러져 하나의 종합적인 프로그램을 구성하는 경우가 이에 해당한다.

02 교육복지 프로그램 개발

앞 절에서는 교육복지 프로그램의 개념 및 특성, 그리고 교육복지 프로그램의 분류에 관하여 살펴보았다. 이 절에서는 프로그램에 대한 이해를 바탕으로 프로그램 개발이 개념, 프로그램 개발의 특성, 프로그램 개발의 원리 및 주요 입장에 관해 살펴보도록 한다.

❶ 프로그램 개발의 특성 및 개념

이 책에서는 교육복지 프로그램을 '내용과 형식에 있어서 학생들이 최소한의 교육기준을 보장 받아 잠재력을 실현하여 올바른 성장과 발달을 할 수 있도록 도와주어 변화를 이끌어 내기 위해 의도적이고 체계화된 실체로서, 계획적으로 선정된 일련의 유의미한 경험들을 조직적으로 제공하여 교육수요자, 지역사회, 나아가 사회 전체의 변화를 실현하는 매개체'라고 정의하였다. 이러한 프로그램은 '개발'이라는 일련의 활동 또는 과정을 통하여 실체가 있는 프로그램으로 완성되어 프로그램 참여 자들에게 제공되게 된다. 즉 교육복지 프로그램 개발이란 '교육복지의 실천적 내용, 활동, 서비스 등의 체계적인 운영을 위하여 학생, 학부모, 교사, 교육복지 전문가, 학교, 지역사회 등 교육복지 관련 모든 이해관계자들 간의 공동의 노력을 통해 필요 한 정보와 자원을 획득하고 일정한 절차와 원리에 따라 내용을 체계적으로 설계하고 개발하여 프로그램 참여자들에게 이를 제공하고 평가하는 일련의 과정'이라고 할 수 있다. 교육복지 프로그램 개발은 다음과 같은 특성이 있다.

첫째, 프로그램 개발은 참여자, 지역사회의 변화를 지향한다. 즉 교육복지 프로 그램을 통해 참여자들의 지식, 기술, 태도, 가치관, 사고, 문제해결, 문화, 삶의 질 등의 변화와 더 나아가 지역사회의 발전 및 사회통합을 이루려는 노력을 전개하는 활동을 만들게 된다. 이상적으로 프로그램 개발활동은 사회가 합의하는 보편적 윤 리와 정의관에 합치되는 방향으로 만들어 가기 위한 것이다. 하지만 경우에 따라서 는 특정 계층의 이해와 관심을 지향하는 방향으로 프로그램이 개발될 수 있다. 따라 서 프로그램 개발자는 프로그램을 개발이라는 행위가 특정한 가치를 지향할 수도 있 고 가치 편향적일 수도 있으며 정치적인 방향으로 이용될 수 있다는 점을 염두에 두 어야 한다.

둘째, 프로그램 개발은 프로그램 개발 과정에서 일어나는 많은 사항을 결정하 는 의사결정과정이자 협상과정이다. 교육복지의 특성이 그러하듯이 교육복지 프로 그램을 개발하는 과정에서 프로그램 개발자는 자원의 배분, 프로그램 내용의 선정, 프로그램 운영 관련 사항 등 크고 작은 수많은 사항에 대해서 합리적이고 민주적인 의사결정을 해야 하는 과정을 거쳐야 한다. 이러한 의사결정은 프로그램 개발자가 원하는 대로만 되지 않는다. 프로그램 개발자는 개발과정에서 프로그램과 관련된 다양한 이해interests와 권력power 간의 상호작용에서 여러 이해당사자들과 협상 negotiation하면서 프로그램을 개발하게 된다김한별 외, 2010. 따라서 프로그램 개발은 프 로그램 개발자의 특성과도 연관이 깊다고 할 수 있다. 프로그램 개발자의 개인적인 특성, 인지도, 사회적 배경, 가치관, 이해관계, 협상능력, 권력 관계 등이 프로그램 개발활동에 영향을 미치게 된다.

셋째, 프로그램 개발은 프로그램을 제공하는 기관의 이념, 목적, 조직, 인적자원, 시설, 환경과 연관되어 있다. 프로그램 개발은 프로그램 개발자 단독으로 정보를 수집하고 내용을 조직화하여 운영하는 것은 아니다. 프로그램 개발자의 행동은 개발자가 소속되어 있는 조직의 구조 및 목표와 운영절차에 의해 영향을 받게 된다.

② 프로그램 개발 원리 및 제한 요인

프로그램을 개발하여 운영하는 데 있어 유의해야 하는 몇 가지 기본 원리와 제한 요인들이 있다. 교육복지 프로그램 개발자는 이러한 원리와 제한 요인들을 숙지하고 고려하여 효과적인 프로그램 개발활동에 임해야 한다.

첫째, 창조성의 원리이다. 창조성의 원리는 프로그램의 내용과 방법에 있어서 혁신성 및 독특성이 중요하다는 것으로, 개발하는 프로그램의 내용과 방법적인 면에서 기존 프로그램의 내용과 방법보다 참신하고 독특하여 차별성이 있어야 한다는 것을 의미한다.

둘째, 현실성의 원리이다. 프로그램 개발활동을 통해서 만들어진 계획된 내용은 실현가능해야 한다. 좋은 아이디어를 통해 개발된 프로그램일지라도 현실성이 결여되어 있으면 무용지물이다. 프로그램 개발자는 현실성의 원리에 입각하여 실현 가능한 내용물로 프로그램을 개발해야 한다.

셋째, 합리성의 원리이다. 앞서 프로그램 개발의 개념과 특성에서 언급하였듯이 프로그램 개발은 여러 이해관계자의 참여자의 참여와 관심 그리고 다양한 절차와 단계를 거치는 복합적인 과정이다. 이러한 과정에서 개발자는 최대한 체계적이고 합리적으로 접근하여 각종 자원과 예산의 낭비를 최소화하여 질 좋은 프로그램을 개발해야 한다.

넷째, 교육복지 프로그램을 개발하는 데 있어 프로그램 참여자의 특성에 근거한 맞춤식 접근이 중요하다. 프로그램의 효과성을 극대화하기 위하여 프로그램 개발시 해당 프로그램 참여자의 특성, 요구, 처해진 환경 등을 고려하여 프로그램을 개발해야 한다. 그러기 위해서는 프로그램 참여자의 특성에 대한 명확한 파악과 이해, 그리고 정확한 요구 사정에 의한 정보 획득이 중요하다.

다섯째, 통합성의 원리이다. 교육복지와 관련된 문제나 이슈를 일시적이거나 임시적인 현상으로 이해하여 접근하려는 태도보다는 교육복지의 대상이 되는 학생의 전 생애적 입장에서, 학생을 둘러싸고 있는 다양한 삶의 맥락과 장면을 고려하여 접근해야 함을 의미한다. 즉 교육복지 프로그램은 프로그램 참여자의 특성을 고려하여 그들의 전 생애와 그들이 처한 다양한 삶의 맥락과 장면을 모두 고려한 횡적·종적 통합의 원리를 고려해야 한다는 것이다.

한편 프로그램 개발에는 몇 가지 고려해야 할 제한 요인이 있을 수 있다. 일반적으로 적용되는 제한요인은 다음과 같다.

첫째, 환경적 제한요인으로, 프로그램 개발자 개인, 교육복지 관련 기관, 또는 기관 외부에 존재하는 환경적 제한요인을 말한다. 예를 들어, 교육복지에 대한 학생, 학부모, 관련 기관 담당자, 지역사회 등의 낮은 의식수준, 인프라, 국가의 교육복지정책, 교육복지 관련 법 체계 등이 포함될 수 있다.

둘째, 교육복지 프로그램을 제공하는 기관, 학교, 교육지원청 등 기관 내부에 존재하는 장애물이 있을 수 있다. 예를 들어, 기관 내부의 교육복지 가치에 대한 인식부족 및 근본적인 시각 차이, 재정자원의 부족, 시설 미비, 인적 자원의 부족, 프로그램 운영 및 질 관리의 문제, 조직문화 등이 프로그램 개발에 있어 제한요인으로 작용할 수 있다.

이밖에도 프로그램을 개발하는 과정에서 크고 작은 많은 제한요인이 있을 수 있다. 예를 들어, 프로그램 개발자의 전문성 문제, 프로그램 개발자의 가치관 및 윤리의식, 프로그램과 관련된 여러 이해관계자들 간의 문제, 프로그램 개발자의 의사소통 및 협상능력 등이 프로그램 개발에 영향을 미칠 수 있다.

❸ 프로그램 개발에 대한 주요 입장

프로그램 개발은 앞서 언급하였듯이 복합적인 절차와 구성요소로 이루어져 있으며, 어떻게 프로그램을 개발해야 하는지에 대해서도 사람들마다 각기 다른 관점에서 접근하고 있다. 여기에서는 프로그램 개발에 대한 접근방법과 관련하여 크게 네 가지 관점으로 나누어 살펴보기로 한다.

첫 번째는 전통적 합리주의적 입장Classical rational viewpoint이다. 전통적 합리주의적 관점은 실증적 패러다임positivism에 뿌리를 두고 기술공학적 합리성, 과학주의에 근거하여 효과성과 효율성을 증진시키기 위한 프로그램 개발 절차에 초점을 두고 있다. 이 관점은 Tyler1949의 교육과정 개발 절차 모형에 기반을 두어 교육목표, 학습경험, 학습경험의 조직, 학습경험의 평가의 네 가지 핵심적인 문제에 대한 답을 순차적으로 확인하는 일련의 과정으로 이루어진다. Tyler의 이러한 관점은 향후 프로그램 개발 이론과 실천에 적지 않은 영향을 미치게 되었는데, 이러한 관점에서 나타나는 주요 특성은 다음과 같다. 첫째, 프로그램 개발 절차 및 단계와 각 절차 및 단계에서 요구되는 테크닉에 초점을 둔다. 둘째, 프로그램 전개방식이 선형적, 단계적, 논리적, 처방적인 성격을 띠게 되는 특성을 지니게 된다. 셋째, 이 관점에서 훌륭한 프로그램 개발자란 프로그램 개발 단계에서 요구되는 기술적 전문성technical expertise, 요구분석 기술, 자료수집 기술, 목표 진술 기술, 교육활동 구성 기술, 평가 기술 등을 소유한 전문가이다. 넷째, 프로그램 개발의 초점은 프로그램 참여자의 행동의 변화, 프로그램의 결과에 두게 된다.

두 번째 입장은 자연주의적 관점Naturalistic viewpoint이다. 전통적 합리주의적 관점에서는 효과적인 교육복지 프로그램 개발하기 위해서 개발자가 단계적으로 실행해야 할 절차를 제시하고 규명하는 일종의 명확한 절차적이고 체계적인 가이드라인을 제시하고 있다. 하지만 전통적 합리주의적 관점은 프로그램 개발에 있어 표준화된 절차와 단계에 따라 순차적으로 진행되는 점에만 초점을 두어 실제 프로그램 개발과정에서 나타날 수 있는 다양한 상황과 관련된 여러 요소들을 고려하지 않았다는 지적을 받고 있다. 자연주의 관점에서는 Tyler식의 기계적인 전문가 모형의 한계를 지적하고 프로그램 개발이 이루어지는 구체적이고 실제적인 상황적 제약 속에서 이루어진다는 점에 주목하였다. 자연주의 입장에서 개발자는 전통적 합리주의적 관점에서 제시하는 개발 절차와 단계를 기계적으로 실행하지 않으며, 프로그램 개발이 일어나는 구체적 상황 속에서 다양한 제약에 대한 가치 판단을 통해서 현실적으로 가장 적절한 프로그램을 개발한다김한별 외, 2010. 자연주의 입장의 대표적인 학자 Walker1971에 의하면 프로그램 개발자는 능동적 존재로서 일종의 강령platform, 선행지식, 경험, 신념, 가치관 등을 토대로 프로그램 개발 및 자신이 처한 상황과 여건을 능동적으로 해석하고 적절한 프로그램을 만들어가는 숙고활동deliberation을 통해 합리적인 의사결정을 하게 된다는 것이다.

세 번째는 비판적 입장Critical viewpoint이다. 자연주의적 입장에서는 개발자의 숙고deliberation활동을 통해 상황에 맞는 의사결정을 하는 것이 중요하다고 강조하고 있다. 하지만 개발자가 과연 어떠한 가치관을 가지고 숙고를 하고 의사결정을 하는지에 대해서는 충분한 고려를 하고 있지 못한다는 한계점을 보인다. 비판적 관점에서는 프로그램 개발자가 어떤 가치기준을 가지고 숙고, 의사결정 등을 하는가에 따라 프로그램의 목표, 내용, 형식 등에서 엄청난 차이를 가져올 수 있다면서, 개발자는 사회의 구성원으로서 특정한 가치체계나 이데올로기로부터 자유로울 수 없다는 점을 강조하고 있다김한별 외, 2010. 따라서 프로그램 개발자는 프로그램이 사회적 불평등을 재생산할 수 있는 도구로 전락할 수 있다는 점을 간과해서는 안 되며, 사회적 불평등을 스스로 극복하고 사회를 변혁할 수 있는 주체 자아 형성에 초점을 두어야 한다는 점을 강조하고 있다.

네 번째는 사회정치적 관점Socio-political viewpoint이다. 이 관점에서는 과학적이고 절차적 과정을 중요시하는 전통적 프로그램 개발 관점에 기반을 둔 이론들에 대한 한계점을 지적하면서, 실제 프로그램 개발자들은 이러한 절차들을 그대로 따라하지 않는다는 가정에서 출발하고 있다. 프로그램 개발이란 하나의 사회정치적 활동socio-political activity이라고 정의하면서, 종래의 프로그램 개발 이론들이 실제와 너무 동떨어져 있다고 지적한다Cervero & Wilson, 2006. 즉, 프로그램 개발자의 권한을 너무 부각시킨 기존의 모델들을 비판하고 구조적 제한 속에서 개발자는 여러 관련자의 복잡한 이해관계interests와 권력power관계 속에서 협상negotiation하고 중재하는 과정에서 프로그램을 개발한다는 점에 주목하였다.

지금까지 프로그램 개발에 관한 주요 접근방식에 대해 살펴보았다. 프로그램 개발 관련 많은 이론과 모형들이 나와 있고 이러한 이론과 모형들은 위에서 제시한 네 가지 관점 중 하나에 속하거나 또는 여러 개의 관점을 혼합한 형태를 띠기도 한다. 이 책에서는 이상에서 제시된 네 가지 주요 입장을 토대로 교육복지 현장에서 일반적으로 적용할 수 있는 프로그램 개발 모형을 다음과 같이 제시하고자 한다.

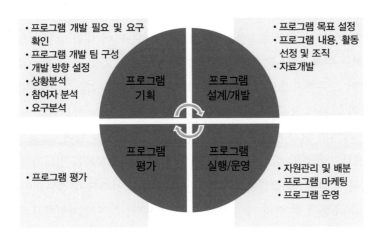

[그림 7-1] 교육복지 프로그램 개발 모형

- 프로그램 개발 필요 및 요구 확인
- 프로그램 개발 팀 구성
- 개발 방향 설정
- 상황분석
- 참여자 분석
- 요구분석

프로그램 기획

- 프로그램 목표 설정
- 프로그램 내용, 활동 선정 및 조직
- 자료개발

프로그램 설계/개발

프로그램 평가

- 프로그램 평가

프로그램 실행/운영

- 자원관리 및 배분
- 프로그램 마케팅
- 프로그램 운영

03 교육복지 프로그램 개발 단계별 활동

이 절에서는 앞서 제시한 교육복지 프로그램 개발 모형에 근거하여 각 영역별 핵심적인 활동을 중심으로 살펴보기로 한다. 교육복지 프로그램 개발은 다양한 목적, 맥락, 그리고 상황에 따라 여러 이해관계자들이 관여되어 진행되는 복잡다단한 활동이기 때문에 일반화하여 내용을 제시하기 어려운 점이 있다. 따라서 여기에서 제시하는 단계별 활동은 일반적인 상황에서 적용할 수 있는 수준에서의 설명이라는 점을 밝혀둔다.

❶ 프로그램 기획

프로그램 기획 단계는 프로그램 개발의 필요성과 요구를 획득하여 프로그램 개발을 위한 팀 구성, 개발 방향 설정, 상황 및 환경 분석, 참여자 분석, 요구 분석 등의 활동을 수행한다.

(1) 프로그램 개발 필요성 및 요구확인

이 단계에서는 어떠한 이유에서 교육복지 프로그램을 개발하게 되었는지를 명확히 하는 단계이다. 즉 프로그램을 왜 개발해야 하는가에 대한 당위성 및 타당성을 명확히 밝히는 단계이다. 교육복지 프로그램 개발의 필요성 및 요구는 주로 시대적 상황, 국가의 교육복지정책, 교육부, 보건복지부, 교육지원청, 지방자치단체 등 상급 또는 관련 기관의 요구, 지역사회에서의 요구, 학생 또는 학부모의 요구, 학교의 요구, 기관 자체의 요구 등 다양하게 나타날 수 있다. 예를 들어, 교육복지 전문가 양성과정 프로그램 개발의 경우 시대적 차원의 요구는 교육복지 전문가에 대한 수요 증가, 교육복지 관련 법 집행에 따른 요구, 기존 학교사회복지 전문요원에 대한 보완, 그리고 교육복지 질 관리 차원 등이 있을 수 있다. 참여자 차원에서의 요구는 교육복지 현장 실무 능력의 함양, 전문적 역량 함양 등이 있을 수 있다. 기관 차원에서의 요구는 교육복지 관련 법 집행에 따른 교육복지 전문가를 위한 연수 프로그램의 확보 및 운영, 교육복지 전문가 연수 프로그램의 체계화 등이 있을 수 있다.

새로운 교육복지 프로그램 개발에 대한 요구 및 필요성을 획득하게 되면 개발자는 개발하고자 하는 프로그램의 주제, 목적 등과 유사 또는 동일한 프로그램이 있는지를 확인해야 한다. 개발하고자 하는 프로그램과 동일하거나 유사한 프로그램이 있다면 굳이 많은 시간과 비용을 들여 중복된 프로그램을 개발할 필요는 없다. 타 기관에서 동일하거나 유사한 프로그램이 진행되고 있다면 해당 프로그램에 대한 면밀한 검토가 필요하다. 해당 프로그램의 주제, 목적, 개발 배경^{어떠한 필요성과 요구에 의해} ^{프로그램이 개발되었는지}, 설계 및 개발, 운영, 평가, 문제점, 보완점, 기타 이슈 등에 관한 구체적인 정보를 얻어 새로운 프로그램 개발에 착수해야 할지 또는 기존의 프로그램을 그대로 활용할 것인지에 대한 판단을 내리는 것이 바람직하다.

(2) 프로그램 개발 팀 구성과 운영

프로그램 개발 필요성 및 요구가 확인되면 본격적으로 프로그램 개발을 위한 활동들을 시작하게 된다. 우선 프로그램 개발에 대한 프로포절, 기획안을 작성하여 승인을 받고 향후 프로그램 개발에 관한 전반적인 계획을 세우게 된다. 이러한 계획에는 프로그램 개발 팀 구성, 기본 방향설정, 상황분석, 참여자 분석 등이 포함된다.

첫째, 프로그램 개발은 프로그램 개발자 단 한명에 의해서만 개발되는 경우는 드물다. 프로그램 개발은 협동적인 노력에 의해 이루어지는 집단적 의사결정 과정이며, 주로 회의, 전화통화, 메일, 각종 메시지 교환 등 수많은 공식적 또는 비공식적 상호작용에 의해 이루어진다. 프로그램 개발은 팀, 위원회 등을 구성하여 일을 추진하는 경우가 대부분이며, 구성은 주로 교육복지 전문가, 과정전문가, 현장전문가, 내용전문가, 교수학습설계 전문가, 지역사회 전문가, 기타 이해관계자 등으로 이루어지게 된다.

둘째, 상황 분석은 학교 또는 교육복지 프로그램을 제공하는 기관 및 조직에 대한 분석, 그리고 이러한 기관들이 속해있는 지역사회에 대한 다양한 특성 및 환경적 요소를 파악하는 활동이다. 학교 또는 교육복지 프로그램 제공기관의 이념과 철학, 조직구조, 가용자원에 대한 분석, 그리고 기관 경영상의 요구 등이 포함된다. 또한 사회적 맥락을 파악하기 위해 그 기관들이 속해 있는 지역사회의 문화적, 심리적, 경제적, 정치적, 물리적 요소를 파악하는 활동을 전개하게 된다. 또한 학교 또는 기관을 둘러싸고 있는 환경적 요소를 거시적 환경과 미시적 환경으로 구분하여 파악할 수도 있다. 거시적 환경은 인구통계학적 환경, 경제적 환경, 사회문화적 환경, 정치·제도적 환경, 기술적 환경, 자연적 환경 등이 포함된다. 미시적 환경은 참여자 집단, 입지적 환경, 유관 기관, 경쟁 환경 등이 포함된다. 흔히 SWOT 분석Strength, Weakness, Opportunity, Threat을 통해 기관의 강점/약점기관의 내부 요인, 기회/위협기관의 외부 요인 요인을 파악하기도 한다.

셋째, 프로그램 참여자에 대한 분석이다. 프로그램 참여 예상 인원, 참석 가능한 시간, 거주 지역, 연령층, 교육수준, 성별, 사회·경제적 배경, 장애여부, 참여자의 지식, 기술, 선행경험 수준 등이 포함된다.

넷째, 프로그램 팀 구성, 상황분석, 참여자 분석 등의 결과를 토대로 프로그램 개발에 관한 로드맵roadmap을 그려 기본 방향을 설정한다. 즉, 여기에서는 프로그램 개발 범위, 프로그램 요구 분석, 프로그램 설계 및 개발, 운영 및 마케팅, 평가에 대한 큰 그림을 그려 다음 활동에 대한 계획을 세우는 일을 하게 된다.

(3) 요구 분석

요구 분석은 프로그램 개발에서 매우 중요한 활동으로 참여자의 현재 상태와 바람직한 상태 간의 불일치한 상태를 체계적으로 파악하는 활동을 의미한다. 즉, 요구 분석은 잠재적 참여자로부터 요구를 파악·규명하여 우선순위를 정하고 선정된 요구를 바탕으로 프로그램 개발의 여러 단계 및 활동을 준비하는 과정이라고 할 수 있다. 이러한 면에서 요구 분석은 프로그램의 방향 설정, 목표 수립, 자원 배분 등을 결정하는데 중요한 정보원이 된다. 또한 요구 분석을 통해 수집된 정보는 프로그램 개발의 여러 활동 또는 단계에서 발생하는 의사결정시에 합리적인 판단을 할 수 있도록 도움을 준다. 또한 요구 분석은 각종 평가에서 준거로서의 역할을 하게 된다.

요구는 크게 사회적 요구, 조직적 요구, 개인적 요구의 세 수준으로 나누어 분석할 수 있다. 사회적 요구란 요구의 발현 주체 단위를 사회로 규정하는 것으로서 교육복지에 대한 지역사회에서의 요구 및 발전, 사회적 수준에서의 문제해결 등 주로 거시적 수준에서의 요구를 말한다. 조직적 요구란 기관 또는 조직 단위에서 발현되는 요구로서 기관의 고유성과 특수성에 기인하여 표출되는 요구라고 할 수 있다. 개인적 요구란 요구의 발현주체가 개인으로서 교육복지와 관련하여 교육수요자인 학생과 학부모들에 의해 표출되는 요구라고 할 수 있다. 성장, 발달, 개발, 문제해결, 학습, 취미, 여가 등 다양한 요구가 있을 수 있다.

이러한 요구는 교육수요자 중심적 자료를 통해서 얻을 수도 있고 전문가의 처방적 의견에 의한 자료를 중심으로 얻을 수 있다. 또한 자료의 성격에 따라 주관적 자료 또는 표준화되고 객관화되어 있는 객관적 자료로 나눌 수 있다.

일반적으로 요구 분석은 다음과 같은 절차로 이루어진다. 첫째, 요구 분석 수행 여부를 결정한다. 요구 분석이 왜 필요하며, 요구 분석을 통해 얻을 수 있는 정보와 이점은 무엇인지, 그리고 예상되는 결과물은 무엇인지에 대한 의사결정이 이루어지는 단계이다. 둘째, 요구 분석 담당자를 선정하고 요구 분석 계획서를 작성한다. 일반적으로 요구 분석 전 과정에 대한 총괄책임을 질 수 있는 책임자를 선정하여 계획서 작업을 총괄하도록 한다. 요구 분석 착수일, 마감일, 예산, 활용 가능한 자원 등을 파악하여 세부계획을 작성한다. 요구 분석의 규모가 클 경우 세부계획을 성공적으로 수행하기 위한 세부 과제 책임자를 선정하거나 팀을 구성하여 운영한다. 셋째, 요구 분석 자료 수집 방법을 선택한다. 설문지, 면담, 포커스 그룹, 문헌조사, 관찰 등을 활용한다. 넷째, 수집된 자료를 분석한다. 다섯째, 분석된 요구를 분류하여 우선순위를 정한다. 어떠한 요구가 더 중요하고 우선적으로 개발되어야 할 프로그램은 무엇인지를 최대한 합리적이고 윤리적으로 정하도록 한다. 우선순위는 요구 분석을 통해 개발될 프로그램의 긴급성, 수혜성, 파급효과, 현재 상태와 바람직한 수준의 불일치가 큰 정도, 지역사회에의 기여도, 잠재적 결과, 자원의 질과 유용성, 난이도, 기타 정치-사회적 요소 등을 고려하여 결정한다. 여섯째, 최종보고서를 작성하여 결과를 보고한다.

요구 분석 자료수집에 주로 쓰이는 몇 가지 기법을 소개하면 다음과 같다. 첫째는 설문지법으로 큰 표본에 용이하게 적용할 수 있고 시간과 비용이 비교적 적어 보편적으로 많이 활용되고 있다. 서면 또는 온라인 형태로 이루어지며 객관적인 데이터 수집으로 자료처리가 용이하고 표준화, 수치화 등이 쉽다는 장점이 있으나 응답자로부터 자유로운 의견을 수집하는 데 있어 한계가 있을 수 있다. 두 번째 방법은 인터뷰다. 인터뷰는 대상자로부터 자세하고 질적으로 우수한 정보를 상호작용을 통해 정보를 획득하는 방법으로 피면담자로부터 자세한 설명, 원인, 이유, 배경 등에 관한 정보를 수집할 수 있으나 시간과 비용이 많이 소모되는 경향이 있다. 셋째는 관찰법으로 요구 분석의 대상 등을 직접 관찰하여 요구분석에 필요한 정보나 상황을 수집한다. 현장에서 일어나는 대상자의 행동과 현상을 이해하는 데 용이하다. 넷째, 포커스 그룹방법이다. 포커스 그룹은 5-6명의 피면담자의 상호작용을 통한 역동적 분위기를 조성하여 특정한 현상 또는 사건에 대한 심도 있는 의견을 제시하는 방법으로 참여자들 간의 대화를 촉진함으로써 참여자의 다양한 의견이나 관점을 자극하여 특정 주제에 관해 집중된 질 높은 자료를 수집하는 방법이다. 다섯째는 델파이 기법으로 특정 현상, 문제 등에 관해 해당 전문가들의 견해와 의견을 수집하여 문제를 해결하거나 대안을 제시하는 방법이다. 교육복지 프로그램 개발과 관련하여 전문가들에게 3-4회에 걸쳐 질문, 의견수렴 등을 하여 전문가들의 견해를 수렴하고 종합하여 전문가들의 요구를 반영하는 방식으로 활용될 수 있다. 마지막으로 교육복지 프로그램 개발과 관련하여 다양한 사람들과의 비형식적인 대화를 통해 귀중한 자료를 얻을 수 있다. 학생, 학부모, 교사, 지역사회교육전문가, 프로젝트조정가, 교육청 관계자, 교육부 관계자, 교육계 또는 복지계 학자, 지역 주민 등과의 비형식적인 대화는 다양한 교육복지 프로그램 개발을 위한 요구를 분석하는데 중요한 정보원이 될 수 있다.

❷ 프로그램 설계 및 개발

프로그램 설계 및 개발 단계에서는 요구 분석을 바탕으로 프로그램의 목표를 설정하고 프로그램의 내용과 활동을 선정하고 조직화하며, 이에 해당하는 각종 자료를 개발하는 활동을 수행한다.

(1) 프로그램 목표 설정

이 단계에서는 앞서 교육복지 프로그램 개발에 대한 분석된 요구를 바탕으로 실제 프로그램의 목적과 목표를 설정하는 단계이다. 즉 요구 분석을 통해 선별되어 걸러진 요구를 토대로 프로그램의 목표를 생성하는 단계로 교육복지 프로그램을 통하여 성취 또는 예상되는 결과를 명확히 하는 단계라고 할 수 있다. 프로그램 목표는 프로그램의 범위를 명확하게 하며 프로그램의 내용, 참여자의 활동, 프로그램을 통해서 참여자가 얻게 되는 변화된 상태 등을 제시해주는 기능을 한다.

교육복지 프로그램의 목표는 주로 프로그램 참여자의 상태, 참여자, 내용, 예상되는 결과, 그리고 기대효과 등이 간결하게 나타낼 수 있도록 진술되어야 한다. 예를 들어, 컴퓨터 활용능력이 없는 교육소외 계층 학생을 대상으로 하는 컴퓨터 교육 프로그램에서의 목표는 다음과 같다. "본 프로그램의 목표는 정보화시대에 기초적인 컴퓨터 사용능력이 없는 초등학교 한 부모 가정 학생들에게 컴퓨터 기초, 워드프로세싱 기초, 인터넷 활용 기초 내용을 제공함으로써 이들의 기초적인 컴퓨터 활용능력을 향상시키고 컴퓨터를 학교생활 및 학업에 활용함으로써 컴퓨터 사용에 대한 자신감을 갖고 학업성취를 증진시키는 데 있다."

(2) 프로그램 설계 및 개발

이 단계에서는 정해진 프로그램의 목표에 따라 프로그램의 내용을 선정하게 된다. 프로그램을 내용을 선정하기 위해서는 다음과 같은 원리에 입각하여 내용을 선정하도록 한다. 첫째, 타당성의 원리이다. 프로그램의 내용 선정과 편성은 프로그램의 목표를 충실히 반영해야 한다. 즉, 프로그램 참여자에게 제공할 프로그램의 내용이 프로그램의 목적에 맞게 선정되고 편성되어야 한다는 것이다. 둘째, 전이가치 우선의 원리이다. 프로그램의 내용 선정은 전이가치가 높은 내용에 우선을 두어야 한다는 것이다. 참여자가 프로그램에 참여한 후 본래의 생활에 되돌아갔을 때 프로그램으로 인한 효과가 큰 것을 중심으로 내용을 구성해야 한다는 것이다. 셋째, 계열성의 원리이다. 교육복지 프로그램은 주로 교육수요자들의 성장, 발달, 학습 등과 관련된 프로그램이 대부분이다. 따라서 이들의 점진적인 발달을 촉구하는 것에 합당하게 내용을 구성하는 것이 좋다. 프로그램의 내용을 구성할 때 일반적인 것으로부터 세부적인 것으로, 단순한 것으로부터 복잡한 것으로, 쉬운 것으로부터 어려운 것으로 내용을 구성하도록 한다. 넷째, 통합성의 원리이다. 통합성의 원리는 프로그램 안에 세부내용 간에 밀접한 관계가 형성됨으로써 전체 프로그램의 통합성을 높일 수 있도록 내용을 선정하고 편성해야 한다는 것이다. 다섯째, 자발성 촉진의 원리이다. 프로그램 참여자의 필요와 교육적·복지적 요구에 따라 자율적으로 참여하고 선택할 수 있도록 내용을 구성하는 것이 좋다. 이밖에도 학습내용은 프로그램 참여자의 수준에 맞게, 될 수 있는 한 소량화하여 제시하며, 관련성이 높은 경험은 되도록 묶어서 편성하도록 한다. 또한 기관의 특수성에 따른 시간제약을 염두에 두어야 한다. 학교에서 제공되는 교육복지 프로그램의 경우 학교 정규교육과정 시간 이외에 이루어지게 되는 경우가 특히 그러하다. 특히 시범·실습 시간이나 종합·복습 활동 등 프로그램 운영 시 요구되는 시간을 미리 계산하여 프로그램을 편성해야 한다.

일반적으로 교육복지 프로그램의 경우 참여자의 지식, 기술, 행동, 태도 등의 변화와 바람직한 수준으로의 향상을 꾀하는 내용이 대부분이기 때문에 프로그램 내용의 선정 및 편성 시 다양한 교육방법을 적용하는 것이 효과적이다. 교육방법의 경우 크게 개인중심 교육방법과 집단중심 교육방법으로 나누어 볼 수 있다. 우선 개인중심 교육방법은 개인의 성장, 발달, 적응, 향상 등을 위하여 개인의 생활 형태에 맞는 다양한 형태의 개인 학습활동을 촉발시키는 것을 목적으로 한다. 개인교습, 도제식 학습방법, 카운슬링, 개인학습 프로젝트, 방송통신교육, 기타 컴퓨터를 매체로 활용하여 지식, 태도, 기술 관련 내용을 학습하는 형태 등이 여기에 포함된다. 반면 집단중심 교육방법은 흥미, 관심, 교육적 요구 등을 같이 하는 사람들이 모여서 학습하는 형태로 일시에 많은 인원이 함께 교육하는 형태를 말한다. 강의법, 심포지엄, 포럼, 각종 토의, 시범학습, 현장답사, 역할극 등이 집단중심 교육방법의 대표적인 형태이다.

프로그램 설계 활동이 끝나거나 또는 설계활동과 함께 개발자는 프로그램 내용과 관련된 각종 자료를 만드는 일을 해야 한다. 교육복지 프로그램의 경우 내용과 관련된 각종 인쇄물, 교재, 시청각물, 시뮬레이션, 실물, 모형, 견본, 장비, 기자재, 각종 교수-학습 등이 필요하게 되는데 프로그램 진행에 필요한 각종 교육적 자료를 개발하는 활동을 이 단계에서 실시하게 된다.

❸ 프로그램 실행 및 운영

프로그램 실행 및 운영 단계에서는 분석된 요구에 따라 선정되고 조직화된 프로그램이 실제로 참여자들에게 제공되는 단계로서 프로그램 마케팅, 프로그램 운영 등의 활동을 수행한다.

(1) 프로그램 마케팅

흔히 마케팅이란 제품 및 서비스 등을 시장에 내보내기 위해 시장market을 어떻게 전략적으로 공략하고, 제품과 서비스의 가격은 어떻게 설정하며, 광고 및 프로모션 등은 어떻게 펼칠 것인가와 관련된 활동을 의미한다. 교육복지에서의 시장market은 교육복지를 필요로 하는 잠재적 참여자들과 프로그램을 개발하여 운영하는 교육복지 전문가, 기관, 조직 등이 상호 교류하는 시설, 장소, 혹은 추상적 의미의 공간이라 할 수 있다. 즉, 교육복지 시장도 여느 시장과 마찬가지로 공급자와 수요자가 존재하며, 쌍방 모두 교환가치를 보유하게 된다. 여기에서의 교환가치란 교육복지 제공자의 입장에서는 프로그램 또는 교육복지 관련 서비스 등이라고 할 수 있으며, 교육복지를 제공받는 입장에서는 프로그램 등록, 참여 등이라고 할 수 있다. 이러한 맥락에서 교육복지 프로그램에서의 마케팅이란 교육복지 프로그램을 널리 알려 많은 사람들로 하여금 프로그램에 참여할 수 있도록 잠재적 프로그램 참여자의 요구를 파악하여 가치교환활동을 자극·촉진하여 다양한 목적 달성을 돕는 활동이라 할 수 있다.

교육복지 프로그램 관련 주요 마케팅 활동은 다음과 같다. 첫째, 교육복지 시장에 대한 이해가 필요하다. 교육복지 관련 다양한 대상자로 구성되어 있는 현실에서 모든 개인의 요구를 충족시키기는 사실상 불가능하다. 따라서 전체 시장을 유사한 집단 또는 다른 성격의 집단으로 구분하여 제공하려는 교육복지 프로그램에 가장 적합한 집단을 선정하는 작업이 필요하다. 이를 위해서는 지역특성, 인구통계, 사회계층, 생활스타일, 학업성취도, 기타 프로그램 등록행동 변수 등을 고려하여 대상 또는 공략 시장에 대한 명확한 이해가 필요하다.

둘째, 시장의 크기를 결정해야 한다. 대량 마케팅으로 교육복지 시장 내 수요자들을 구분하지 않고 전체 수요자들에 대해 하나의 마케팅을 실행할 것인지, 수요자들을 세분화할 것인지, 특정 대상에 한해서만 마케팅을 실시할 것인지, 개별적인 수준에서 각 개인의 요구에 맞춰 마케팅을 실시할 것인지를 결정해야 한다.

셋째, 제공하려는 교육복지 프로그램 참가 등록비에 관한 전략이다. 여기서 말하는 가격이란 교육복지 프로그램 관련 수강료, 등록비, 참가비 등에 해당한다. 프로그램 개발자는 교육복지 프로그램을 제공하는 기관의 수입과 잠재적 참여자의 교환가치면을 동시에 고려해야하는데, 주로 프로그램의 유형, 교강사, 프로그램의 전문화 정도, 마케팅 비용, 학습자의 특성 등을 고려하여 가격을 책정하게 된다.

넷째, 프로그램 홍보 활동이다. 홍보활동은 교육복지 프로그램의 잠재적 참여자들에게 교육복지 프로그램에 대한 설득과 주의 획득을 하려는 수단으로서 교육복지 프로그램이 참여자들에게 주는 이익은 무엇이며, 이러한 프로그램을 어디에서 어떻게 제공받을 수 있는가에 대한 정보를 알려 궁극적으로 프로그램에 참여하도록 동기를 유발시키는 활동이다. 개발자가 아무리 훌륭한 프로그램을 개발하였다 하더라도 참여자가 없으면 프로그램 개발 가치는 아무 소용이 없게 된다. 이는 교육복지 프로그램이 정규 교육과정과는 달리 의무적 참여가 아니고 홍보활동을 통해 참여자들을 유인하고 확보해야하는 특성 때문이라고 할 수 있다.

홍보는 일단 사람들의 주의를 환기시켜 눈길을 끌 수 있어야 하며 사람들에게 프로그램에 대한 관심을 가지게 하여야 한다. 또한 사람들의 욕구를 불러일으키고 머릿속에 기억되어 프로그램에 등록하고자 하는 마음을 갖게 하여 실제로 프로그램에 등록을 하게 만들어야 한다. 일반적으로 명확한 내용 전달, 알기 쉬운 내용, 간결하면서도 독특한 내용 및 구성, 프로그램 참여 후 얻을 수 있는 효과 및 혜택을 강조하여 구성하는 것을 원칙으로 한다.

홍보는 홍보대상을 파악하는 것으로부터 시작하는데 잠재적 참여자에 대한 정보 수집 및 특성을 분석하고 참여자들의 교육복지 프로그램과 관련 기관에 대한 이미지와 태도를 분석하며, 이에 따라 홍보내용 구성 및 방법 선정, 그리고 홍보 실행 및 결과 평가의 순으로 활동이 이루어진다.

홍보의 효과를 높이기 위해서는 적절한 홍보매체를 선정하는 것이 중요하다. 홍보매체에는 구두대화, 입소문, 개인적인 접촉 등, 전단지 형태의 프로그램 안내지, 신문 및 잡지, 안내책자, 포스터, 홍보 우편, 방송매체라디오, 텔레비전, 웹사이트, 전자우편, 현수막, 생활 정보지 및 지역사회 소식지, 홍보용 동영상, 기타 홍보물 등이 있다. 적절한 홍보매체를 선정하기 위해서는 우선 다양한 홍보매체의 특성을 이해하고 각 매체의 장단점을 파악하고 있어야 한다. 또한 참여자의 수준과 특성에 맞게 매체를 선택하는 것이 중요하며, 무엇보다도 내용을 가장 효과적으로 잘 전달할 수 있는 매체를 선정해야 한다. 홍보활동에는 적지 않은 비용이 들기 때문에 적은 경비로 최대의 효과를 얻을 수 있는 매체를 선택하도록 한다.

(2) 프로그램 운영

이 단계에서는 앞선 단계 및 활동에서 계획되고 조직화된 프로그램의 실체를 프로그램 참여자를 대상으로 실제로 실행하게 된다. 즉, 개발된 프로그램의 의도대로 참여자들에게 인지적, 행동적 변화가 일어나도록 실제적인 활동을 하게 되는 단계이다. 프로그램 운영 단계에서는 첫째, 교수-학습 활동과 관련된 참여자 및 교·강사 관리와 관련된 활동을 하게 된다. 프로그램 개발자 및 운영자는 프로그램 운영 현장에서 교·강사와 참여자들 간의 교수-학습 활동을 효과적으로 촉진시키고 관리하는데 기본이 되는 교육학에서의 기본적인 사항을 인지하고 있어야 한다. 둘째, 프로그램을 진행하면서 인적·물적 자원의 확인 및 운용에 신경써야 한다. 프로그램과 관련된 인적 조직을 정비하고 역할 분담을 명확히 한다. 또한 물적 자원의 체계적 확보와 만일의 사태에 대비하여 백업back-up 시스템을 마련해놓도록 한다. 셋째, 프로그램 참여자 등록에서부터 마감시까지 모든 사항에 대하여 계획된 진행과정을 총괄하고 진행사항을 수시로 체크하는 현장 코디네이션on-site coordination 활동을 하게 된다. 참여자와 교강사의 상태 및 요구 사항을 수시로 체크하고 출결상태, 음료 및 다과, 화장실, 기타 물리적 환경을 수시로 체크하여 프로그램이 원활히 진행될 수 있도록 한다.

효율적인 프로그램 운영 관리를 위해서 영역별 체크리스트를 만들어 활용하는 것도 좋은 방법이다. 교·강사 관리 영역에서는 교·강사 섭외, 강의 의뢰서, 강사료 등에 관한 사항, 참가자 관리 영역에서는 참석 대상자 명부, 출결상황, 요구 사항, 내용 반응 상태 등에 관한 사항, 강의 관리 영역에서는 교재준비, 강의실 점검, 강사, 교육기자재 등에 관한 사항, 교육기자재 및 시설관리 영역에서는 시설물 관리, 시설물 활용 계획서, 냉난방 시설 등에 관한 사항, 기타 사항으로는 사회/진행 시나리오 작성, 식장 준비, 의전, 수료증, 마무리 등이 체크리스트에 포함될 수 있다.

❹ 프로그램 평가

일반적으로 프로그램 평가는 프로그램의 가치를 판단하고, 프로그램의 효과나 영향을 확인하며, 프로그램에 관한 제반 의사결정 및 가치판단을 위하여 자료를 수집하여 분석하는 체계적인 가치판단 활동을 의미한다.

(1) 프로그램 평가의 기능

프로그램 평가의 기능은 다음의 세 가지로 나누어 볼 수 있다. 첫째, 평가의 진단적 기능이다. 진단적으로 이루어지는 평가는 프로그램에 대한 준비와 점검을 목적으로 하며, 주로 프로그램이 실시되기 전 프로그램에 투입되는 여러 요인을 파악하고 참여자의 준비상태, 경험유무, 선수 학습 및 지식정도를 파악하게 된다. 둘째, 평가의 형성적 기능이다. 형성적으로 이루어지는 평가는 프로그램 실행에 대한 모니터링과 개선을 목적으로 하며, 프로그램이 진행되는 과정 중에 프로그램이 설정된 목표에 맞게 진행되고 있는지를 파악하여 질적 개선을 도모하는 활동을 하게 된다. 셋째, 평가의 종합적 기능이다. 종합적 평가는 주로 프로그램이 모두 끝난 후에 프로그램의 효과나 프로그램으로 인한 영향을 파악하는 것을 목적으로 한다. 이로 인해 프로그램의 질과 성과에 대한 총체적인 판단을 하게 되며, 프로그램 참여자가 설정된 목표에 어느 정도 다다랐는지를 판단하게 된다.

(2) 프로그램 평가의 주요 모형-Kirkpatrick의 4단계 모형

결과 중심 또는 목표지향적 평가의 주요 모형으로는 Kirkpatrick 1994의 4단계 평가 모형이 있다([그림 7-2] 참조). 이 모형은 프로그램 결과 평가에 초점을 두고 프로그램을 통해 설정된 목표를 어느 정도 달성했는지에 관심을 둔다.

　1단계 반응평가 단계에서는 프로그램 참여자들이 프로그램에 대해 만족하는지의 여부를 파악하며 프로그램 참가자의 느낌, 태도, 의견 등 프로그램에 대한 반응에 초점을 두는 단계이다. 강사의 강의에 대해 어떻게 생각하는지, 프로그램 내용이 얼마나 잘 다루어졌는지, 프로그램 내 다양한 활동들이 얼마나 효과적으로 이루어졌는지에 대한 참여자의 만족도를 파악하려는 데 목적을 둔다. 반응평가는 대개 프로그램 내용 및 강사부문, 운영부문, 참여자 부문으로 내용이 구분된다. 프로그램 내용 및 강사부문에서는 교육내용 적합성, 난이도, 목표와의 적합성, 교육방법의 적절성, 교·강사의 전문성, 자질, 스킬, 강의태도 등의 항목들이 포함된다. 프로그램 운영부문에서는 프로그램 환경강의장, 휴게실, 식사, 숙소 등 및 프로그램 운영장소, 강의시간, 휴식시간 등 측면이 포함된다. 참여자 부문은 참여자 자신의 프로그램에 임하는 데 있어서의 준비도, 참여도 등이 포함된다. 반응평가는 주로 프로그램 종료 직후에 실시되며, 질문지법, 인터뷰 등의 방법으로 자료를 수집할 수 있다.

　2단계 학습평가 단계에서는 프로그램이 의도하는 지식, 기술, 태도 등을 참여자들이 습득하여 참여자들의 행동과 인지적 변화가 일어났는지를 확인하는 평가이다. 주로 지식, 기술, 태도 등의 측면에서 평가가 이루어진다. 평가방법으로는 시험 및 검사지필, 실기, 관찰 등이 있다.

　3단계 행동평가 단계에서는 프로그램 참여자들이 프로그램을 마치고 일상생활 또는 현업에 돌아갔을 때 프로그램에서 배운 것들을 얼마큼 적용할 수 있는가에 대

[**그림 7-2**] Kirkpatrick의 4단계 평가 모형

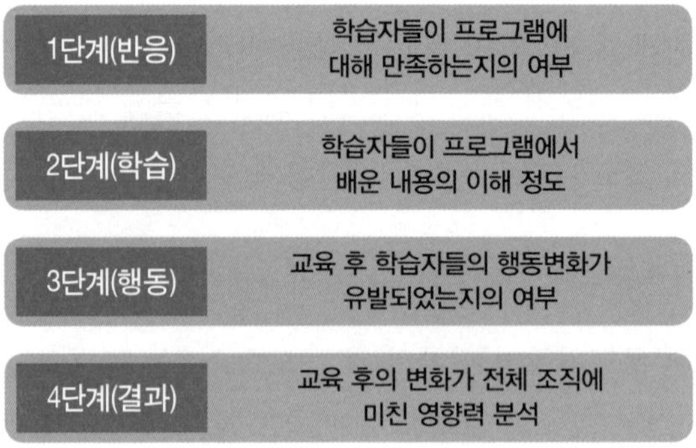

1단계(반응)	학습자들이 프로그램에 대해 만족하는지의 여부
2단계(학습)	학습자들이 프로그램에서 배운 내용의 이해 정도
3단계(행동)	교육 후 학습자들의 행동변화가 유발되었는지의 여부
4단계(결과)	교육 후의 변화가 전체 조직에 미친 영향력 분석

한 평가라 할 수 있다. 일반적으로 프로그램 종료 후 3개월 이후에 실시하게 되며 프로그램을 통해 학습된 내용의 실천 정도 또는 현업 적용정도로 측정하게 된다. 설문지와 점검표, 360도 평가나 전문가에 의한 진단 등으로 평가를 하게 된다.

4단계 결과평가 단계에서는 프로그램을 통해 개인, 집단, 조직, 사회에 어떠한 변화를 만들어 냈는지에 주목하여 프로그램이 만들어 낸 성과 또는 결과에 초점을 두어 평가를 진행하게 된다.

(3) 프로그램 평가의 주요 모형-Stufflebeam의 CIPP 모형

Stufflebeam1971의 CIPP 모형은 프로그램의 전 과정을 평가하는 통합적인 평가 모형으로 프로그램의 결과뿐만 아니라 프로그램의 성과에 영향을 미치는 다양한 요소들 간의 인과관계를 파악하여 프로그램을 상황context, 투입input, 과정process, 결과 product의 네 측면을 모두 고려하여 보다 종합적으로 평가할 수 있는 틀을 제공한다는 특징이 있다.

상황평가에서는 주로 프로그램의 계획단계에서의 의사결정을 위한 상황을 평가하게 된다. 프로그램 목표를 설정하기 위한 근거를 제공하기 위한 목적으로 평가가 진행되며, 프로그램에 대한 요구, 프로그램과 관련한 환경요인 및 맥락을 평가하는 데 초점을 둔다.

투입평가에서는 프로그램의 목적을 달성하기 위해 어떠한 자원을 활용할 것인가를 결정하는데 필요한 정보를 제공하기 위해 평가를 실시한다. 즉 프로그램에 소요되는 물적·인적 자원에 대한 평가와 대안적 투입방식에 대한 평가를 실시하게 된다.

과정평가에서는 프로그램의 계획과 실제 프로그램 내의 활동들이 계획에 맞게 운영되고 있는지에 초점을 두게 된다. 계획된 프로그램의 원활한 진행여부, 실행상의 장애요인, 개선의 필요성 등을 파악하여 프로그램이 의도한 목적으로 나아가는 데 장애요소 등을 파악하게 된다.

결과평가에서는 프로그램의 결과들을 측정, 해석, 판단하기 위해 이루어진다.

(4) 평가의 절차

일반적으로 평가는 기획, 설계, 개발, 실시, 결과보고 및 활용 단계를 거 쳐 이루어지게 된다. 평가기획 단계에서는 구체적인 평가요구 도출을 통해 평가목표를 설정하게 된다. 평가설계 및 개발 단계에서는 평가목표에 따라 구체적인 평가준거를 설정하며, 자료수집 및 분석 방법 및 절차를 계획하고, 실제로 평가도구를 개발하게 된다. 평가실시 단계에서는 개발된 평가도구를 사용하여 평가를 실시한다. 마지막으로 평가결과보고 및 활용 단계에서는 평가결과를 처리하고, 분석하여, 용도와 목적에 맞게 활용하게 된다. 평가결과는 프로그램과 관련된 제반 의사결정에 활용되며, 향후 프로그램의 목표, 내용, 방법, 운영, 평가 등 프로그램 자체에 대한 향상과, 프로그램의 존폐여부 등을 결정하는데 필요한 유용한 정보를 제공해줄 수 있다. 또한 프로그램과 관련된 다양한 이해관계자들에게 중요한 정보를 제공해줌으로써 프로그램에 대한 정당성 확보, 프로그램 확대, 재정지원 등의 의사결정에 영향을 미칠 수 있다.

 생각해 볼 문제

프로그램 개발은 개발자 한 명에 의해 만들어지는 활동이 아니다. 프로그램과 관련하여 다양한 이해관계자들이 있으며 이들이 지니고 있는 불균형적인 권력관계에 따라서 상이한 이해가 협상될 수 있다는 점에서 프로그램 개발자의 가치관, 윤리관, 책임감 등이 매우 중요하게 작용될 수 있다. 이러한 측면에 입각하여 프로그램 개발자의 실제 모습과 처해진 상황에 대해 이야기해보자.

CHAPTER 08 교육복지 실천관점과 운영모델

학습목표

1. 교육복지를 바라보는 유용한 관점을 학습할 수 있다.
2. 교육복지 실천 운영 모델을 학습할 수 있다

01 교육복지의 실천 관점

본 장의 목표는 교육복지 실무자로서 교육복지사업을 실행할 때에 필요한 실천 관점을 학습하고, 교육복지 운영모델을 학습함에 있다. 교육복지란 학생들의 교육 기본권을 보장하고 교육소외 현상없이 누구나 평등한 교육권을 보장받도록 노력하는 제반의 활동을 말한다. 이러한 정의를 바탕으로 교육복지사업을 실천할 때에 어떠한 공통적인 관점이 필요할까? 그것은 한 학생의 특성과 능력은 물론이고 그 개인이 속해 있는 환경을 살펴보고, 그리고 개인과 환경과는 어떤 상호작용을 하고 있는지를 모두 바라볼 수 있는 시각이다. 본 장에서는 교육복지대상자를 이해하고 교육복지사업을 실천할 때에 유용한 관점에 대하여 학습하고자 한다.

❶ 환경 속의 인간(person in environment)

이 관점에서 바라보는 인간의 문제는 그 사람이 처해있는 환경, 그리고 그 환경과 인간과의 상호작용을 충분히 고려하고, 개인과 주변 환경이 동시에 변화되어야 그 문제가 해결될 수 있다고 본다. 이를 교육복지현장에 적용한다면 교육복지 대상 학생의 문제를 파악하는 것은 물론이고, 그 학생의 가정, 친구, 지역사회 등의 상황을 함께 이해할 때에 그 학생을 충분히 이해하고 도울 수 있는 바람직한 해법도 찾을 수 있게 된다. 다음은 '환경 속의 인간'의 개념을 구성하는 요소들이다.

(1) 인간-학생

'환경 속의 인간'의 관점으로 사람을 이해할 때에는 '전체로서의 인간'으로 이해하여야 한다. 즉, 신체적, 정서적, 지능적, 영적 및 사회성을 모두 종합하여 전체적인whole 인간으로 바라봐야 한다Brill, 1985는 뜻이다. 인간은 성장발달 단계별로 달성해야 할 달성과업이 있고, 또한 인간으로서의 다양한 욕구를 가지고 있다. 인간은 각 단계별로 가족 및 타인과 함께 상호작용을 하며 그 욕구와 발달과업을 달성하면서 살아간다. 인간의 행동을 올바르게 이해하려면 인간의 발달적 특징과 성격, 더 나아가서 적응과 부적응으로 인한 정상행동과 이상행동 그리고 사회환경과의 상호작용 모두를 이해해야 한다.

교육복지사업을 담당하는 전문가들은 대상 학생들을 사회적 신분으로서의 '학생'과 함께 자연적 신분으로서의 '청소년'으로 봐야 한다. 왜냐하면 그들이 당면하고 있는 문제는 개인의 문제라기보다는 한 가정에 태어나면서부터 그들과 그들의 부모, 그 가정이 속해있는 환경에서부터 발생하고 있기 때문이다. 따라서 교육복지에서 대상학생을 이해할 때는 그 학생의 신체적, 정서적, 지능적, 영적 및 사회성 등과 학교생활, 그 학생의 가정, 친구 및 지역사회 등 다양한 환경을 전체적으로 이해해야 한다.

(2) 환경

환경에는 자연환경과 사회환경 두 가지를 고려해야 한다. 자연환경이란 인간 주변에 있는 자연적인 사물과 조건이지만 사회환경이란 자연환경에 기초하여 인간의 행동양식을 직접 규제하는 관습·제도·규범과 같은 문화유산을 말한다김영모 외, 2000. 이러한 사회적 환경은 인간의 사회생활이나 행동양식에 영향을 미치고 있으며 이러한 환경 속에서 인간은 그 환경에 적응하면서 살아간다. 인간과 환경은 서로 상호작용하면서 성장하므로 환경은 인간의 행동을 분석하고 이해하는데 중요한 개념이다.

교육복지를 실천함에 있어서 단순히 학생의 성적, 특성 및 능력만으로는 그들이 직면한 문제를 해결하는 데에 한계가 많다. 교육복지 대상학생들의 특성과 능력, 잠재력 등과 함께 그들의 부모, 부모의 가족력, 교육방식, 물리적인 거주 환경 및 가족문화, 그리고 지역사회의 문화 등을 고려하여야 그 대상학생을 충분히 이해할 수 있다. 교육복지의 경우에는 대상학생은 물론이고 그 학생이 속해 있는 환경까지도 종합적으로 살펴보아야 한다.

❷ 강점관점

(1) 강점관점의 구성요소

강점관점에서 인간은 본래 강점을 가진 존재이며, 광범위한 재능 · 능력 · 허용력 · 기능 · 자원 · 열망을 가지고 있다고 전제한다. 강점이론을 체계화한 사람은 살리베이Saleebey인데 그는 강점관점을 구성하는 중요한 개념으로 임파워먼트, 구성원, 회복력, 치유와 전체성, 대화와 협동성, 의혹의 불식 등을 말하고 있다.

이를 교육복지영역에 적용한다면 다음과 같다. 교육복지 대상학생 및 그 가족에게 임파워먼트를 시켜 자신의 문제를 스스로 해결할 수 있도록 도우며, 대상학생

[**표 8-1**] 강점관점의 구성 요소

- **임파워먼트**

  임파워먼트란 소외되고 침체된 사람들이 자신의 생활을 변화시키고 자신 안에 존재하고 있는 힘을 발견하게 하는 것이다. 개인이나 지역사회가 가지고 있는 강점을 발견하고 이를 주장함으로써 스스로 자신이 문제를 해결할 수 있도록 힘과 권한을 갖도록 하는 개념이다.

- **구성원**

  구성원들도 중요한 요소가 되는데 구성원들이 서로가 서로에게 자신들의 권리나 이익을 보장해 주고자 노력한다면 사람들은 자신들에게 자신감을 갖게 될 것이다.

- **회복력**

  회복력이란 사람이 시련을 참고 견디는 능력을 말한다. 회복력은 도전에 대처할 수 있도록 하며 능력, 지식, 통찰 등의 장점을 끊임없이 성장하게 해준다.

- **치유의 전체성**

  치유는 어려운 상황과 환경에 처해 질병과 분열에 직면하게 될 때 재생하거나 저항할 수 있는 정신을 요구하게 되는데 모든 사람들은 치유를 위한 경향을 가지고 있으며 치유는 총합적이고 자연적인 재생력을 말한다. 강점관점에서는 이러한 치유능력이 잠재되어 있다고 전제하고 있다.

- **대화와 협동성**

  인간은 주로 외부와 교환을 하면서 살아가는데 주로 이러한 교환은 대화를 통해 이루어진다. 따라서 강점관점에서는 대화가 매우 중요한 개념이자 방법이며 이러한 대화를 통해서 신뢰를 얻고 협력적 신뢰 구축이 매우 중요한 요소가 된다.

- **의혹의 불식**

  강점관점은 신뢰를 가장 중요한 요소로 생각한다.

들에게 학급 및 학교의 구성원으로서 자신감을 갖게 하며, 자신이 가지고 있는 회복력을 인지시켜서 성장을 도모하고, 치유를 통한 회복을 돕는다. 또한 대화를 통해 대상학생과의 협력관계를 형성하여 발전을 이룰 수 있도록 한다. 또한 끊임없는 설득과 대화, 관계성을 통하여 교육복지 전문가와의 의혹을 불식 시킬 수 있도록 노력해야 한다.

(2) 강점관점 모델의 원리

살리베이Saleebey, 1992가 언급한 관점모델의 원리를 교육복지현장에 적용하면 다음과 같다.

첫째, 교육복지 대상학생, 집단, 그리고 그들의 가족 및 학교 주변의 지역사회는 모두 강점을 가지고 있다.

교육복지 대상자들은 자원이나 환경과 기회의 부족으로 인해 학교생활 및 학업능력이 다소 부족하게 나타날 수도 있다. 그러나 그들은 나름대로의 고유한 강점을 갖고 있다. 모든 사람들은 강점을 가지고 있지만 그 장점이 다양한 이유로 자신이 지각을 못하고 있고, 또한 타인이 발견할 수 없다. 그러나 그들은 능력이 없는 것이 아니라 그들이 가진 강점을 발견하지 못했을 뿐이다. 따라서 교육복지사업을 통해 담임교사, 교육복지사, 지역사회주민 등이 대상학생 및 가족이 가진 강점을 발견해 준다면 그 문제는 해결될 수 있다.

둘째, 교육복지 대상자들이 경험하는 고통들은 그들의 인생에 새로운 도전과 시도의 기회가 되기도 한다.

인간의 삶은 누구에게나 어려움과 고통이 있기 마련이다. 그러나 강점관점은 그 어려움과 고통에 초점을 두기보다는 그 이면의 의미발견에 더 초점을 둔다. 즉, 사람들에게 닥친 고통의 사건은 고통만을 안겨주는 것은 아니며 오히려 도전과 새로운 기회의 원천이 된다는 믿음을 갖는다. 따라서 사람들에게 자신이 경험하는 어려움과 고통이 어떠한 의미가 있는지를 알게 하는 것이 중요하다. 특히 학교 현장에서 교육복지 대상자들이 경험하는 고통들에 대하여 교육복지사나 교사들은 그들의 의미를 발견하고 대상자들이 새로운 도전과 시도의 기회가 될 수 있도록 해야 한다. 이러한 것은 강점관점의 접근을 통해 보다 유용하게 할 수 있다.

셋째, 교육복지 대상학생들에게 희망과 비전 및 가치는 성장과 변화를 가져오고, 성장과 변화는 무궁무진하다.

강점관점에서는 어떠한 상황에서도 클라이언트의 희망과 비전은 성장과 변화를 가져온다고 믿는다. 사람들의 희망과 도전은 자신의 성장과 변화를 이루며 이러한 변화와 성장의 한계는 그 끝을 알 수 없을 정도로 무한하다. 특히 교육복지대상학생들은 그 발전의 가능성이 큰 아동·청소년 발달단계에 있다. 교육복지사업을 시혜적 복지사업이라고도 말하지 않고, 단순한 교육사업만으로 정의할 수 없는 이유는 교육복지 대상학생들이 교육복지서비스를 제공받으면서 그들이 경험하는 성장과 변화가 그들의 인생을 바꿀 수 있기 때문이다.

넷째, 교육복지서비스는 대상자와의 협력적 관계가 될 때에 효과가 크게 나타난다.

강점관점은 편안하고 협력적인 분위기가 조성될 때에 사람의 강점이 더욱더 잘 나타날 수 있다. 따라서 강점관점의 핵심 요소는 협력적 관계를 유지하는 것이다. 교육복지서비스는 자칫하면 낙인감을 가져올 수 있다. 이러한 낙인감은 서비스의 효과를 저해하는 가장 중요한 요인이 될 수 있다. 그동안의 연구 결과를 보더라도_윤철수, 2013 교육복지서비스의 효과와 대상자의 변화는 교사나 교육복지사와의 관계형성에서부터 시작되었다. 강점관점에서는 이러한 협력적이면서 평등한 관계형성을 매우 중요하게 인식한다. 이렇게 교육복지서비스를 실시할 때에 교육복지 대상자와의 협력적 관계형성은 서비스의 효과를 크게 가져올 수 있다.

다섯째, 우리 지역의 환경은 자원이 풍부하다.

교육복지사업에서 많은 사람들은 그들이 살고 있는 지역사회의 자원이 부족하다고 말하고 있다. 그러나 강점관점에서는 같은 자원을 바라보더라도 자원이 부족하지 않고 풍부하다고 인식한다. 자원이 부족하다고 인식하는 것은 지역사회 내 사람들이 가지고 있는 강점을 발견하지 못했기 때문이라고 말한다. 따라서 강점관점으로 접근할 때에는 지역사회의 자원은 풍부하다고 인식하는 것이 중요하다.

(3) 강점관점의 지침과 과정

강점관점 모델을 적용할 때 유용한 지식으로는 버거와 루키멘Berger & Luckman, 1966이 제시한 열두 가지의 지침이 있다. 이를 교육복지에 맞도록 수정하여 적용한다면 다음과 같다.

• 사실과 상황에 대한 교육복지 대상학생의 이해에 최우선을 두어라.

사람들은 각자가 중요하게 인식하고 있는 것이 그들에게는 중요한 것이다. 따라서 어떠한 상황에서 무엇을 인식하고 느끼고 있는지를 먼저 파악해야 한다. 교육복지 대상학생들이 인식하고 이해하고 있는 내용에서부터 개입을 시작해야 한다.

• 교육복지 대상학생을 믿어라.

강점관점에서의 가장 큰 핵심은 교육복지전문가가 대상학생을 충분히 믿는 것이다. 대상학생은 교육복지 전문가가 자신을 믿어준다고 인식할 때 마음의 문을 열게 된다. 믿음이란 '대상학생은 강점을 가지고 있으며 발전 가능성이 있다'는 사실을 믿는 것이다.

• 교육복지 대상자가 원하는 것을 찾아라.

이때 주의해야 할 것은 요구와 욕구를 구분하는 것이다. 교육복지 대상자가 원하는 것, 즉 욕구를 발견하고 찾는 것이 중요하다. 대상자가 필요하다고 원하는 요구는 반드시 필요한 욕구가 아닐 수 있으므로 욕구를 찾는 것이 매우 중요하다.

• 개인적 · 환경적 장애나 문제보다는 강점을 발견하라.

사람은 누구나 문제라고 인식하는 순간 문제만 보게 된다. 그러나 그 사람의 강점을 볼 수 있으면 강점만 보게 된다. 누구나 강점은 가지고 있고, 그 사람의 강점을 발견하면 문제해결은 쉬워진다.

• 강점 발견을 보다 다양화하라.

강점은 개인의 강점만을 생각하기 쉽다. 그러나 강점은 내부적 강점과 외부적 강점 모두를 말한다. 다양한 강점을 모두 발견하도록 하자.

• 독특성을 발견하라.

강점도 개인개인마다 다르다. 따라서 대상학생만이 가지고 있는 독특한 강점을 파악하도록 하자.

• 교육복지대상자의 언어를 활용하라.

전문적인 내용과 언어보다는 교육복지 대상학생들이 사용하는 언어를 활용할 때 강점 발견이 쉬워진다.

• 교사 및 교육복지사와 교육복지 대상학생 간의 공동활동을 모색하라.

대상학생과 교육복지 전문가와의 공동활동을 통해 강점 발견이 더욱 쉬워진다. 교육복지사와 대상학생과 함께 진행하는 프로그램을 통해 공유할 수 있는 공간과 강점을 모색할 수 있다.

- 서비스 제공에 대하여 상호 동의하라.

강점관점 모델을 시행할 때에는 대상학생을 존중하고 상호 동의를 구하는 것이 매우 중요한 방법이다. 따라서 서비스 제공에 대하여 상호 동의할 수 있도록 하라.

- 교육복지 대상자를 비판하거나 꾸짖지 말라.

책망은 문제의 해결을 더디게 한다. 교육복지전문가는 대상자의 상황을 이해하고 사정할 때에 학생을 비판하거나 꾸짖지 말아야 한다.

- 교육복지 대상자들이 발전할 수 있다고 생각하라.

이것은 교육철학과도 일치한다. 인간은 누구나 발전 가능성이 있다. 교육복지 대상자는 누구나 현재의 모습보다 더욱더 발전할 수 있다는 관점을 갖자.

- 문제의 원인을 개인에게 찾기보다는 개인과 환경 속의 관계 속에서 찾고 그 속에서 대상학생을 이해하자.

교육복지사업은 문제의 원인을 개인보다는 개인과 환경과의 상호관계 속에서 그 원인을 파악해야 한다. 빈곤의 문제는 대상학생 개인의 잘못이 아니므로 그 해법도 학생에게서 찾을 수 없다.

교육복지 관련 전문가들은 교육복지 대상학생들에게 대화를 통해 관계를 형성하고 교육복지 대상학생들과 그 가족의 장점을 발견하고, 그것을 발전시켜 나가야 한다고 말하고 있다.

강점관점 모델의 전개과정은 다음과 같다.

[그림 8-1] 강점관점 모델의 단계

단계	내용
관계 형성 **(원조관계)**	교육복지 대상자가 의뢰되거나 발굴되어 교육복지 대상자로 접수가 되면서부터 시작된다. 초기의 관계형성은 매우 중요하므로 첫 관계 형성에 최선을 다해야 한다.
강점 사정	교육복지 전문가는 대화를 통해 교육복지 대상학생 및 가족의 강점을 사정한다. 이때에는 대상학생 및 가족의 희망, 열망, 자신감, 자원 등 환경적 요소를 충분히 고려하여 사정한다.
계획세우기	발견된 강점을 중심으로 서비스 개입계획을 세우게 되는데 단순히 서비스를 제공하는 것에 그치는 것이 아니라 주로 대상학생 및 그 가족이 스스로 도전과 변화의 기회로 삼을 수 있도록 계획을 세운다.
자원연결 및 권리 옹호	교육복지사 또는 교사는 교육복지 대상학생이 속해 있는 환경 속에서 유용한 자원을 연계하여 이들의 문제해결에 도움이 될 수 있도록 한다. 또한 전문단체 기관의 도움을 받아 이들의 권리가 지켜질 수 있도록 한다.
모니터링	강점관점에서 세워진 계획이 잘 이루어지고 있는지 모니터링을 한다. 교육복지 대상자가 자신의 강점을 발견하고 이를 잘 활용할 수 있는 관점에서 모니터링을 시행한다.
관계유지 **(상호관계)**	교육복지 담당교사 및 전문가들과 교육복지 대상학생은 처음에는 원조관계에서 시작하였지만 강점관점의 개입이 이루어진 결과 일반학생처럼의 상호 관계가 이루어지도록 한다.

강점관점은 상대방의 강점을 고려하여 문제상황을 규명한다. 그러므로 교육복지전문가는 초기 접촉에서부터 교육복지 대상학생 및 그 가족의 강점을 찾기 시작해야 한다. 이를 위해 교육복지전문가는 인터뷰, 반영적 경청, 기록, 계획 등을 통해서 대상학생 및 그 가족의 강점을 발견할 수 있도록 돕기 위해 다음과 같은 활동을 하여야 한다.

- 실천과정에서 강점과 영향력 있는 중요사항에 대해 생각하도록 자극하라.
- 교육복지 대상학생이 생각하지 못한 강점을 찾도록 지원하라.
- 대상학생과 함께 나눌 긍정적이고 지지적 내용을 찾도록 지원하라.
- 대상학생의 영향력과 능력에 기초하여 개입 계획에 대한 기초를 제공하라.
- 교육복지전문가들은 대상학생에게 희망과 신념을 심어주어라.

이외에도 대상학생이 가지고 있는 강점목록을 준비하도록 하자. 이들의 강점 리스트는 문제해결에 유용한 도움을 줄 수 있다.

❸ 지역사회 네트워크

네트워크network는 '사회관계망', '조직 간 관계 또는 연줄망', '서비스 연계망', '기관 간 연계', '조직 간 협력', '지역사회 관계망' 등 다양하게 사용되고 있다. 네트워크란 자원, 기술, 사회관계, 지식, 신뢰 등을 서로 공유할 수 있는 사람 또는 공식적 혹은 비공식적 관계의 망으로서 유대 또는 연계라고 할 수 있다이준영, 2007.

최근 우리사회가 네트워크에 관심을 갖는 것은 각 기관의 부족한 자원을 다른 기관과의 협력을 통하여 극복할 수 있기 때문이다. 네트워크를 통해 구성원의 욕구의 충족, 자원부족의 극복, 효율성의 증진 및 소속감, 공동체 의식의 증진 등을 도모할 수 있다. 이 이론을 교육복지영역에 접목한다면, 네트워크를 통해 교육복지 대상학생의 욕구 충족, 학교의 자원 부족의 문제를 경감하고 교육복지 서비스의 효율성을 증진하고 학교와 지역사회단체 간의 교육공동체 의식을 증진시킬 수 있게 된다.

교육복지사업에서 네트워크의 목적은 다양한 지역사회 자원망을 통하여 교육복지 대상학생들에게 적절하고 포괄적이며 지속적인 서비스 제공에 있다. 왜냐하면 교육복지 대상학생들의 복합적인 욕구는 그 대상학생과 가정만이 아니라 지역사회 자원에서 다양한 기관이나 시설, 단체의 참여와 협력을 통해 충족될 수 있기 때문이다. 교육복지에서 네트워크 구축의 유용성은 다음과 같다.

첫째, 교육복지서비스를 제공함에 있어서 지역사회자원을 교육자원화 할 수 있다.

둘째, 지역사회 기관들의 정보와 자원 공유를 통해 교육복지사업의 효과성을 극대화할 수 있다.

셋째, 네트워크 구축을 통하여 교육복지 대상학생 발굴이 용이하다.

넷째, 교육복지서비스를 지역사회와 연계하여 효과적으로 제공할 수 있다 등이다.

네트워크 구축에는 사회관계망, 신뢰성, 호혜성 등의 요소가 필요하다홍현미라, 2005. 사회관계망은 주로 지역을 중심으로 형성되어 있지만 현대사회에서는 굳이 지역에만 국한하지 않는다. 또한, 네트워크는 상호 조직간에 서비스, 자원 등 주용한 기능이 연계되기 때문에 서로에게 신뢰를 줄 수 있어야 형성될 수 있다. 따라서 각

[그림 8-2] 네트워킹의 단계별 과제

기본단계	주과제	관련주제
준비단계	네트워크 적합성 검토하기	- 당면한 문제의 확인 - 네트워킹의 목적 규명 네트워킹의 이득과 비용분석
	네트워킹 승인받기	- 네트워킹에 대한 조직 내 공감대 형성 - 기존 네트워킹으로부터의 학습 - 과업환경 내 조직의 실태 분석
구성단계	네트워크 대상 조직 찾기	- 잠재적 네트워킹 필요조직 목록 작성 - 정보수집: 2차 자료 및 초기 상담 - 참여가능 조직의 목록 재구성 - 네트워크 규모 및 조직의 참여방식 검토
	네트워크 접촉하기	- 목적, 기획을 기초로 참여대상 조직 접촉 - 각 조직의 이해 파악 - 신뢰의 형성 - 참여조직 전체의 호혜성 확보방안 검토 - 계약맺기
조정 및 활동	네트워크 영역 구축하기	- 네트워킹 주요사업 합의도출 - 네트워킹 유형결정 - 협력담당자의 설정 - 인프라의 형성: 정보공유체계와 사무실
	네트워킹 실행하기	- 조작적 계획수립 - 참여기관의 지위 결정 - 네트워킹 관리 운영 체계의 형성 - 여러 조직이 참여하는 교육실시
결과공유	네트워크 갈등 관리하기	- 네트워크의 상태분석 및 확인 - 소외조직의 확인 - 자원배분, 지위구조 변화주기 - 의사소통 구조의 내실화
	네트워크 유지하기	- 응집력 유지: 산출의 공유 - 신뢰의 제고 및 유지 - 네트워크 해제의 준비

출처: 한국사회복지행정학회편(2008), 사회복지네트워킹의 이해와 적용, 학지사, pp. 78-79.

기관은 서로를 존중해 주고 상호 신뢰를 형성하고 유지할 수 있도록 최선을 다해야 한다. 그리고 네트워크를 구축함에 있어서 일방적인 관계로는 결코 네트워크가 될 수 없으므로 서로 부족한 부분을 채우고 무엇인가를 상호 교환할 수 있어야 한다.

효과적인 네트워크 구축을 위한 사회복지 조직 간의 단계와 추진 전략을 소개하면 [그림 8-2]와 같다.

❹ 임파워먼트

임파워먼트 관점의 핵심은 단어의 의미에서 찾아볼 수 있다. 임파워먼트Empowerment는 영어로 '주다'란 뜻의 'Em'과 권력이란 뜻의 'power'가 결합된 단어이며 사전적 의미는 다른 사람에게 '파워를 준다'는 의미라고 볼 수 있다. 그러나 단순하게 힘을 타인에게 부여한다는 수동적인 의미가 아니라 '타인이 주체가 되어서 기술을 습득하고 자신의 기능과 능력을 육성하고 그 위에 자신에게 주어진 권한을 획득하는 과정'이라는 적극적인 개념으로 설명되어질 수 있다성민선 외, 2008.

임파워먼트 모델은 개인과 사회환경과의 관계의 질에 초점을 맞추고 사회자원이나 수단을 발견·확대하는 등 주어진 환경을 개선하는 힘을 키울 수 있도록 개인, 집단, 가족, 지역사회를 지원함으로써 공평한 사회를 실현하는 것을 목표로 삼는다.

또한, 임파워먼트 모델은 지금까지 침묵하고 고립되어 주변인 생활을 계속해 온 사람들의 직감, 이야기, 견해, 활동능력 등을 신뢰해 줌으로써 당사자 자신은 물론 그 가족이나 이웃 및 환경이 가지고 있는 힘을 스스로 발견할 수 있게 해 준다. 또한 자신의 생활에 직접적으로 영향을 미치는 여러 결정들에 대해서도 올바로 이해하고, 필요한 자기 주장과 발언을 할 수 있는 기회를 가짐으로써 주변인에서 주체자로서의 생활로 변화시켜 나갈 수 있도록 원조하는 접근방법이다.

임파워먼트모델의 목표는 크게 네 가지인데 이를 교육복지 영역에 적용하여 제시하면 첫째, 자신이 문제해결을 위한 주체자임을 자각하는 것, 둘째, 자신에게는 도움을 받을 수 있는 전문가와 그 자원이 있다는 것을 인식하는 것, 셋째, 도움을 주는 사람사회복지사, 교육복지 전문가은 협력자이며 동반자라는 것을 인식하는 것, 넷째, 교육복지 전문가는 학교, 교육부를 비롯한 행정기관, 재판소 등과 같은 고압적 사회제도가 갖는 부정적 영향력을 감소시키기 위해 활동을 할 수 있는 사람이라는 것을 인식하게 하는 것을 들 수 있다.

또한, 교육복지영역에 임파워먼트 관점을 적용하여 설명하면 다음과 같다.

첫째, 교육복지전문가와 대상학생은 자신들의 생활을 파괴하는 모든 억압에 도전해야 한다.

둘째, 교육복지전문가는 억압상황을 전체론적으로 이해해야 한다.

셋째, 대상학생 및 가족은 자기 스스로가 주체가 되어야 함을 인식시킨다.

넷째, 교육복지전문가와 대상학생은 상호 협력적 관계를 유지해야 한다.

다섯째, 대상학생은 자신의 언어로 자신의 문제를 설명 할 수 있도록 해야 한다.

여섯째, 교육복지전문가는 대상학생이 어떤 문제도 극복할 수 있는 능력을 가지고 있다고 믿어야 한다..

일곱째, 교육복지전문가는 학생의 변화뿐만 아니라 가정, 지역사회, 우리나라 사회환경의 변화를 함께 생각해야 한다.

임파워먼트 관점은 사회변화에 대한 책임을 내담자 개인에게 두고 자신에게 주어진 당연한 권한을 찾을 수 있도록 촉진하는 것을 목표로 한다. 그러나 내담자가 안고 있는 곤란한 사회적 상황이나 구조를 변화시키는 데까지는 직접적으로 관여하지 않는다Payne, 1991: 234. 관료제 조직인 학교조직 내에서 학생과 그 가족에게 임파워먼트의 개념 활용은 다소 어려울 것으로 예상된다. 그렇다고하여 교육복지사업이 단순히 부족한 서비스만 제공해주는 수동적인 사업이 된다면 교육복지 대상학생들이 성장해서도 적극적이고 주체적인 상황에서 문제를 해결하기 어렵다. 따라서 임파워먼트의 개념을 적극 활용하여 자신이 주체가 되어 현재의 상황을 인식하고 변화할 수 있도록 지원해주는 것이 유용하다.

02 교육복지 운영 모델

❶ 서울시 교육청의 교육복지 운영 모형

(1) 서울특별시교육청

2003년 서울과 부산의 사업 대상 학교를 선정하였을 때, 지역 단위로 지정된 방식에 대하여 논란이 많았다. 2003년 서울시 교육청에서는 교육인적자원부가 지정한 60개 대상유27, 초22, 중11이외에 자체적으로 13개교를 추가해 총 73개교를 2년간 지원하는 것으로 시작되었다서울시교육청, 2012. 2019년 9월말 기준으로 교육복지특별지원사업에 의한 952개교 중 지역사회교육전문가가 배치된 사업지원 학교는 293개교이며 사업비인력배치 안됨만 지원하는 학교는 659개교이다. 또한 서울시에서는 2012년에 '교육복지지원센터' 5개를 개소하였고, 2019년에는 24개 자치구동부의 동대문·중랑·교육복지센터, 서부의 마포·서대문·은평교육복지센터, 남부의 구로·금천·영등포교육복지센터, 북부의 노원·도봉교육복지센터, 중부의 용산·중구교육복지센터, 강동송파의 강동·송파교육복지센터, 강서양천의 강서·양천교육복지센터, 강남서초의 강남·서초교육복지센터, 동작관악의 동작·관악교육복지센터, 성동광진의 성동·광진지역교육복지센터, 성북강북의 성북·강북지역교육복지센터로 확대하였다. 지역교육복지센터는 자치구 단위의 교육소외학생에 대한 학교와 지역사회기관 연계·협력을 통해 교육복지네트워크를 구성하고 종합적인 교육복지안전망을 구축함을 목표로 교육복지특별지원사업 비사업교의 교육소외학생들을 우선 지원한다. 다음의 [표 8-2]는 서울특별시교육청의 교육복지사업 모형별 특성을 정리한 것이다.

[표 8-2]   서울특별시교육청 교육복지사업 모형별 특성

구분	교육복지특별지원학교	지역기반형 교육복지 협력사업	지역교육복지센터
개념	• 서비스 제공 주체가 학교에 기반을 두고 있으며, 대부분의 서비스가 학교를 중심으로 제공됨 • 교육복지 실무인력이 배치되어 학교와 지역을 연계하여 교육소외학생에 대한 개인성장 지원이 이루어짐	• 교육복지 서비스 제공 주체가 지역사회에 기반을 두고 지역기관의 특성화된 프로그램을 지역 사회를 중심으로 제공됨	• 서비스 제공 주체가 지역사회에 기반을 두고 있으며, 대부분의 서비스가 지역사회를 중심으로 제공 • 서비스 제공 주체를 특정 센터에 두고 일정한 지역의 학교를 순회하거나 내방을 통해서 서비스를 제공
서비스 내용	• 위기학생에 대한 초기 상담 및 사례관리 • 학습, 문화 · 체험, 심리 · 정서, 보건 · 복지 등의 영역별 프로그램 지원 • 지역사회 기관과의 연계 · 협력을 통한 맞춤형 프로그램 지원	• 지역기관별 특성화된 교육복지 서비스 제공 • 각급 학교 교육복지 프로그램 지원(단위 프로그램) • 학생 사례관리	• 고위험군 위기학생 개인성장지원 (사례관리) • 위기학생 가정 상담 • 지역기관(협력기관)과 연계 · 협력을 통한 전문가 그룹의 솔루션위원회 운영 • 각급 학교 교육복지 프로그램 지원 • 지역교육복지 네트워크 구축
실무 인력	• 1인(1교당) 지역사회교육전문가 • 교직원	• 다수의 학교: 1 지역기관 또는 1 학교: 1 지역기관 • 해당기관 소속 직원	• 다수의 학교: 1 지역기관 • 대표기관 소속 직원
예산	• 7천만 원 내외	• 기관당 1천만 원 이하	• 센터당 2억 원 이하
장점	• 학교 내 교사 및 다른 전문가들과 관계 수립이 용이 • 문제발생 시 신속한 개입이 가능 • 학교, 교사, 가족체계 등 개입할 수 있는 체계의 수준이 다양하고 포괄적인 접근이 가능함 • 교사들의 교육복지 마인드 조성	• 인력이나 재정적인 부담이 적음 • 소속기관을 중심으로 자원 동원이 용이 • 사례관리 및 위기학생 지원시 교육복지 전문가 집단의 자문 가능	• 자치구단위의 교육소외학생에 대한 학교와 기관이 연계하는 종합적인 교육복지 안정망 구축 가능 • 자치구 및 지역기관의 대응투자를 통해 재정적인 부담이 줄어듦 • 여러 개의 학교를 동시에 관리할 수 있음 • 가정지원에 대한 적극적인 개입이 가능
단점	• 교장을 비롯한 학교조직 및 의사결정 구조에 통제될 가능성이 있음 • 재정적인 부담이 상대적으로 큼 • 사례관리 시 상급자 또는 동료로부터 즉각적인 자문을 받을 기회가 제한됨	• 위기학생에 대한 개인성장지원 서비스 제공에 한계가 있음 (학생에 대한 정보 및 이해 부족) • 지원 학생에 대해 개입할 수 있는 범위와 대상이 제한적임 • 교육복지 수요에 대한 분석 없이 공급자 중심의 서비스 제공	• 학생들을 충분하게 만날 수 있는 시간적인 여유가 부족하고 개입할 수 있는 범위와 대상이 제한적임 • 한 학교에 집중하기가 어려움 • 자치구 및 지역기관과의 협력 수준에 따라 운영 수준이 차이가 날 수 있음

출처: 서울특별시교육청 2013 교육복지특별지원사업 기본계획(교육복지담당관).

❷ 우리나라 교육복지운영 모델

이를 바탕으로 우리나라의 교육복지 운영 모델을 정리하면 다음과 같다.

(1) 학교중심 모델

가. 운영주체

학교중심 운영 모델의 운영주체는 개별학교이다. 대부분 학교장의 책임하에 모든 의사결정은 학교에서 결정이 되며 외부 기관과의 연계협력은 소극적으로 운영되는 경우가 많다. 학교장의 마인드에 따라서 지역사회기관과의 연계협력이 이루어지거나 아니면 단절된다. 즉, 어떠한 관리자가 부임하는가에 따라서 교육복지사업의 방향성과 우선순위가 달라질 수 있다. 주로 학교 내의 담당자, 담당 부서 및 관련 위원회 등 학교 내부 시스템으로 운영된다. 학교 내 대상학생의 수에 따라서 교육복지전문가가 있을 수도 있고 없을 수도 있다.

나. 사업의 범위와 관점

학교중심 모델로 운영하고 있는 학교는 주로 학생들의 교육과정 달성에 초점을 둔다. 대부분 교육복지활동은 교육영역에 집중되어 있으며 예산의 대부분도 학습프로그램에 쓰여지고 있다. 교육복지는 학력신장에 초점을 두어 사업이 계획되어지고 학생들의 개별 변화에 초점을 맞추게 된다.

주로 교육과정과 연계된 활동을 장려하며 사제동행 등 학교 내 자원을 활용하고 이를 교육프로그램으로 전환하는 것을 우수프로그램으로 생각한다. 사업의 범위는 담임교사와의 관계개선 및 동행프로그램, 동아리활동 활성화, 학력신장 프로그램 등 대부분의 프로그램이 교내에서 이루어지고 있다.

다. 네트워크 정도

네트워크는 그다지 활발하게 이루어지지 않는다. 학교의 교육활동에 필요한 정도, 최소한의 외부자원 네트워크가 진행된다. 학교 교육활동에 필요한 지역사회 자원을 제외하고는 그다지 네트워크의 필요성을 느끼지 못한다. 그러나 학교교육을 위해 후원해 주는 지역사회기관과의 네트워크를 환영한다.

라. 교육복지전문가의 역할

교육복지전문가의 역할은 교육복지프로그램 담당자이다. 즉, 학교구성원들은 교육복지사업을 담당하고 예산 및 행정사항을 집행하는 교육복지 담당자라고 생각하기 쉽다. 그래서 교육복지전문가는 지역사회 자원과의 네트워크를 추진해야 하는 역할에 대하여 학교장으로부터 권한부여를 받지 못하는 경우가 많다. 학교관리자는 외부의 출장을 통한 지역사회 자원의 개발 및 네트워크 사업보다는 학교 내에서 프로그램을 관리하고 교육복지실을 운영하는 교내의 직원으로 인식될 수 있다. 이러한 경우 관리자나 교사들은 교육복지전문가를 사업담당자, 혹은 행정보조요원 정도로 교육복지전문가를 인식하기도 한다. 그러나 학교에서 활발하게 활동하는 교육복지전문가는 임상전문가로서 인정을 받아 학생변화에 꼭 필요한 사람, 가정방문과 지역사회 자원을 연계해 줄 수 있는 전문가로 인정받기도 한다. 엄밀하게 말해서 교육복지전문가의 역할은 학교장이 어떻게 부여하느냐에 따라서 활동 보조인의 역할에서부터 교육복지 전문가의 역할에 이르기까지 다양하게 형성되어 있다.

마. 운영형태

주로 학교운영모델은 학교 내 담당자가 있고 담당부서가 있으며 교내 운영위원회가 있어서 대부분의 사항은 운영위원회에서 결정한다. 또한 독립된 공간의 교육복지실이 있고, 이곳에서 대상학생들의 관리 및 프로그램을 운영한다. 대상학생들과 그 가정의 개입을 위해 담임교사와의 협력체계를 구축하여 팀접근으로 진행하기도 한다. 그러나 강제성은 없어서 모든 담임교사와 협력관계를 구축하는 것은 아니다. 교육복지 전문가와 담당 교사, 담당 부장이 주로 책임감을 갖고 운영한다.

바. 개입대상 및 범위

이 모델에서의 개입대상은 주로 대상학생과 가정이다. 그러나 대상학생의 가정과 연계협력이 쉽지 않다는 것을 발견하고는 주로 학생의 교육활동 및 안전과 복지에 한정하여 개입을 한다. 대상학생의 복잡한 가정 생활에 개입하는 것을 부담스러워하며 학교의 역할로 학생에 대한 교육적인 영역에 주력하게 된다. 주로 대상학생의 문제를 해결하기 위해서 교육복지전문가의 개별적 노력에 의존하게 된다.

사. 협의회활성화

주로 교내 협의회만 구성된다. 교외협의회는 구성하지 않거나 구성해도 그 필요성을 인식하지 않아 유명무실한 경우가 많다. 정기적인 교육복지협의회는 계획서 심의 및 평가로 최소한 1년에 1~2회 개최하게 되는데 사업과 학생의 문제를 보다 심도있게 논의하기보다는 전반적 평가 및 논의가 이루어진다.

아. 장단점

학교 중심모델의 장점은 교육적인 활동이 이루어진다는 점이고 학생관리가 일원화 되어 서비스 파악이 쉽고, 교육복지전문가의 임상적 역할이 인정받을 수 있다는 것이다. 단점은 학교장과 학교교사들의 분위기에 따라 사업의 성패가 달라질 수 있다는 점이다. 또한 교육적 의미이외의 복지적인 의미에 대하여는 학교에서 충분히 이해받고 실천하기 어렵다는 단점이 있다. 또한 네트워크 연계활동이 약하다는 단점이 있다. 무엇보다도 가장 큰 단점은 현재의 교육복지사업의 기준으로는 교육복지전문가가 학교에 배치되지 않을 수 있다는 점이다.

(2) 학교중심 지역사회 연계 모델

가. 운영주체

이 모델의 운영주체는 학교이다. 그러나 학교중심 모델과는 달리 지역사회와의 연계를 강조한다는 점에서 다소 차이가 있다. 학교는 교육복지사업의 운영주체가 되지만 지역사회와의 연계협력 체계가 구성이 되어있다. 즉 학교의 교육복지사업을 추진할 때도 학교운영위원회나 교육복지위원회에 외부인사를 영입을 하는 등 지역사회와의 연계를 전제로 하여 학교가 운영주체가 된다.

나. 사업 범위 및 관점

사업의 초점은 대상학생의 교육과 복지이다. 교육적인 목적을 달성하기 위해서 학교 교직원들은 최선을 다하고 더 효과적이고 폭넓은 활동을 위해서 외부 지역사회와의 연계협력체계를 구축한다. 그리고 가정에서 부족한 복지의 영역을 위해 학교에서 이를 보완해 주는 접근을 시도한다. 아동의 교육적 문제와 가정 내에서의 기능의 결핍을 학교와 지역사회 자원을 활용하여 보완해 주는 서비스를 제공한다. 이를 위해 방과후, 가정 내에서의 영양, 안전, 돌봄, 학습 등을 보완하기 위해 지역사회내에 존재하는 다양한 기관과 연계협력체계를 구축하고, 또한 의료적인 서비스, 또한 가정 환경을 개선하는 서비스, 심리 정서적인 영역을 지원하는 서비스 등 다소 사업의 범위는 학교와 가정, 그리고 지역사회에까지 다소 그 범위가 넓다.

다. 네트워크 정도

이 모델에서의 네트워크는 활발하다. 학교는 학교를 중심으로 가정의 기능을 지원하려고 하지만 학교의 자원만으로는 한계에 다다르게 된다. 따라서 공적인 네트워크, 사적인 자원망 등을 네트워크로 잘 연결하는 폭넓고 다양한 네트워크의 구성을 하게 된다. 예를 들어 교육복지협의회를 학교장실에서 개최하는데 교육복지사업에 참여하는 외부 기관들과 공공기관 등 주요한 인사들을 위촉하여 정기적인 위원회를 개최하면서 사업을 심의 및 모니터링을 한다. 또한 이런 교육복지협의회 산하에 실무협의회를 두어서 실무자 선에서 학생들의 교육복지증진을 위해 다양한 노력을 실시한다.

라. 교육복지전문가의 역할

교육복지전문가의 역할은 교육복지위원회의 간사역할을 한다. 네트워크가 잘 운영될 수 있도록 네트워크 조직가의 역할과 또한 학교내 학생들의 사례관리를 전담하는 사례관리자의 역할도 감당한다. 즉 교육복지전문가의 역할은 교내에서는 사례관리자의 역할, 교외로는 네트워크 조직가, 공식적으로는 교육복지위원회의 간사의 역할을 하게 된다. 특히 사례관리자의 역할을 수행하면서 공공 영역의 사례관리담당자들 간의 통합사례회의에 참석하는 등 교내외의 중요한 역할을 감당하게 된다.

마. 운영형태

표면적인 운영의 형태는 학교 중심 모델과 크게 다르지 않다. 다만 활동의 범위는 학교 내부의 조직을 넘어서서 외부조직과의 연계 협력이 비교적 활발하게 이루어지고 있다. 학교 내부에서는 교육복지전문가, 담당교사, 교내협의회, 외부로는 교육복지협의회, 프로그램 및 사례회의 등에 외부인사들이 함께 결합하여 운영하도록 한다.

학교가 교육복지프로그램에 책임을 지고 운영하지만 학교 내부 식구들로만 프로그램을 운영하지 않고 적극적으로 외부와 연계하여 프로그램을 운영하고 평가한다. 교육복지우선지원사업의 본래의 취지에 맞도록 교육복지실을 운영하고 교육복지사의 역할을 교육복지의 전반적인 기획 및 실행, 그리고 사례관리 및 외부 자원과의 네트워크 등을 주요한 역할로 수행하고 있다.

교육복지전문가는 지역 네트워크의 활동가로서 역할을 한다.

바. 개입대상 및 범위

본 모델의 개입대상은 학생, 가족, 지역사회 자원 등이다. 즉 학생의 교육적 결과의 불평등 문제를 해결하고, 가정의 기능을 지지하고, 보완해 주기 위하여 지역사회의 자원을 결합하는 것을 주요한 목표로 삼는다. 학교는 교육복지사업을 함에 있어서 학생의 교육적 목적 달성을 위한 계획을 세우고, 그 계획을 달성하기 위하여 학생과 가정, 그리고 지역사회 등 입체적인 개입범위를 세우게 된다. 학교는 학생의 문제해결을 위해 학교가 중심이 되어 활동계획을 실행하고 조정하게 된다.

사. 협의회 활성화

본 모델에서는 지역사회와의 네트워크의 협의가 활성화된다. 본 모델에서는 학생이 학교에 있을 때에는 교육의 다양한 방법을 통해 학교 내에서 대상학생을 돌보고, 방과 후에는 지역사회와 협력하여 학생의 생활이 학교에서의 목적과 연계되어 이루어지도록 프로그램이 운영된다. 학교만의 역량과 노력으로는 학생들의 생활에서 오는 여러 가지 어려움을 극복할 수 없다는 사실을 잘 알기 때문에 본 모델에서는 학교의 역량과 지역사회의 역량이 잘 결합될 수 있도록 노력한다.

아. 장단점

학교중심 지역연계모델의 장점은 학생의 보호와 교육이 끊임없이 이루어진다는 점이다. 학교와 지역사회에서 일관된 목적과 프록그램을 운영할 수 있다. 또한 지역사회자원이 교육자원화 되는 데 큰 기여를 한다는 점이다. 또한 학생에 대한 정보를 어른들끼리는 교환할 수 있으며 이러한 정보의 교환을 통하여 학교교육활동이 더욱 활발해 진다는 장점이 있다. 단점은 여전히 학교중심이기 때문에 학교장과 학교교사들의 분위기에 따라 사업의 성패가 달라질 수 있다는 점이다. 또한 교육적 의미 이외의 복지적인 의미에 대하여는 학교에서 충분히 이해하여도 학교장이 거부하면 실천하기 어렵다는 단점이 있다. 또한 네트워크 연계활동을 개발해야 한다는 부담감도 갖는다.

(3) 교육복지센터 모델

가. 운영주체

교육청 또는 교육청 산하 교육복지센터가 운영주체가 된다. 기존 교육청 내의 ○○센터들처럼 일정한 권역 내의 학교를 지원하는 역할을 한다. 즉 교육복지 센터형의 기본 전제는 그 지역의 학교들이 학교중심형 모델을 실시하는 것이다. 학교중심형 모델을 운영하다 보면 대상학생의 인원에 따라 교육복지전문가가 투입되는 경우가 있지만 그 수가 적어서 교사들만으로 교육복지사업이 진행되는 경우도 있다. 이럴 때 교육복지사업이 단위학교에서 제한적으로 이루어질 수 있기 때문에 이를 보완하는 차원에서 교육청은 교육복지센터를 지정 또는 설립하여 개별학교의 교육복지사업을 지원하게 된다.

교육복지센터는 교육청에서 직영할 수도 있고 교육청에서 지역사회기관 중 적당한 기관에 위탁할 수 있다.

나. 사업 범위 및 관점

교육복지센터형 운영모델은 사업의 관점으로 기존 학교의 교육복지사업을 지원하고, 기존 학교의 협력을 도모하며 필요에 따라서 개별학교에서 할 수 없는 것을 공동사업으로 운영하는 역할을 수행한다. 또한 교육복지센터를 교육청 내에 두게 되면 교육활동이 활발하게 이루어지는 경향이 있으며 지역사회기관에 지정하여 진행할 경우에는 지역사회자원의 네트워크에 초점을 두게 된다. 따라서 센터가 어떤 형태로 운영되느냐에 따라서 사업의 범위가 달라질 수 있다.

다. 네트워크 정도

교육청단위에서 운영할 수 있는 보다 활발하고 광범위한 네트워크가 구성될 수 있다. 네트워크의 특징은 개별 학교에서 구성하는 마을 단위의 네트워크보다는 좀 더 넓게 구성할 수 있다. 교육청이라는 특성과 교육청이 담당해야 하는 지역의 범위를 고려하여 지방자치단체 및 해당지역에 존재하는 기업 및 시민단체 등과 함께 구성할 수 있다. 그러나 앞에서도 언급했듯이 운영형태에 따라서는 네트워크 범위는 다소 차이가 있을 수 있다.

라. 교육복지전문가의 역할

교육복지센터에서 일하는 교육복지전문가는 센터장과 3-4개의 영역을 담당하는 담당 교육복지전문가가 있다. 주로 교육복지전문가는 개별학교의 전문인력을 지원하고, 공동 프로그램 및 공동사업을 실시하며, 학교 현장의 사례관리의 운영시스템을 지원하고, 네트워크를 조직 및 활성화하는 역할을 하고 있다. 즉 지역 내 교육복지프로그램의 전반적인 기획, 개별학교의 협력 및 지원사업, 통합사례관리추신, 지역네트워크 활성화 등의 사업을 실시하고 있다. 또한 교육복지센터에서 인근 학교로 교육복지전문가가 파견근무를 할 수 있다. 약 3~4개교를 담당으로 일정기간 순회하여 파견근무를 한다.

마. 운영형태

교육청의 지정을 받은 기관에서 운영한다. 기존 개별학교 중심의 교육복지 운영모델을 지원 장려하며, 단순히 서류적 지원을 하였던 교육청의 지원기능을 넘어서서 교육복지사업의 지역특성에 맞는 공동기회, 인력의 전문성 지원, 사례관리서비스 지원, 네트워크 지원 등으로 직접사업을 수행하는 형태가 된다.

바. 개입대상 및 범위

주요한 개입대상은 주로 학생, 교육복지전문가, 지역 내 학교 및 지역사회 등인데 주로 개별학교의 학생보다는 지역학생들의 욕구에 맞는 프로그램을 구성하고, 개별학교에서 논의가 필요한 사례관리 대상학생들, 교육복지전문가의 역량강화를 위한 연수, 지역사회자원네트워크 및 공동사업 등을 할 수 있다. 개입의 범위는 지역단위로 이루어진다.

사. 협의회 활성화

교육복지센터의 운영을 위해서 협의회의 활성화가 이루어져야 한다. 교육청과의 협력을 원활하게 하기 위한 노력, 다양한 지역사회 기관과 협력을 위한 노력, 그들과 함께 공동의 사업을 추진하고자 하는 노력 등은 기관들과 동등한 위치에서 협의할 수 있는 협의회 활성화로 나타나게 된다. 즉, 본 모델에서는 협의회가 활성화될 수 있다.

아. 장단점

본 모델의 장점은 개별학교의 사업을 지원하고, 지역단위의 필요한 사업을 모색하고 기획하여 지역사회 내에서의 필요한 사업을 개발하는 데에 큰 장점이 있다. 또한 교육복지전문인력의 역량강화와 사례관리의 자체 협력체계가 구성되고 교육복지사업의 네트워크가 구성된다는 가장 큰 장점이 있다. 단점은 지방자치단체와의 협력이 다소 어려울 수 있고 센터의 노력에 따라 개별학교와의 연계협력이 잘 되지 않을 수 있으며, 소통체계를 충분히 가동하지 않으면 별도사업을 하는 단독기관으로 전락될 수 있다는 단점이 있다.

(4) 지역사회기관 중심 모델

가. 운영주체

본 사업은 지역사회의 시민단체 및 기관들이 해당 지역의 교육복지 대상학생들의 보호 및 지원을 위해 함께 노력하는 모델이다. 교육복지사업이 실행되기 이전부터 지역사회 기관들과 시민단체들은 지역 내 교육복지 대상학생들을 위한 각종 사업을 추진하고 있었다. 지금 현재도 각 기관들과 단체들은 지역사회의 자원과 네트워크를 활용하여 교육복지사업을 추진하고 있다. 다만 본 모델은 공공기관으로부터의 권한 부여 유무는 그리 중요한 사항이 아니고 지역사회 내의 필요에 얼마나 부응하는가가 중요한 요소가 된다. 따라서 본 모델은 지역 내 기관 및 단체가 운영주체이며 각각 자체의 사업계획과 예산으로 교육복지사업을 추진하고 있다.

나. 사업 범위 및 관점

사업의 범위는 주로 지역 내의 교육복지욕구에 따라서 달라질 수 있다. 주로 방과 후 학습과 보호의 욕구에 의한 사업에 주력할 수 있고, 방과 후 가정의 보호의 기능을 보충하는 역할을 실시할 수 있고, 아니면 가정환경지원과 문화소통의 지원 등

등 주로 학교교육에서 실시하기 어렵거나 지역 내의 생활적 도움이 필요한 부분이 주요한 사업의 범위가 된다. 본 모델의 주요한 관점은 교육복지 대상학생들의 가정과 지역사회 내에서의 안전과 공동 보호 및 공동돌봄의 관점이 다소 강하게 작용한다.

다. 네트워크 정도

본 모델에서는 네트워크의 정도는 강하다고 볼 수 있다. 다만 기관장의 역량과 관점에 따라 공공의 네트워크 결합이 다소 유동적이다. 또한 네트워크도 다양하지 못할 수도 있다. 그러나 목적에 따라서 결합되는 네트워크는 지속적이고 강할 수 있다.

주로 지역사회주민과 대상학생의 욕구를 중심으로 네트워크는 구성되어 있다.

라. 교육복지전문가의 역할

본 모델에서는 교육복지전문가의 역할은 학교와 지역사회를 연계하며 지역교육공동체를 만드는 것이다. 학교에 있는 교육복지전문가는 지역기관에서 교육복지사업을 진행할 때에 필요에 의해 결합될 수 있다. 교육복지전문가의 역할은 다소 조직가, 운동가, 프로그램 기획자, 진행자 등의 역할을 수행한다. 기관에 있는 교육복지전문가는 학교에 있는 교육복지전문가와 연계협력 및 역할 조정 등의 역할을 해야 한다.

마. 운영형태

운영형태는 주로 지역사회기관 및 지역단체가 자체 사명의식과 사업에 의해서 운영된다. 교육복지사업이 시작되기 전부터 자발적으로 실시해온 기관들은 교육복지사업이 실시된 이후에 보다 적극적으로 사업을 실행하게 될 것이다.

지역기관에서는 지역사회 중심 모델로 사업을 운영하다가 교육청으로부터 교육복지 거점지원기관으로 지정을 받게되어 보다 공식적으로 활동하게 되는 경우와 지정여부와 관계없이 협력기관으로 사업을 하게 되는 경우, 독자적으로 지속적 사업을 하게 되는 경우로 나눌 수 있다.

바. 개입대상 및 범위

개입대상과 사업의 범위는 지역사회 내에 거주하는 대상학생 및 그 가족이 된다. 또한 이들을 지원하기 위한 사업협력의 범위는 지역사회 내에 거주하는 이웃과 기관이 중요한 협력대상이 된다. 대상학생의 생활영역이 개입대상과 범위를 결정하게 된다.

사. 협의회 활성화

협의회는 매우 활성화가 될 수 있다. 본 모델은 소통과 합의 협력 등을 강조하여 사업이 진행되므로 협의회의 활성화는 실제적이고 활발하게 이루어지고 있다.

아. 장단점

본 모델의 장점은 교육복지사업의 존폐 유무에 관계없이 지속적으로 이루어진다는 점이며, 또한 해당 기관 및 단체에서 사명감을 가지고 실시하는 자발성이다. 국가 정책사업은 예산의 지원유무에 따라서 사업안정성이 달라진다. 그러나 자발적인 지역사회기관 사업은 자발성, 지속성을 갖게된다. 그러나 사업이 기관의 사업으로 축소되거나 더 이상 확대되지 못할 가능성이 높고, 기관의 특성에 맞는 지역사회기관만 결합될 수 있는 네트워크의 제한성, 그리고 교육복지의 학교교육과의 연계성이 다소 느슨해 질 수 있다는 단점이 있다.

[표 8-3] 우리나라 교육복지 운영 모델

	학교중심 모델	학교중심 지역연계 모델	교육복지센터 모델	지역사회기관 중심 모델
운영주체	개별학교	학교중심 지역기관 협력	교육복지센터	지역사회기관
관점	학생교육활동 중심	학생교육 및 지역 연계협력 강화	지역네트워크 활성화	지역사회기관 중심
사업의 범위	개별학교	개별학교, 지역사회	인근 학교 및 지역사회	지역기관
네트워크 정도	학교중심적	적극적	적극적	기관중심적
초점	정규 교육과정 및 학교적응	학생 변화 및 지속 보호	방과 후 교육 및 보호	방과 후 보호
교육복지전문가의 고용형태	학교장 고용 혹은 교육감 고용 학교발령	좌동	센터 자체고용 및 교육청 고용	개별기관 고용
협의회 운영	내부 협의체 강화	내부 및 연계 협의체 활성화	지역협의체 활성화	기관협의체 활성화
사례관리	소극적	적극적	적극적	적극적
개입 대상	학생, 가정	학생, 가정, 지역사회	가정, 지역사회	지역사회자원

❸ 마을교육공동체와 혁신학교

교육복지를 실제 사업으로 해석하면 교육복지우선지원사업으로 볼 수 있겠으나, 보다 광의에서 접근하면 학생, 학교, 가정 및 지역사회가 협력하여 교육 제도 변화와 사업 운영의 다양한 사례도 포함할 수 있을 것이다. 그 대표적인 사례로 마을교육공동체와 혁신학교 사업을 소개한다.

(1) 마을교육공동체[1]

가. 개념과 의의

마을교육공동체는 마을이 교육의 장이 되고 마을 사람이 함께 아이들의 교육에 참여하는 것을 말한다. 마을 주민들이 교사로 참여한다는 것은 교육의 내용이 전통적인 관점에서 교사를 통한 전문지식 전달이 아닌 일상적인 삶에서 활용 가능한 실질적 지식과 기술, 자신의 삶에 대한 주도성을 갖는 것으로 변화한다는 것을 시사한다.

나. 유형

마을교육공동체를 실천하고 있는 다양한 학교, 지역사회, 센터 등을 마을교육공동체의 규모와 이를 주도하는 중심 주체의 문제 등, 두 가지 준거를 가지고 유형화하였다. 규모는 작은 마을 동·리, 중간 마을 읍·면·구, 큰 마을 시·군으로, 주체는 학교주도형, 마을주도형, 센터주도형으로 나눌 수 있다.

[표 8-4] 마을교육공동체

규모＼주체	학교 주도형	마을 주도형 (학부모 및 지역 포함)	센터 주도형 (지자체·교육청·지역 운영)
작은 마을 (동·리)	세월초등학교(세월리) 덕양중학교(고양화전동) 조현초등학교(조현리) 두창초등학교(두창리) 남양주월문초등학교(월문리) 완주삼우초등학교	시흥 하중동 참이슬 마을학교 (하중초등학교 학부모) 고양 화전동 학부모회 (덕양중, 덕은초 학부모회) 삼각산 재미난 마을	가능동 초록우산 의정부마을 (의정부여자중학교)

---

[1] "마을교육공동체란 무엇인가"(서용선, 김아영, 김용련, 서우철, 안선영 외, 2016, 살림터)와 "마을교육공동체의 현황과 쟁점"(신서영·박창언, 예술인문사회융합멀티미디어논문지 9권 8호, 2019)을 참고하였음.

중간마을 (읍·면·구)	풀무학교(홍성 홍동면) 서종중학교(서종면) 광수중학교(퇴촌면)	서종면 교육포럼 (서종중, 정배초, 수입초, 서종초) 완주 고산향교육공동체 (삼우초, 고산중)	공릉청소년문화정보센터 (노원구)
큰마을 (시·군)	의정부여중(의정부)		시흥 공교육지원센터 (ABC행복학습타운) 완주커뮤니티비지니스센터 (완주군) 완주군 교육지원청 일본 커뮤니티 스쿨

출처: 윤성희(2018). 마을교육공동체 운영 활성화 방안 연구.

다. 내용

마을교육공동체가 수행하는 주요한 사업을 접근방법에 따라서 제시하면 다음과 같다.

• 교육과정적 접근

교육과정적 접근은 학교 정규교육과정의 일정 부분을 마을과 연계해서 설계하고 마을을 학습 장소로 적극적으로 활용하는 방식이다. 학생들은 마을을 이용하여 탐색하거나 관찰하여 자료를 수집하고 마을 주민들을 대상으로 인터뷰를 하여 학습 활동을 전개하기도 하고 더 적극적으로는 마을 주민을 교사로 초빙하여 배우기도 한다. 예를 들어, 의정부여중의 우리 마실 가자, 월문초의 길 따라 전설 따라 우리 마을 한 바퀴, 광수중의 이야기가 있는 마을 학교 등을 들 수 있다.

• 경제적 접근

경제적 접근은 거대기업 중심의 소비로 인한 지역자본의 외부 유출을 막고 지역경제 내수 활성화를 위해 고안된 다양한 형태의 협동조합을 학교와 연계시켜 운영하는 방식이다. 사적 재산을 축적하고자 하는 목적이 아니므로 협동조합을 통해 창출되는 양질의 물품이나 서비스 프로그램 등은 저렴한 비용으로 학교에 공급된다. 신능중의 느티나무 도서관, 대곡초의 영주산 마을협동조합, 성미산마을의 공동육아, 홍덕고의 학교 매점 등이 대표적인 예이다.

• 문화예술적 접근

문화예술적 접근은 학교 교육과정의 일정 부분 혹은 학교 밖의 모임에서 설계하고 준비한 활동을 마을에서 놀이나 축제 문화예술활동으로 풀어내어 학생들이 적극적인 문화공급자 혹은 문화기여자가 되는 방식이다. 학교와 마을이 연계되고 지자체의 예산이 뒷받침되어 공동체를 이뤄내는 방식이다. 의정부의 꿈 이룸 배움터, 영등포의 달 시장, 세월초의 마을 축제 등이 대표적인 예이다. 이러한 문화예술적 접근은 마을 주민에게 문화예술적 여가생활을 제공하는 한편, 마을의 문화예술교육과 관련한 인적 자원을 활용하여 사교육 시장을 공교육이 흡수하고자 하는 의도도 포함된다.

• 진로직업적 접근

진로직업적 접근은 자신의 진로 탐색을 위해 직업과 관련된 다양한 프로그램을 경험하고 그와 관련된 지식 기능 등을 익히고자 마을이나 마을의 조합 조합에서 설립한 마을 학교를 적극적으로 활용하는 접근 방식이다. 마을의 다양한 사업장은 아이들의 배움터가 되고 아이들은 현장감 있는 직업 체험을 하게 된다. 충남 홍성의 풀무 농업 기술직업전문학교 태봉고의 경기도 전역에 분포된 '꿈의 학교' 등이 대표적인 예이다. 진로직업적 접근은 학생들의 진로 탐색 진로선택에 큰 영향을 미치기에 마을교육공동체로서의 공동체성에 대한 인식 이상으로도 상당히 의미 있는 접근이 된다.

라. 마을교육공동체 운영 사례: 경기꿈의학교[2]

• 개념과 의의

꿈의학교란 학교와 마을이 연계한 다양한 마을교육공동체 주체들이 참여하되 학생들의 자유로운 상상력을 바탕으로 학생 스스로 기획·운영하고 진로를 탐색하면서 학생들의 꿈이 실현되도록 도와주는 학교이다. 즉, 꿈의학교는 학생이 기획·운영하며 학교정규교과에서 다룰 수 없는 다양한 형태와 내용으로 '학교 밖'에서 운영하는 것을 말하며, 여기서의 '학교 밖'이라는 의미는 공간 개념이 아닌 학교 정규

---

2 "2018 경기꿈의학교 성과평가"(경기도교육연구원, 2019)를 참고하였음.

교육과정 밖이라는 의미로 해석된다. 이를 위해서 마을교육공동체 구성원들은 학생들이 배움의 주체로서 무한히 상상하고, 질문하고 스스로 기획·도전하고, 성찰하면서 자기 삶을 개척해 나가도록 촉진하고 지원한다.

꿈의학교는 2015년에 경기도에서 경기마을교육공동체 활성화 지원에 관한 조례가 제정되면서 시작되었고, 2016년에 전국 최초로 지역 명칭을 부여한 '경기꿈의학교'라는 용어를 사용하였다. 특히 '학교 밖 학교'라는 말로 표현함으로써 경기꿈의학교가 공교육의 범주를 확장시켰다는 점을 강조하고 있다.

• 유형과 현황

사업 첫 해인 2015년에는 경기꿈의학교를 네 가지 운영 모형으로 구성하여 시작하였다. 첫째, 방과후 꿈의학교는 지역 사회와 연계한 학교밖 방과후 활동 활성화를 목적으로 하며, 경기도 내 초·중·고 재학생을 대상으로 주중형 또는 주말형으로 운영하는 유형을 말한다. 둘째, 계절형 꿈의학교는 학교와 지역의 협력을 통한 창의적 체험활동 및 진로직업 탐색과 문화와 체험, 일과 놀이, 돌봄과 배움이 공존하는 마을교육 생태계 구축을 목적으로 경기도 내 초·중·고 재학생을 대상으로 방학 기간 동안 진행하는 모형이다. 셋째, 쉼표형 꿈의학교는 자율적인 성찰과 체험을 통해 진로직업과 자아탐색 및 개성의 심화를 목적으로 학교 밖 청소년 또는 쉼을 필요로 하는 학생을 위한 프로그램 유형이다. 실제 모집 시, 쉼표형 꿈의학교는 경기도 내 초·중·고 재학생 및 학령기 아동을 대상으로 학생들에게 쉼을 제공하고 회복할 수 있도록 하는 '쉼이 있는 학교'와 진로탐색 기회 또는 돌봄을 제공하는 '진로탐색 학교'로 구분하여 모집한다. 마지막으로 혼합형 꿈의학교 모형은 방과 후, 계절형, 쉼표형의 혼합과정 운영 모형을 말한다.

[그림 8-3] 2015 경기꿈의학교 유형

방과후 꿈의학교	• 주중과정, 주말과정 • 지역 사회와 연계한 학교밖 방과후 활동 • 대상: 경기도 내 초, 중, 고 재학생
계절형 꿈의학교	• 학교와 지역의 협력을 통한 창의적 체험활동 및 진로직업 탐색 • 문화와 체험, 일과 놀이, 돌봄과 배움이 공존하는 마을교육 생태계 구축 • 방학기간 중 3~5일/1주일/10일/1개월 등 다양하게 운영가능(비숙박형, 숙박형) • 대상: 경기도 내 초, 중, 고 재학생

쉼표형 꿈의학교	• 쉼이 있는 학교: 학생들이 쉼을 통해 삶의 의미와 방향을 찾고 건강한 에너지를
	  회복할 수 있도록 돕는 학교
	• 진로 탐색 학교: 학생들이 마을을 기반으로 체험을 통해 자아 및 진로 탐색 또는
	  저소득층 및 맞벌이 가정 등 돌봄이 필요한 학생을 위한 프로그램 운영
	• 대상: 경기도 내 초, 중, 고 재학생 및 학령기 아동

혼합형 꿈의학교	• 방과후 꿈의학교, 계절형 꿈의학교, 쉼표형 꿈의학교의 혼합 과정

2016년부터는 운영의 유형이 발전적으로 바뀌었는데, '만꿈(학생이 만들어 가는 꿈의학교)'은 학생이 운영주체자로서 꿈의학교를 운영하는 것을 말하며, '찾꿈(학생이 찾아가는 꿈의학교)'은 운영주체자가 "교사, 학부모, 비영리 단체(개인), 지자체 등"이 되어 운영하는 학교이다. 특히 찾꿈의 경우, 운영 단계가 마중물 꿈의학교, 꿈의학교, 심화형 꿈의학교로 나뉘며, 찾꿈 유형은 방과후 및 계절형, 심화형, 방과후 경기꿈의직업학교로 나뉜다. 방과후 및 계절형 경기꿈의학교는 방과후 및 방학기간을 활용하여 경기꿈의학교를 운영하는 것을 말하며, 심화형 경기꿈의학교는 오케스트라 및 뮤지컬 영역의 심화 과정을 말하며, 방과후 경기꿈의직업학교는 대학진학을 희망하지 않는 일반고 학생을 대상으로 교사, 지역사회 단체, 기업체가 협력하여 학생들과 직업교육 프로그램을 함께 운영함으로써 학생들의 꿈이 실현되도록 도와주는 방과후 꿈의학교이다.

2017년에는 찾꿈과 만꿈에 마중물 꿈의학교를 추가하였다. 만꿈은 경기도 내 학교 안팎의 학생들이 스스로 꿈의학교를 만들어 운영하는 학교 밖 교육활동을 말하며, 꿈짱 학생 2~3명 및 10명 이상의 참여 학생과 꿈지기 교사 1, 2명으로 구성되어야 하며, 최소 2개교 이상의 학생이 참여해야 한다. 찾꿈은 경기도 내 다양한 마을

교육공동체 주체들이 학생의 꿈 실현을 위해 운영하는 학교 밖 교육활동을 말한다. 마중물 꿈의학교는 경기꿈의학교의 마중물 역할을 하고, 경기도 내 마을교육공동체 활동을 하거나 경기꿈의학교 실천 의지가 있는 자율동아리를 말한다.

[그림 8-4] 2017, 2018 경기꿈의학교 유형

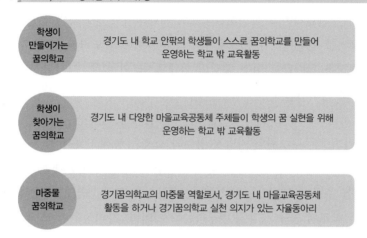

경기꿈의학교 운영현황은 연도별로 [표 8-5]와 같다. 사업을 처음 시작한 이래로 양적으로는 많은 성장을 거둔 것을 명확히 파악할 수 있다. 이는 경기꿈의학교에 대한 수요가 많다는 것을 보여준다.

[표 8-5] 경기꿈의학교 연도별 추이

연도	종류	학생이 만들어가는 꿈의학교	학생이 찾아가는 꿈의학교
2015		25	118
2016		148	215
2017		335	419
2018		374	666

(2) 혁신학교

가. 혁신학교의 개념과 가치

혁신학교는 공교육으로서 일반학교 교육을 정상화하고 혁신하기 위한 목적을 지닌 공교육 개혁의 접근법 중 하나이다. 물론 이러한 노력은 과거부터 지속적으로 있었지만 이는 관료적이고 상의하달식으로 시행되어서 공교육의 문제를 해결하지 못했다는 평가를 받는다. 이에 반해 혁신학교는 기존의 노력과 달리 학교구성원의 자발적인 혁신과 일반학교 현장 중심의 아래로부터의 실행, 그리고 시도교육청 단위의 정책으로 이루어진다.

혁신학교는 네 가지 기본 가치인 민주성, 윤리성, 전문성, 창의성을 기반으로 운영된다. 민주성은 구성원의 자발적 참여와 소통을 통해 민주적인 학교 문화를 형성하고자 하는 가치이고, 윤리성은 학교 구성원 상호 간의 존중과 배려로 윤리적인 생활공동체를 추구하고자 하는 가치이다. 전문성은 교사 개인의 성장과 더불어 학교 구성원과 학교의 공동 성장을 추구하는 가치이며, 창의성은 학교 교육과정의 다양화, 특성화를 통해 학생의 성장을 도모하기 위한 가치이다. [표 8-6]은 시도별 혁신학교가 지향하는 비전을 유형화한 것이다. 시도교육청별로 추구하는 비전을 정리하면 '공공성, 공동체성, 국제성, 다양성, 미래성, 민주성, 윤리성, 자발성, 전문성, 지역성, 창의성'이 될 것이다. 특히 민주성은 14개 시도교육청에서, 공공성은 13개 시도교육청에서, 창의성은 11개 시도교육청에서 공통적으로 지향하는 가치이다. 결국 혁신학교에서는 모든 학생들의 질 높은 배움이 있게 하는 공공성을 위해, 구성원의 자발적인 참여와 소통과 협력을 중시하는 민주성을 통해서, 학생의 배움을 위한 교육과정 편성의 창의적 운영을 골자로 하는 것을 알 수 있다.

[표 8-6] 전국 시도교육청의 혁신학교 비전의 유형화

유형화 \ 구분	지역	비전	추진과제
모두를 위한 교육 모델	강원	모두를 위한 교육	• 민주적 학교 운영 • 전문적 학습공동체 운영 • 창의공감교육 운영 • 지역사회와 함께하는 학교 운영
	부산	모두에게 희망을 주는 부산교육	• 민주적 학교운영 체계 • 윤리적 생활공동체 • 전문적 학습공동체 • 창의적 교육과정
	충북	함께 행복한 교육	• 즐거운 배움, 창의적 교육 • 민주적인 학교 운영 • 책임지는 학교 공동체
미래학교 지향 모델	경기	미래교육, 미래학교를 만들어가는 혁신교육	• 민주적 학교운영체계 • 윤리적 생활공동체 • 전문적 학습공동체 • 창의적 교육과정
	경남	교육공동체가 함께 만들어가는 배움과 협력이 있는 미래형 학교	• 민주적인 학교문화 조성 • 배움중심의 교육과정 편성 · 운영 • 전문적 학습공동체 구축 • 소통과 배려의 공동체 학교 형성
교육공동체 실현 모델	광주	배움과 돌봄의 교육공동체 실현	• 교육활동 중심의 기반조성 • 민주적 자치문화 • 나눔의 연구문화 • 교육과정 다양화 · 특성화
	서울	평등교육과 전인교육을 지향하며 민주적, 창의적인 미래를 육성하는 배움과 돌봄의 행복한 교육공동체	• 학교운영 혁신 • 교육과정 및 수업혁신 • 공동체 문화 활성화
	울산	서로 배우고 성장하는 행복한 학교	• 서로 소통하는 학교 문화 • 서로 존중하는 생활공동체 • 서로 같이 참여하는 수업 • 서로 성장하는 교육과정
	전북	가고 싶은 학교 행복한 교육공동체	• 따뜻한 학교공동체 • 민주적 자치공동체 • 전문적 학습공동체 • 참학력 신장(교육과정-수업-평가-혁신)
	제주	존중하고 협력하며 함께 성장하는 교육 공동체 실현	• 존중과 참여의 학교 문화 형성 • 배움 중심의 교육활동 실천 • 교육활동 중심의 학교조직 개편 • 학부모, 지역사회와의 협력적 관계 구축

공교육 정상화 모델	세종	생각하는 사람 참여하는 시민 양성을 위한 공교육 체제의 혁신 모델 창출과 확산	• 자율과 협력의 생활공동체 • 민주적 학교 운영 체제 • 전문적 학습공동체 • 미래형 창의적 교육과정
	인천	공교육 정상화 모델 학교	• 민주적 운영 체제 구축 • 전문적 학습공동체 형성 • 윤리적 생활공동체 형성 • 창의적 교육과정 운영
	충남	미래지향 공교육 정상화 모델학교	• 학교 운영 체제 혁신 • 학교 교육력 강화 • 교육과정·수업혁신
기타	대전	삶과 앎이 공존하는 행복한 대전 교육 혁신	• 민주적 학교 문화 조성 • 전문적 학습공동체 조직 • 배움 중심의 교육과정 운영 • 참여와 소통의 교육공동체 운영
	전남	행복한 삶을 위한 교육의 실현	• 새로운 학교문화 형성 • 교육과정 중심의 교육 지원 체제 구축 • 맞춤형 교육과정 편성·운영과 다양한 교육 방법 실천 • 학부모와 지역사회의 협력적 파트너십 구현

출처: 박희진 외(2018). 국내 혁신학교 기본가치와 운영 평가 비교 연구.

나. 혁신학교 운영현황

혁신학교는 2009년에 경기도교육청이 처음 정책을 시행한 이래로, 대구와 경북을 제외한 대부분의 시도교육청이 시행 중이다. 시도교육청별로 서로 다른 혁신학교 명칭을 사용하고 있는데, 학교급별 운영 현황을 보면 제일 먼저 시작한 경기도교육청이 2018년 기준 가장 많은 541개 학교를 지정 운영하고 있고, 가장 최근에 지정된 대전광역시교육청이 14개 학교를 지정 운영하고 있다. 경남, 광주, 부산, 세종, 전남, 전북, 충북은 유치원을 지정 운영하고 있으며, 광주, 부산, 전북, 제주, 충남은 특수학교를 지정 운영하고 있다.

[표 8-7]　전국 시도교육청의 혁신학교 기본 운영 현황

지역	명칭	시행년도	학교급별 지정 현황(2018년)					
			유	초	중	고	특	계
강원	강원행복더하기 학교	2011		27	19	9		55
경기	혁신학교	2009		293	183	65		541
경남	행복학교	2015	1	28	18	3		50
광주	빛고을혁신학교	2011	2	34	18	5	3	62
대전	창의인재 씨앗학교	2016		4	8	2		14
부산	부산다행복학교	2015	2	22	13	5	1	43
서울*	서울형혁신학교	2011		138	38	14		190
세종	세종혁신학교	2015	4	7	2	1		14
인천	행복배움학교	2015		25	11	4		40
전남	무지개학교	2011	2	71	24	4		100
전북	전북혁신학교	2011	1	104	46	17	1	169
제주	다혼디배움학교	2015		16	8	2	2	28
충남	행복나눔학교	2015		39	25	9	1	74
충북	행복씨앗학교	2015	2	21	15	4		42
울산	서로나눔학교	2019		9		1		10

*서울은 휴교된 개포초등학교를 포함하여 190개 학교임.
출처: 박희진 외(2018). 국내 혁신학교 기본가치와 운영 평가 비교 연구.

다. 혁신학교 운영내용

혁신학교는 공교육의 획일적인 교육 커리큘럼에서 벗어나 창의적이고 주도적인 학습능력을 배양하기 위해 시도되고 있는 새로운 학교 형태라고 할 수 있다. 초중등교육법 시행령 105조자율학교에 의한 혁신학교는 학급당 25~30명, 학년당 5학급 이내의 작은 학교농촌형·도시형·미래형 운영을 통해 교사와 학생들이 맞춤형 교육을 하는 새로운 학교의 틀이다. 입시 위주의 획일적 학교 교육에서 벗어나 창의적이고 자기주도적인 학습능력을 높여 공교육을 정상화시키자는 취지에서 도입된 것이다.

구분	혁신학교	일반학교
학급당 인원	25명 내외	35명
학년당 학급	5학급 내외	10학급 이상
교장 권한	자율운영	일반적
교육과정	다양화, 특성화 맞춤형 교육	일반적
교육형태	학습자 중심 교육	일반적
교육내용	학습능력 향상 및 인성교육	성적 위주
교원업무	전문성 신장, 잡무, 업무부담 경감	일반적
교육청 지원	4년 동안 4억여 원 지원	없음

출처: 2017년 혁신학교의 성과 분석 및 과제[연구 책임자: 김용기(한서대) 발행일: 2017.11.15]. '혁신학교와 일반학교 운영상 차이점' 표내용(출처: 교육정책네트워크 정보센터 국내 현안 보고서).

혁신학교가 추진하는 과제를 유형화하여 다음의 표로 제시하였다. 가장 우선적이고 기본적으로 학교문화를 소통, 참여 및 민주적으로 혁신하려는 시도이다. 교육과정과 수업을 학습자 배움을 중심으로 혁신하며, 이를 뒷받침하기 위해서 교사 간에 학습 공동체를 구축하여 연구하고 이를 나누는 문화를 조성한다. 학습은 학교 내에서만이 아니라 학부모와 지역사회와 연계하여 파트너십을 통해서 이루어지며, 이 모든 활동들은 학생을 위한 교육활동이 제대로 이루어지는 제반 여건을 마련하도록 하는 것이다.

영역	추진내용
학교문화 혁신 및 민주적 학교 운영	• 존중과 참여의 민주적 학교 문화 조성 및 운영 • 참여와 소통의 교육공동체 운영 • 윤리적 생활 공동체 형성
교육과정 및 수업혁신	• 배움 중심의 교육과정 편성 · 운영 • 교육과정 및 수업 혁신
전문적 학습공동체	• 전문적 학습공동체 구축, 조직, 운영 • 나눔의 연구 문화 형성
학부모 및 지역사회 연계	• 학부모와 지역사회의 협력적 파트너십 구현 • 지역사회와 함께하는 학교 운영
교육활동 여건 조성	• 교육활동 중심의 학교조직 개편 • 교육과정 중심의 교육지원 체제 구축

출처: 박희진 외(2018). 국내 혁신학교 기본가치와 운영 평가 비교 연구.

❹ 미래형 교육복지운영 모델

우리 나라에 적합한 미래형 교육복지운영 모델 구성요소에 대하여 다음의 사항이 고려되어야 한다.[3]

첫째, 미래형 교육복지 모델은 새로운 패러다임을 적용해야 한다.

기존의 교육패러다임이 아닌 새로운 접근 방법이 필요한데 그 접근 방법은 교육복지를 전담할 전문가가 필요하며, 이젠 교육복지를 위해서는 지역사회와의 연계협력이 반드시 필요하며, 교육복지의 성과는 교육의 성과가 아닌 사람의 변화가 성과가 되어야 한다.

둘째, 교육복지는 하향식Top-down이 아닌 상향식button-up이나 지역사회를 촘촘히 연계하는 네트워크network방식이 되어야 한다.

교육복지는 더 이상 중앙정부의 기준과 매뉴얼대로 가동이 되지 않는다. 따라서 학교 현장의 방식이 개발될 수 있도록, 관이 주도하여 민간을 선도하는 것이 아니라 민간이든 공공기관이든 함께 협력할 수 있는 네트워크 방식을 취해야 한다는 것이다.

셋째, 새로운 교육복지모델에서는 중앙정부의 지속적인 관심과 지원이 필요함과 동시에 지방자치단체의 보다 적극적인 개입이 이루어져야 한다.

중앙정부는 지속적인 예산확보, 정책에 중심이 되는 관련 법제정 등을 통해 지속적인 지원을 해야하며, 지방자치단체는 학교만의 사업으로 전락되지 않기 위해 다양하고 실효적인 협력을 해야 한다. 또한 학교에서의 사업의 활성화를 위해 학교나 지역사회단위의 연계협력 체계를 위해 시도교육청과 지방자치단체는 함께 노력하는 구조를 갖추어야 한다.

넷째, 일관성있는 교육복지 전달체계가 갖추어져야 한다.

교육부에 교육복지과가 있다면 시도교육청, 교육지원청, 개별학교에도 교육복지부가 있어야 하며 이들의 구성과 역할은 전달체계로서 기능을 할 수 있도록 만들어져야 한다.

이를 바탕으로 제안하는 교육복지운영 모델의 특징은 다음과 같다.

첫째, 사업의 효과적 운영을 위해 교육복지 전문가의 고용안정화가 필수적이다.

---

[3] 본 내용은 장덕호 외(2012)의 원고 내용을 일부 발췌하여 구성하였음.

둘째, 학교 내 교육복지 관련 전문가특수교사, 보건교사, 영양교사, 사서교사, 상담교사 등 학생 복지 관련 업무에 종사하는 자들로 구성된 교육복지부를 운영하고, 교육지원청, 시·도교육청, 교육부도 동일한 전달체계 구조를 갖도록 한다.

셋째, 학교와 지역사회, 교육청과 지방자치단체와의 연계 협력이 이루어질 수 있도록 교육복지협의회와 교육복지지역위원회를 운영하도록 한다. 또한 지역에 교육복지지원센터를 지정하여 학교 및 지역사회와의 연계확립을 강화한다. 이때 지방자치단체는 예산의 지원 및 행정 협력 등을 통하여 지방자치단체의 실질적 참여가 이루어져야 한다.

이러한 특징이 포함된 "학교-지역사회 연계 모델Community liked Education Welfare services"의 개요는 다음과 같다.

가. 지향점

본 모델에서는 학교의 교육기능과 지역사회 내의 복지기능을 연계하고 학교 내부 기능을 강화하기 위한 부서의 개편을 필요로 한다. 학교의 실질적 교육복지실행 부서로 교육복지부의 기능을 강화하며, 학교, 가정 및 지역사회 협력을 강화하여 지역교육 공동체 구현을 지향한다. 그리고 모든 학생을 교육복지 대상으로 하지만 우선적으로 교육 소외 대상에게 공평한 교육기회를 제공하고, 교육기회의 평등과 학교 교육 활성화에 기여함을 지향한다.

나. 대상

모든 학생을 교육복지 대상으로 하고, 사회적 취약집단 자녀를 우선 대상으로 한다. 즉, 저소득 학생, 장애학생, 새터민 자녀 학생, 다문화 자녀 학생, 학교 부적응 학생 및 학교 폭력 대상 학생, 농어촌 학생 등을 모두 포괄한다.

다. 사업 추진 체제

① 전달체계의 일관성 확립

교육부에 교육복지팀, 시·도교육청, 교육지원청의 교육복지 전담 부서, 단위학교의 교육복지부 등 일관된 교육복지부의 전달체계를 구축한다. 현재 중앙정부인 교육부에는 교육복지과가 있지만 시·도교육청, 교육지원청에는 교육복지 전담 부서가 특별히 만들어 있지 않는 상태이다. 따라서 시도교육청이나 교육지원청에도 교육복지를 담당하는 부서를 만들고 그 이름도 교육복지과라는 명칭을 사용하는 것이 바람직하겠다.

또한 행정적인 부서이지만 시·도교육청과 교육지원청에서는 프로젝트 조정자를 확보하고 이들에게 사업 슈퍼비전을 제공할 수 있는 시스템을 만들어 가는 것이 바람직하다. 또한 교육복지사업의 원활한 추진을 위해 중앙단위의 협력 추진체계, 시·도교육청과 교육지원청과 지방자치단체의 추진체계, 지역 내의 교육복지지원센터를 공식적 추진체계로 만들어야 한다.

이 모델에서 중요한 요소는 일관성 있는 전달체계의 확립이다. 따라서 중앙 부처의 교육복지과와 시·도교육청의 교육복지팀, 그리고 개별학교의 교육복지부로의 일관성 있는 전달체계가 확립되어야 한다.

② 논의 및 협의체계의 확립

전달체계와 마찬가지로 교육복지협의회와 지역교육복지위원회도 중요한 협의체계로의 역할을 감당한다. 지역에는 지역교육복지협의회를, 학교에는 지역교육복지위원회를 갖추어야 한다.

본 모델은 기존의 교육복지우선지원사업의 사업추진체제를 기반으로 한다. 다만 교육복지부서의 기능적 강화, 지역 거점기관단체의 지정, 이를 통한 지역사회와의 연계 협력을 강화하는 것이다. 이때 지역사회 내에는 거점 기관단체들의 협의회를 구성하여 지방자치단체의 행정적·예산 지원을 받을 수 있도록 하여 교육복지지역협의회를 발족시켜 자발적인 지역사회조직으로 활동하게 한다. 즉, 단위학교에서는 지역 거점 기관단체, 교육지원청에서는 지역교육복지협의회, 시도교육청에는 광역교육복지협의회를 구성하여 교육복지사업을 지원할 수 있도록 한다. 또한 개별 학교 단위에서는 지역교육복지위원회를 두어 개별 학교를 지원하게 한다. 또한 교육복지지원센터를 두어 개별 학교의 교육복지부서와 지역사회기관이 서로 협력하여 운영하도록 한다.

[**그림 8-5**] 학교-지역사회 연계 모델 추진 체계도

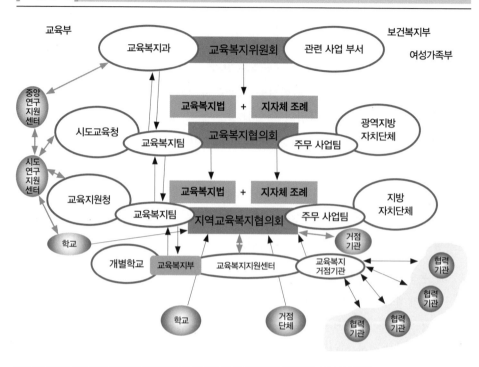

③ 개별 학교의 사업 실행 구조로서의 교육복지부

그러나 이를 위해서는 개별 학교의 교육복지부의 기능이 매우 중요하다. 개별 학교의 교육복지부는 단순한 사람의 재배치가 아니라 교육 전문기관인 학교와 지역사회와의 협력적 연계를 담당하는 기능적 위치를 갖는다. [그림 8-6]은 교육복지부의 기능적 위치를 나타내고 있다.

이러한 교육복지부의 구체적인 구성을 살펴보도록 하겠다. 교육복지부서는 보건교사, 특수교사, 영양교사, 지역사회전문가, wee-project 상담교사 등이 함께 포함되어 있다. 이들은 교내복지위원회에서는 학생들의 교과과정 및 학습 상담에 대한 협의를 진행하며, 교외위원회에서는 주로 다양한 복지자원을 교육자원화시키기 위한 지역사회 네트워크와 연계협력 체제기반을 구축해야 한다. 이때 대상학생들의 학습의 영역은 교사들이 주로 담당하게 된다. 학습의 영역은 교육복지부에 포함되지 않아도 되지만 교내교육복지위원회에는 참여하여 교육복지사업이 학습과 복지가 결합될 수 있도록 구성되어야 한다. 또한 교외위원회는 주로 각종 지역 연계사업을

중심으로 결합되어야 하고 정기적으로 사업의 기획과 평가 등이 이루어질 수 있도록 정기적으로 가동되어야 한다.

[그림 8-6] 교육복지부의 기능적 위치

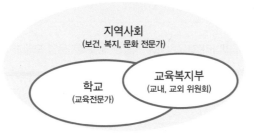

[그림 8-7] 교육복지부의 구성 내용

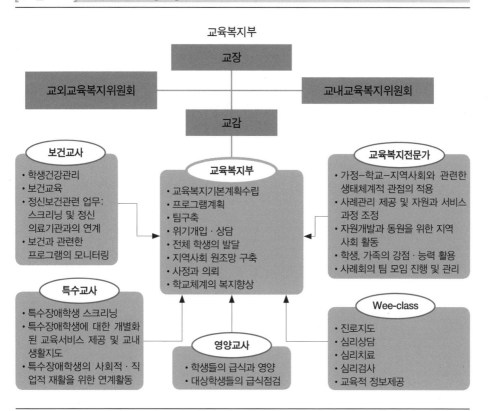

연구문제

학교중심모델, 학교중심지역연계모델, 교육복지센터모델, 지역사회기관중심모델 등 각각의 특징을 설명해 보자.

 이슈 따라잡기

당신이 생각하는 우리나라 교육현장에 적합한 교육복지운영 모델과 그 이유를 서명하고 함께 토론해 보자.

 확인학습

1. 교육복지를 바라보는 유용한 이론은 강점관점, 임파워먼트 관점, 네트워크이론 등이다.
2. 교육복지이론을 실천하는 모델은 강점관점, 임파워먼트 모델이다.
3. 교육복지운영 모델은 학교중심모델, 학교중심 지역연계 모델, 교육복지센터형모델, 지역사회기관모델 등으로 나눌 수 있다.

 생각해 볼 문제

미래형 교육복지운영 모델에 대하여 함께 논의해보자.

CHAPTER 09 교육복지 실천단계

교육복지 실천을 위해서는 체계적인 접근이 필요하다. 그러나 이제까지는 교육복지 실천에 대한 접근단계에 대한 관심은 그다지 많지 않았다. 따라서 우리 나라 교육복지 실천과 유사한 형태를 지닌 학교사회복지실천 과정에 대하여 살펴본 후 우리 나라에 적합한 교육복지 실천단계에 대하여 알아보고자 한다.

학습목표
1. 교육복지를 실천할 때 중요한 단계를 함양할 수 있다.
2. 교육복지 실천단계마다 핵심요인을 학습할 수 있다.

01 교육복지 실천을 위한 이해와 점검단계

❶ 교육복지 실천을 위한 사전 이해

교육복지실천을 위해 다음 다섯 가지의 영역에서 기본적 사항에 대하여 이해를 해야 한다. 이러한 기본적인 이해는 임용 후 직무교육으로 연계되면 가장 좋다. 그러나 만일 임용 후 직무교육이 제대로 이루어질 수 없는 상황이라면 개인적으로라도 충분히 학습해야 할 것이다.

(1) 필요 지식에 관한 사전 이해

- 인간행동과 사회환경 이해
- 강점관점, 임파워먼트, 생태체계적 관점 이해
- 교육학에 관한 이론과 내용
- 교육과정에 대한 이해
- 학교교육 및 평생교육에 대한 이해
- 학교교육계획서의 이해

• 상담에 대한 기본 이해
• 사회복지의 기본 개념 및 이론
• 아동 청소년 복지에 대한 이해
• 지역사회복지에 대한 이해
• 사례관리론에 대한 이해
• 지역사회조직론에 대한 이해
• 네트워크에 대한 이해

(2) 학교에 대한 이해

• 학교의 구조에 대한 이해
• 학교의 전반적 분위기에 대한 이해
• 학교 각 부서의 역할 및 위치
• 학교의사소통 및 업무 체계에 대한 이해
• 학교와 지역사회와의 관계성 및 협력정도 파악
• 교사들 간의 관계정도 이해
• 교장의 리더십 스타일 이해
• 각종 위원회의 기능 및 역할 이해
• 학교 및 교육청의 교육복지에 대한 관심 및 이해
• 교육복지대상학생의 현황파악
• 학교관리자의 지역사회에 대한 인식 파악

(3) 학생에 대한 이해

• 아동 청소년의 발달 단계 이해
• 빈곤아동에 대한 이해
• 새터민 학생에 대한 이해
• 다문화 가정 및 학생에 대한 이해
• 학교폭력에 대한 이해
• 장애 아동에 대한 이해
• 진로탐색에 대한 학습

•아동 청소년의 욕구와 특성에 대한 이해

(4) 가정에 대한 이해

•가정방문에 대한 기본적인 이해
•학부모 상담기술 및 관계형성에 대한 이해
•가족사에 대한 이해
•초기 인테이크 방법에 대한 이해
•대상학생 성장과정에 대한 이해
•학부모의 관심 및 자녀양육 욕구에 대한 이해
•가족의 구조적인 문제
•학부모의 강점 발견
•경제적인 상황

(5) 지역사회에 대한 이해

•학교 주변의 지역사회 기관에 대한 이해
•지역사회 문화에 대한 이해
•지역사회의 물리적 공간에 대한 이해
•공공서비스 기관과의 협력 이해드림스타트, 희망복지지원단, 건강가정지원센터 등
•학교폭력, 다문화, 새터민, 학습부진, 학교부적응, 빈곤 등 대상학생을 지원할 수 있는 지역사회 기관의 파악
•학교단위에서 네트워크 대상 기관, 교육청 단위 네트워크 대상 기관에 대한 이해
•지방자치단체와 연계협력을 위한 담당 부서 및 연계사업 파악
•지방자치단체의 유사사업에 대한 이해
•지역사회 역사, 인구통계학적 자료
•공공기관, 도움을 줄 수 있는 기관
•지역사회 내의 주민 참여 수준
•지역사회 내에 존재하는 리더십
•지역사회의 권력을 조절하는 조직의 유무

- 지역사회에서 지켜지는 전형적 가치기준
- 지역사회에 존재하면서 지역사회 내에 영향을 주고 있는 내부적, 외부적 환경요소
- 협력이 가능한 공공기관의 담당자와의 연계망 파악

❷ 교육복지 실천을 위한 사전 점검

교육복지 실천을 위해 단계와 그 과업을 말하기 전에 교육복지 실천을 위한 운영 전략을 살펴보는 것이 필요하다. 교육복지전문가는 본격적인 사업실천을 하기 전 자신의 가치와 역량을 점검해야 한다. 이것은 학교라는 곳이 일반적인 장소가 아니라 학습이 이루어지는 교육체계이기 때문에 다양한 어려움이 많을 수 있다. 이러한 어려움에 대처하기 위해서 자신의 상황을 점검하고 가치관을 확립하는 것은 사전에 해야 할 중요한 일이다. 따라서 교육복지전문가들은 교육복지사업실천 전에 자신을 점검하는 다음의 사항을 확인해야 한다.

(1) 나는 교육복지의 개념을 확실하게 알고 있는가?

학교에서 교육복지전문가로서 활동할 수 있는 전문자격은 교사자격증, 사회복지사 자격증, 평생학습사 자격증, 청소년 지도사, 상담사 자격증 등등 다양하다. 따라서 이들은 각각 다양한 전문지식의 배경을 가지고 있다. 이들은 교육복지에 대하여 공동의 개념을 형성하지 않는다면 교육복지에 대하여 자신만의 주관적 개념을 확신할 수 있으며, 이는 타인의 개념을 존중하지 않고 자기 주장을 하게 되는 부작용이 나타날 것이다. 따라서 교육복지에 대하여 공통의 개념을 학습해야 할 것이다.

적어도 학교나 교육청 및 교육복지센터에서 근무하는 교육복지전문가라면 다음과 같은 다섯 가지의 사항은 공통적으로 학습해야 할 것이다.

① 교육복지의 정의, 목적, 구성요소, 운영체계

② 교육복지의 역사 우리 나라, 외국

③ 교육복지 관련 법 지식

④ 우리 나라 교육복지의 현황과 개선방안

⑤ 교육복지의 핵심 요소

(2) 나는 왜 교육복지전문가로 일하려고 하는가?

교육복지전문가는 그다지 좋은 근로조건을 가지고 있지 않음에도 불구하고 왜 교육복지전문가로 근무하려고 하는지에 대하여 고민할 필요가 있다. 분명 학교는 학생들의 교육과 성장, 변화와 발전을 위해 존재하는 공적인 기관이므로 이곳에서 근무하는 사람들은 대부분 교육자와 같은 마인드와 태도를 갖추어야 한다. 즉, 교사는 학생들에게 모범을 보여야 하고, 그들에게 지적으로나 생활태도 등 모든 면에서 가르침을 줄 수 있는 자격을 요한다. 학교에서 근무하는 행정직원들도 일반 행정직 공무원이 아니라 학교에서 근무하는 선생님의 호칭에 걸맞는 교사와 같은 교육적인 태도와 윤리를 요구받는다. 그렇다면 다른 전문가들은 어떨까? 대부분 다른 전문직은 '교사'의 호칭을 사용한다.

보건교사, 영양교사, 사서교사 등등은 해당 영역의 전문가이면서도 교사의 호칭을 사용한다. 그렇다면 교육복지전문가들은 어떨까? 교육복지교사라고 불리워야 하는가? 아직까지 그런 호칭사용에 대한 논의는 불필요하지만 교육복지전문가는 교사에 준하는 윤리와 가치와 철학을 가지고 있어야 한다.

대부분 2014년 현재 우리나라 학교현장에서 근무하는 교육복지전문가들은 나름대로의 이유로 학교 현장에서 일하고 있다. 그러나 학교에서는 교육복지전문가들에게 일종의 사회적 기대감을 가지고 있으며, 그 기대감은 그들은 교육복지에 대한 전문가이며 교사에 준하는 윤리와 철학을 가지고 있을 것이라는 기대감이다. 따라서 교육복지전문가라고 하면 단순히 근무시간을 채우는 그런 수동적인 태도가 아닌 적극적이고 학생복지향상을 위해 노력하는 모습을 보여주어야 한다. 만일 교육복지전문가가 이러한 학생지향적인 태도와 가치, 그리고 교육복지의 전문가다운 모습을 보여주지 않는다면 개별학교에서는 교육복지전문가를 전문가라고 인식하기보다는 행정보조요원으로 인식할 수 있다.

그러므로 학생들의 복지를 위해 일하는 교육복지전문가로서 다음과 같은 자신의 태도와 동기를 점검하도록 하자.

PART 03 교육복지 프로그램과 실천

(3) 교육복지전문가의 전문성은 무엇인가?

교육복지전문가는 명칭에서 전문가라고 명시되어져 있다. 여기에서 말하는 전문가란 다양한 자격증을 가지고 있음을 의미한다. 교육복지 실천에 있어서 필요한 전문성은 무엇일까? 그것은 행정문서 작성능력, 관계형성 능력, 사례관리실천 능력, 프로그램 기획 및 운영능력, 상담능력, 네트워크 조직능력 등을 말한다. 그러나 이들에게는 더욱더 중요한 능력이 필요한데 필요한 두 가지는 소통의 능력과 변화의 능력이다윤철수, 2011. 소통의 능력은 학생과의 소통, 교사와의 소통, 학교 구성원 및 학생, 학부모와의 관계형성의 능력, 지역사회와의 네트워크 구성 및 활용 능력을 말한다. 교육복지전문가는 소통의 전문가가 되어야 한다. 또 다른 한가지 능력은 학생 변화 능력이다. 최근 사회복지학계 및 실천현장에서는 학생의 변화를 위해 사례관리 방법론을 강조하고 있다. 교육복지전문가는 사례관리실천을 통해 학생의 변화, 학교의 변화, 가정의 변화 등을 이끌어 낼 수 있어야 한다. 다시 말하면 교육복지전문가에게 필요한 전문성은 소통과 변화의 능력이라고 할 수 있다.

(4) 나는 지역사회를 잘 알고 있는가?

교육복지전문가는 지역사회를 잘 알아야 한다. 2003년도 사업이 시작될 때에 교육복지전문가의 공식명칭은 지역사회교육전문가이다. 즉, '지역사회'와 '교육', '전문가'라는 세 단어가 단순하게 합쳐진 이름이다. 이러한 이름에서 지역사회는 가장 먼저 위치하였듯이 교육복지사업을 실천함에 있어서 지역사회는 매우 중요한 요소이다. 학교는 지역사회기관들과 조직 연계를 잘 해야하고 이러한 일을 잘 할 수 있는 사람으로 교사가 아닌 지역사회교육전문가란 이름의 전문가가 탄생하게 되었다. 교육복지전문가는 학교가 속해 있는 지역사회 내에 어떠한 자원이 있는가를 살펴보아야 하고 또한 자원조직화를 통해 교육복지 네트워크를 구성해야 한다. 그러기 위해서는 내가 속해 있는 지역사회에 대하여 충분히 잘 알고 있어야 한다. 교육복지사가 그 지역사회를 잘 알고 있을수록 지역네트워크는 활성화 될 것이다.

CHAPTER 09 교육복지 실천단계 **233**

(5) 나는 누구와 함께 일하는가?

교육복지전문가는 학생, 학부모, 교사, 지역사회와 함께 일해야 한다. 학생은 대상학생을 중심으로 관계형성, 서비스 전달, 사례관리 등을 실시해야 하고, 학부모와는 가정방문 및 관계형성, 더 나아가서는 드림스타트 전문가나 희망복지지원단 전문가들과도 함께 일해야 한다. 이처럼 가정과 지역사회, 공공 및 민간기관들과 함께 일할 수 있어야 한다. 또한 교사들과도 충분한 협력관계를 이루어야 하는데 담당교사와의 협력관계는 물론이고 담임교사 학년부 및 기타 교무행정부서와도 함께 협력하여 일을 할 수 있어야 한다. 교육복지실천에 있어서 가장 중요한 협력팀은 학교 내 교사들이다. 그러므로 교사들과 함께 팀을 이룰 수 있도록 노력해야 한다.

(6) 나는 학생을 알고 있는가?

교육복지전문가로서 초등, 중등학생에 대하여 얼마나 알고 있는가를 점검해야 한다. 청소년단계의 발달과업과 특성을 잘 알고 있는가? 학생이라는 사회적 신분관계를 이해하고 있는가? 교육복지 대상인 빈곤, 새터민, 다문화 이주민, 학습부진, 학교 부적응 등의 문제를 잘 알고 있는가? 이들이 경험하는 문제를 개인적인 문제로만 인식하고 있지는 않은가? 이처럼 학생의 발달 특성과 문제에 대한 폭넓은 인식을 할 때에 교육복지전문가로서 역할을 다 할 수 있다.

(7) 나는 학교를 이해하고 있는가?

교육복지전문가는 학교에서 일을 해야 하므로 학교를 잘 알아야 한다. 그러나 대부분의 교육복지전문가들은 교사로 일한 경험이 없다면 학교의 특성에 대하여 알지 못할 수 있다. 교육복지전문가로서 학교의 특성을 충분히 알지 못한다면 많은 시행착오와 관계적 어려움을 경험하고나서야 하나씩 알게 된다.

따라서 교육복지전문가는 학교조직의 특성, 학교에 대한 이해, 교육학이나 교사론 등 학교와 교사에 대한 이해를 충분히 학습하는 것이 필요하다. 그래야 학교가 왜 지역사회와 연계하기 어렵고 힘든가도 함께 이해할 수 있을 것이다. 또한 교육복지전문가가 학교에 대한 학습이 필요한 이유는 지역사회가 학교에 대한 이해가 없기 때문이다. 즉, 지역사회는 학교를 이해할 기회를 갖지 못하며 학습할 기회조차 적다. 그래서 지역사회와 학교는 서로가 서로를 이해하지 못하며 서로에 대하여 충분히 알지 못한다. 교육복지전문가는 학교와 지역사회와의 협력을 위하여 서로 양쪽을 이해하고 조정하는 역할을 해야 한다. 교육복지전문가는 지역사회 안에 학교가 있음을 알고 학교와 지역사회 모두를 잘 이해해야 한다.

(8) 나는 학생들의 욕구에 맞는 프로그램을 발전시킬 수 있는가?

교육복지전문가는 학생의 욕구를 파악할 수 있어야 한다. 학생들의 욕구는 교육복지프로그램 기획에 중요한 기준이 되기 때문이다. 프로그램은 교사나 공급자 중심의 개발이어서는 안 된다. 학생의 욕구를 조사하고 현재 학생이 필요한 부분을 파악하고 욕구에 따른 프로그램을 개발해 내야 한다. 교사나 프로그램 공급자의 욕구가 아닌, 기본적으로 학생의 욕구에 따른 프로그램 개발은 학교의 참여와 협조를 보다 용이하게 할 것이다.

교육복지프로그램은 시간에 따라 발전하고 진화해야 한다. 초기에는 학생들의 관계성을 증진시키고 교육복지실과 교육복지 프로그램에 참여하는 낙인감을 없애는 데에 초점을 두어야하고 학습, 심리정서, 복지 등등의 프로그램을 실시하는데 학습 등에 중점을 두어 진행하게 된다. 그러나 교육복지사업이 정착되었다면 초등학생과 중학생의 욕구의 차이가 있게 되면서 초등과 중학생용의 프로그램을 달리 구성해야 한다. 또한 학교가 속해있는 지역의 특성과 지역사회 기관의 종류에 따라서 프로그램은 더욱더 변화하고 발전할 수 있다. 따라서 교육복지전문가는 학생의 욕구, 학교의 상황, 지역사회의 자원 정도 등에 따라 프로그램을 기획하고 실행할 수 있어야 하며 학생들의 욕구를 잘 파악할 수 있도록 민감성을 높여야 한다.

이제까지 학교사회복지 진입을 위한 전략들을 살펴보았다. 다음으로는 학교사회복지 진입 이후 학교사회복지실천을 하기 위한 기초개념을 살펴보겠다.

02 교육복지 실천 단계

교육복지 실천의 단계에 대하여 아직까지 연구된 바는 없다. 다만 교육복지 전문가의 역할 수행과정에 대한 연구가 소량으로 발표되었다. 교육복지전문가의 역할 수행과 관련된 윤철수2005의 연구를 보면 교육복지전문가는 나름대로의 특별한 의미를 찾으려고 학교로 갔지만 그들에게의 교육복지실천과정은 한마디로 자신의 역할을 찾아가는 과정이었다. 그들은 다양한 사건을 경험하면서 나름대로의 전략을 발견하는데 그것은 학교장과 학교가 원하는 대로 업무를 수행하는 '순응하기' 전략, 마음에 맞는 교사들과 함께 '팀으로 접근하기', 그리고 자신의 전문성으로 교육복지사업을 수행하는 '전문성으로 주도하기'의 전략을 구사하게 된다. 그 결과 지역사회 교육전문가는 '단순 보조원'으로 남기, '교육복지사업 담당자'로 남기, '교육복지전문가'로 인정받기 등으로 자리매김이 되었다. 또한 박진여2014는 약 10년 뒤 유사한 주제로 연구를 하였는데 이때에는 교육복지전문가는 '뭔가를 보여주고자 하는 활동'을 하고, '뛰어넘기 힘든 어려운 힘든 한계에 직면함', 그리고 '그럼에도 불구하고 행복하고 매력적이라고 느끼고, 보람과 자부심을 느끼면서 이 일은 나로 하여금 가슴 뛰게 하는 일이라고 인식'하고 있었다. 그리고 어려움 속에서 자신을 내려 놓고, 돌파구를 찾아나서는 등 '살아가는 방법을 터득'하고 이었다. 이들이 현장에 존재하는 이유는 자신은 필요하고, 학교에 존재하는 다른 전문가라는 인식, 그리고 스스로 자신이 성장하고 있다는 인식을 느끼면서 자신의 직업에 대한 의미를 느끼고 있었다. 이렇듯 교육복지전문가는 자신의 역할을 수행하기 위한 일련의 과정을 경험하고 있었다.

이를 바탕으로 교육복지 실천을 위한 단계를 제안하면 다음과 같다.

먼저 교육복지 실천을 위한 사전준비단계가 있다. 교육복지 실천을 위해서는 학교에서도 준비가 필요하고 교육복지전문가들에게도 준비 단계가 필요하다. 그리고 기획단계, 교육복지 실천 계획전략수립단계가 있다. 그리고 프로그램 실행 및 점검단계, 평가 및 공유단계, 환류 단계 등으로 구성될 수 있다. 이를 그림으로 표시하면 다음과 같다.

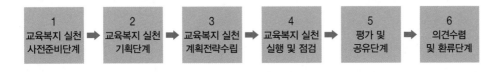

[그림 9-1] 교육복지 실천 단계

| 1
교육복지 실천
사전준비단계 | ➡ | 2
교육복지 실천
기획단계 | ➡ | 3
교육복지 실천
계획전략수립 | ➡ | 4
교육복지 실천
실행 및 점검 | ➡ | 5
평가 및
공유단계 | ➡ | 6
의견수렴
및 환류단계 |

❶ 사전준비단계

이 단계는 교육복지 실천을 하기 위한 사전준비단계이다. 교육복지 실천을 위해서는 몇가지 사항을 점검해야 한다. 먼저 내부 구성원들의 교육복지 실천에 대한 이해와 협력, 그리고 동의를 구하는 일이다. 왜냐하면 교육복지 실천은 관리자의 판단과 결단이 중요하지만 구성원들의 참여와 동참이 없다면 결코 성공할 수 없기 때문이다.

사전준비단계에 필요한 사항은 전체 교직원회의에서 해당 학교의 정확한 분석, 기존 교육복지 실천 학교의 장단점과 성과, 그리고 그 절차에 대한 공유가 반드시 필요하다고 할 수 있다. 이런 절차를 설명한 후 학교장의 설명을 통해 전체 교직원의 동의를 구해야 한다. 이때 기존 학교관계자를 초청하여 운영의 장단점과 성과와 구성원들의 참여 형태 등을 알려야 한다. 또한 전체 교직원 회의 때 반드시 설명되어야 할 점은 현재 해당 학교 학생들의 교육적, 사회 경제적인 상황도 함께 알려야 하고, 학교를 돕기 위한 지역사회자원도 함께 설명해야 한다.

다음은 사전준비단계에서 모든 구성원들과 반드시 논의되어야 할 사항이다.

- 교육복지의 개념과 운영 조직
- 교육복지실천의 필요성 공유
- 교육복지사업의 운영 성과와 장단점
- 해당 학교 학생들의 경제적, 교육적, 사회적 상황들 교육복지대상 학생들의 현황
- 교육복지를 실천할 때 협력이 가능한 지역사회 자원들 목록

이러한 사항은 먼저 부장단 회의를 통해 논의한 후 학년부 및 전체 교직원회의에 안건을 상정하여 충분한 논의를 할 수 있도록 한다. 시기적으로는 사업 실시 전년도 여름방학 교직원연수 때 충분한 논의를 할 수 있는 시간을 확보하는 것이 가장

좋으며 최소한 10월 중간고사 기간에 교직원연수에서는 그 의견수렴을 할 수 있도록 해야 한다. 교직원연수 때에 먼서 시행하였던 학교의 교장이나 교사, 교육복지전문가를 초빙하여 그 사례를 청취하는 것도 도움이 될 수 있다.

이 단계에서는 교육복지사업에 대한 정보를 충분히 수집하고 학교 구성원들과 공유하며 사업시행에 대한 당위성과 필요성에 대한 이해와 동의를 구하는 것이 가장 중요한 과업이다.

❷ 실천기획단계

만일 학교에서 학생들을 위해 교육복지 실천을 하겠다고 결정하였다면 곧바로 실행계획서를 작성해야 한다. 이러한 실행계획서를 작성하기 전에 몇 가지 사항을 확인해야 한다.

첫째, 내년도에 본 사업을 운영할 수 있는 부장급의 교사를 미리 선정해야 한다.

대부분 교사들 중에는 과도한 수업부담과 행정부담으로 추가의 업무를 담당하는 것을 부담스러워 한다. 그래서 대부분의 학교에서는 업무를 나눠야 한다는 생각에 교육복지 실천 계획서를 작성하는 사람은 따로 있고 업무 선정이 되면 담당하는 부장은 다른 사람인 경우가 많다. 이렇게 되면 계획하는 사람과 실행하는 사람이 다르기 때문에 혼선과 어려움이 있다. 따라서 학교장은 계획하는 사람이 실행할 수 있도록 해야 한다. 분명 계획자와 실행자가 일치되어야 교육복지 실천이 순조롭게 진행될 수 있다.

둘째, 교사들에게 사업제안을 받자.

교사들에게 교육복지대상 학생들에게 필요한 사업이 무엇인지에 대한 의견을 수렴하도록 하자. 이들은 교육복지대상 학생들의 상황을 잘 알고 있을 것이다. 따라서 교사들에게 사업제안을 받도록 하자. 이때에는 다양한 의견이 많이 나올 수 있도록 하는 것이 중요하다. 특히 사업제안을 받을 때에는 특정한 양식을 배부하면 더 체계적인 의견수렴이 가능할 것이다. 나중에 이들의 의견을 바탕으로 사업실행이 결정된다면 그때 위원회의 구성원으로도 초대할 수 있도록 하자.

셋째, 지역사회 기관들에게 설명회를 통해 사업제안을 받자.

교육복지 실천에 중요한 일은 지역사회기관과의 연계협력을 통해 우리 대상학생들에게 교육복지서비스를 제공하는 일이다. 학교에서 교육복지사업에 참여할 의사가 결정이 되었다면 지역사회 내에 있는 유관기관들에게 설명회를 갖도록 하자. 그리고 그들의 의견을 충분히 청취하고 그들에게서도 사업제안을 받도록 하자.

분명 학교가 잘 하는 일도 있지만 학교보다는 방과 후에 지역사회 내에서 더욱 더 잘 할 수 있는 일이 있다. 학교의 입장을 충분히 설명하고 지역사회기관의 참여 의사를 확인하고 그들로부터 사업제안을 받아 계획서에 첨부할 수 있도록 하자. 또한 사업이 확정 될 때에 이들을 외부위원으로 포함하여 교육복지위원회를 구성하자.

넷째, 학교 내 교육복지실을 설치할 수 있는 공간을 확인하자.

교육복지 실천에 있어서 교육복지실은 매우 중요한 공간이다. 단순한 사무공간의 의미를 넘어서서 여기서 학생들과의 교류를 통해 많은 정보가 오고간다. 또한 교육복지실을 통해 학생, 학부모, 교사, 지역사회와의 연계 협력기능이 이루어진다.

교육복지실은 학생들의 왕래가 많은 곳으로 선정하고 교실 1개 공간으로 인테리어를 예쁘고 밝게 꾸밀 수 있도록 한다. 학생들이 학교에서 가장 오고 싶은 곳으로 꾸밀 수 있도록 고려해야 한다. 요즘 다기능 교실의 사용이 늘어가고 있어서 교실확보가 어려울 수 있으므로 미리 교육복지실의 공간을 확보해 두는 것은 매우 중요하다.

다섯째, 타 학교의 교육복지계획서를 참고하여 분석한다.

교육복지 실천 기획단계에서는 타 학교의 교육복지계획서를 참고하여 분석하는 것도 중요하다. 이때 학교 규모, 지역, 성별 급간 등을 비교분석하여 가장 본교와 유사한 학교의 교육복지계획서를 참고하여 분석한다. 분석할 때의 참고사항은 첫째, 교육복지실행구조는 어떠한가? 둘째, 교육복지실천 사업의 영역별 비중은 어떠하며 학생들의 반응과 평가는 어떠한가? 셋째, 교육복지전문가의 역할은 무엇이고 학교 내에서 어떠한 역할을 하는가? 넷째, 학교와 가정, 지역사회와는 어떠한 협력이 이루어지는가? 등의 내용을 참고하여 분석한다.

여섯째, 해당 교육지원청과 협력하여 계획서(안)를 작성해 본다.

해당 교육청에게 도움을 청하여 같은 지역 내 사업 학교의 견학 및 교육청의 운영 방침에 대하여 현황을 듣도록 한다. 계획서를 작성하기 전에 다른 학교의 사업현황과 내용을 검토해보도록 하자. 검토하면 교육복지사업의 방향성을 발견 할 수 있을 텐데 그 방향성이란 가정과 지역사회와의 연계가 활발하다는 것이다. 분명 교육복지사업은 개별학교 안에서 이루어지는 개별학교만의 사업이 아니다. 교육복지사업을 통해 가정과 지역사회와의 소통이 원활해져야 할 것이다.

일곱째, 작성한 계획서를 바탕으로 교직원들과 관련 지역사회기관과 함께 설명회를 하자.

교사 및 지역사회기관들로부터 사업설명회 및 사업제안을 받고, 교육청과 사업실시 학교를 방문하였다면 어느 정도 학교에서 필요한 사업계획서 초안을 작성할 수 있을 것이다. 초안을 작성한 후 의견을 발의한 교직원들과 지역사회기관과 함께 설명회를 갖는 것이 필요하다. 교내 구성원들에게는 사업실시 후 긴밀한 협력을 이끌어낼 수 있으며 지역사회기관에는 내년도 사업계획에 반영할 수 있도록 그 기회를 제공하는 것이 필요하다. 이때 학교장은 교육복지사업에 대한 강한 의지와 관심을 표명해야 한다. 만일 학교장이 교육복지에 대한 관심을 표명하지 않는다면 다른 교직원들이 이 사업에 힘들게 참여할 동기가 사라지게 될 것이다.

❸ 계획 및 전략수립단계

만일 사업계획이 승인되어 교육복지 실천을 할 수 있게 된다면 다음의 과정을 고려하여 추진할 수 있다.

첫째, 교육복지 실천 운영체계를 구축하라.

교육복지 실천 담당자, 부장, 각종 위원회 등을 구성하라. 교육복지위원회, 교육복지실행위원회 등을 구성하여 학교 내에서 교육복지 실천이 공식적인 절차를 밟아 진행될 수 있도록 한다. 교육복지 실천이 학교의 교육과정과 연계될 수 있도록 하기 위해서는 학년부, 연구부와도 긴밀한 협조를 구해야 하며, 이는 개별적인 노력보다는 정기적인 위원회 활동을 통하여 공식적으로 이루어질 수 있도록 한다. 학교장은 이들 위원들에게 위촉장을 수여하여 책임감을 고취할 수 있도록 해야 한다. 교육복지위원회는 형식적인 위원회가 아니라 실질적으로 활동하는 중요한 의사논의기구가 되어야 한다. 또한 위원회는 정기적으로 모여야 하며 위원회의 역할은 계획서 승인 및 대상학생 선정, 수정계획서의 심의 및 승인 중간 평가, 최종 평가 및 차년도 계획서 반영 등을 논의하는 것이다.

둘째, 교육복지전문가를 선발한다.

사업학교는 좋은 교육복지전문가를 채용할 수 있도록 노력을 해야 한다. 어떤 마인드를 가지고 본 사업에 참여하는가는 어떤 자격증을 가지고 있는가보다 더 중요할 수 있다. 해당 학교의 사업을 가장 잘 수행할 수 있는 전문가를 선발해야 한다. 학교장 면접을 할 때에는 일단 교육복지사업을 어떻게 이해하고 있는가? 본인은 왜 학교에서 근무하려고 하는가? 본인의 전공은 교육복지사업에 어떻게 활용될 수 있는가? 지역사회를 바라보는 관점은 어떠한가? 등등 핵심 사항을 점검해야 한다.

그리고 해당학교의 사업에 적합한지를 살펴봐야 한다. 해당학교 교육복지사업을 어떻게 실천할지에 대하여 충분히 설명하도록 하며 해당학교 상황에 적합한 전공자를 선발하도록 한다. 다음은 2019년 ○○지역의 교육복지전문가 채용공고문 중 응시자격의 내용이다.

참고자료 1

교육복지 전문가 채용공고문 응시자격

■ **응시자격 및 담당업무**

가. 응시자격(공통): 「○○○교육청 교육공무직원 운영규정」 제13조의 결격사유에 해당하지 아니하고, 다른 법령에 의하여 응시자격이 정지되지 아니한 자

--- 「○○○교육청 교육공무직원 운영 규정」 제13조(결격사유) ---

1. 피성년후견인, 피한정후견인
2. 파산선고를 받은 사람으로서 복권되지 아니한 자
3. 금고 이상의 형을 받고, 그 집행이 종료되거나 집행을 받지 않기로 확정된 후 5년이 경과하지 아니한 자
4. 금고 이상의 형을 받고, 그 집행유예의 기간이 만료된 날부터 2년이 경과하지 아니한 자
5. 금고 이상의 형의 선고유예를 받은 경우에 그 선고유예 기간 중에 있는 자
6. 법원의 판결 또는 다른 법률에 따라 자격이 상실 또는 정지된 자
7. 징계에 의해 해고의 처분을 받은 날부터 5년이 경과하지 아니한 자
8. 「아동 청소년의 성보호에 관한 법률」 제56조에 의한 취업이 제한되는 자
9. 「아동복지법」 제29조의3에 의한 취업이 제한되는 자
10. 그 밖에 교육기관의 특성에 따른 중대한 사유로 업무수행이 지극히 곤란한 자

나. 응시연령: 만18세 이상 (단, 「○○○교육청 교육공무직원 운영규정」제26조(정년)에 해당하지 않는 자)

--- 「○○○교육청 교육공무직원 운영 규정」 제26조(정년) ---

무기계약근로자의 정년은 만60세에 도달한 날이 3월에서 8월 사이에 있는 경우에는 8월 31일에, 9월에서 다음 해 2월 사이에 있는 경우에는 다음해 2월 말일에 각각 당연히 퇴직한다. 단, 교육행정기관의 경우 만60세에 도달한 날이 1월에서 6월 사이에 있는 경우에는 6월 말일에, 7월에서 12월 사이에 있는 경우에는 12월 말일에 당연히 퇴직한다.

다. 성별 및 경력, 성별: 제한없음

라. 거주지 제한: 공고일 현재부터 최종시험일(면접시험)까지 계속하여 본인의 주민등록상 주소지가
○○도 내로 되어 있는 자

마. 담당업무 및 자격조건

채용분야	담당업무		비고
교육 복지사	• 교육복지우선지원사업 관련 학교의 사업계획 수립 및 시행 지원 • 교육복지우선지원사업과 관련하여 해당교에 소속되어 학교, 지역사회 기관과의 네트워크 를 통한 인적 · 물적자원을 연계하는 역할 • 교육복지소위원회 등 교내 · 외 각종 협의회 운영 • 집중지원학생 통합사례관리 및 학생의 기본적 욕구를 파악하고 이를 토대로 학교와 지역 사회의 청소년 · 문화 · 복지기관, 학교와 가정과의 연계를 도모하는 역할 • 그 밖에 교육복지우선지원사업과 관련하여 학교장이 정하는 사업 업무		
	자격조건		
	필수1	• 관련 전공자(교육학, 청소년학, 사회복지학)로 자격증 소지자(사회복지사, 청소년 지도사, 평생교육사) • 2년 이상의 교육 · 문화 · 복지 분야에서 아동 및 청소년 대상 실무경력이 있으며, 서울 · 경기 지역에서 1년 이상의 지역네트워크사업 활동 경력이 있는 자(세부 활 동경력 증명서 제출시에만 인정) ※ 지역네트워크사업 활동경력 • 소속된 기관에서 다양한 지역기관(교육, 문화, 복지, 상담 등)과 공동프로그램을 기 획하여 함께 진행하였거나, 인적 · 물적 자원을 연계하는 등의 활동을 의미함.	
	필수2	• 교육복지우선지원사업 대상학교 교육복지사 활동 경력 1년 이상인 자 (경력증명서 제출시에만 인정)	
	기타	• 해당지역 교육 · 문화 · 복지관련 기관(단체) 추천자 등(증빙서류 제출)	

※ 세부적인 담당업무는 배치학교의 실정에 따라 해당직종 사업부서 및 운영부서의 장(학교장)이 결정

※ 필수 1, 2는 반드시 충족되어야 하며, 기타사항은 우대함.

■ 심사방법 및 추진일정

가. 심사방법

1차 서류심사		2차 면접심사		채용 결정
서류심사 점수 (자격증, 경력, 자기소개)	50점	면접점수	50점	1차 + 2차 심사점수 합계
계	50점	계	50점	100점

※ 국가유공자 등 예우 및 지원에 관한 법률 제31조 및 동법시행령 제48조에 의거 만점의 5~10% 가
점 부여

※ 경력 인정(경력증명서 제출 시에만 인정)

※ 자격증 인정(자격증 제출 시에만 인정)

※ 총 합계점수 60점 미만인 자는 순위와 관계없이 불합격 처리함

셋째, 교육복지실을 단장한다.

교육복지전문가를 선발한 이후에 교육복지실의 인테리어를 꾸며야 한다. 인테리어를 할 때에는 학생들의 선호를 고려하여 학생들이 좋아하는 색상과 공간이 반영될 수 있도록 한다. 교육복지실은 단순한 사무실이 아니라 학생들의 안식처이며 소통의 공간이며 프로그램 및 개입의 장소가 될 수 있다. 따라서 별도의 상담공간이 존재할 수 있도록 하고, 사무공간, 그리고 나머지는 학생들의 소통공간으로 꾸미며 다양한 놀이기구 등도 구비해야 한다.

교육복지전문가는 교육복지실을 통해 대상학생들의 근황을 알 수 있어야 하고, 일반학생들에게 교육복지사업에 대한 편견을 극복할 수 있도록 노력해야 한다.

넷째, 교육복지대상 학생들을 추천받아 선정하자.

교육복지사업실천을 위해서는 학생들을 선발해야 한다. 교육복지 실천의 대상은 다음 [참고자료 2]와 같다. 대상자에 관한 정보는 해당 교육복지전문가와 해당 지역 사회복지전담 공무원과 협의를 통해 그 대상을 파악하고, 담임교사에 의해 명단을 추천받도록 한다. 훈령에 나와 있는 교육복지대상학생을 기본으로 하고, 담임교사의 추천에 따라 차상위, 차차상위의 학생을 추천받아 위원회에서 결정하도록 한다. 만일 긴급하게 대상학생 선정이 필요할 때에는 긴급 교육복지위원회에서 심의하여 선정할 수 있도록 한다.

참고자료 2

교육복지우선지원사업 관리 · 운영에 관한 규정(교육부훈령)

제1조(목적) 이 규정은 「초 · 중등교육법 시행령」 제54조 제4항에 따른 지원사업 대상학교의 선정기준, 대상학생의 선정절차 등 지원 사업에 관하여 필요한 사항을 정함을 목적으로 한다.

제2조(용어의 정의) 이 규정에서 사용하는 용어의 정의는 다음과 같다.
1. "교육복지우선지원사업"이라 함은 「초 · 중등교육법 시행령」 제54조 제1항에 따른 학생이 밀집한 학교에 대하여 교육 · 복지 · 문화 지원 프로그램 등을 제공하는 사업을 말한다.
2. "사업"이라 함은 교육복지우선지원사업을 말한다.
3. "사업학교"라 함은 교육복지우선지원사업을 실시하는 학교로써 시 · 도 교육감이 지정한 학교를 말한다.

제3조(사업대상학생) ① 사업대상학생은 다음 각 호의 하나에 해당하는 자로서 종합적인 교육 지원이 필요하다고 사업학교의 장이 인정하는 자로 한다.

1. 「국민기초생활 보장법」 제2조제1호에 따른 수급권자 자녀
2. 「국민기초생활 보장법」 제2조제11호에 따른 차상위계층의 자녀
3. 「한부모가족지원법」 제5조에 따른 보호대상자인 한부모가족의 자녀
4. 「북한이탈주민의 보호 및 정착지원에 관한 법률」 제2조제2호에 따른 보호대상자의 자녀
5. 「다문화가족지원법」 제2조제1호에 따른 다문화가족의 자녀
6. 「장애인 등에 대한 특수교육법」 제15조에 따른 특수교육대상자
7. 기타 교육상 지원이 필요하여 교육감이 정하는 사람의 자녀
② 사업학교의 장은 제1항의 규정에 따라 사업대상 학생을 정함에 있어서 필요한 경우 사전검사 등 필요한 진단을 실시할 수 있다.

제4조(사업학교의 지정 및 지원) ① 사업학교는 「지방교육재정교부금법시행령」 [별표 1]의 보통교부금 기준재정수요액의 산정기준을 참고하여 시·도교육감이 정하되, 지역의 여건 및 사업대상 학생의 수, 비율 등을 고려할 수 있다.
② 사업학교로 지정받은 학교의 장은 시·도교육감이 정한 바에 따라 당해 학년도의 사업계획서를 시·도교육감에게 제출하여야 한다.
③ 시·도교육감은 지정된 사업학교의 사업수행에 필요한 예산, 조직, 인력, 시설 등을 지원하여야 한다.
④ 시·도교육감이 사업학교에 예산을 지원할 때 「지방교육재정교부금법 시행규칙」 [별표1]에 따른 보통교부금 기준재정수요액의 산정금액을 참고하되, 지역의 여건과 사업학교의 규모·특성 등을 고려하여 조정할 수 있다.

제5조(사업학교장의 책무) ① 사업학교로 지정된 학교의 장은 교육격차 완화, 학업성취도 제고, 교육기회 균등 제공, 교육복지 증진 등을 위하여 다음 각 호의 사항을 추진하여야 한다.
1. 사업의 기획·운영을 주관하는 교육복지 전담부서의 지정 또는 구성
2. 교육격차 해소와 교육복지 구현을 위해 필요한 사업 계획 수립·시행
3. 지역사회 유관기관과의 연계·협력 활성화
4. 사업에 관한 주요 사항을 협의하기 위한 교내 교육복지위원회의 구성·운영
② 사업학교의 장은 효과적인 사업 운영을 위하여 사업학교에 지원되는 방과후 학교 사업 등 관련 사업과 프로그램, 인력, 예산 등을 연계하여 운영할 수 있다.

제6조(중앙교육복지연구지원센터) ① 교육부장관은 시·도교육청의 교육복지우선지원사업을 전문적으로 지원하기 위해 중앙교육복지연구지원센터(이하 "중앙연구지원센터"라 한다)를 지정할 수 있다.
② 중앙연구지원센터는 교육복지 관련 자료의 수집·관리·분석, 정책연구 및 정책자문, 사업 관련 프로그램 개발 및 전문인력 연수, 기타 교육부장관 또는 시·도교육감이 위탁하는 사업 등을 수행한다.
③ 교육부장관과 시·도교육감은 제2항에 따른 사업수행을 위해 중앙연구지원센터에 국고 및 분담금 등 재정을 지원할 수 있다.

제7조(시·도 교육복지센터 등) ① 시·도교육감은 사업을 효과적으로 운영 하기 위하여 사업학교 지정, 교직원의 연수, 사업평가, 사업운영 등에 관한 지원을 수행하는 시·도 교육복지센터 등 필요한 기구나 조직을 설치·운영할 수 있으며, 시·도 교육복지센터 등의 설치, 구성 및 운영에 관한 사항은 시·도교육감이 정한다.

제8조(지역교육복지센터) ① 교육지원청은 사업학교의 사업이 효과적으로 운영될 수 있도록 지원하여야 하며, 사업학교에 속하지 않은 사업대상 학생들에 대한 지원 사업을 직접 실시할 수 있다.

② 교육지원청은 사업을 지원하거나 수행하기 위하여 필요한 예산, 조직, 인력, 시설 등을 갖추어야 한다.

③ 교육지원청은 사업을 지원하거나 수행하기 위하여 지역교육복지지원 센터를 설치·운영할 수 있다. 지역교육복지센터의 설치, 구성 및 운영에 관한 사항은 시·도교육감이 정한다.

제9조(교육복지협의 설치 및 기능) 시·도교육감은 사업을 효과적으로 운영하기 위한 다음 각 호의 사항을 협의하기 위하여 특별시·광역시 또는 도(이하 "시·도"라 한다) 교육청에 교육복지협의회를 둘 수 있다.

1. 시도교육청 사업기본계획에 관한 사항
2. 사업학교 지정에 관한 사항
3. 사업 관계자 연수 등 전문성 신장에 관한 사항
4. 사업운영 및 평가에 관한 사항
5. 시도교육청의 사업에 소요되는 예산의 확보 및 경비의 지원에 관한 사항
6. 그 밖에 해당 시·도교육청의 사업 진흥을 위하여 필요한 사항

제10조(교육복지협의회의 구성) ① 교육복지협의회는 위원장·부위원장 각 1인을 포함한 15인 이내의 위원으로 구성하고 위원장은 부교육감이 된다.

② 위원은 다음 각 호의 어느 하나에 해당하는 자 중에서 교육감이 위촉 또는 임명한다.

1. 해당 시·도 교육청 소속 교육복지 담당공무원
2. 사업학교의 장
3. 지방자치단체 소속 교육복지 담당공무원
4. 사업 경력이 3년 이상인 교원
5. 교육복지 전공 교수 및 연구원
6. 그 밖에 교육복지에 관한 학식과 경험이 풍부한 자

③ 위원의 임기는 2년으로 하되, 연임할 수 있다. 다만, 제2항 제1호 및 제3호의 규정에 따른 위원의 임기는 해당 직에 재직하는 기간으로 한다.

제11조(수당 등) 교육복지협의회의 회의에 출석한 위원에 대하여는 예산의 범위안에서 수당·여비 그 밖의 필요한 경비를 지급할 수 있다. 다만, 공무원인 위원이 그 소관업무와 직접 관련되어 출석하는 경우에는 그러하지 아니하다.

제12조(사업전담인력의 배치·활용) ① 사업학교와 교육지원청 및 시·도 교육청은 사업의 효과적인 운영을 위하여 사업전담인력을 배치하여 활용할 수 있다.

② 사업학교에 배치된 사업전담인력은 다음 각 호의 업무를 수행한다.

1. 사업대상학생의 학교생활 적응 지원
2. 사업대상학생을 위한 문제의 원인과 해결에 관한 교육
3. 사업대상학생 지원을 위한 지역사회 자원의 연계·활용
4. 사업과 관련한 학부모 및 교사에 대한 지원 등

③ 교육지원청 및 시·도교육청에 배치된 사업전담인력은 다음 각 호의 업무를 수행한다.

1. 사업학교와 지역사회의 요구를 파악하고 이를 교육지원청 및 시 · 도 교육청의 사업계획에 반영
2. 사업이 필요한 학교의 발굴과 지원
3. 지역사회 교육복지 자원의 발굴과 활용
4. 사업학교 간 연계 · 협력 지원 등

제13조(사업전담인력의 보수 및 자격) ① 사업전담인력은 예산의 범위 안에서 「공무원 보수 규정」【별표 3】의 7급에 해당하는 보수를 지급할 수 있다.

② 사업전담인력은 다음 각 호의 어느 하나에 해당하는 자 중에서 선발할 수 있으며, 경력기간을 추가하거나 교육지원청 및 학교별 경력기준 차이 등 세부기준은 시 · 도교육감이 정한다.
1. 교육, 문화, 복지 등 활동경험이 있는 자
2. 네트워크 사업 활동 경험이 있는 자
3. 교육학, 청소년학, 사회복지학 등 관련학과 전공자
4. 사회복지사, 청소년지도사, 평생교육사 등 관련자격증 소지자
5. 그 밖에 교육감이 자격이 있다고 인정하는 자

제14조(관계자의 연수 및 자문) ① 시 · 도교육감은 사업학교와 교육지원청의 사업이 원활하게 이루어질 수 있도록 관계 교직원 및 사업전담인력의 전문성 향상에 필요한 연수를 실시하여야 한다.

② 시 · 도교육감은 사업학교 및 교육지원청이 교육복지우선지원사업을 효과적으로 운영할 수 있도록 필요한 정보나 자문을 중앙연구지원센터에 의뢰하여 제공할 수 있다.

제15조(지역사회와의 연계 협력 등) ① 시 · 도교육감은 사업의 효과적이고 원활한 운영을 위하여 지방자치단체 및 지역 소재 관련 기관 · 단체 등이 운영하는 사업 및 활동과 연계 · 협력을 촉진하여야 한다.

② 제1항의 협력을 촉진하기 위하여 사업학교와 교육지원청 및 시 · 도 교육청은 관련 기관 · 단체 등과 협의체를 구성 운영할 수 있다.

③ 시 · 도교육감은 교육청간 협력을 촉진하고 사업의 효과적인 수행을 위하여 교육복지우선지원사업 협의체를 구성 운영할 수 있다.

제16조(사업운영의 점검 및 성과관리) ① 시 · 도교육감은 사업 운영을 점검하고 성과를 관리하기 위하여 평가기준 등을 별도로 수립하여 평가를 실시하여야 한다.

② 시 · 도교육감은 제1항에 따른 사업운영 점검 및 성과, 평가를 중앙연구 지원센터에 위탁할 수 있다.

부 칙
이 훈령은 공포한 날부터 시행한다.

다섯째, 학생, 교사, 가정, 지역사회 등에게 교육복지사업을 홍보한다.

사업이 확정되면 학생, 교사, 가정 및 지역사회에게 교육복지사업을 홍보해야 한다. 왜냐하면 대부분의 사람들이 교육복지사업에 대한 인식이 생소하여 교육복지사업에 대한 부정적인 오해가 있었다. 이는 사업에 대한 홍보를 충분히 하지 못한 결과이다. 따라서 교육복지사업은 빈곤한 학생에게 학교가 뭔가를 나눠주는 사업이 아니라 학생들의 가능성을 믿고 국가와 사회가 그 학생에게 투자를 한다는 개념을 심어줄 필요가 있다. 따라서 투자의 개념에 맞는 좋은 이미지를 홍보할 수 있도록 한다. 홍보의 범위는 학교 교실은 물론이고 가정, 교사연수, 주민센터 및 지역 내 공공기관은행, 소방서, 우체국, 새마을 금고, 학원, 문방구 등등과 같이 우리 학생들과 학부모들이 자주 가는 곳에 멋진 리플릿이나 포스터로 홍보할 수 있도록 하자. 이를 위해 해당 기관에 협조를 구할 수 있도록 하자. 가정통신문은 일반 홍보물과는 다소 차별적으로 좋은 인상을 심어줄 수 있도록 꾸미자. 학생들에게는 만화 등으로 홍보물을 제작할 수 있다. 홍보는 사업에 대한 인식이므로 긍정적인 인식을 심어줄 수 있도록 최대한 노력을 다해야 한다.

여섯째, 교육복지에 대한 교직원 연수를 실시한다.

학교는 사업이 시작될 때 교육복지연수를 실시하였지만 매년 3월과 9월은 교직원들의 전입과 전출로 변동이 있다. 따라서 1년에 2회 정도는 교육복지에 대한 연수를 실시해야 한다. 연수내용은 교육복지에 대한 개념에 초점을 맞추고, 해당학교에서 실시하는 교육복지사업에 대하여 협력과 이해를 구해야 한다. 또한 학생들의 참여와 낙인감 해소를 위한 의견 등을 나누어야 하며 여러 교사들의 협력을 구하기 위한 당부도 잊지 말아야 한다. 이때 교육복지사업에 관계하는 지역사회 기관 선생님들도 함께 연수에 참여하고 인사를 나누는 것도 중요하다. 외부기관에서는 교육복지사업을 어떻게 지원하고 있는지도 함께 소개하도록 하자.

사업계획서가 수정되었을 때에도 수정된 사업계획서의 심의 및 승인을 교육복지위원회에서 심의를 받은 후 교직원 연수를 통해 교직원들과 공유할 수 있도록 한다.

일곱째, 주민센터, 희망복지지원단, 드림스타트, 민간 복지기관 등 지역사회기관과 교육복지네트워크를 형성한다.

교육복지사업은 지역사회네트워크를 연계하여 구축하는 사업이다. 따라서 교육복지사업을 실시할 때에 지역사회 네트워크가 구축되어 있지 않는다면 이는 학교만의 사업이 될 수 있다. 학교장은 교육복지사업이 시작되면 주민센터, 희망복지지원단, 드림스타트, 민간복지기관 및 지역사회 관련 기관들과 함께 교육복지 실천을 위한 네트워크를 구축하여 운영해야 한다. 무엇보다도 학생들은 등교 후에는 학교에서 진행되는 프로그램으로 보호가 가능하지만 방과 후에는 지역사회기관의 프로그램과 연계할 때가 많다. 따라서 원활한 프로그램 연계와 학생에 대한 정보의 교류 및 학교 교육현장에로의 활용을 위해서는 이들과의 네트워크가 형성되어야 한다.

❹ 실행 및 점검단계

교육복지 실천이 실행되는 단계이다. 이는 학교교육계획서에 명시된 계획대로 진행된다. 모든 내부 및 외부 프로그램은 계획점검 회의, 실행회의 및 평가회의를 해야 한다. 또한 대상학생들의 프로그램 참여 여부 및 발전사항에 대하여도 기록하고, 그 기록을 근거로 학생에 대한 발전 정도를 확인해야 한다.

특히 학생들이 사례관리 서비스를 받을 때에는 더욱더 정해진 순서에 따라서 진행해야 하고 내부 및 외부와의 사례회의를 진행 할 때에도 실행과 점검 등을 기록으로 잘 남겨야 한다. 현재로는 교육복지 실천을 위한 통합 전산망 구축이 어려운 상황이므로 각종 양식에 의한 기록을 잘 해야 한다.

대부분의 실행에 대한 점검은 기록에 의해서 이루어지기 때문에 교육복지전문가는 잘 기록할 수 있도록 기록과 관련된 연수를 받아야 하고, 또한 프로그램 실시 및 자원봉사자들에게도 기록을 잘 남길 수 있도록 독려해야 한다.

❺ 평가 및 결과 공유단계

교육복지 실천에서 중요한 학교 구성원들에게 사업진행 및 평가에 대한 공유를 실천하는가에 대한 사항이다. 학교 현장은 정해진 수업시간에 과업을 처리하느라 모든 교사들이 바쁘게 일하고 있다. 이렇게 바쁜 상황에서도 중요한 것을 강조하면 그 중요한 사항은 부각되기 마련이다. 따라서 교육복지전문가는 매달 교육복지사업이 어떻게 이루어지고 있는지를 학교 자체 전산망에 공지하는 방법을 사용하던지 아니면 정기적인 교직원 알림란에 교육복지소식을 추가하여 적시하는 방법을 사용하도록 한다.

또한 교육복지사업에 대하여 중간평가, 최종평가를 실시하고 그 결과를 구성원들과 함께 공유하여 교직원들로 하여금 의견을 청취하여 다음해의 계획에 반영할 수 있도록 한다. 구성원들과 함께 평가를 하면 더 좋은 의견과 사업이 건의될 수 있는 만큼 교육복지사업평가를 실시하도록 하자. 그리고 학생 및 학부모에게 프로그램과 만족도 평가를 실시하자. 또한 양적인 평가와 질적인 평가, 그리고 학교의 변화에 대하여도 평가할 수 있도록 하자. 해마다 실시하는 학생, 교사, 학부모 평가는 교육복지계획의 중단기적 계획을 수립하는데 매우 유용한 정보를 제공할 것이다.

평가 및 결과 공유단계의 주요 과업은 프로그램들과 1년간의 교육복지 실천에 대한 평가와 보고서를 작성하는 것이다. 평가보고서를 통해 행정가에게 연간업무를 보고하고 목표가 성취된 것, 변화가 요구되는 항목에 중점을 두어 만든 연차보고서를 교사에게 배포하여야 한다. 또한 평가결과를 차기 연도 사업수행과 교육복지 홍보를 위해 적극 활용한다.

그러나 이렇게 평가와 공유가 중요함에도 불구하고 업무의 과중, 평가보다 실천에만 시간을 할애하는 경우, 평가에 대한 지식결여, 학교장 및 교사들의 인식부족 등으로 인하여 평가를 등한시하기 쉽다. 그럼에도 불구하고 평가는 다양하게 이루어져야 한다.

⑥ 의견수렴 및 환류단계

학교 내 교직원들과의 평가 및 학생평가, 지역사회 평가 등등 평가작업을 하였던 그 결과를 잘 정리하여 교육복지위원회에 보고할 수 있도록 한다. 또한 그 결과들을 익년도 사업계획을 할 때에 활용할 수 있도록 한다. 평가결과를 사업에 반영하는 방법은 사업담당자들에게 평가 결과를 전달하고 그 개선 방향을 익년도 사업계획으로 제안을 받는 방법이다.

이처럼 교육복지 실천의 실행단계는 6단계로 나눌 수 있다. 이는 1년을 기준으로 단계를 나누어 보았고 교육복지 실천을 지속할 경우에는 다음과 같은 교육복지 실천 프로그램 방향성이 고려되어야 할 것이다.

이슈 따라잡기

■ 다음 기사를 읽고 고등학교에 교육복지전문가 배치 정책이 성공하기 위한 전제조건은 무엇인지 토론해
보자.

학교를 다니다 도중에 그만 둔 '학업중단' 고교생 중 절반은 '학교 부적응'이 원인인 것으로 나타났다.
교육부가 3일 발표한 '2014년 초·중·고 학생 학업중단 현황 조사 결과'를 보면 지난 4월초 기준 전
체 학업중단 학생은 6만 568명으로 재적 학생의 0.93% 규모였다. 지난해 조사때보다 7620명(11.2%)
줄었다.
학교급별로 초등학교는 1만 5908명으로 5.5%, 중학교는 1만 4278명으로 13.1%, 고등학교는 3만 382
명으로 13% 감소했다.
초·중·고 중 가장 학업중단율이 높은 단계는 고등학교였다. 학업중단자(3만 382명)가 재적학생의
1.6% 수준이었다.
학업중단 이유로는 '자퇴'가 95.6%(2만 9028명)로 절대 다수를 차지했고 '퇴학'은 2.6%(788명)였다.
자퇴 사유는 학업, 학교규칙 등 '순수 학교 부적응'이 1만 5672명(51.6%)으로 절반을 넘었다.
이어 자발적인 학업중단 21.7%(6589명), 해외출국 13%(3923명), 경제사정 등 가사 5.2%(1572명), 질
병 4.2%(1272명) 순이었다.
고교 유형별로 학업중단율을 보면 특성화고 학생이 2.74%로 가장 높았고, 일반고 1.42%, 특수목적
고 1.2%, 자율고 1.05%였다.
교육부는 학업중단 학생이 20명 이상 발생한 고등학교에 '교육복지우선지원사업'을 필수로 지정하고
50명 이상 발생 학교는 교육복지사를 의무적으로 배치하기로 했다.
〈국민일보 2014년 9월 4일자 신문〉

 확인학습

1. 교육복지 실천 단계는 사전준비단계, 기획단계, 계획 및 전략수립단계, 실행 및 점검단계, 평
가 및 결과 공유단계, 의견수렴 및 환류단계로 나눌 수 있다.
2. 교육복지 실천 프로그램의 변화는 학업중심–심리정서문화 중심–가정중심–지역사회 연계
협력 중심–사례관리 중심으로 변화되고 있다.

 생각해 볼 문제

여러분은 앞으로 우리나라의 학령인구 감소와 경제적 양극화가 심화되는 상황 속에서 교육복
지 실천의 필요성과 그 발전방향에 대하여 생각해 보자.

CHAPTER

10 교육복지 사례관리실천

학습목표

1. 사례관리에 대한 기본 지식을 습득할 수 있다.
2. 교육복지 현장에서 활용할 수 있는 사례관리 개념과 과정을 학습할 수 있다.

01 학교현장에서의 사례관리 개념[1]

사례관리는 다양한 문제와 욕구를 가지고 있는 클라이언트의 개별적 상황에 맞게 계획을 세우고, 공공과 민간의 서비스를 연결하고 조정하는 전문적인 개입기술 체계를 말한다. 사례관리는 사회복지사들만이 아니라 간호사·의사 및 기타 전문직들도 사용하고 있으며 그 용어도 보호관리care management, 관리된 보호managed care, 보호조정care coordination, 사례조정case coordination, 지속적인 보호조정continuing care coordination, 서비스 통합service integration 등과 같은 다양한 용어로 사용되고 있다.

사례관리라는 용어는 1960년대 지역사회기반서비스가 급속도로 확산되면서 1970년대 초에 서비스의 단편화, 포괄적 서비스를 필요로 하는 클라이언트의 인구 증가, 비용 절감의 문제 등에 직면하여 1970년대 중반부터 등장했다. 미국의 경우 1960년 후반부터 빈곤, 인종 간 불화, 정신건강, 가정해체 등 다양하고 복합적 문제를 갖고 있는 클라이언트가 증가하게 되자 이들의 문제를 보다 효과적이며 통합적인 방법으로 해결하기 위한 새로운 사회복지실천방법으로 나타났다.

사례관리의 궁극적 목적은 클라이언트가 직면한 장애를 극복하기 위해서 직·간접적 서비스를 충분히 제공하고, 클라이언트를 자원과 연결시킴으로써 클라이언트가 사례관리자의 도움 없이도 자원들과의 연결을 유지할 수 있도록 하는 것이다.

---

1 본 사례관리의 개념은 한국사례관리학회(2011). 사례관리론. 학지사의 내용 중 일부를 부분발췌 및 인용하였음.

즉, 보호의 연속성, 서비스 전달의 비용－효과성 증대, 서비스에 대한 접근성과 책임성의 증진, 일차집단의 보호능력의 향상 그리고 클라이언트의 사회적 기능의 향상 등으로 요약될 수 있다.

이와 같이 사례관리는 만성적 문제를 가진 클라이언트에게 보호와 서비스의 연속성을 보장해 줄 수 있으며 다양하고 복합적인 욕구를 가진 클라이언트에게 포괄적접근을 통하여 효과적인 서비스를 제공할 수 있다는 특징이 있다. 이러한 특성으로인하여 사례관리 담당자에게는 사정자, 계획자, 중개자, 조정자, 평가자 등과 같은다양한 역할과 전문적 기술이 요청된다.

사례관리의 서비스 제공범위는 사례관리자가 소속한 기관의 서비스뿐만이 아니라 다른 기관의 서비스 그리고 지역사회의 각종 자원을 동원하여 제공하기 때문에포괄적이다. 또한 일관성 있는 효과적인 서비스를 보장하고, 서비스 제공과정을 점검하고 평가함으로써 효과성을 확보하고, 중복서비스 방지의 요소를 내포하고 있다. 그러므로 사례관리는 통합적인 실천방법으로 여겨지기도 한다.

❶ 사례관리 정의

사례관리의 개념은 그 활동분야가 워낙 다양하여 일관되게 규정하기란 쉽지 않다. 따라서 한국사례관리학회에서 출간된 실무자 교재에 소개된 주요 학자의 정의는 다음과 같다.

사례관리에 대한 정의는 학자마다 다소 차이가 있다.

Moxley1989는 사례관리란 복합적인 니즈를 가진 사람들의 기능화와 복지를 위해 공식적, 비공식적 지원과 활동의 네트워크를 조직·조정·유지하고, 이러한 활동을 통해서 클라이언트의 생활기술을 증진시키고, 사회적 망과 관련된 대인복지서비스 제공자들의 능력을 발전시키며, 제공되는 서비스의 효율성과 효과성을 증진시키는 것이라고 정의하고 있다. 또한 미국사회복지사협회NASW, 1996에서는 서비스들을 연결하고 조정하여 개인의 욕구를 충족시킬 수 있는 포괄적인 프로그램이라고 규정하고 있고, 권진숙과 박지영2008은 생태체계적 관점을 기반으로 만성적이고, 복합적인 문제를 가진 개인 및 가족과 함께 일하면서 그들과 자원 제공자들의 기능을 향상시켜 환경 속에서 자신들에게 필요한 서비스와 자원을 스스로 획득하고, 사회적 기능을 원활히 수행할 수 있도록 돕는 통합적인 접근방법으로 정의하고 있다.

그리고 한국보건복지인력개발원2009은 장기적이고 복합적인 문제를 가진 클라이언트를 대상으로 사례관리자가 오랜 기간 동안 책임지고 필요로 하는 서비스들을 다양한 원천으로부터 동원하여 연결하고 모니터하는 활동으로 정의하고 있다.

이상의 정의에서 살펴보면 몇 가지의 중요한 요소가 발견되는데 첫째, 서비스와 지원들을 이용하고 접근하는 데 클라이언트 자신의 생활기술을 증진시키도록 하는 것, 둘째, 클라이언트의 복지와 기능을 증진시키기 위해 사회적 망과 관련 대인복지서비스 제공자들의 능력을 발전시키는 것, 그리고 마지막으로 서비스 및 지원이 효율적으로 전달될 수 있도록 하고, 동시에 서비스의 효과성을 증진시키도록 하는 것 등이다. 즉, 다양한 학자들의 정의에서 사례관리는 개별 맞춤형 서비스, 서비스의 조정과 연계, 네트워크 개념과 클라이언트의 욕구 사정 등의 일정한 절차가 있어야 한다고 말하고 있다. 한국사례관리학회에서는 다음과 같이 정의하고 있다.

"사례관리란 만성적, 복합적 욕구가 있는 클라이언트와 가족의 사회적 기능회복을 위해 운영체계를 확립하고, 이를 기반으로 체계적 사정과 지역사회와 다양한 자원을 활용하여 지속적이고 효과적인 사회복지서비스를 제공하는 통합적 실천방법이다."

학교 현장에서의 사례관리는 우리나라 사례관리학회에서 정의하고 있는 앞서 정의를 공유하고자 한다. 왜냐하면 학교 현장에서의 사례관리는 지역사회복지자원들과 협력을 해야 하므로 다른 전문영역보다는 사회복지영역에서 활용되는 사례관리 개념을 공유하는 것이 유용하기 때문이다. 위의 정의는 영유아 사업을 담당하는 드림스타트, 성인가족을 대상으로 하는 희망복지지원단, 지역의 종합사회복지관 등에서 사용하는 일반적인 정의이므로 사회복지 전문개입기술로써의 사례관리를 학습하여 개념의 혼란을 줄이고 서비스의 전달을 효율적으로 하고자 한다.

❷ 필요성[2]

학교에서도 사례관리의 중요성이 강조되어 왔다. 1960~70년대 Costine1968과

---

2 이하 내용은 한국사례관리학회(2014). 사례관리 심화과정 미발간 자료 중 학교사회복지영역에서의 사례관리 실천의 내용 중 일부를 부분 발췌하였음.

Alderson & Krishef1973이 실시한 학교사회복지사의 직무에 관한 연구에서 사례관리
가 제시되었으며, 미국의 학교 개혁 움직임과 관련해서 학교사회복지사의 자원개발
과 서비스 조정의 역할이 훨씬 더 중요하게 부각되었다Constable, Mcdonald & Flynn, 2002.
노혜련, 김상곤2004은 학교사회복지사의 직무에 관한 연구에서 사례관리자의 중요한
역할을 강조하였으며, 안정선 외2005가 실시한 학교사회복지사의 직무표준안 개발연
구에 사례관리 업무가 포함되는 등 학교현장에서 사례관리 서비스는 그 필요성과 중
요성이 증가되어 왔다. 그러나 학교에서 사례관리 실천은 그다지 활발하게 이루어
지지 못하였는데 2005년도 We Start 학교사회복지사업을 중심으로 사례관리가 강조
되었다. We Start사업에서는 학교사회복지사들이 서비스 집중 이용 학생 전체를 대
상으로 사례관리를 의무적으로 수행하도록 하였으며, 사례관리 담당자에 대한 교
육, 수퍼비전, 사례회의 등 체계적인 운영이 이루어졌다이봉주·양수·김명순, 2006. 또한
2003년도부터 시작된 교육복지투자우선지역 지원사업에서 사례관리를 복지사업영
역의 예시에 명시하였으며교육인적자원부, 2004, 교복투 사업 매뉴얼에서는 사례관리를
독립된 사업으로 명시함으로써교육개발원, 2006 학교를 기반으로 한 사회복지실천에서
사례관리의 중요성이 부각되기 시작하였다.

　　이와 같이 학교를 기반으로 한 사회복지실천에서 사례관리 실천이 필요한 이유
는 학생들이 경험하는 문제와 욕구가 다양화되고 복잡화되어가기 때문이다. 다시
말하면, 학생들이 경험하는 문제가 학업문제나 교우관계, 가정문제뿐만 아니라 우
울과 자살 문제, 학교폭력, 인터넷 중독 문제, 성추행 및 폭력 등 다양하고 복잡해지
고 있으며, 특히 빈곤아동의 경우 빈곤한 가정환경으로 인해서 신체발육 부진·질
병·장애문제에 노출될 가능성이 높으며, 부모의 보살핌 부족으로 인해 자신감 부
족정서발달 부진과 학교부적응 그리고 낮은 학업성취도를 초래할 가능성이 높아지고
있다. 이러한 현상으로 인해서 학업성취의 격차가 확대되고 있으며, 고등 교육 기회
가 제약되거나 목표를 상실하는 문제를 경험하는 것으로 나타나고 있다빈부격차·차별
시정위원회, 2004.

　　이와 같이 학생들의 문제가 심각해지고 욕구가 복합화되면서 아동·청소년
들의 기본적인 생활보장을 넘어서 미래의 인적자원을 개발하고 가난의 대물림
을 차단하기 위한 사회적 투자정책이 도입되기 시작하였다빈부격차·차별시정위원회,
2004. 이러한 사회복지정책의 패러다임의 변화 속에서 학교가 단순히 교육서비

스만을 제공하는 기관으로서의 기능뿐만 아니라 아동·청소년들에게 필요한 교육·보건·복지·문화 등 다양한 서비스를 제공하는 기관으로서의 기능 확대의 필요성이 증가하고 있다. 그 결과 학교사회복지사업, We Start 학교사회복지사업, 교육복지우선지원사업, 좋은 학교 만들기 자원학교 사업 등의 다양한 사업들이 도입되었으며, 학교를 기반으로 사회복지서비스를 제공하는 전문가의 수가 확대되고 있다. 이러한 상황 속에서 다른 전문직과 구별되는 전문적인 정체성을 가지고 학생들의 문제와 욕구에 효과적으로 대응하기 위한 방법으로 학교현장에서 사례관리가 강조되고 있다.

❸ 목적[3]

사례관리의 목적은 '복잡한 욕구를 가진 개인에게 가장 효율적이고 효과적인 방법으로 질적인 서비스를 제공함으로써 클라이언트의 기능을 극대화하는 데 있다 NASW, 1996. 이러한 궁극적인 목적을 달성하기 위하여 다음과 같은 목적을 달성해야 한다.

(1) 보호 연속성

사례관리는 일정한 기간동안의 서비스가 계속적으로 제공됨을 보장해야 한다. 여기에서 보호의 연속성은 크게 두 가지로 나누어서 설명할 수 있는데 한 가지는 사례관리가 제공되는 시점에 학생의 욕구에 적합한 서비스를 포괄적으로 제공해 주는 것을 말하며, 다른 한 가지는 서비스의 시작부터 종료 때까지 중단없이 지속적으로 제공해 주는 것을 말한다. 즉 보호의 연속성이라는 것은 포괄적 서비스를 서비스 중단없이 지속적으로 제공될 수 있도록 노력하는 것을 말한다.

(2) 서비스 통합성

서비스의 통합성이 사례관리의 중요한 목적이다. 복합적이고 다양한 욕구를 지닌 학생에게 도움을 주기 위해서는 많은 사람들의 도움이 필요하다. 이때 사례관리자는 학생들의 복합적인 요구를 해결하기 위해 많은 기관과 지역사회의 자원을 통합

---

3 한국사례관리학회(2012), 사례관리론의 내용을 일부 발췌하였음.

적으로 활용할 수 있도록 그 체계를 만들고 서로 논의하며 공동으로 계획을 공유하는 작업이 필요하다. 이러한 서비스 통합화는 서비스의 파편화와 중복성을 줄이면서도 제공된 서비스의 효율성과 효과성을 높일 수 있게 된다.

(3) 서비스 접근성

사례관리 대상이 되는 학생들은 서비스 받기가 수월해야 한다. 특히 정보의 부재나 프로그램의 복잡성 등으로 인하여 서비스 접근이 힘들어서는 안된다. 우리 대상학생들은 욕구가 있는 학생들이면 인종, 종교, 성적 지향, 사회경제적 계급, 장애 등과 상관없이 서비스에 접근할 수 있는 평등한 기회를 지녀야 한다. 그래서 사례관리는 찾아가는 서비스 및 정보제공과 의뢰, 상담료 면제, 교통편의 제공과 같은 적극적인 방법을 찾아서 학생들이 서비스를 이용하기 쉽게 해야 한다.

(4) 사회적 책임

사례관리에서 사회적 책임이란 사례관리자가 학생들이 서비스를 제공받을 때 학생들의 욕구에 적합한 효과적인 서비스와 한정된 자원으로 최대의 효과를 거둘 수 있도록 효율적인 서비스를 제공해야 함을 말한다. 왜냐하면 사례관리 서비스는 공적인 서비스인데 이러한 공적인 서비스가 최대한 학생들에게 도움이 될 수 있도록, 효율적이고 효과적으로 제공되어야 하기 때문이다. 사회적 책임은 사례관리의 목적이 되어야 한다.

(5) 클라이언트의 역량강화

사례관리의 목적은 학생들이 직면한 장애를 극복할 수 있도록 직접 서비스를 제공하고, 자원을 연결하고 간접서비스를 제공함으로써 궁극적으로 사례관리자의 도움 없이 다양한 자원과 연결을 할 수 있도록 자립 역량을 강화하는 것이다. 이러한 학생들의 역량강화는 교육을 통해 학생들이 스스로 관리할 수 있는 힘을 키우는 것을 의미한다. 이러한 학생들의 역량강화는 학생들을 바라보는 시각의 변화에서 시작될 수 있는데 주로 강점관점에 입각한 서비스를 제공하는 것에서부터 이루어져야 한다.

(6) 평가

사례관리에서의 평가는 과정과 성과 그리고 과정의 질에 대하여 평가한다. 평가의 초점은 사례관리자가 학생에게 적절하게 서비스를 제공하고 있는지, 학생의 변화와 만족, 서비스의 통합, 서비스의 성과의 질에 집중하게 된다. 만일 사례관리를 평가함에 있어서 사례관리의 숫자나 사례관리의 결과만을 평가한다고 한다면 이는 사례관리를 잘못 이해한 것이다. 사례관리는 서비스 제공도 중요한 목표이지만 제대로 이루어지는 평가도 중요한 목표가 되어야 한다. 사례관리의 평가요소는 전 과정이 어떻게 이루어졌는가? 사례관리 서비스가 제대로 제공되고 이행되었는가? 그 결과 학생들은 어떤 변화와 만족을 경험하는가, 그리고 서비스는 통합되어 제공되었는가 등등 고정과 성과 모두를 평가하는 것이 중요한 목적이 된다.

02 학교현장에서의 사례관리 실천 요소와 과정

❶ 사례관리 실천 요소

(1) 클라이언트

학교현장에서의 클라이언트는 교육복지 대상학생을 의미한다. 사례관리는 그 대상이 가족을 포함하나 학교현장에서의 사례관리는 학생에게 초점을 둔다. 그 가족은 희망복지지원단이나 지역 내 종합사회복지관에 의뢰하여 그들로 하여금 부모와 가족 개입을 할 수 있도록 한다.

(2) 사회자원

학교현장에서 사례관리를 실천하려면 사회자원이 있어야 한다. 교육복지학교에서는 이미 사회자원망을 가지고 있으며 사례관리를 위한 별도의 자원을 확보하려고 하지말고 기존의 자원망을 활용할 수 있도록 한다. 지역사회자원의 교육자원화는 교육복지사업의 중요한 성과이기도 하다.

학교는 평소에 사례관리 협력기관과 지역사회자원망을 구축해야 한다. 사례관리 협력기관이란 교육복지전문가가 개입하고 있는 사례관리 대상학생을 공동으로 사례관리를 실시하거나 사례에 대한 개입방법이나 개입을 공동으로 해줄 수 있는 기관을 말한다. 이러한 기관에는 종합사회복지관, 주민자치센터, 정신건강증진 및 정신질환자 복지서비스 지원에 관한 법률센터 등이 포함된다. 실제로 교복투 사업의 경우 학교와 종합사회복지관, 주민자치센터가 사례관리 네트워크를 구성하고 공동으로 학생의 사례관리를 실시하는 사례가 있다. 지역사회자원망은 사례관리에 필요한 공적·사적 자원을 조직화한 연결고리를 말한다. 지역사회자원망은 자원의 내용에 따라서 복지, 교육, 의료, 문화, 경제 등으로 구분할 수 있으며, 자원의 성격에 따라 물적 자원과 인적 자원으로 구분할 수 있다. 여기서 말하는 지역사회자원이란 작은 규모의 지역사회에 분포되어 있는 자원뿐만 아니라 전국 단위에서 활용할 수 있는 자원을 포함한다. 사례관리 협력기관이 지역사회자원망으로서의 기능을 할 경우 일부 기관이 중복될 수 있다.

(3) 사례관리자

앞에서도 살펴보았지만 사례관리 실천은 전문적인 사회복지실천 방법이다. 따라서 교육복지전문가 중에서 사례관리교육과 경험을 갖춘 전문가에 의해 이루어져야 한다. 우리나라에서 사례관리자는 사회복지 경험 5년 이상, 사회복지사 자격을 갖추고 사례관리 표준교육을 마친 자에 한하여 실시함을 권하고 있다. 교육복지전문가들은 사례관리 교육을 받아야 한다.

사례관리자는 사례관리가 효과적으로 진행될 수 있도록 교내 운영체계를 조직화 하고, 교외 운영체계를 조직화 할 수 있어야 한다. 사례관리의 핵심이 자원을 연계하고, 조정하는 것이라는 것을 상기할 때, 사례관리자는 지역사회 자원을 목록화하고 필요한 경우에 접촉하여 자원을 활용하도록 하는 것이 바람직하다.

(4) 사례관리과정

학교현장에서의 사례관리과정은 초기면접과정, 사정과정, 계획수립과정, 계획실행 및 점검과정, 평가 및 종결과정, 사후관리과정 등의 일관성 있는 과정을 수행해야 한다. 사례관리는 체계적이고 과학적인 일련의 실천과정이므로 이러한 과정을 충실하게 이해하는 것과 함께 기록을 잘 해야 한다.

(5) 사례관리 운영체계

사례관리의 운영체계는 사례관리자의 역량 못지않게 중요하다. 왜냐하면 사례관리는 실천방법일 뿐만 아니라 서비스를 전달하는 운영체계이기 때문이다. 따라서 사례관리자의 역량을 강화하기 위한 교육과 슈퍼비전을 강화하는 것과 동시에 효과적인 사례관리 운영체계를 구축하는 것이 필요하다.

가. 사례관리 팀

학교에서 이루어지는 사례관리의 운영체계는 사례관리를 전담하는 교육복지전문가, 그리고 교육복지 담당교사가 함께 사례관리 팀을 이루어야 한다. 담임교사나 중고등학교의 경우 교과 담당교사와 협력관계를 유지하도록 한다.

나. 의뢰체계

사례를 발굴하고 의뢰하는 체계로 담임교사 및 동학년 관련 부서와 협력 관계를 유지하도록 한다. 그리고 사례관리가 진행되는 상황을 관리직인 교장·교감 선생에게 정기적으로 보고를 하는 것이 필요하다. 학교에서 협력할 수 있는 외부 자원체계가 있어야 한다.

다. 슈퍼비전체계

사례관리에 대한 슈퍼비전체계가 있어야 한다. 슈퍼바이저는 학교장이 위촉하되 사례관리에 대한 경험이 많고 학교의 정기적인 슈퍼비전이 가능한 사람이 되어야 한다.

라. 교내 및 교외 회의체계

교내의 회의 체계는 내부 사례회의 체계를 말한다. 학교에서의 내부 사례회의 체계는 사례관리 팀과 담임교사 및 기타 관련 교사 및 교감도 함께 진행해야 한다. 또한 교외 회의 체계는 사례회의를 통해 외부와 협력을 요할 때에 통합사례회의 및 지역 내 사례회의 때에 참여할 수 있도록 구축해야 한다.

다음 [그림 10-1]은 교내의 체계를 나타낸 것이다.

[그림 10-1] 학교 내 사례관리 체계

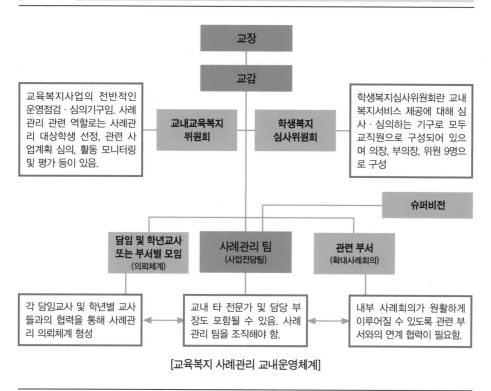

[교육복지 사례관리 교내운영체계]

출처: 경기도교육청(2012), 경기도 교육복지통합사례관리 매뉴얼, p. 18에서 부분 수정하였음.

❷ 사례관리 팀의 구성 및 사례회의

학교에서 사례관리를 실천할 경우 사례관리 팀은 사례관리를 담당하는 교육복지전문가, 부장교사, 전문상담교사, 특수교사, 보건 교사 등 교내 학생복지와 관련된 인력으로 팀을 구성하는 것이 바람직하다. 이 유형의 경우 다학제 간 팀 접근을 통해서 개입의 전문성을 높일 수 있다는 장점을 가지고 있으나 학내 구성원들이 교육복지에 대한 인식의 수준이 높아야 할 뿐만 아니라 사례관리에 대한 전문성을 가지고 있어야 제 기능을 수행하지만 현실은 그렇지 않다.

그래서 대부분의 학교현장에서는 교육복지전문가 혼자서 사례관리를 담당하는 경우가 많다. 현실적인 여건이 조성되어 있지 않아 교육복지전문가 혼자서 사례관리를 담당하는 어려움이 있고, 개입의 전문성 및 기관에서의 권한부여에도 한계가 있다.

따라서 교육복지전문가는 사례관리자로서의 전문성, 즉 임상적 전문성과 자원
조정의 전문성을 개발해야 하고, 가능한 학교 내 교사들과 함께 사례관리 팀을 구성
하고, 지역사회 전문기관과 연계망을 활용할 수 있도록 해야 한다. 학교장 또는 학
교의 상위 관리자의 리더십을 활용하여 기관 간의 협력체계를 구축한 후 실무적인
사례관리 네트워크를 조성하는 것이 필요하다.

사례관리자는 사례회의를 통해서 사례개입에 대한 전문성과 활용자원에 대한
정보 공유, 사례에 대한 개입여부와 종결의 행정적인 판단 등을 함께 논의하고 결정
함으로써 보다 적절한 판단을 할 수 있게 된다. 일반적으로 사례회의나 사례점검은
1주일 단위로 이루어지는 것이 바람직하지만 현실적인 여건을 고려하여 사례회의나
점검의 주기를 선택할 수 있다. 사례관리자는 서비스를 받고 있는 학생들을 한 학기
에 1회 이상은 직접 만나거나 사례회의에 상정할 수 있어야 한다.

사례회의에는 사례관리 팀과 담임교사나 교과담당 교사, 관련 부서의 장, 지역
사회 전문가 등 필요한 인원이 참여하도록 한다. 그리고 필요에 따라 학생 또는 학
생의 보호자가 참석하도록 하여 사례관리 방안에 대해 함께 논의하도록 할 수 있다.
사례회의나 사례점검을 통해서 다음과 같은 사항을 확인해야 한다.

- 인테이크 정보에 대한 점검
- 대상학생의 욕구 및 강점 사정
- 관련 자원 사정
- 사례관리 목표와 서비스 계획에 대한 점검
- 서비스 계획에 대한 실행에 대한 점검
- 사례에 대한 평가 및 종결 여부를 판단

❸ 사례관리 과정

사례관리의 과정에 대한 입장은 학자들마다 매우 상이하다. Moxley 1989는 사례
관리의 과정을 '사정 → 계획 → 개입 → 점검 → 평가' 5단계로 구분하였으며, Bellew
& Mink 1996는 '개입 → 사정 → 계획 → 자원에 접근 → 조정 → 종결' 6단계로 구분하
였다. Woodside · McClam 2006는 사정 → 기획 → 실행의 3단계로 구분하였으며, 권

진숙 · 박지영2008은 사례관리의 과정을 '초기과정 → 사정과정 → 개입계획 → 조정과 점검 → 평가와 분리' 5단계로 구분하였다. 그러나 각 학자들이 구분한 사례관리의 각 과정은 보다 세분화된 과정으로 구분되어 있다는 것을 알 수 있다. 예를 들면, Woodside · McClam의 사정 단계에는 초기 접촉과 정보수집의 단계가 포함되어 있으며, 기획단계에는 목표수립과 서비스 설계의 단계가 포함되어 있다. 또한 실행단계에는 서비스 제공과 모니터링이 포함되어 있다. 이와 같이 사례관리의 과정이 포괄적으로 기술될 경우 사례관리자가 세부과정을 소홀히 하거나 놓칠 수 있는 가능성이 있다.

이상의 내용을 종합하여 학교 현장에서 실천할 수 있는 사례관리 과정은 '초기 면접단계 – 사정단계 – 계획단계 – 서비스 실행 및 점검단계 – 종결 및 평가단계 – 사후관리 단계'이다.

(1) 초기 면접단계

초기 면접단계에서는 사례관리가 필요한 학생을 발견하고, 학생을 원조하는데 도움이 되는 정보를 수집하는 과정이다. 초기 면접단계의 주요 과업은 사례관리가 필요한 학생을 조기에 발견하고, 학생 및 그의 가족과 협력적인 관계를 수립하며, 정확하고 풍부한 정보를 수집하는 것이다.

가. 대상학생의 발견(case finding)

교육복지전문가는 자진 요청, 교사들로부터의 의뢰, 찾아나섬out reach 등의 방법으로 대상학생을 발견한다. 자진 요청의 경우에는 학생 또는 그의 가족이 스스로 도움을 요청하는 경우이다. 이때 교육복지전문가는 도움이 필요한 학생이나 가족에게 친절한 태도와 공감하는 분위기를 조성하여 관계형성을 할 수 있도록 한다. 담임교사나 교과담당 또는 관련 부서의 교사에 의해 의뢰되는 경우에는 공식적인 의뢰체계를 통해 대상학생을 발굴하게 된다. 교육복지전문가는 학생들의 자발적 의뢰 및 교사들로부터의 공식적 의뢰가 활발하게 이루어질 수 있도록 담임교사 또는 전체 교사들에게 상시적 홍보를 실시하도록 해야 한다.

또한 교육복지전문가는 누락된 대상학생이 없는지에 대하여 추가로 확인해야 한다.

나. 인테이크(intake)

인테이크intake란 학생 자신과 학생이 경험하고 있는 문제와 욕구에 대한 정보뿐만 아니라 그의 가족과 학생을 둘러싼 환경을 파악하는 단계를 말한다. 이 단계에서 가장 중요한 것은 다양한 정보원을 통해서 정확하고 풍부한 정보를 수집하는 것이다. 이를 위해서 학생과의 관계 형성이 되어야 하며 학생의 가족이나 담임교사와도 협력적인 관계형성이 중요하다. 인테이크의 내용에는 학생관련 정보와 가족 그리고 그들의 환경관련 정보가 필요하다. 학생관련 정보에는 학생의 인구학적 특성, 출생상태, 건강 및 발달, 가정생활, 학교생활, 방과 후 보호, 학생이 진술하는 문제와 필요로 하는 욕구 등에 관한 정보를 수집한다. 그리고 학생의 가족에 관한 정보에는 가족 구성원 정보 및 구조, 가족관계, 가족규칙 등이 포함되며, 환경적인 정보에는 경제적 상황, 주거, 공식적 사회자원, 비공식적 사회자원 등이 포함된다. 교육복지전문가는 이러한 내용을 고려하여 인테이크 양식지를 작성한다.

교육복지전문가는 효과적인 인테이크를 위해서 학교의 행정적인 절차를 통해서 공식적으로 파악할 수 있는 기본적인 정보들을 수집하고 학생이나 가족 또는 학생을 잘 알고 있는 주요 정보 제공자를 통해서 정보를 수집한다. 인테이크 양식지는 [표 10-1]에서 소개하고 있는 위스타트 인테이크 양식지를 참고로 하기 바란다.

[표 10-1] 교육복지우선지원사업 대상학생 조사서 Ⅰ

기초조사서

작성일시	2012년 00월 00일		관리번호	행복초 2012-01
아동성명	김 희 망	성 별 남	담임교사	서 교 육
학년반	1학년 1반 1번			
가족관계	□한부모(편부) ■한부모(편모) □조부 □조모 □소년소녀가장 □일반(부모) □기타(친척 등)			
경제적상황	□국민기초생활수급권 ■차상위계층 □저소득맞벌이 □일반 맞벌이 □일시위기상황 □기타(무수입 등)			

학교 생활	출결사항	□잘함 □지각 ■장기결석 □기타	학급활동	□잘함 □보통 ■못함 □기타
	학습능력	□학습우수 ■기초학습부진 □교과부진 □기타	징계여부	□자주 ■가끔 □없다 □기타

환경	방과 후 활동	□학원 □과외 □복지관 □지역아동센터 ■없음 □기타	학생의 어려움	■불안/우울 □성문제 □가족갈등 ■애정결핍 □과잉행동 □사회성부족 □인터넷과다사용 □교우관계

교육 복지 사업[1]	학생 욕구 (예)	학습	□방과후 교실 □독서 멘토링 □1:1 개별학습지도 □자격증반 □희망프로그램 :
		문화	□손작업 동아리 □사제동행 □토요휴업일 활동 ■스포츠동아리 □희망프로그램 :
		심리	■상담(개별) □놀이치료 □문제행동예방교육 □음악치료 □희망프로그램 :
		복지	□의료지원 ■학교생활지원(수학여행비 등) □야간보호 □준비물지원 □희망프로그램 :
		기타	□지역아동센터 □방문가정도우미 □위기가정지원 □주거지원 ■희망프로그램 : 저녁에 식사지원, 돌봄교실 연계

좋아하는 활동	친구들과 어울려 노는 것, 색종이 접기, 운동
학생의 강점	일단 마음을 열면 이야기를 잘하고, 심성이 착한 편임. 또한 운동신경이 좋아서 또래들보다 줄넘기, 달리기 등을 잘함
담임교사 소견 및 특이사항	주의가 산만하여 학습의욕이 현저히 낮음. 학교생활에 의욕이 없고 주관이 없음 심성은 착한 편이나 친구들에게 분노조절이 잘 되지 않아 자주 싸움을 걸게 됨
담임의견	□프로그램 연계 □가정방문 요청 ■사례관리 □기타 - 희망이는 정서적으로 또래보다 많이 산만하며, 분노조절이 잘 되지 않는 편임 - 또 지금까지 한글을 모르고 있어서 학습의 의욕이 부족한 실정임 - 모의 무관심으로 자주결석을 하고 있으며 그 외 기본생활습관들이 가정과 연계지도가 되지 못해 학교부적응이 많은 학생으로 사례관리 대상자로 추천함

※ 학년 말 담당교사가 의견을 작성하여 대상 학생에 대한 자료로 활용
1) 해당학교의 프로그램과 연계지역기관 프로그램을 중심으로 수정하여 작성할 수 있도록 한다.

출처: 경기도교육청(2012), 교육복지통합사례관리 메뉴얼, p. 32.

[**표 10-2**] 첫 만남 기록지

<table>
<tr><td colspan="7" align="center">**첫 만남 기록지**</td><td>관리번호 2012-01</td></tr>
<tr><td>학생명</td><td colspan="3" align="center">김희망</td><td>조사기간</td><td colspan="3">2012년 OO월 OO일 ~ OO월 OO일</td></tr>
<tr><td>초기상담자</td><td colspan="3" align="center">박행복</td><td>장소</td><td colspan="3">□가정 방문 ■교육복지실
□전화 □기타(   )</td></tr>
<tr><td>상담경로</td><td colspan="7">□본인요청 □지역사회교육전문가 발굴 □지역사회기관 의뢰
□가족요청 ■담임교사 요청 □기타 (   )</td></tr>
<tr><td rowspan="5">가족사항</td><td>관계</td><td>성명</td><td>나이
(성별)</td><td>직업</td><td>동거여부</td><td>연락처</td><td>기타
(건강 및 장애)</td></tr>
<tr><td>모</td><td>이애정</td><td>36</td><td>계약직</td><td>O</td><td>010-xxx-xxxx</td><td>우울</td></tr>
<tr><td></td><td></td><td></td><td></td><td></td><td></td><td></td></tr>
<tr><td></td><td></td><td></td><td></td><td></td><td></td><td></td></tr>
<tr><td></td><td></td><td></td><td></td><td></td><td></td><td></td></tr>
<tr><td>가계도 및
생태도</td><td colspan="7"></td></tr>
<tr><td>추가내용</td><td colspan="7">1년 전 이혼으로 인한 엄마 우울증상 보임</td></tr>
<tr><td>인터뷰정보</td><td colspan="7">엄마가 늦게 귀가하여 저녁에 혼자 있고 늦게 잠드니까 배도 고프고 아침에 늦잠도 자게 됨</td></tr>
<tr><td rowspan="2">주호소</td><td colspan="2">욕구</td><td colspan="5">공부 잘하고 싶고, 친구들 때리지 않고 잘 지내고 싶음</td></tr>
<tr><td colspan="2">강점·자원</td><td colspan="5">말하기 영역 잘함. 1:1 멘토링 학습지원, 건강지원센터 모래놀이치료</td></tr>
<tr><td>기타</td><td colspan="7">선생님이 되고 싶기도 하고, 만드는 걸 하고 싶기도 함
엄마와 함께 재미있는 곳에 놀러 가고 싶어 함</td></tr>
<tr><td>지역사회교육
전문가 의견</td><td colspan="7">연계하여 반찬 및 물품 지원 필요
지역아동센터 연계 – 방과후 야간보호 및 저녁식사 제공 필요</td></tr>
</table>

출처: 경기도교육청(2012), 교육복지통합사례관리 메뉴얼, p. 44.

[표 10-3] 욕구기록지

<table>
<tr><td colspan="5" align="center">발견기록지</td><td colspan="2">관리번호 2012-01</td></tr>
<tr><td colspan="2">관리번호</td><td colspan="3">행복초교-2012-01</td><td>작성일시</td><td>2012 년 00 월 00 일</td></tr>
<tr><td colspan="2">상담자</td><td colspan="3">박행복 지역사회교육전문가</td><td>장 소</td><td>□ 가정 방문   ■ 교육복지실
□ 전화   □ 기타(   )</td></tr>
<tr><td colspan="2">상담경로</td><td colspan="5">□ 본인요청   □ 지역사회교육전문가 발굴   □ 지역사회기관 의뢰
□ 가족요청   ■ 담임교사 요청   □ 기타 (   )</td></tr>
<tr><td colspan="2" rowspan="2">구분</td><td rowspan="2">우선
순위</td><td colspan="2" align="center">제시된 욕구</td><td colspan="2" align="center">활용 가능한 강점과 자원, 장애물</td></tr>
<tr><td>표출된 욕구</td><td>합의된 욕구</td><td>강점·자원</td><td>장애물</td></tr>
<tr><td rowspan="8">강
점
과
욕
구</td><td>학습
학교</td><td>1</td><td>공부를 잘하고 성적을 올리고 싶음</td><td>학교에서 국어, 수학을 공부해서 성적 올리기</td><td>국어영역(말하기영역을 잘함)
1:1학습 멘토링 참여하기</td><td>집중력 약함
기초학습능력 부족</td></tr>
<tr><td>문화
체험</td><td>5</td><td>놀토에 다양한 곳에 가고 싶어요</td><td>다양한 문화적 경험을 통해 감수성 높이기</td><td>지역아동센터(놀토 프로그램 운영)
종이접기를 잘하며 담임교사가 적극적으로 아동을 챙김</td><td></td></tr>
<tr><td>심리
정서</td><td>2</td><td>요즘은 화가 자꾸 나서 때리고 싶어요. 가끔 너무 슬퍼요. 이런 마음이 없었으면 좋겠어요.</td><td>감정과 정서를 조절하는 힘을 키우기</td><td>심성이 착한편이며 이야기를 잘함</td><td></td></tr>
<tr><td>보호
건강</td><td>3</td><td>저녁에 심심해요 엄마가 늦게 와서 늦게 자고 배가 고파요.(아침에 좋음)</td><td>방과 후에 안정적인 보호체계 만들기</td><td>지역야간방과후 돌봄교실(석식지원)</td><td>동학년(남자아동)학생이 지역야간방과후 돌봄교실에 없음-선후배만들기 필요함</td></tr>
<tr><td>진학
진로</td><td>8</td><td>나는 꿈이 없어요.</td><td>꿈을 발견하고 실천하기</td><td>선생님이라는 직업에 관심이 많고, 만들기 잘하는 편임.</td><td></td></tr>
<tr><td>가정
환경</td><td>4</td><td>아이랑 잘 지냈으면 좋겠는데 항상 피곤하고 귀찮아요. 아이를 어떻게 돌봐야 할지 잘 모르겠어요.</td><td>우울증 치료 받기 잠 줄이고 부모 교육 참여하기</td><td>아이가 엄마를 좋아하고 엄마도 변하고 싶은 의지 보임</td><td>엄마의 우울감과 무기력감</td></tr>
<tr><td>사회
환경</td><td>7</td><td>친구들과 사이좋게 지내고 싶어요.</td><td>친구들과 좋은 관계 맺기</td><td>축구(공격)를 잘하는 것에 대한 자부심
친구들과 운동(체육과목 선호)하는 것 좋아함-학교 스포츠클럽 참여하기</td><td></td></tr>
<tr><td>기타</td><td>6</td><td>용돈받고 싶어요. 필요한 준비물이나 갖고 싶은게 있어요</td><td></td><td>위스타트연계가능(반찬 및 물품지원)
교육복지(통합사례관리 지원)</td><td></td></tr>
<tr><td colspan="7" align="center">클라이언트 사정 결과</td></tr>
<tr><td colspan="7">□ 사례관리 대상 : ■ 집중형   □ 위기형
□ 대상아님 : □ 프로그램 연계
□ 판정보류 : □ 재사정 또는 계획 보완   □ 재논의</td></tr>
<tr><td colspan="2" rowspan="3">사례판정
사유</td><td rowspan="3">대상
여부</td><td colspan="3">(1) 어려움의 정도가 큼 : ■ 예/□ 아니오</td><td>집중형</td></tr>
<tr><td colspan="3">(2) 비 긴급하며 일상적인 연계가 필요함 : ■ 예/□ 아니오</td><td rowspan="2">위기형</td></tr>
<tr><td colspan="3">(3) 1주일 이내에 즉각적인 개입이 필요한 사례 : □ 예/□ 아니오</td></tr>
<tr><td colspan="2">사유</td><td colspan="4">학생과 모의 복합적인 어려움이 있어 이에 대한 개입 및 지원 필요</td><td>집중형</td></tr>
</table>

※ '표출된 욕구내용'은 학생과 학부모의 입장에서 대상자의 언어로 기록함.
※ '강점과 욕구'에 대한 내용은 표출된 분야의 1~3개 안에서만 작성함.

출처: 경기도교육청(2012), 교육복지통합사례관리 메뉴얼, p. 64.

(2) 사정(assessment)

사정이란 인테이크를 통해서 확보된 정보를 바탕으로 클라이언트의 문제와 욕구, 강점과 자원을 분석하는 과정이다. 사정은 목표를 세우고 서비스 계획을 수립하는 근거가 되며, 후에 평가의 기준이 되기 때문에 매우 중요한 과정이다. 사정은 사례관리 실천에서 가장 고도의 전문성을 요구하는 과정 중에 하나이며, 체계적인 사정을 위한 사정체계의 개발이 필요하다이봉주, 김상곤 외, 2008.

대상 학생이 처해 있는 상황을 사정할 때에는 발달상태신장, 체중, 언어 등, 건강상태장애유무, 질병유무 등, 영양 상태식사, 전반적 영양, 심리 정서적 상황자신감, 자존감, 불안이나 우울 등, 문제행동인터넷 사용, 학교폭력, 배설이나 섭식, 학교생활학업수행정도, 학교생활적응, 대인관계친구와의 관계, 교사와의 관계, 가족사항가족구조, 가족관계, 경제적 수준, 양육 상황, 가족문제, 기존 이용서비스사적, 민간, 공공 서비스, 강점과 자원개인적, 가족적, 사회적 장점과 자원, 기호사항잘 하는 것, 좋아하는 것, 꿈과 희망 등을 확인해야 한다. 특히 아동이 좋아하는 것, 잘하는 것과 관련된 기호 상황에 대한 파악은 학생과의 관계를 형성하는 데에도 긍정적인 효과가 있다.

또한 사정단계에서는 대상학생의 강점과 그들이 변화되기를 희망하는 욕구를 파악하고 이를 개입목표에 반영하여야 한다. 대상학생의 문제 상황을 사정할 때에는 그들과 함께 협력하고 사례관리 목표에 대하여 그들의 동의와 합의를 이끌어내야 한다.

사정방법에는 가계도, 생태도, 문제와 욕구의 위험도 사정표, 사정 기록지, 기타 심리사회적 사정도구 등이 사용된다. 교육복지전문가는 다양한 사정방법을 활용하되 위험도 사정을 통해서 개입의 유형예: 저위험, 중위험, 고위험을 결정하고 종합 사정 기록지를 통해서 사정의 내용을 종합적으로 정리함으로써 개입의 방향과 내용을 결정하는 근거를 제공한다.

(3) 계획단계(planning)

계획단계는 학생이 가지고 있는 문제와 욕구 그리고 강점과 자원을 사정한 결과를 토대로 개입목표objectives를 수립하고 학생에게 적합한 최적의 개입계획plan을 수립하는 과정이다.

교육복지전문가는 이 단계에서 개입목표를 수립하게 되는데, 학생이 경험하고

[표 10-4] 행복설계도 및 동의서

행복설계도 및 동의서

관리번호 2012-01

학생명	김 희 망	작성일자	2012 년 00 월 00 일

행복을 향한 합의된 목표

학생	1. 국어, 수학 학습으로 성적 올리기
	2. 문화적 경험을 통해 감수성 높이기
	3. 친구들과 좋은 관계 맺고 즐거운 마음으로 학교 다니기
가족	1. 우울증 치료로 건강 찾기
	2. 부모교육 참여로 자녀 양육에 관심 갖기

세부실천 계획 내용	개입기간	담당 교내	담당 외부	동의
학습	1:1 멘토링 학습지도 (교육복지실, 주 2회)	2012. 00. 00 ~ 2012. 00. 00	박행복	홍길동	O
	학습준비물 개별 알림 (담임교사, 월~금)	2012. 00. 00 ~ 2012. 00. 00	서교육	-	O
문화	담임교사 사제동행 (문화체험 및 멘토링, 월 2회)	2012. 00. 00 ~ 2012. 00. 00	서교육	-	O
심리	건강가정지원센터 (모래놀이치료, 주1회)	2012. 00. 00 ~ 2012. 00. 00	박행복	박지섭	O
	청소년동반자 만남 (대학생 멘토링, 주 1회)	2012. 00. 00 ~ 2012. 00. 00	박행복	이지성	O
가정	정신건강증진 및 정신질환자 복지 서비스 지원에 관한 법률센터(약물치료, 주 1회)	2012. 00. 00 ~ 2012. 00. 00	-	신혜라	O
	무한돌봄센터(부모교육, 월 1회)	2012. 00. 00 ~ 2012. 00. 00	-	정우섭	O
사회	방과후프로그램 참여 (숯구&종이접기, 주 1회)	2012. 00. 00 ~ 2012. 00. 00	서교육	외부강사	O

※ 본인은 상기와 같은 서비스 계획과 이용에 동의하며 교육복지우선사업의 사례관리 팀과 함께 적극적으로 실천계획에 참여하고 협력할 것을 동의합니다.
※ 또한 교육복지사업과 관련한 프로그램에 참여하면서 이름, 주소, 연락처 등의 개인 정보를 제공하는 것에 동의합니다.

성 명: 이 애 정 (인)
학생과의 관계: 모 (인)
사례관리자: 박 행 복 (인)

출처: 경기도교육청(2012), 교육복지통합사례관리 메뉴얼, p. 72.

있는 문제와 욕구가 해결하고자 하는 것이 개입목표가 된다. 이때에 교육복지사는 개입목표에 대해 학생이나 가족과 합의하고 개입목표의 우선순위를 결정하는 것이 바람직하다. 뿐만 아니라 개입목표를 장기와 단기로 구분함으로써 전략적으로 단계적인 변화가 발생할 수 있도록 하는 것이 바람직하다. 목표는 개입의 방향을 설정하고 아동과 가족에게 필요한 서비스를 설계하는 근거이면서 동시에 개입의 효과를 평가하는 기준이 된다는 점에서 매우 중요하게 다루어야 한다이봉주, 김상곤 외, 2008. 그러나 사례관리자는 비현실적이거나 학생이나 그들의 가족이 달성하기 힘든 목표를 세우지 않도록 주의해야 한다.

계획은 학생의 문제와 욕구를 해결하기 위해 수립한 개입목표를 달성하기 위해 포괄적 서비스를 설계하는 단계이다. 계획내용에는 서비스 내용, 제공시기와 주기, 제공자, 활용가능 자원 등에 관한 정보가 반영되어야 하며, 학생이나 가족이 가지고 있는 강점과 자원의 활용방안을 개입계획에 반영하여야 한다. 사례관리는 서비스를 조정하는 것에 초점을 두는 방법이므로 자원의 활용이 매우 중요하다. 이를 위해서 교육복지전문가는 지역사회 자원망을 조직화하고 사례관리 계획을 수립할 때, 활용방안을 반영하여야 한다. 또한 학교사회복지사가 문제해결과 욕구needs를 충족시키기 위한 개입 계획을 수립할 때, 아동과 가족의 수요wants 파악하고 그것을 반영해야한다는 것이다. 예를 들면, 학습부진으로 인해서 학습 보충에 대한 욕구가 발생한학생의 개입목표를 성적 향상으로 설정하였다. 학교사회복지사는 학생의 성적을 향상시키기 위한 방안으로서 1:1 학습 멘토링, 소그룹 학습지도, 학습지 지원, 학원수강 지원 등 다양한 방법을 고려할 수 있다. 이 상황에서 학교사회복지사는 학생과그들의 가족이 선호하는 수요wants를 확인하고, 그것을 반영하여 개입계획을 수립할때, 보다 적극적으로 서비스를 이용하게 될 것이며, 서비스 이용을 통한 성과도 더커질 수 있을 것이다. We Start 학교사회복지에서 활용하는 사례관리 계획서 양식과작성 사례를 소개하면 다음과 같다.

(4) 서비스 실행 및 점검단계

서비스 실행 및 점검단계에서는 앞에서 세운 서비스 계획에 대하여 대상 학생및 그 가족에게 서비스 동의를 받는 것에서부터 시작한다. 즉, 서비스 계획을 대상학생과 함께 수립하고 서비스 이행에 대한 계약을 수립한다.

[표 10-5] 과정 기록지

교육복지 통합사례관리 과정기록지

관리번호		2012-01	학생명		김 희 망	사례관리자		박 행 복
연번	제공일시	접촉대상	접촉방법	내용				
1	2012.00.00	학생 학생 모	내방	-담임교사가 학생 의뢰 -학생과 학생 모가 내방하여 첫 만남 가짐 -사례관리에 대해 관심을 가지고 협조적으로 면담에 임함				
2	2012.00.00	학생 학생 모	방문	-가정 방문으로 두 번째 만남 가짐 -가정환경을 살피고 조금 더 편안한 관계로 이야기 나눔 -학생과 학부모의 욕구를 중심으로 사정하고 학생과 가족 의 강점 그리고 도움 받고 싶은 내용에 대해 알아봄				
3	2012.00.00	행복한 사회복지관	전화	-행복한사회복지관에 학생의 사례관리를 의뢰함				
4	2012.00.00	학생 학생 모	내방	-학생과 학부모의 욕구를 중심으로 한 서비스 계획에 대해 -논의하고 합의된 목표에 동의함				
5	2012.00.00	학생	내방	-1:1멘토링 학습지도 진행함(주 2회)				
6	2012.00.00	담임교사	내방	-학부모에게 학습준비물 개별 알림 문자 시작함 -사례관리 진행사항 전달하고 사제동행 추진 내용 의논함				
7	2012.00.00	정신 보건센터	전화	-학부모 약물 치료 서비스 진행 확인(주 1회)				
8	2012.00.00	놀이 치료사	전화	-어제 실시된 학생 모래놀이치료에 대해 확인함 -재미있어 하고 참여도 좋음, 3개월 동안 실시한 후 함께 평가하기로 함				
9	2012.00.00	방과후 부장교사	방문	-방과후 프로그램(축구, 종이접기) 자율 수강권 지원 (2012.00부터 프로그램 참여)				
10	2012.00.00	무한 돌봄센터	전화	-학부모 부모교육 월 1회 연계(2012.00~2012.00) (2012.00부터 서비스 진행함)				
11	2012.00.00	학생	내방	-받아쓰기 시험을 잘 봐서 기분이 좋다고 함 -축구교실도 재미있고 선생님과 영화 관람한 이야기도 함 -학교생활에 흥미를 갖고 적응해 가고 있음				
12	2012.00.00	건강가정 지원센터	전화	-놀이치료사의 갑작스런 사직으로 서비스 중단 전망함 -서비스 지속을 위한 타 기관 연계가 필요함				
13	2012.00.00	00놀이 치료센터	전화	-학생 놀이치료 서비스 의뢰 -의뢰서 및 놀이치료 상담 과정 인지 보내기로 함				

출처: 경기도교육청(2012), 교육복지통합사례관리 메뉴얼, p. 99.

계약이란 학생과 가족이 사례관리 팀이 제공하는 서비스를 이용하고 변화의 과정에 참여하겠다는 약속을 의미한다. 계약에 포함되어야 할 핵심내용에는 학생과 가족에 대한 개입 목적과 목표, 제공되는 서비스 종류와 방법, 학생과 가족의 역할, 사례관리자의 역할, 서비스 종결조건 등이 포함된다. 또한 사례관리 팀으로부터 제공받은 서비스와 상담내용은 본인의 치료적 목적과 전문가 양성을 위한 훈련 및 학문적 목적을 위해서 사용되어지는 것을 허락하고 동의한다는 내용을 포함하는 것이 필요하다 권진숙 역, 2006.

　　교육복지전문가는 학생과 그들의 가족과 서비스 이용에 대해 계약을 하거나 동의를 구하는 것이 불편하고, 번거로운 일처럼 받아들이는 경향이 있다. 게다가 학교사회복지사가 수행해야 할 다른 업무량이 과중한 상태이기 때문에 소홀히 여기기 쉽다. 그러나 계약이 이루어지지 않고 서비스를 제공할 경우 교육복지전문가가 문제해결의 주도권을 갖게 되며, 학생과 그들의 가족은 사례관리 실천의 대상이 되어서 수동적인 모습을 보이게 된다. 이러한 방식은 학생과 그들의 가족들에게 그다지 도움이 되지 않는다. 그러나 계약은 학생과 그들의 가족이 원하는 목표를 확인하고, 변화의 과정에 동참하도록 하며, 학생과 가족의 문제해결능력을 강화시킬 수 있다. 뿐만 아니라 계약행위는 교육복지전문가의 책임성을 강조하고, 불미스러운 갈등으로부터 사례관리자와 관리팀을 보호하는 수단이 되기도 한다. We Start 학교사회복지에서 활용하는 계약서 양식과 작성 사례를 소개하면 다음과 같다.

　　이 때에 서비스 이용 동의서 및 서비스 계획을 성실하게 지킬 것을 계약한 후에는 정기적으로 계획대로 잘 이행되고 있는지를 확인해야 한다.

　　본 단계에서 교육복지전문가는 학생과 그들의 가족과 함께 수립한 목표를 달성하기 위해 지역사회 내에 존재하는 공공과 민간의 원조망을 활용하여 서비스를 지원한다. 교육복지전문가는 개입계획에 따라 서비스 조정을 실행하는데, 상담이나 직접 서비스 제공 등과 같은 직접적 개입과 대인서비스 기관에 클라이언트를 연결하는 간접적 개입, 그리고 클라이언트의 권리를 대변해 주는 옹호적인 개입을 통합적으로 실천한다.

　　본 단계에서 다른 서비스가 필요할 때가 발생한다면 교육복지전문가 및 사례관리 팀에서 논의하는 것이 바람직하며, 학생과 그들의 가족이 서비스 조정의 과정에 함께 참여하도록 하는 것이 바람직하다. 또한 사례관리를 통해서 이루어지는 모든 조정활동에 대한 과정이 체계적으로 기록되어야 한다. 일반적으로 서비스 제공 기록양식을 개발하여 서비스 유형, 서비스 내용, 제공기간 등을 지속적으로 기록해 나간다.

　　이 단계에서 학생의 문제와 욕구를 해결하기 위하여 설계된 서비스 계획의 이행과 성취를 점검하게 되는데, 서비스 제공자 측면, 학생과 가족의 변화 측면, 그리고 학생이 처한 상황 및 환경의 변화 측면에서 살펴봐야 한다. 교육복지전문가는 서비스 제공자 측면에서 제공하고 있는 서비스의 양이 충분한지, 서비스의 질은 양호한지, 서비스를 제공하는 방법은 적절한지, 서비스 제공자 간의 협력은 적절한지, 서비스 계획은 적절했는지 등을 살펴봐야 한다. 또한 사례관리 서비스를 통해서 학생과 가족의 변화정도나 만족도 그리고 변화의지나 자기보호 능력 등을 확인해야 한다.

이때 각 사례에 대한 확인점검은 비공식적인 방법과 공식적인 방법으로 구분된다. 비공식적인 점검이란 교육복지전문가가 서비스 조정을 실시하면서 직접 대면이나 가정방문, 전화 통화 등과 같은 다양한 방법으로 이루어지는 점검을 말한다. 교육복지전문가는 학생 및 가족의 변화를 수시로 점검해야 하며, 서비스 제공 기록지나 개인노트를 활용하여 중요한 사항을 기록에 남겨두었다가 공식적인 점검에 반영하도록 한다. 공식적인 점검은 주로 사례회의에서 사례보고의 형태로 이루어지는데, 학생과 가족의 변화를 공식적으로 점검하고 개입계획의 방향을 관리하는 매우 중요한 기능을 담당한다. 학교사회복지사는 사례회의를 통한 공식적인 점검 주기를 결정해야 하는데, 고위험 학생의 경우 점검의 단위를 짧게 해서 집중적으로 서비스를 제공하고, 저위험 학생의 경우 점검의 단위를 길게 하되 사례관리 체계 내에서 누락되지 않도록 하는 것이 바람직하다.

재사정이란 사례점검 결과 학생의 변화 내지는 학생이 처한 상황이나 환경의 변화로 인해 이미 해결되거나 새롭게 나타나는 문제와 욕구가 분석하는 것을 말한다. 학교사회복지사는 재사정을 통해 도출된 새로운 문제와 욕구를 기반으로 개입목표와 개입계획을 수정하고, 이에 따라 사례관리를 실천해나가도록 한다. 재사정은 모든 사례에 해당하는 것이 아니라 재사정이 필요하다고 판단되는 사례에 한해서 이루어지게 된다이봉주, 김상곤 외, 2008.

(5) 평가 및 종결단계

평가단계는 사례관리자가 클라이언트가 초기에 결정한 욕구와 문제해결을 위해 수립한 목표를 어느 정도 달성했는가를 확인함으로써 종결여부를 결정하는 과정이기도 하고 다른 한편으로는 사례관리자와 클라이언트와 좀 더 진보된 다음 단계로 진입하기 위한 점검의 의미를 갖기도 한다. 따라서 평가는 일종의 사례관리의 질을 강화하기 위한 과정이라고 할 수 있다 권진숙, 박지영, 2008.

평가는 클라이언트에 대한 서비스와 지원계획에 대한 평가, 영향목적 달성에 대한 평가, 전반적인 효과성, 클라이언트의 만족도 등을 평가해야 한다. 지원계획에 대한 평가는 사례관리자가 클라이언트의 문제와 욕구를 해결하기 위해 수립한 서비스와 지원계획이 적절했는지 그리고 효과적이었는지를 평가하는 것이다. 사례관리자는 대상학생의 문제와 욕구를 근거로 '최상의 실천best practice'을 계획하게 되는데, 계획된 대로 잘 실천되었는지 계획한 것이 클라이언트의 문제와 욕구를 해결하는데 도움이 되었는지는 확인하는 것은 매우 중요한 일이다. 긍정적인 상호작용을 촉진하는 것이 기대하는 목적일 경우 영향목적은 전화 통화, 이메일, 서신왕래, 대면 접촉 등과 같은 산출 요소들이 얼마나 발생했는가를 의미한다. 사례관리자는 영향목적을 진술하고 개념화하여 측정할 수 있도록 해야 한다. 전반적인 효과성이란 사례관리를 통해서 나타난 의미있는 변화를 말하는데, 초기에 설정된 개입목표의 달성 정도를 의미한다. 사례관리 실천에서 클라이언트의 만족도는 중요한 평가요소인데, 만족도조사를 통해서 클라이언트가 서비스에 대해 소극적인 수급자가 되기보다는 적극적이고 비판적인 소비자가 되도록 클라이언트의 역할을 강화할 수 있다 김만두 역, 1993.

사례관리에서 평가는 구조평가, 과정평가, 결과평가로 구분할 수 있다. 구조평가에서 구조란 제공된 사례관리 서비스 간의 조직된 형태를 의미하는데, 서비스 제공에 필요한 자원, 사례관리자의 전문성, 자격, 교육, 슈퍼비전, 사례관리 운영체계 등이 필수적인 요소에 포함된다. 구조평가란 구조를 형성하고 있는 요소들의 질을 평가하는 것을 의미한다. 과정평가라 함은 형성평가라고도 하는데 사례관리 서비스가 어떻게 제공되었는가를 점검하는 것이다. 사례관리자는 과정평가를 통해서 자원의 이용, 제공되고 있는 서비스의 사용정도와 유용성 등을 측정하게 된다. 결가평가는 총괄평가라고 불리는데, 사례관리의 질을 가늠하는 방법이다. 사례관리의 평가지표에는 비용−효과성 및 비용 억제 등 비용에 관한 내용, 다양한 서비스의 이용 수준, 클라이언트의 사회적 기능, 비공식적 보호기능, 심리사회적인 안녕과 만족 등이 포함된다 권진숙, 박지영, 2008.

교육복지전문가가 학교현장에서 손쉽게 활용할 수 있는 평가방법에는 설문에 의한 만족도 조사, 목표달성 정도에 대한 양적, 질적 평가, 초기 사정 결과와 평가 또는 종결 시 사정 내용의 비교, 개입 전-후 가계도와 생태도의 변화 등 다양한 방법을 활용할 수 있다. 교육복지전문가는 정기적으로 사례에 대한 평가를 실시해야 하는데, 사례관리를 실시하고 있는 모든 사례를 대상으로 1년에 1회 이상은 평가를 실시해야 한다.

이러한 평가결과를 바탕으로 종결을 해야 한다. 종결이란 사례관리 실천을 통해서 형성된 전문적 관계가 종료되고 개입이 중단되는 단계이다. 종결의 가장 중요한 조건은 학생의 문제와 욕구가 해결되거나 더 이상 도움이 필요 없는 상황이지만 사례관리 서비스에 대한 거부, 교육복지전문가의 이직 또는 퇴직, 학생의 전학, 상급학교로 진학 등이 중요한 요인에 포함된다. 교육복지전문가는 종결 사유가 발생하면 객관적인 근거와 공식적인 판단의 과정을 통해서 종결여부를 결정하게 된다. 만약 종결이 결정될 경우 사례관리자와의 분리에 대한 불안과 자기 스스로 삶을 유지해야 한다는 두려움을 경험할 수 있다. 따라서 학생이 이러한 정서적인 문제를 잘 극복하도록 심리적으로 지지하고 분리를 준비할 수 있도록 도와야 한다. 뿐만 아니라 사례관리 실천을 통해서 나타난 성과를 스스로 유지하고 관리해 나갈 수 있도록 도와야 하며, 종결 후 필요한 경우 다시 사례관리 서비스를 받을 수 있도록 안내해 주어야 한다. 그리고 학교사회복지사는 종결 시 사후관리 계획을 수립하도록 한다.

(6) 사후관리

사후관리는 사례관리의 마지막 단계로서 사례관리 종료 후 일정한 기간동안 클라이언트의 상황을 모니터함으로써 심리적인 안정감을 제공하고, 사례관리 실천으로 인한 효과를 유지하도록 도우며, 문제가 재발할 경우 다시 사례관리 체계에 접촉할 수 있도록 돕는 활동을 말한다. 교육복지전문가는 전화나 면접 또는 이메일 등을 통해서 사례관리로 인한 효과가 잘 지속되고 있는지, 새로운 문제나 욕구나 나타나지는 않았는지, 지역사회자원을 스스로 잘 활용하고 있는지를 점검한다. 학교현장에서 사후관리는 학급개입이나 쉼터 또는 교내에서 자연스러운 접촉을 통해서 이루어질 수 있는데 학교사회복지사는 사후관리 내용을 서비스 개입 기록양식에 기록을 남겨야 한다.

이상에서 살펴본 사례관리의 과정을 표로 정리하면 다음과 같다.

[표 10-6] 사례관리의 과정

단계		주요내용
1. 초기면접	사례 발견	1) 자발적 방문 2) 의뢰 3) 현장 접근
	인테이크	1) 접수내용: 인구사회학적 특징, 문제와 욕구의 내용과 수준 2) 자격심사: 사례관리 서비스 자격 여부를 판단 3) 인테이크 양식
2. 사정		1) 사정내용: 다면적인 문제와 욕구, 강점과 자원, 자원 활용, 변화의 의지 등 2) 사정도구: PIE 체계, 가계도(genogram), 생태도(eco-map), 사회망 그리드(social grid), 사정척도 등 3) 사정의 수준에 따라 클라이언트 구분: 고위험, 중위험, 저위험 4) 사정도구 양식
3. 계획	목표 수립	1) 사정을 근거로 장기목표 · 단기목표 설정
	서비스 계획	1) 사정-목표와 연관된 계획 수립 2) 생태학적 관점에 근거하여 다면적인 개입 계획 수립 3) 클라이언트와 가족의 강점 및 지역사회 자원의 활용 극대화 4) 클라이언트의 참여와 자기결정 강조 5) 계획서 양식
4. 실행 및 점검		1) 서비스 제공 목표, 내용에 대한 설명, 선택가능성 제공 2) 서비스 제공자의 역할 클라이언트의 역할 공유 3) 종결 조건 제시 4) 서면 동의서(양식) 5) 수립된 계획에 따라 서비스를 제공하거나 자원연결 및 조정 6) 직접 제공, 자원 연계 및 서비스 구매, 클라이언트 의뢰 7) 모니터링 　① 제공자 측면: 서비스 제공 여부, 서비스의 질 점검 　② 클라이언트 측면: 클라이언트의 변화, 상황 및 환경의 변화 8) 재사정 　① 환경이나 상황의 변화로 인해 재사정이 필요한 경우 실시 　② 필요한 사례의 경우에만 적용
5. 평가 및 종결		1) 중간평가 　① 목표달성 정도 　② 개입전략의 효과성 및 효율성 검토 2) 종결평가 　① 목표달성여부 　② 클라이언트의 만족도 　③ 사회적 자원 활용 수준 3) 평가양식 4) 종결의 조건 　① 목표의 달성 　② 목표를 향해 스스로 움직일 수 있는 만족스러운 모습을 보여줄 때 　③ 지역사회 지원체계 혹은 의뢰된 자원제공자와 성공적으로 일하고 있을 때 5) 종결보고 양식

단계	주요내용
6. 사후관리	1) 종결 이후 클라이언트나 기관의 전문가들이 어떻게 지내고 있는지 확인 2) 전화나 편지로 실시 3) 클라이언트가 지원이 더 필요한지, 지역사회 자원을 잘 활용하고 있는지, 의뢰가 　적절하였는지 등 결정 4) 사후관리 기록

출처: 이봉주, 김상곤 외(2008). 위스타트 통합사례관리 매뉴얼, 위스타트 운동본부에서 부분수정하였음.

[표 10-7] 사례관리 종결 및 사후관리 기록지

사례관리 종결 및 사후관리 기록지

작성일자	2012. 00. 00	관리번호	2012-01
학생명	김 희 망	사례관리자	박 행 복
종결사유	□목표 달성　　□타 기관 이용　　□서비스 거부/포기　　■이사(전학) □연락 두절　　□졸업　　□기타(사유:　　　　　　　　　　　)		

서비스 요약	
서비스 목표	세부 실천 내용
국어, 수학 학습으로 성적 올리기 문화체험활동에 잘 참여하기 친구들과 잘 지내고 즐거운 마음으로 학교 다니기 우울증 치료 및 부모교육 참여하기	1:1 멘토링 학습지도 담임교사-학습준비물 보호자 개별알림 담임교사 사례동행(문화체험 및 멘토링) 모래놀이치료, 청소년동반자연계 친모 우울증 약물 치료, 부모교육 방과후프로그램 참여(축구, 종이접기)

학생 변화 사항(욕구 수준 및 목표 달성 정도)	
초기 상황	종결 상황
-정서적 심리적으로 불안하고 화가 나면 때리고 싶어함 -엄마의 늦은 귀가로 저녁에 혼자 있는 경우가 많아 심심해함 -공부를 잘하고 싶은데 교실에 들어가기 싫어함 -친구들과 사이좋게 놀고 싶지만 친구가 없음 -즐거운 일도 없고 꿈도 없음	-체육 선생님이 되겠다는 꿈이 생겼고 공부도 운동도 열심히 하면서 성적 향상 보임 -엄마와 함께 하는 시간이 많아지면서 관계도 좋아지고 엄마가 있어 행복하다고 함 -방과후(축구, 종이접기) 프로그램으로 친구들도 많이 생기고 사이좋게 지내기 위해 스스로도 노력함 -부모 역할에 대해 노력하고 자녀 양육에 관심을 가짐
사례관리자 종합의견	학생은 가정과 학교생활이 안정되면서 자신의 꿈을 위해 열심히 생활하는 긍정적인 학생으로 변화하였음. 엄마가 새로운 직장에 취업하게 되어 이사를 가게 되었으나 주말엔 아이와 함께 시간을 보낼 수 있는 직장이기에 학생이 좋아함. 새로운 곳에서도 잘 적응할 수 있을 것으로 판단되며 이후 상황을 모니터할 예정임

사후관리		
일시	사후관리 내용	결과
2013.00.00	전학 간 학교에서 새로운 친구들을 사귀며 잘 적응하고 있음. 엄마와 주말에 나들이도 다니고 함께 하는 시간이 많아 좋다며 학교 생활도 즐겁고 행복하다고 함.	□재개입　□타기관 의뢰 □내부 서비스 의뢰 □대상학생에 의한 종결 ■최종 종결
2013.00.00	체육선생님이 되기 위해서 공부도 열심히 하고 운동하는 시간도 늘렸다고 함. 어서 어른이 되어 엄마도 더 많이 돕고 어려운 이웃들에게 도움을 주고 싶다고 함.	

출처: 경기도교육청(2012), 교육복지통합사례관리 매뉴얼, p. 106.

이슈 따라잡기

다음 기사를 읽고 교육복지사업의 성과와 사례관리 실천과의 연관성을 토론해보자.

대전동부, 교육복지우선지원사업으로 학교적응력 향상 성과 높아

2013년 교육복지우선지원사업 성과 발표, 사업만족도 96.7% 나와

이지수 기자 2013. 11. 07 11:46:33

대전동부교육지원청(교육장 김애영)은 교육소외계층 학생을 대상으로 실시되고 있는 교육복지우선지원사업 성과가 교과부진학생 감소, 무단결석 감소 등 학교생활태도 측면에서 긍정적으로 나타났다고 밝혔다.

교육복지우선지원사업은 교육소외계층 학생들에게 나타나는 문제점 및 결핍요인을 고려하여 학습·문화·정서·복지 지원의 통합 프로그램을 지원하는 것으로 2013년 구체적인 성과로 사업만족도(보통이상 응답률)가 96.7%로 높게 나타났으며, 학생들의 교과학습미달률이 전년대비 0.86% 감소하였다.

또한 전년대비 무단결석 0.21%, 학업유예·중단은 0.16% 감소하는 등 학교생활태도가 긍정적으로 변화된 것으로 나타났다.

이러한 뚜렷한 성과는 교육복지우선지원사업이 교육과정과 연계한 학습지도·문화적 소양함양은 물론 학교–가정–지역사회가 협력체제를 구축하여 학생지원 교육복지 활동을 펼치고 있기 때문이다.

동부교육지원청 관계자는 "교육소외계층 학생에게 발생하는 문제요인에 따라 교육복지 통합지원을 위한 맞춤식 사례관리를 강화하여 교육복지 성과를 더욱 높여갈 계획"이라고 말했다.

출처: 디트뉴스24, http://www.dtnews24.com/news/article.html?no=355409

확인학습

1. 사례관리란 만성적, 복합적 욕구가 있는 클라이언트와 가족의 사회적 기능회복을 위해 운영 체계를 확립하고, 이를 기반으로 체계적 사정과 지역사회와 다양한 자원을 활용하여 지속적 이고 효과적인 사회복지서비스를 제공하는 통합적 실천방법이다.

2. 사례관리 실천 요소는 사례관리 대상자, 사회자원, 사례관리자, 사례관리과정, 사례관리 운 영체계 등이다.

3. 사례관리 과정은 초기 면접단계 · 사정단계 · 계획단계 · 서비스 실행 및 점검단계 · 종결 및 평가단계 · 사후관리 단계 등으로 나눌 수 있다.

4. 사례관리 운영 요소는 사례관리팀, 의뢰하는 체계, 자원체계, 수퍼비전 체계, 그리고 내부 및 외부 회의 체계가 필요하다.

5. 사례관리는 지역사회와의 네트워크가 매우 중요한 요소이다.

 생각해 볼 문제

1. 교육복지전문가는 사례관리 전문가가 되기 위해 어떠한 역량을 갖추어야 하는가?

2. 학교에서 사례관리 실천이 효과적으로 이루어지기 위해서 시도 교육청에서 어떤 지원이 필 요할까?

3. 효과적인 사례관리 실천을 위해 학교와 지역사회는 어떻게 협력해야 하는가?

04

해외사례 및
당면과제와 전망

CHAPTER
11 해외 교육복지 정책[1]

학습목표

1. 해외 주요국가의 교육복지정책을 이해할 수 있다.
2. 우리나라와 해외 주요국가의 교육복지정책을 비교할 수 있다.
3. 우리나라 교육복지에 주는 시사점을 도출할 수 있다.

01 미국의 교육복지정책

미국은 다양한 인종과 문화가 공존하고 있는 나라로 오래 전부터 교육복지의 중요성을 깨닫고 이와 관련한 정책들을 추진해왔다. 우리나라보다 먼저 교육복지법제를 정비하고 교육복지정책을 실현하고 있는 미국의 교육복지정책 및 프로그램과 관련 법제를 살펴봄으로써 미국의 교육복지정책을 이해하고 더 나아가 우리나라 교육복지정책을 되돌아 볼 수 있을 것이다. 다음에서는 미국의 대표적인 교육복지정책을 살펴보고 이를 바탕으로 우리나라의 교육복지정책에 주는 시사점을 살펴보도록 한다.

❶ 교육복지정책 개관과 특징

미국 교육복지정책은 저소득층 자녀 및 장애학생 등 사회적 약자에 대한 교육적 지원에서부터 출발하였다. 연방정부 출범 이후부터 미국은 교육기회 평등을 교육정책의 주요 목표로 삼고 동등한 학습기회를 제공하기 위하여 노력해왔다. 특히 1960년대에는 빈곤이 심각한 사회적 문제로 대두되어 빈곤계층 아동의 교육문제를 해결하기 위한 정책으로 헤드 스타트 프로젝트Head Start Project를 시행하고 경제기회법 Economic Opportunity Act 제정을 통해 경제적으로 취약한 아동의 교육기회 균등을 보장

---

1 집필에 참고한 자료는 참고문헌에 별도로 제시하였음.

하고자 하였다. 또한 초중등교육법Elementary and Secondary Education Act을 제정하여 빈곤계층 아동 및 청소년들에게 초중등교육을 지원하였다. 이후 1970년대에는 모든 시민에게 균등한 교육기회 부여에 초점을 맞추었으며, 모든 장애아를 위한 교육법Education of All Handicapped Children Act을 제정하였다. 1980년대에는 연방정부의 지원과 개입을 최소화하면서 저소득층 아동의 교육에 대한 지원방식을 개인단위에서 학교단위를 지원하는 방식으로 수정하였다.

이후 2002년에는 학업성취 기준에 미달되는 학생이 없도록 하는 아동낙오방지법No Child Left Behind Act, NCLB을 개정하였다. 아동낙오방지법에서도 사회적 약자를 위한 교육적 지원과 학업성취도 격차 해소를 강조하였다. 2015년에는 NCLB를 수정한 연방정부 차원의 모든 학생의 성공을 위한 법Every Student Succeeds Act, ESSA을 제정하였다. ESSA에서는 연방정부에 과도하게 집중되어 있던 교육과정, 평가, 책무성, 교사 등에 관한 사항을 주정부와 지역 교육구 차원으로 이양하였다염철현, 2016.

미국의 교육복지정책은 사회적 요구에 맞게 변화하여 왔다. 미국의 교육복지정책의 주요 특징을 살펴보면 다음과 같다.

첫째, 미국의 교육복지정책은 관련 법령과 긴밀하게 연결되어 있으며, 법제 간에도 상호보완적 연계성을 지니고 있다는 것이다. 예컨대, 헤드 스타트 프로그램은 헤드 스타트 법에 근거하여 이루어지며, 이는 초중등교육법과 장애인교육법 등과 긴밀하게 작동하여 실시되고 있다. 또한 장애인 교육 정책은 헤드 스타트 프로그램과 초중등교육법을 개정한 아동낙오방지법과도 연계되어 보다 큰 효과를 나타내고 있다.

둘째, 미국의 교육복지정책은 주로 학업성취도가 낮은 학생 및 학교를 대상으로 교육격차를 해소하는 것을 중요한 목표로 설정하고 있다. 미국 교육에서 인종 문제, 소득 불균형 등으로 인해 발생하는 교육격차가 고질적인 문제로 인식되고 있기 때문에 헤드 스타트, 장애인교육, 아동낙오방지 등의 교육정책을 통해 교육격차를 해소하려는 노력을 연방정부차원에서 시행하고 있는 것이다. 교육격차 해소의 초점을 교육취약계층의 학업 성취도 향상에 두어 정책의 실질적인 성과와 책무성을 중시하고 있다.

셋째, 미국은 교육복지의 대상을 해당 아동뿐만 아니라 가족, 학교, 지역사회 등까지 확대하는 포괄적인 정책을 시행하고 있다. 이러한 통합적 접근을 통해 교육

취약계층 학생, 가족, 학교, 지역 사회 간의 연계를 강화하고 정책의 효과성을 높이려는 노력을 하고 있다.

넷째, 미국 교육복지정책은 각 지역의 특수성을 반영하고 있다는 점이다. 연방정부에서 교육복지정책 및 법령을 정하고 보조금을 지급하고 있지만, 주정부별로 별도의 다양한 교육정책과 사업 등을 추진하고 있다.

❷ 주요 교육복지정책 및 프로그램

앞서 살펴본 미국 교육복지정책의 개괄적 흐름에 대한 이해를 바탕으로 다음에서는 미국 연방정부에서 실시하는 대표적인 교육복지정책과 프로그램에 대해 구체적으로 살펴보고자 한다.

(1) 헤드 스타트(Head Start)

헤드 스타트는 1965년부터 저소득층 아동과 가족들을 대상으로 빈곤의 세습을 줄이자는 목적으로 연방정부 차원에서 실시하고 있는 프로젝트이다. 3세부터 취학 전 저소득층 아동들이 충분한 학습능력을 가지고 정규교육과정을 시작하도록 아동의 신체, 정신, 심리적인 측면을 포함하는 전인 발달을 위한 프로그램 및 서비스를 제공하는 것으로 시작되어, 현재는 0세에서 3세까지의 영유아를 대상으로 하는 조기 헤드 스타트 프로그램, 그리고 임산부에 대한 출산 전 지원 및 이민자 자녀와 원주민 출신 자녀를 위한 지원 프로그램까지 포함하고 있다.

헤드 스타트는 주로 저소득가정 아동의 인지 및 언어 발달 교육, 건강검진 등의 의료 서비스, 부모교육 등을 제공하고 있다. 참여 아동들은 각자의 특성에 맞게 교육 프로그램을 제공받을 수 있으며, 프로그램을 통해 사회성을 기르고 언어와 숫자를 이해하며 자신의 느낌을 자유롭게 표현할 수 있도록 지도 받는다. 또한 신체적 건강을 위한 의료 서비스도 제공되는데, 아동들은 건강검진과 구강검사, 예방접종 등을 받는다. 아동의 부모는 부모교육에 참여하여 자원봉사 또는 프로그램 운영에 직접 관여하기도 하고, 감독, 평가하는 것에 참여하기도 한다. 서비스 제공 후 3년마다 프로그램 참여 아동 및 부모의 수, 복지요구 실태, 지역사회 자원 등을 분석하여 평가를 실시하고 있다.

(2) 아동낙오방지(No Child Left Behind)

2002년부터 아동낙오방지를 위하여 미국 연방정부는 저소득층 학생들의 학업성취 향상, 이민가정의 학생 및 영어 구사능력이 부족한 학생들을 위한 언어교육, 혁신적인 교육프로그램 개발, 모든 아동들의 읽기학습 보조, 장애학생을 위한 지원, 양질의 교사 및 교장 육성과 모집 등을 위한 재정지원을 실시하고 있다. 전체 학생의 40% 이상이 저소득층으로 이루어진 학교에 한해서는 지원금을 학교 자체 프로그램에 사용할 수 있도록 하며, 이외에는 학업성취도가 낮거나 떨어질 가능성이 있는 학생들을 대상으로 하는 교육프로그램을 지원하는 데 사용한다. 또한 지원금은 학교차원에서 보충학습 실시, 학습자재 구입, 교사 추가 임용, 교사 및 교직원 개발, 사회복지사 및 심리상담가 채용 등 다양하게 사용할 수 있다.

지원 후에는 저소득층 아동의 학업성취도에 따라 지원 받는 학교들을 평가하고, 성과 기준 미달의 경우 학생들을 전학할 수 있도록 하거나 학교 구조조정 등의 제재를 받게 된다. 또한 연방 보조금을 지원하는 조건으로 모든 학생을 대상으로 수학, 과학 시험을 실시하고 기준 점수에 미달한 학생들에게는 공립학교 선택권과 보충교육의 기회를 제공하도록 하였으며, 주요 학습과목을 담당한 모든 교사의 자질을 주정부에서 정한 기준에 따라 평가하도록 하였다.

2015년에는 NCLB를 수정한 연방정부 차원의 모든 학생의 성공을 위한 법Every Student Succeeds Act, ESSA을 제정하였다. ESSA의 기본 취지는 모든 학생들의 학업성취도를 일정 수준에 도달시킨다는 것으로 NCLB를 계승하였다고 볼 수 있으나, 다만 연방정부에 과도하게 집중되어 있던 교육과정, 평가, 책무성, 교사 등에 관한 사항을 주정부와 지역 교육구 차원으로 이양하였다는 점에서 차이가 있다(염철현, 2016).

(3) 장애인 교육

미국의 장애인 교육정책은 2004년 개정된 장애인교육법Individuals with Disabilities Education Improvement Act; IDEA과 아동낙오방지법에 근거하여 이루어지고 있다. IDEA는 3세에서 21세의 장애학생이 다른 학생과 비교하여 불평등한 학습기회가 제공되는 것을 미연에 방지하는 것을 목표로, 국가가 부담하는 평균 학교교육 비용의 40%에 해당하는 교부금을 장애인 교육을 위해 제공하도록 규정하고 있다.

연방정부에서 교부금을 제공하면, 주에서는 지원금을 교육기회에서 소외된 장애학생에게 우선적으로 배부하고, 다음으로 중증의 장애학생에게 배부하는 방식이다. 또한 주정부에서는 장애학생을 위한 정책을 만들고, 장애학생의 요구를 충족시켜주기 위한 시설 및 서비스 제공의 목표와 세부 일정을 포함한 계획을 제출해야 한다.

이후 2004년에는 장애인교육향상법으로 명칭을 변경하여 장애학생의 교육성과에 초점을 맞추고, 학교는 장애학생들에게 최상의 교육을 제공하여야 한다는 책무성을 한층 강화하였으며, 높은 수준의 자격을 갖춘 특수교육 교사와, 과학적으로 효과가 검증된 교수방법의 활용이 중요시되고 있다. 특히 2004년부터 조기중재서비스를 강조하고 있는데, 이는 아직 장애학생으로 진단되지 않았지만 교육과 학습적 지원 등 부가적인 지원이 필요한 아동을 대상으로 2차적 장애나 발달지체를 예방하기 위한 서비스를 제공하는 것이다. 학생들은 측정 가능한 목표를 세워야 하며, 특수교육교사는 학생들의 목표 달성을 위해 정기적으로 목표 달성도를 측정하고 목표 미달의 경우 교수활동의 수정을 의무화하고 있다. 또한 교육지원청 예산의 15%를 조기중재서비스 제공을 위하여 사용하도록 규정하고 있다.

(4) 학교 밖 청소년 및 위기학생 관련 지원

학교 밖 청소년 및 위기학생 관련 지원 관련 사업은 연방정부에서 실시하는 트리오 프로그램TRIO Program과 마이 브라더스 키퍼My Brother's Keeper, MBK 등이 있다. 트리오 프로그램은 저소득층 학생, 일세대 대학생first-generation college students, 장애학생 등 낙후된 가정배경 출신의 학생들을 위한 프로그램이다. 교육기회센터Educational Opportunity Center, 재능찾기Talent Search Program 등 총 8개의 하위 프로그램 등으로 구성되어 있다U.S Department of Education, 2019.

MBK는 2014년 오바마 대통령에 의해 시행된 저소득층 흑인, 히스패닉계 남학생들을 대상으로 하는 지역공동체 멘토링 프로그램이다. 사업에 참여한 지역의 청소년 범죄율이 낮아지고, 대학입학률이 높아졌다는 평가를 받고 있다The White House, 2019.

(5) 기타 교육복지 관련 프로그램

이밖에도 미국은 교육의 공공성 강화 정책의 일환으로 어린이집 발전 기금 Preschool Development Grants, 온종일 돌봄 프로그램Extended Day Child Care Program, 고교무상교육, 연방정부 초중등교육법 저소득층 지원 기금ESEA Title I Funds, 학교 급식 지원제도 등이 연방정부와 각 주정부 차원에서 다양하게 실시하고 있다.

❸ 교육복지 관련 법제

앞서 살펴본 미국의 주요 교육복지정책 및 프로그램은 모두 관련 법령에 근거하여 시행되고 있다. 다음에서는 미국의 교육복지정책 및 프로그램의 근거가 되는 법제를 살펴보고자 한다.

(1) 헤드 스타트법

헤드 스타트법 제정 이전의 헤드 스타트 프로그램은 1965년 제정된 경제기회법을 법률적 근거로 하여 운영되었다. 1990년에 이르러서야 헤드 스타트 프로그램과 경제기회법을 단초로 하여 헤드 스타트 확대 및 질 향상법Head Start Expansion and Quality Improvement Act이라는 독립적인 법률이 제정되었다. 이후 1994년에 헤드 스타트법을 재인가하면서 조기 헤드 스타트 프로그램을 만들었으며, 2007년에는 아동의 학교 준비를 위한 헤드 스타트의 질적 향상법Improving Head Start for School Readiness Act으로 재인가를 받았다.

(2) 아동낙오방지법(No Child Left Behind Act, NCLB)

초중등교육법에 따른 지원에도 불구하고 미국 학생들의 학업성취도 수준이 낮고 소외계층의 학력 격차는 줄어들지 않는 현상이 지속되면서 초중등교육법을 NCLB법으로 개정하여 2002년에 법령으로 공포하게 되었다. NCLB는 모든 학생들이 학업성취기준을 달성하기 위한 다양한 교육정책의 수립과 실천을 목표로 강한 책무성, 지원재정 사용의 자율성, 학생과 부모의 선택권 확대, 효율적인 교수방법 사용의 네 가지 원칙을 기준으로 제시하고 있다. NCLB의 네 가지 원칙에 대하여 살펴보면 다음과 같다.

첫째, NCLB는 교육의 결과에 대한 책무성을 강조하고 있다. 연방정부의 지원을 받는 모든 주정부와 지역 내 학군은 연간학업성취기준을 설정해야 하며, 학생들의 학력기준 및 계층별 학력격차 그리고 개선이 필요한 학교명과 교사의 자격수준 등을 포함하는 정보를 학생과 학부모에게 공개하여야 한다. 또한 매년 3학년에서 8

학년 사이의 모든 학생들의 영어 및 수학 성취도를 측정하여야 한다. 설정된 학업성취도 기준에 미달한 학교는 초기에 일정한 장려금을 지원받아 이를 만회할 기회를 가질 수 있으며 계속해서 기준 미달로 판명될 경우 강력한 제재를 받게 된다.

둘째, 주정부의 자율성을 보장하여 지원액 사용에 유연성을 강조한다. NCLB는 연방정부의 지원금의 50%까지 별도의 허가 없이 자율적으로 사용할 수 있도록 하고 있다. 또한 주별로 시범사업을 할 수 있도록 하고, 시범사업 지역에서는 항목별 교육 지원 예산을 포괄예산으로 편성하여 학교에서 자율적으로 집행할 수 있도록 하고 있다.

셋째, NCLB는 학부모와 학생들에게 선택권을 확대시키고자 하였다. 주정부가 설정한 학업성취도 기준에 2년 연속으로 미달된 학교의 학생과 학부모는 학교를 옮길 수 있는 권한을 부여받게 되었으며, 학생이 전학할 경우 연방정부의 지원금을 사용하여 전학생을 위한 교통편의를 제공하도록 하였다. 또한 학생들이 위험한 학교에 다니거나 학교폭력의 피해자가 된 경우, 안전한 학교를 선택할 수 있는 기회를 제공하기도 한다.

넷째, 효과성이 검증된 교육방법을 사용할 것을 강조한다. NCLB에서 연방재원은 정밀한 과학적 연구를 통해 효과성이 입증된 교육프로그램 및 교수방법을 지원하는 데 초점이 맞춰져 있다.

(3) 장애인 교육법

장애인 교육법은 1975년에 모든 어린이에게 동등한 교육을 보장하는 연방헌법에 근거하여 '모든 장애아를 위한 교육법Education of All Handicapped Children Act'으로 제정되었으며, 이후 여러 차례 수정되어 장애교육법Education of the Handicapped Act, 1986, 이를 계승한 1997년의 장애인교육법Individuals with Disabilities Education Improvement Act; IDEA으로 이어져 오고 있다. 이 법은 3세에서 21세의 장애학생이 적절한 교육을 받을 권리를 보장하기 위해 제정된 것으로, 초기에는 특수학교 및 특수학급에 제한적으로 적용되었으나, 점차 일반 학교 내에서 학습장애를 겪고 있는 학생들에 대한 지원으로 확대되었다.

장애인 교육법은 다음과 같은 주요 원칙을 지니고 있다Turnbull & Turnbull, 2000. ① 모든 장애학생은 장애유형이나 심각성에 상관없이 무상의 적절한 공교육을 받을 수 있어야 한다. ② 장애학생의 교육적 요구에 부합하는 적절한 교육을 제공하여야 한다. ③ 장애학생에 대한 평가는 비차별적이어야 한다. ④ 장애학생들은 가장 제한되지 않은 환경에서 교육받아야 한다. ⑤ 장애학생의 교육관련 분쟁이나 갈등이 발생한 경우 적법절차에 입각하여 문제를 해결해야 한다. ⑥ 장애학생과 관련된 정책 및 교육 프로그램 등의 결정 과정에 관련 학생들과 부모를 반드시 참여시켜야 한다.

(4) 모든 학생의 성공을 위한 법(Every Student Succeeds Act, ESSA)

ESSA는 모든 학생들의 교육 기회의 강화, 교육의 질 개선을 통한 공교육의 책무성 강화를 목표로 제정된 미국의 초중등교육법과 이 법에 기반을 둔 NCLB와 기본 골자를 같이하고 있다. 다만 학생의 학업성취도에 대한 개선 결과와 관련하여 이에 대한 평가의 문제점이 제기되면서 NCLB가 적절하지 못하다는 지적에 따라 2015년 말 ESSA가 의회에서 통과되었다.

ESSA는 NCLB와 학생의 학업성취도 방식, 시기 등을 각 주에서 자유롭게 시행하도록 하고, 공통중핵 성취기준common core standards의 채택, 책무성, 구제방안 등에 있어, 그 역할과 책임을 주정부에 일임하고 있다는 특징이 있다염철현, 2016.

❹ 시사점

지금까지 미국의 교육복지정책의 특징을 살펴보고, 주요 프로그램과 관련 법령에 대해서 알아보았다. 다음에서는 앞서 살펴본 미국의 교육복지정책과 법제를 바탕으로 시사점을 도출하고자 한다.

첫째, 교육복지정책은 학생에게만 국한하지 말고 가정, 학교, 지역사회 등까지 포괄적으로 연계하여 실시되어야 한다는 점이다. 즉 학생뿐만 아니라 부모교육과 전반적인 가족생활까지 개입활동의 영향이 미칠 수 있도록 전방위적 지원을 실시해야하며, 학교생활에 대한 적응을 돕기 위해 가정, 학교, 지역사회가 연계되고 학생, 부모, 교사, 지역주민들을 위한 다양한 프로그램 운영의 필요성을 시사한다.

두 번째 시사점은 교육복지정책의 시행에 있어서의 유연성과 책무성의 균형이다. 미국은 주정부별로 그 주의 특성을 반영한 다양한 교육이 이루어 질 수 있도록 유연성과 탄력성을 인정하고 있다. 연방정부는 주정부에 상당한 보조금을 지원하면서도 교육을 전체적으로 통제하거나 관리하지 않고 해당 주가 자율적으로 세부적인 기준을 정하는 것을 허용하고 있다. 하지만 기준 미달의 경우에는 강력하게 제재를 가하여 해당 주와 지역 내 학군의 교육적 책무성을 강조하고 있다.

세 번째 시사점은 교육복지 대상의 확대라고 할 수 있다. 미국의 초기 교육복지 정책은 사회적 약자 계층 및 저소득층 자녀, 소수의 장애학생 등을 대상으로 이루어 졌으나 점차 교육복지 대상을 확대하여 궁극적으로는 모든 학생들을 대상으로 전개 되고 있다. 특히 미국은 오래전부터 헤드 스타트 프로그램을 실시하여 취학 전 교육 을 지원해왔으며, 조기 교육복지 서비스 제공의 중요성이 강조되면서 대상 학생의 연령 범위를 확대하여 영유아를 대상으로 한 교육지원이 증가하고 있다. 또한 미국 에서 장애의 개념은 신체적 장애를 넘어서 학습장애까지 확대되어 적용되고 있다는 점이다. 장애학생을 위한 교육정책의 경우 애초 특수학교에만 적용되었으나, 이후 학습과정에서 장애를 겪거나 학교 부적응 및 학교소외를 경험하는 일반학생들에 대 한 지원으로 확대하여 적용되고 있다.

02 영국의 교육복지정책

영국은 복지 시스템이 비교적 잘 갖추어진 나라로 평가되고 있으며, 교육을 정 부가 보장해주어야 할 요소 중 하나로 간주하는 대표적인 나라이다. 다음에서는 영 국의 대표적인 교육복지 정책을 살펴보고 이를 바탕으로 우리나라의 교육복지 정책 에 주는 시사점을 도출하고자 한다.

❶ 교육복지정책 개관과 특징

영국은 전 국민을 대상으로 복지 서비스를 제공하는 복지국가체제를 구축해왔 으며, 교육복지정책은 1944년 교육법 제정으로부터 본격적으로 진행되었다. 이후 1970년대에 경제위기를 맞아 교육정책의 효율성을 추구하기 시작하였으며, 이를 기 반으로 1980년대에는 교육개혁법과 아동법을 제정하였다. 교육개혁법은 학부모들에게 학교 선택권을 보장하는 것을 주된 내용으로 하고 있다. 이는 학교 간 격차를 심화시켜 저소득층 자녀들이 교육여건이 열악한 기피 학교에 남게 되는 문제를 야기하였다. 이를 해결하기 위해 1990년대에 교육우선지역 정책Education Action Zone; EAZ과 도시교육 수월성 추구 정책Excellence in Cities; EiC을 실시하였다. 이는 정부와 민간이 협력하여 취약지역의 학교와 학습자를 지원하는 정책으로 관련 법 제정과 함께 추진되었다. 또한 저소득층 영·유아와 부모들을 지원하기 위해 슈어스타트Sure Start 프로그램을 시행하였다. 이후 교육복지법 제정과 무단결석 감소 정책 및 학교기능 확대사업을 실시하여 모든 학습자의 교육적 요구 충족과 질 높은 학습제공을 위해 노력하고 있다.

영국은 1944년 교육법을 시작으로 교육복지정책을 실시해왔다. 집권당과 사회적 요구에 따라 교육복지정책의 주요 목표와 방향이 변경되어 왔지만 다음의 몇 가지 특징을 찾아낼 수 있다.

첫째, 영국은 전 세계의 이민자를 수용함에 따라 인종, 국적, 언어 등이 다양한 시민으로 구성되어 있어, 교육복지정책을 통해 평등사회를 구현하며 사회적 통합을 이루어내기 위한 노력을 전개해왔다. 이러한 측면에서 영국은 교육복지를 사회보장의 일환으로 간주하여 기본적으로 모든 국민을 대상으로 교육복지를 시행한다는 것이 특징이다. 또한 영국은 교육법에 모든 국민을 대상으로 의무교육을 실시하고, 이에 필요한 비용 및 제반 시설을 모두 국가에서 부담하도록 규정하고 있다.

둘째, 영국은 국가에서 할당한 복지 예산 사용의 효율성을 높이기 위해 집중 관리를 실시한다. 경제위기로 인하여 복지비용을 줄여야 할 상황이 발생하였고, '영국병'이라는 비판이 일면서 이후 교육복지정책 추진에 대한 기본 가정을 신자유주의에 근거하여 투자의 개념을 적용하고 있다. 이에 따라 민간기업의 참여를 독려하며 교육복지를 위한 지원금이 효율적으로 사용되도록 관리하고 있다.

셋째, 고질적인 지역 교육의 문제를 해결하기 위해 학부모, 지역사회, 민간기업 간의 연대를 추구한다. 영국은 경제위기 이후 정부나 지방교육청 차원에서 취약계층 지원 및 교육적 문제 해결을 위한 모든 비용을 감당하기 어려워졌으며, 특히 지역 교육의 다양한 문제들은 지원금이 있다 하더라도 학교에서 단독으로 해결하기 어려운 것들이 대부분이다. 따라서 지역의 다양한 기관의 연대와 협력을 강조하고 있다. EAZ와 EiC에서도 교육 지원을 위하여 지방정부, 지역 내 민간 기업 및 단체, 학교 간의 네트워크를 활성화하도록 하며, 이를 통해 지역 내에 기관 및 주체 등 지역 사회의 다양한 물적 · 인적 자원을 끌어들여 다양한 서비스를 제공하고 있다.

❷ 주요 교육복지정책 및 프로그램

(1) EAZ, EiC

EAZ 정책은 1970년대 도시빈민지역에 대한 교육복지지원정책인 교육우선지역 Education Priority Area; EPA 정책을 1990년대 경제위기를 계기로 수정한 것이다. EAZ 정책은 교육복지 지원을 신청한 지역 중 학업성취도가 낮은 학교와 소득수준을 토대로 특정지역을 선정하여 무단결석, 낮은 학업성취도, 저소득층 자녀 증가 등 지역 교육에서 나타나는 문제를 해결하기 위한 정책이다. 이러한 문제들은 단위학교에서만 해결하기 어렵기 때문에 학부모, 교육지원청, 민간기업 등이 연계하여 협력하도록 하고, 단위 학교에 자율권을 주어 지역사회에 적합한 교육을 실시할 수 있도록 지원한다. EAZ는 교육부에서 예산을 배분하고 민간기업의 투자를 받아 지방교육청, 학부모, 민간기업 등의 대표로 이루어진 액션 포럼 Action Forum을 구성하여 운영된다. 특히 투자의 개념을 도입하여 해당 지역에 특성화 학교 설치, 기업체의 지원금 수금 등을 포함하고 있다. 또한 아동의 교육, 보육 서비스를 포함하는 조기교육센터를 두고 교사를 위한 리더십 및 교육 프로그램과 학습부진 학생을 위한 여름학교 프로그램 등을 제공한다.

이는 이후 도심지역 수월성 Excellence in Cities; EiC 정책으로 수정되어 지역 및 단위학교의 책무성을 강조하면서 민간기업을 참여시키지 않고 지방교육청 차원에서 교육문제를 해결하는 것에 중점을 두게 되었다. EiC는 지역 내 교육격차 해소와 소외계층 아동의 학업성취도 향상을 목표로 EAZ를 확장하여 대도시를 포함한 소외되거나 낙후된 학교와 도심지역 내 저소득층 아동의 교육을 지원한다. 또한 교육부에서 대상학교를 선정하고 교육지원청에 지원금을 지급한다는 것에 차이가 있다. EiC는 학습 멘토 제공, 소외계층 학생들을 위한 학습 지원 및 프로그램 제공, 영재를 위한 특별 지원을 포함하고 있다.

(2) 슈어 스타트(Sure Start)

슈어 스타트Sure Start는 1999년에 빈곤 아동 근절 정책의 일환으로 시작되어 영·유아기의 열악한 환경을 극복하고 순조롭게 시작할 수 있도록 교육복지 서비스를 지원하는 것에 초점을 맞춘 정책이다. 슈어 스타트는 생애 초기부터 교육 불평등을 방지하여 성장과정에서의 격차 및 사회문제를 예방하는 것을 목적으로 취약계층 및 저소득층 아동을 주요 대상으로 하고 있으나, 편견 및 낙인을 방지하기 위해 점차 보편적인 서비스로 확대하고 있다. 또한 5세 미만의 아동과 부모에게 놀이 교육 프로그램, 상담, 보육 및 의료 서비스를 제공하는 것에서 시작하여 대상을 3세부터 청소년까지 확대하여 지원하고 있다. 영국 전역에 슈어 스타트 어린이 센터Sure Start Children's Centre를 설립하여 아이들과 부모에게 유아 및 부모교육, 가족 건강 진단, 시설 및 정보 등의 통합 서비스를 제공하고 있으며, 부모의 취업과 사회활동까지 지원을 확대하고 있다. 이를 위해 슈어 스타트 센터를 중심으로 병원, 학교, 도서관 등의 협력과 부모의 참여를 독려하고 있다.

(3) 학교 기능 확대(Extend School)

학교 기능 확대Extend School 정책은 학업성취도 향상을 목적으로 학교의 기능 확대를 목적으로 저소득층 청소년뿐만 아니라 학교생활 적응에 문제가 있거나 중도탈락 우려가 있는 학생의 역량 강화를 위해 교육 및 관련 서비스 지원에 초점을 둔다. 국내의 방과 후 활동과 유사한 형태로, 초중등학생을 대상으로 수업 전 그리고 수업 후 학습활동을 제공한다. 아침식사 클럽과 방과 후 클럽을 통해 부족한 학습보충 및 숙제를 도와주고 문화 활동에 참여할 수 있도록 지원한다. 이는 방학 중에도 운영될 수 있으며, 운영 및 학습 지원을 위한 전담인력이 배치된다. 모든 학생들이 원하면 참여할 수 있도록 대상을 확대하고 있으며, 단순한 보충수업에서 벗어나서 청소년의 사회적·정서적 측면의 발달을 위해 다각적으로 접근한다. 학습지원 외에도 여가 및 스포츠 활동과 자원봉사 활동을 권장하며, 학생과 가족들이 이웃들과 교류하며 지역 생활에 적응할 수 있도록 지원한다. 또한 학교를 개방하여 부모교육을 제공하고 지역사회의 평생교육장으로 사용하게 하는 등 지역사회와 학교의 협력을 강조한다.

(4) 교육의 공공성 강화 및 취약계층 지원 정책

교육의 공공성 강화를 위한 주요 정책은 다음과 같다. 첫째, 보육 및 유아교육에 대한 지원 강화를 통해 초등학교 준비성 강화 프로그램 제공과 맞벌이, 저소득층 부모의 자녀에 대한 교육비 지원을 제공하고 있다. 영국은 2016년 보육법Childcare Act 2016을 통해 보육에 대한 국가의 책임을 확대하고자 무상 유아교육 및 보육 서비스의 혜택을 확대하였다. 둘째, 영국의 경우 11년간의 공립초등학교와 공립중등학교 의무교육 기간은 무상으로 이루어지고 있으며, 의무교육 이후 대학진학이나 취업을 위한 직업연수 기간까지 지원이 확대되고 있다.

영국의 취약계층을 위한 주요 교육지원 정책은 다음과 같다. 첫째, 저소득층 학생 보조금pupil premium 지원 제도를 통해 이들의 학업성취도 제고 및 교육격차를 줄이는 데 노력하고 있다. 둘째, 영어가 모국어가 아닌 가정의 자녀들을 위한 특별 프로그램을 제공하여 언어로 인한 교육격차가 벌어지지 않도록 하고 있다. 셋째, 특수한 교육적 요구 및 장애Special Educational Needs and Disability가 있는 학생들을 위해 2014년 아동과 가정법을 통해 지원을 대폭 확대하였다.

이밖에도 초등학생의 수학능력을 향상시키기 위한 수학 마스터 프로그램Maths Mastery Programme, 아동과 청소년의 정신건강을 증진하기 위한 프로그램Supporting Mental Health in Schools and Colleges 등을 통해 대상자 맞춤형 지원 정책을 확대하고 있는 것으로 나타났다.

❸ 교육복지 관련 법제

(1) 교육법

영국에서는 1944년 제정된 교육법Education Act에 의해 교육복지라는 개념이 도입되었고 1996년에 개정되었다. 이 시기 영국은 사회 빈부격차가 커지고 취약계층의 어린이들이 산업현장으로 내몰리게 되자 교육복지의 필요성이 대두되었다. 이에 모든 학령기의 학생이 학교에 다닐 수 있도록 5~16세 아동이 충분한 정규교육을 받아야 한다는 의무교육과 이를 위해 부모와 학교, 지역사회, 지역정부의 역할을 규정하였다. 정부는 의무교육에 필요한 비용을 부담하여 수업료와 수업 준비물, 시험 응시료, 통학수단 등을 제공하며 교육복지사가 학생이 정규교육과정을 이수할 수 있도록 사회복지 서비스를 제공하도록 하였다. 즉 학교교육에 필요한 모든 인적·물적 자원을 학생이나 부모의 별도 부담 없이 제공하며 이는 소득이나 인종 등에 관계없이 모든 학생들에게 주어져야 한다는 원칙이다. 영국의 경우 초창기 교육복지사의 역할이 학생의 무단결석에 따른 출석관리에서 무단결석 학생의 복잡다단한 문제 원인을 파악하고 해결하는 다차원적인 접근으로 발전하여 왔다는 점이 특이하다고 볼 수 있다진혜경, 2018.

(2) 아동법(Children Act)

1989년 제정된 아동법Children Act에는 교육복지사를 중심으로 교육 및 사회복지의 통합서비스를 제공해야 한다는 조항을 포함시켰다. 의무교육기간의 아동이 학습과정에 문제를 겪을 경우 아동과 가족에 대한 교육감독명령을 내릴 수 있으며, 이에 따라 해당지역 아동복지국과 협의하여 아동을 교육복지담당자가 관리한다. 교육복지담당자는 학부모 및 학교와 협력하여 아동의 문제와 가족문제를 분석하고 해결 방안을 마련하며 학교와 아동 및 부모의 관계 개선과 아동의 학교 출석을 돕는다. 2004년에 개정되었으며 계속해서 아동의 학업성취와 복지의 연결을 강조하고 있다. 아동의 교육적 성취를 위해서는 신체적·정서적 건강과 위험요소로부터의 안전이 보장되어야 한다는 점을 강조하고 있으며 도움이 필요한 아동의 데이터베이스를 구축하고 관련자들이 협력하여 적절하게 지원할 수 있도록 규정하고 있다.

❹ 시사점

영국은 시기적 상황과 사회적 요구에 맞추어 다양한 교육복지정책을 시행, 수정하는 과정에서 시행착오를 겪으면서 교육복지정책을 발전시켰다. 영국의 교육복지정책에서 얻을 수 있는 시사점은 다음과 같다. 첫 번째 시사점은 교육복지 관련 다양한 기관의 협력체계의 구축이다. 영국은 아동의 학교생활과 교육을 위해 가정, 학교, 민간단체, 지역사회 등이 네트워크를 형성하고 협력한다. 특히 소외계층의 필요와 요구를 충족시키기 위해 지방정부와 지역사회에서 각자의 자원과 정보를 공유하고 있다. 이러한 지역 기반의 다양한 파트너십은 산재된 지역의 가용 자원을 활용하여 가장 필요한 대상에게 그들의 필요와 요구를 충족시켜주는 맞춤형 지원을 제공하는데 효과적이라는 평가를 받고 있다.

둘째, 영국의 교육복지는 지역단위에서 교육복지 서비스가 이루어지는데 원스텝one-step으로 한 장소에서 통합서비스를 제공한다. 영국의 아동 및 청소년 교육관련 정책 및 사업은 아동학교가족부에서 통합·연결이 이루어지고, 교육복지 서비스는 취약계층의 생활공간 안의 정해진 장소에서 종합적으로 제공된다. 즉 아동 및 청소년의 학업성취를 저해하는 다양한 요인을 제거하기 위해 세부적인 지원 서비스가 통합적으로 이루어지고 있어 학생과 학부모는 근처 학교 및 센터에서 교육, 의료, 취업 등의 서비스를 한 번에 제공받을 수 있다.

셋째, 영국은 교육복지 전문가 등 전담 인원을 배치하고 이들의 전문성 증진을 지원하고 있다. 영국은 교육복지사를 중심으로 개별 아동의 교육 문제를 해결하도록 하고 있으며 이를 위해 교육복지사의 업무를 지정하고 이에 필요한 권한 및 제반 사항을 규정하고 있다.

03 프랑스의 교육복지정책

프랑스는 공화주의적 민주주의 체제를 유지하는 국가로 교육기회평등을 위해 오래전부터 교육복지정책을 실행해왔다. 프랑스의 교육복지정책과 법제를 살펴보는 것을 통해 국민의 교육권과 교육기회 평등을 보장하기 위한 교육복지 방향을 제시할 수 있을 것이다. 다음에서는 프랑스의 대표적인 교육복지정책을 살펴보고 이를 바탕으로 우리나라의 교육복지정책에 주는 시사점을 도출하고자 한다.

❶ 교육복지정책 개관과 특징

프랑스는 사회 불평등 구조 개선을 위해 긍정적 차별과 기회평등을 기본 골격으로 교육복지정책을 실행하고 있다. 1968년 5월 혁명 이후 성차별 철폐 요구의 목소리가 높아지면서 1970년대에서부터 신체적 장애 및 성적 차별을 방지하기 위한 긍정적 차별 정책을 실시하였다. 이후 1980년대에 본격적으로 사회적 불평등에 대한 전쟁을 선포하면서 기회의 평등을 강조하게 되었다. 이에 따라 노동자의 고용기회 평등을 보장하는 법령을 발표하였으며, 대표적인 교육복지정책인 교육우선지역 Zone d'Éducation Prioritaire; ZEP 정책을 시작하였다. 교육 소외 지역을 선정하여 취약계층의 아동을 위한 문화와 언어교육을 지역적으로 실시하였다. 1990년대에는 ZEP 정책 실행과 수정에 집중하면서 교육우선연계망Réseaux d'Éducation Prioritaire; REP 정책을 포함하여 이를 포괄하는 우선교육Éducation Prioritaire; EP 정책을 시작으로 공식적 '우선교육정책'이라는 용어가 사용되었다. 이와 같은 지역단위의 교육복지와 달리 2000년대에는 기초학습능력 및 기초학업 지속을 위한 개인 프로그램 및 교육활동을 강조하기 시작하였다. 이에 따라 교육성공프로그램Programmes de Réussite Éducative; PRE과 개인교육 성공프로그램Programmes Personnalisés de Réussite Éducative; PPRE을 시작하여 학생 개개인을 교육 시스템 단위로 설정하고 이에 따른 맞춤형 집중 지원을 실시하고자 하였다. 또한 대도시 근교 빈민가에서 여러 사회문제가 발생하면서 프랑스 정부에서 비상사태를 선포하고 기회평등법을 제정하였다.

프랑스의 교육복지정책은 시기별 정권당과 개혁 등을 중심으로 크게 변화되면서 실행되어 왔다. 그간 시행된 프랑스의 대표적인 교육복지정책을 살펴보면 프랑스의 교육복지정책은 다음의 몇 가지 특징을 지니고 있다.

첫째, 프랑스의 교육복지정책은 다른 정책과 포괄 또는 연계되어 있는 형태를 취하고 있다. 예컨대, ZEP 정책은 도시개발정책과 연계되어 지역단위 교육복지정책으로 자리매김하였다. 또한 대부분의 교육복지정책은 언어와 문화 교육을 포함하고 있으며, 교육복지정책인 PRE와 PPRE 정책은 사회연대부에서 시행하고 있다. 즉 교육복지정책은 교육부뿐만이 아니라 노동부, 문화부, 도시 및 주거부 등의 관련 부처가 협력하여 진행하는 종합적인 도시 정책으로, 교육복지정책이 곧 사회 정책, 도시 정책, 문화 정책이라고 할 수 있다는 것이다.

둘째, 프랑스의 교육복지정책은 개인보다 지역단위에 초점을 맞추고 있으며, 이를 통해 지역공동체를 형성하며 지역경제를 활성화하고 더 나아가서 지역 불평등 해소까지 이루어 내고자 한다. 즉 프랑스의 교육복지정책은 저소득층 가정의 교육지원 및 지역의 교육발전과 더 나아가서 지역사회의 균형 있는 발전을 목표로 하고 있다.

셋째, 교육복지정책의 기본 목표는 교육기회의 평등으로, 모든 국민이 의무교육을 통해 기초학습능력을 획득할 수 있도록 하는 것에 주력한다. 프랑스의 교육복지정책은 국민의 교육권과 교육기회의 평등을 보장하기 위해서 실시되고 있다. 교육기회 평등 보장을 통해 의무교육 기간 내에 모든 아동과 청소년들이 언어, 수학 등의 기초학습능력을 획득한 상태로 졸업하고 취업할 수 있도록 최선의 교육적 지원을 제공하는 데 주력하고 있다.

❷ 주요 교육복지정책 및 프로그램

(1) ZEP, REP

교육우선지역Zone d'Éducation Prioritaire; ZEP은 취약계층의 자녀들에게 교육적, 문화적 혜택을 제공하기 위해 1981년에 처음 시행된 정책이다. 소외된 교육 불평등 지역을 선발하여 지역 내 학교를 중심으로 교육복지 프로그램을 실시하는 것을 골자로 하고 있다. 지역 내 학생의 평균성적과 진학현황, 학생 수, 교육 인프라 현황, 외국인 비율, 실업률, 저소득층 비율 등을 고려하여 지역을 선정한다. 선정된 지역에는 교원 인력을 추가적으로 배치하여 저소득층 아동들의 조기 학습을 통해 프랑스의 문화와 언어를 익히도록 하며, 학업중단을 예방하기 위한 교육적 지원을 제공한다. 이를 위해 교육보조사, 생활지도사, 교사 등은 교육청과 활동계약을 하여 교육 지원과 연수 및 교육, 적절한 교수법 적용, 지역 내 기관과 학교 간의 연계교육 등을 실시한다. 교육 프로그램은 주로 아동의 언어능력 향상을 위한 지도와 스포츠 활동 및 영상 활용 교육, 보충지도 등으로 이루어진다. 또한 학교와의 연계 및 자녀 교육을 위한 학부모 교육을 실시하며, 학교를 지역사회에 개방하거나 인근 미술관, 극장 등과 협력하여 학생들의 방과 후 활동을 독려한다.

1998년부터는 교육우선지역이 넓은 경우에 학교 단위의 연결망을 구성하여 보다 세부적으로 교육을 지원할 수 있도록 하였다. 이와 같은 교육우선연계망Réseaux d'Éducation Prioritaire; REP 정책은 교육우선 지역의 고립을 방지하고 지역발전과 학교의 발전이 함께 이루어 질 수 있도록 학교와 지방자치단체의 연계를 통한 학교 간 교류를 독려한다. 또한 도시계발계획과 민간기관, 기업 등의 협력을 통해 최대의 교육효과를 얻고자 한다. 협력연계망 내 학교들이 교육 관련 자료를 공유 및 사용할 수 있도록 지방교육청에서 교수학습 관련 자료를 보관·관리하는 센터를 마련하고, 국립

교육연구소INRP에서는 교육 관련 자료를 전국적으로 검색할 수 있는 서비스를 제공하고 있다.

(2) PRE, PPRE

교육성공프로그램Programmes de Réussite Éducative; PRE과 개인교육성공프로그램 Programmes Personnalisés de Réussite Éducative; PPRE은 모든 아동의 언어와 수학의 기초학습능력을 길러 학업 중단을 최소화하는 것을 목적으로 사회연대부에서 시행하는 교육복지정책이다. 교육성공프로그램Programmes de Réussite Éducative; PRE은 학업 지속에 어려움을 겪는 2세에서 16세 사이의 취약계층 아동에게 교육적 지원을 제공하고자 2005년부터 실시되었다. 이를 위해 각 지역에 전담 부서를 신설하여 지역 내 네트워크의 협력을 통해 다양한 교육 활동 및 방과 후 프로그램을 개발·지원하도록 하며, 대학 기관과의 연계를 통해 취약계층 아동의 진학을 장려한다. 특히 인지적 학습능력은 학업의 기본이 되기 때문에 이를 모든 학생들이 획득할 수 있도록 하기 위해 2006년에 개인교육성공프로그램Programmes Personnalisés de Réussite Éducative; PPRE을 시작하였다. 학업 실패와 학업 중단을 감소시키기 위하여 6세에서 15세의 모든 학생들을 대상으로 학습과 관련된 기본적 지식을 가르치며, 학업 수행이 어렵거나 인지적 학습 능력이 부족한 학생을 지원한다. 이를 위해 학부모, 교원, 교육 지원 네트워크 등이 협력하여 학생 개개인에 맞게 집중적으로 지원한다.

(3) RASED

특별지원연계망Réseaux d'aides spécialisées aux élèves en difficulté; RASED은 1990년부터 시작된 정책이다. RASED 정책에서는 아동을 교육 시스템의 핵심으로 간주하여 초등학교 준비 및 초등학교 재학기간 동안 지원이 필요한 학생에게 재교육교사, 상담교사, 특수교육교사 등을 지원한다. 기초학습능력 획득 및 학업지속과 관련하여 지원이 필요하다고 판단되는 학생의 학부모와 담임교사, 학교장이 합의하여 재교육교사, 상담교사, 특수교육교사를 요청할 수 있으며, 학생 개개인에 맞게 교육전문가들의 자문에 따라 지원 내용과 방법이 결정된다. 정부와 지방자치단체의 재정지원을 바탕으로 교육부에 속해있는 교원과 교육팀을 담당자로 선정하고, 각 전문 교사는 지역장학관의 책임 아래 업무를 수행한다.

(4) 교육의 공공성 강화 및 취약계층 지원 정책

교육의 공공성 강화를 위한 주요 정책은 다음과 같다. 첫째, 다양한 형태의 돌봄 서비스를 제공하고 있는데, 보육교사의 집, 가정방문 보육교사, 여가 센터 등을 활용하여 돌봄 서비스를 제공하고 있는 것이 특징이다. 둘째, 프랑스에서는 공립 중·고등학교에서 이루어지는 중등교육이 모두 무상으로 이루어진다는 점이다.

프랑스의 취약계층을 위한 주요 교육지원 정책은 다음과 같다. 첫째, 저소득층 학생을 지원하기 위해 장학금과 사회기금 형태로 경제적으로 어려운 학생들을 대상으로 지원을 강화하고 있다. 둘째, 최근 프랑스에 이주한 다문화 가정이 증가하면서 국가, 지역, 학교 차원에서 언어 및 문화·생활 적응을 위한 다양한 프로그램을 제공하고 있다. 셋째, 학업중단 위기학생들을 지원하기 위해 예방 프로그램과 학업을 지속할 수 있는 제도적 장치를 마련하고 있다. 넷째, 장애학생의 경우 일반학생과 통합교육이 원칙이며, GEVA-Sco 프로그램 등을 통해 장애학생이 개별화된 맞춤형 교육을 받을 수 있도록 조치를 취하고 있다.

이밖에도 정규 교육과정을 보충하는 교육지원 서비스, 초등학생의 기초학력 보완 프로그램인 성공캠프, 청년 꿈 보장 프로그램 등을 통해 기초학력 보장을 강화하고 학교생활에서의 성공을 강화하는 프로그램을 제공하고 있는 것으로 나타났다.

❸ 교육복지 관련 법제

(1) 기회평등법

기회평등법은 2005년 프랑스 대도시 근교 빈민가에서 이민자 후손 및 저소득층을 중심으로 발생했던 폭력 및 소요 사건을 계기로 2006년에 노동 사회관계 가족 연대부에서 주도적인 역할을 하며 제정되었다. 이 법은 이민자 및 저소득층의 낙후된 교육 환경해결과 이들의 높은 실업률 등의 문제를 해결하기 위해 청소년 및 청년들의 교육과 고용기회 평등을 목표로 이민자의 직업교육에 초점을 맞추고 있다. 기본적으로 학교에서 모든 학생들에게 언어교육과 직업교육을 제공하며, 상급학교 진학이 용이하도록 교육 조건을 향상시키고 가산제를 도입하도록 명시하고 있다. 또한 14세 이상의 이민자들에게 수습 기회를 제공하고, 이민자 자녀들에게 직업 및 취업

교육을 제공하도록 한다. 이를 위하여 직원 20명 이상 규모의 회사에서는 26세 미만 청년들의 실습, 파견, 일반직 계약을 2년 동안 보장하여야 한다.

(2) 1989년 교육방향법

교육방향법은 교육기회 평등을 실현하여 국민 교육수준과 인성을 향상시키고 국민의 사회 및 직업생활의 질을 높이는 것을 목표로, 교육은 국가의 최고 우선순위로 국가교육은 기회평등에 기여해야 한다는 의지가 담겨 있다. 이 법에 따르면 3세 이상의 모든 아동은 국가교육기관에서 의무교육을 받을 권리가 있으며, 교육우선지역에서는 2세부터 입학할 수 있다. 학교 및 고등 교육 기관은 모든 아동 및 청소년에게 경제, 기술 개발, 사회문화적 문제와 유럽 및 국제 환경 등에 대해 적절한 교육을 제공하여 학생이 지식을 습득하도록 해야 한다. 또한 모든 학생들이 참여할 수 있도록 예술교육과 체육 및 스포츠 교육을 제공하며, 직업교육을 받는 학생이 직업 자격증을 취득할 수 있도록 지원한다. 학생들은 부모, 교사, 안내 직원 및 전문가의 도움으로 학업을 위한 프로젝트를 구성하고 자신의 요구와 능력에 따라 진학한다. 학부모는 교원 및 교육 관련 인력과 함께 학교의 행정과 교육 프로그램 결정 등에 참여할 수 있다.

(3) 피옹법

프랑스 국민의 교육수준 향상을 위해 기존의 교육법을 수정·보완하여 2005년에 학교 미래를 위한 방침 및 교육프로그램에 관한 법을 제정하였다. 의무교육기간 동안 학습자의 언어능력을 포함한 기초학습능력 신장을 통해 프랑스 청년들의 교육수준을 높이고 청년 고용을 촉진하는 것을 목표로 한다. 이를 위해 의무교육은 교육적 수단과 방법을 동원하여 모든 학생들이 언어, 수학, 정보통신기술, 외국어 등을 습득할 수 있도록 해야 하며, 사회성을 기르기 위한 전인적 문화교육을 제공해야 한다. 또한 정부는 3년마다 의무교육 기간에 실행될 기초학습능력 획득을 위한 교육 프로그램에 대한 보고서를 발표한다. 학교에서는 교육평의회conseil pédagogique를 창설하여 학교 정책의 방향을 일관성 있게 결정하고, 이를 학부모들에게 명확하게 안내한다. 그리하여 의무교육을 마치고 졸업한 모든 청년들은 일정한 지식과 능력을 갖추어야 하며, 이에 어려움을 겪을 경우 교육 지원을 받는다.

❹ 시사점

지금까지 프랑스의 교육복지정책의 특징을 살펴보고, 주요 프로그램과 관련 법령을 분석보았다. 이를 통해 얻을 수 있는 시사점은 다음과 같다. 첫째, 교육취약 집단에 대한 집중적인 지원과 관리이다. 프랑스의 교육복지정책은 긍정적 차별을 골격으로 하여 저소득층 가정 및 다문화가정, 이민자 등 취약계층의 아동 및 청소년을 위한 교육적 지원을 제공하고 있다. ZEP 정책은 취약계층이 집중되어 있는 교육 소외 지역을 대상으로 실시되며, 기회평등법에서는 이민자 자녀를 위한 직업 및 취업 교육을 실시하도록 규정하고 있다. 또한 학군마다 교육부 산하의 진로정보센터를 설치하여 진로상담가가 학교를 방문하여 상담하고, 학생들이 진로정보센터에 방문하여 정보와 서비스를 받을 수 있게 하고 있다.

둘째, 각 주체 간에 명확한 책임 및 역할 분담이 되어 있으며 이들 간의 협력이 잘 이루어지고 있다는 점이다. 프랑스는 교육복지정책을 시행하는 데 있어서 국가와 각 지방자치단체, 학교 등에서 담당해야 할 역할을 나누어서 명확히 규정하고 있다. 중앙정부에서는 교육복지정책의 일반적인 방향과 예산, 인력배치 등 큰 틀을 설정하고 지방자치단체에서 실질적인 정책 실행 및 운영을 담당한다. 이처럼 분권화되어 각 조직에서 교육복지정책의 역할과 책임을 다하는 동시에 네트워크를 형성하여 연계·협력하고 있다. 이를 통해 교육복지정책은 학교 안의 교육과 방과 후 교육, 지역사회단체 등에서 실시하는 학교 밖 교육, 직업교육까지 아우를 수 있다. 또한 중앙집권을 유지하면서도 지방자치단체와 학교의 자율권을 보장하여 정책의 실행력을 높이고, 각 지역과 학교 특성에 맞는 교육복지정책 실현을 위해 노력하고 있다.

04 독일의 교육복지정책

독일은 여러 독립국으로 나뉘어져 있다가 통합된 연방공화국으로 1990년 통일 이후 여러 사회문제가 지금까지도 과제로 남아있다. 사회문제 해결을 위해서 정부가 교육을 지원하고 있으며, 16개의 연방주들은 각각 특성에 맞는 교육복지정책을 실현하고 있다. 다음에서는 독일의 대표적인 교육복지정책을 살펴보고 이를 바탕으로 우리나라의 교육복지정책에 주는 시사점을 도출하고자 한다.

❶ 교육복지정책 개관과 특징

독일은 모든 국민의 교육권을 헌법상으로 보장하고 있으며, 국가에서 국민 개개인에 맞는 최상의 교육을 제공하려는 노력을 전개해왔다. 1960년대부터 노동자와 그 자녀들에 대한 차별이 사회적 문제가 되면서 교육기회 균등을 위한 교육개혁이 시작되었다. 노동자 자녀를 위한 교육을 지원하고 김나지움Gymnasium 등록금을 폐지하였다. 1970년대에는 대학 등록금을 폐지하였으며, 청소년의 교육지원을 위한 연방교육지원법을 제정하였다. 이후 1980년대부터 저소득층 및 외국인 등 소외계층을 지원하는 정책을 시행하여 다양한 교육지원 프로그램을 제공하였으며 직업교육 프로그램을 통해 어려운 청소년 및 청년들을 노동시장으로 통합하고자 하였다. 2000년대 독일이 학력비교국제연구PISA에 참여하면서 교육에 있어 낮은 성적을 받게 되고 학교교육의 문제점을 발견하면서 한층 강화된 교육복지정책을 실시하게 되었다.

독일은 연방공화국으로 주정부 간의 협약을 바탕으로 연방에서 교육복지 기본 구조를 규정하고 주정부별로 교육복지정책을 실시하고 있다. 연방 교육부 및 여러 주정부에서 실시하는 대표적인 교육복지정책에서 살펴볼 수 있는 특징은 다음과 같다.

첫째, 대학을 포함하여 독일 대부분의 교육기관은 학비를 받지 않으며, 국가의 사회복지정책을 통해 이미 교육복지적인 부분이 상당 부분 이루어지고 있다. 즉, 교육복지는 이미 사회복지의 틀 안에서 이루어지고 있다고 볼 수 있다. 교육은 국민 개개인에게 최선의 교육을 제공하는 것을 목표로 하며, 모든 아동 및 청소년들의 문제해결을 위한 방법들을 교육복지로 간주한다.

둘째, 기본적으로 주정부 단위에서 교육복지 서비스가 이루어지며, 연방 교육부에서는 각 대학이나 기관에서 실시하는 교육복지 관련 프로그램개발 및 운영을 지원하고 있다. 기본적으로 모든 주정부와의 협의를 통해 교육복지정책이 추진되면 연방정부에서 기본방침을 수립하여 신청 공고를 낸다. 해당정책에 참여하고자 하는 주정부와 지방자치단체에서 지역의 특성을 고려하여 신청서를 제출하고 연방정부에서 선정하여 이를 지원한다. 이후 선정된 주정부에서 지역 특성에 맞게 교육프로그램을 시행하는 구조로 이루어져 있다.

셋째, 예방적 차원의 교육복지를 중시하며 학교 법에 의해 각 학교별로 복지사를 채용하여 아동 및 청소년을 위한 지원과 교육 부분을 교사와 공동으로 책임진다. 복지사는 교사보다 아동 및 청소년의 정서적인 부분에 더욱 초점을 맞추어 지도하며, 부모와 지역사회 기관 등과 협력하여 학교생활에 있어서 아동의 어려움을 상담하고 해결하는 것을 돕는다.

❷ 주요 교육복지정책 및 프로그램

(1) 온종일학교(Ganztagsschule)

독일은 학교가 오전 수업으로 이루어져 있어 이전부터 온종일학교의 필요성이 대두되었다. 이런 와중에 독일이 2000년 OECD의 PISA Programme for International Student Assessment에서 좋지 않은 성적이 나오자 온종일학교 정책에 대한 관심이 고조되었으며, 2003년 교육과 돌봄을 위한 미래 Zukunft Bildung und Betreuung; ZBB 정책의 일환으로 본격적으로 실시되기 시작하였다. 한국의 방과후 학교와 유사한 형태로, 오전 수업 시간 이후에 다양한 교육 프로그램을 제공하여 이를 통해 교육적 불이익을 제거하고 학생의 역량 개발 및 전인적인 성장을 돕는 것을 골자로 한다. 이를 위해 일주일에 3일, 7시간 이상 방과 후에 오전정규수업과 연결된 다양한 교육프로그램이 제공된다. 주별로 다양한 기준과 방안을 수립하여 운영하고 있으며, 전반적으로 모든 학생이 참여하는 의무형 Gebundene, 일부분의 학생들이 참여하는 부분 의무형 Teilweise gebundene, 원하는 학생들이 신청하여 참여하는 자유형 Offene으로 나뉜다. 교육 프로그램은 학생 개개인의 요구와 특성에 맞게 대체로 오후 4시경까지 진행되며, 이는 맞벌이 및 한 부모 가정 부모들의 부담을 덜어주고 있다. 온종일 학교에서는 여가 및 스포츠 활동 등의 교육 프로그램이 제공되며, 과목에 따라 운영 요일과 시간이 다양하다. 특히 이주민 학생들을 위해 독일 문화와 언어를 습득할 수 있는 교육 프로그램을 제공하며, 숙제 도움 시간을 두어 가정에서 과제 실시에 어려움이 있는 학습 부진 및 취약계층의 학생들이 도움을 받고 있다.

(2) 이민가정 아동 및 청소년 지원(Förderung von Jugendlichen mit Migrationshintergund; FörMig)

FörMig은 연방교육과 연구부와 교육계획위원회에서 주관하는 다문화가정 자녀를 위한 교육복지정책으로, 2004년부터 여러 연방 주들이 참여하여 진행되고 있다. 이주가정의 아동 및 청소년은 언어 문제로 인하여 실생활에 불편함을 겪으며, 정규수업에 참여하기 어렵다. 따라서 이주가정 출신의 아동과 청소년이 학교생활에서 겪는 언어적 불편함을 해소하여 학업성취도를 높이고자 하는 게 FörMig정책의 주요한 목표라 할 수 있다. 이를 위해 지역사회의 다양한 기관을 네트워크화 하여 이들의 협력을 유도한다. 취학 전 보육시설에서부터 학교와 방과후 프로그램 등을 통해 언어 교육을 제공하며, 이들 기관에서 해당학생의 수준과 과거 참여한 교육 프로그램 이력 등을 공유한다. 또한 의사협회, 도서관, 후원단체, 상담전문가 등과 협력하여 통합적인 지원책을 마련한다. 교육 프로그램의 경우 각 주정부에서 시행하며, 언어의 습득과 언어능력의 발전을 고려하여 함부르크 대학의 국제 · 문화 간 비교 교육학 연구소에서 교육 프로그램을 조사 및 관리하고 평가한다. 또한 아동 및 청소년 개개인의 언어능력을 파악하여 맞춤형 교육을 제공하기 위하여 언어 능력 평가 도구를 개발하여 제공한다.

(3) 읽기시작-독서를 위한 세 가지 이정표(Lesestart-Drei Meilensteine für das Lesen; Lesestart)

Lesestart는 2006년 연방교육과 연구부에서 독서재단과 함께 실시한 읽기지원 정책이다. 이 정책은 아동의 교육에 있어 독서는 매우 중요하며, 조기에 책을 접한 경우 그렇지 못한 아동에 비해 읽고 쓰는 능력이 더 크게 향상된다는 믿음에서 출발하였으며, 조기에 책을 접하기가 어려운 취약계층 아동을 위해 조기 격차를 방지하는 것에 중점을 둔다. 아동이 책 읽기에 흥미를 가지도록 하며, 부모는 자녀에게 책을 읽어주도록 하는 것이 이 정책의 목표이다. 이를 위하여 소아과, 도서관협회, 청소년과의사협회, 유치원 등의 협력을 통해 책과 독서 관련 정보 자료를 지급하여 1세 및 3세 자녀를 둔 모든 부모들이 거주지 근처에서 아동의 연령에 적합한 도서와 자료를 무상으로 지원받을 수 있도록 하였다. 1세 자녀를 둔 부모의 경우 책을 읽어주는 방법과 책 읽기가 자녀에게 주는 효과에 대한 정보를 포함한 가이드북, 이야기책, 독서일

기, 포스터 등의 읽기 세트를 제공받는다. 3세 자녀를 둔 부모의 경우 인근 도서관에서 어린이 책과 색칠공부 책, 도서관 안내책자 등이 포함된 자료 세트를 제공받는다. 자녀가 초등학교에 입학하게 되면 아동 스스로 책 읽기에 흥미를 가질 수 있도록 지원하는 책과 계획표, 도서관 초대카드, 부모님께 보내는 편지 등이 포함된 세트를 제공한다. 이러한 책과 자료는 이주가정을 위하여 독일어 외에 러시아어, 터키어, 폴란드어로도 제공된다.

(4) 교육의 공공성 강화 및 취약계층 지원 정책

교육의 공공성 강화를 위한 주요 정책은 다음과 같다. 독일의 경우 초등학교에서 고등교육까지 무상 교육으로 실시되고 있다. 취학전 교육의 경우 수요자가 해당 비용을 부담하는 것을 원칙으로 하나 부모의 사회·경제적 배경에 따라 국가 또는 주의 지원을 제공받을 수 있다. 또한 온종일 돌봄 서비스의 필요성 증가에 따라 관련 프로그램이 증가하고 있다. 온종일 돌봄 및 프로그램의 경우 수요자가 부담하는 것을 원칙으로 하고 있으나 부모의 사회·경제적 배경에 따라 주 정부에서 지원을 해주고 있는 것으로 나타났다.

독일의 취약계층을 위한 주요 교육지원 정책은 다음과 같다. 첫째, 저소득층 가정 자녀의 교육기회를 향상시키기 위해 연방정부 차원에서 교육패키지Das Bildungspaket 사업을 실시하고 있다. 이를 통해 교육비 지원, 급식비 지원, 학습 지원, 사회·문화생활 참여 비용 지원, 학습 물품 지원, 교통비 지원 등을 제공받을 수 있다. 둘째, 최근 독일에 이주한 다문화 가정이 증가하면서 독일어 교육, 직업교육 지원 등 학교적응과 진로 교육지원 정책을 실행하고 있다. 셋째, 학교 밖 청소년 지원을 위해 '교육을 위한 지원Hilfen zur Erziehung', 학업중단 위기학생들을 위한 진로지원 프로그램인 '작업장학교Werkstattschule', 학습방학 등의 프로그램을 제공하고 있다. 넷째, 장애학생의 교육권리 향상을 위해 일반학생과 통합교육을 확대하고 있으며, 장애학생들을 위한 직업교육 프로그램을 운영하고 있다.

이밖에도 엄격한 유급제도 및 졸업자격제도를 통해 기초학력의 보장을 위해 노력하고 있으며, 유급의 위험이 있는 학생들에게는 개별적 학습지원 프로그램을 제공하고 있다.

PART 04 해외사례 및 당면과제와 전망

❸ 교육복지 관련 법제

(1) 아동 및 청소년 지원법

1922년 제국청소년복지법Reichsjugendwohlfahrtsgesetz을 시작으로 청소년 관련 복지 법이 제정되고 이후 수정·개정을 거쳐 1993년 청소년지원법Kinder und Jugendhilfegesetz; KJHG이 제정되었다. 이는 소외계층의 아동뿐만 아니라 모든 아동 및 청소년과 그 가족을 위한 지원을 명시하고 있다. 여기에는 청소년 이후 초기 성인과 자립하지 못한 성인, 양육자도 포함되어 있다. 또한 학교는 아동과 청소년에게 중요한 환경으로, 학교와 지역사회 및 복지사의 지속적인 협력을 기반으로 아동과 청소년의 교육 지원을 통한 학생문제 예방을 강조하고 있다. KJHG에는 부모의 양육권과 함께 양육자에 대한 교육 요구권도 명시되어 있다. 따라서 부모는 자녀를 양육하고 교육시켜야 하며, 아동의 행복권 보장을 위하여 국가에 지원을 요구할 수 있다. 부모가 지원을 요구하면 교육복지 담당자를 배치하여 지원방안을 제시하여야 하며, 아동 및 청소년 보호기관에서 교육복지적 지원을 제공한다. 기본적으로 국가에서 아동과 청소년의 교육 및 발달을 위한 적절한 지원 사항을 명시하고 있으며, 이는 지원을 요구하는 가족의 교육과 상담, 양육을 포함하고 있다. 이 법에 근거하여 아동 및 청소년의 여가활동을 제공하는 청소년사업Jugendarbeit과 사회적으로 소외된 아동 및 청소년교육과 취업을 지원하는 청소년사회사업Jugendsozialarbeit, 학교사회사업Schulsozialarbeit 등이 실시되고 있다.

(2) 연방교육지원법

연방교육지원법Bundesausbildungsförderungsgesetz; BAföG은 연방교육과 연구부에서 10학년 이상의 학생에게 교육지원금을 제공하는 내용을 골자로 1971년에 제정되었으며, 1957년부터 실시된 우수 대학생 지원정책을 개선하여 재정적인 어려움을 겪는 모든 학생이 도움을 받을 수 있도록 하였다. 2008년부터는 외국인도 지원을 받을 수 있게 되었으며, 2010년부터 석사과정 최대 연령을 30세에서 35세로 조정하여 대상을 확대하였다. 본 법에 근거하여 가정형편에 따라 만15세 이상의 청소년에게 생활비와 직업교육 및 구직을 위한 실업 수당을 지원한다. 가족 수 및 거주지와 부모의 수입 등을 고려하여 지원 금액이 결정된다. 대학생의 경우 절반이 지급되며 절반은 무이자 대출 형식으로 지원 종료 5년 후부터 상환하도록 되어 있다. 성적이 우수한 학생의 경우 25%만 상환하면 되고 부모와 함께 살지 않는 학생의 경우 집세도 지원하고 있다.

❹ 시사점

독일은 무상교육을 실시하며 사회복지라는 큰 틀에서 교육복지를 실현하고 있다. 독일의 교육복지정책을 통해 얻을 수 있는 시사점은 다음과 같다. 첫째, 다양한 전문인력 양성 및 활용이다. 독일 교육학적 과제 중 하나는 취약계층 부모의 양육능력을 높이고, 아동 개개인의 요구에 맞는 교육을 제공하여 이후 자립적 삶을 살 수 있도록 하는 것으로 이를 위해 사회교육사를 양성하고 있다. 이런 취지에서 취약계층 가정을 위한 정책에 사회교육사들에 대한 지원을 포함시키고 있으며, 사회교육사를 포함하여 학교사회복지사와 학교교사, 학교심리사, 퇴직한 교육인력 등을 활용하고 있다. 또한 각 학교에서도 학교사회복지사들이 일하고 있으며, 이들은 아동의 사회적 능력을 증진시키고 문제행동을 예방하기 위해 상담 및 여가활동 제공 등 다양한 활동을 담당하고 있다. 일부 대기업 등에서 이들의 인건비를 지원하고 있다.

둘째, 네트워크화를 통한 참여와 협력이다. 독일은 교육복지정책의 홍보를 강화하여 사회적 관심과 협력을 이끌어내고 다양한 기관에서 교육복지정책 실현에 참여하도록 장려하고 있다. 또한 사회단체 및 청소년지원 단체, 직업훈련장 등 참여기관 간의 네트워크화를 통해 정보를 공유하고 수요자에게 필요한 지원을 적재적소에 제공할 수 있도록 한다. 이에 따라 지역사회 내에 교육을 지원하는 다양한 기관이 존재하며 이들 간의 협력이 활발하게 이루어지고 있다. 아동 및 청소년 교육과 관련하여 학교 감독청, 학교를 위한 관청, 지역 이주 아동 및 청소년 지원 기관, 교육 사무실, 청소년 관청, 청소년의 집Jugendhaus 등 다양한 기관이 있다.

셋째, 교육복지에 대한 포괄적이고 통합적 지원이다. 독일에서는 교육 전반에 영향을 주는 다양한 요인과 환경도 포괄적으로 지원한다. 즉, 살아가는데 필요한 기본적인 의식주와 안전이 보장된 가운데 교육복지정책이 실현되고 있다. 자녀를 둔 모든 부모는 자녀 양육수당을 지급받으며, 취약계층의 경우 사회보장제도에 의해 생활비, 주거비, 난방비 등을 지원받는다. 10학년 이상의 학생은 생활비 지원과 취업을 위한 상담과 정보를 받을 수 있다. 기초생활보장 수급 가정의 학생은 생활비 지원뿐만 아니라 교재, 수학여행비, 여가 프로그램 참가비 등 학교생활에 필요한 모든 부분을 지원받으며, 과외지원비도 지급받는다. 또한 학부모를 대상으로 상담 및 정보를 제공하며 부모의 양육능력 향상을 돕는다. 취약계층 학생이 여가활동을 즐기기는 어려우며 이는 교육격차에 영향을 줄 수 있다. 따라서 취약계층 학생의 사회화 과정에 도움을 주는 지원과 예술 및 스포츠 교육 프로그램 등 다양한 여가 프로그램을 제공하는 문화적 지원을 포함하고 있다.

05 북유럽의 교육복지정책

북유럽국가들은 선진화된 교육복지 시스템을 갖춘 나라로 흔히 인식되고 있으며, 높은 조세주의를 통한 보편주의 및 평등원리에 기초한 스칸디나비아 복지모델을 채택하고 있다. 다음에서는 교육복지 선진국이라 일컬어지는 북유럽의 교육복지정책의 특징 및 법제를 살펴보고, 이를 바탕으로 우리나라의 교육복지정책에 주는 시사점을 살펴보도록 한다.

❶ 교육복지정책 개관과 특징

북유럽국가들은 모든 시민의 복지를 위해 수세기에 걸쳐 복지 시스템을 구축해왔다. 북유럽국가들은 19세기 말부터 사회복지체제를 구축하여 우리나라보다 50년에서 110년 정도 앞서 사회보장제도를 시행하였다. 북유럽국가들은 민주주의 정책과 루터교를 기반으로 평등적 참여, 공평한 복지, 문해교육 등을 강조하였으며, 1900년대 초반에 사회 및 교육복지체제를 구축하였다. 자유주의에 기반을 두어 경제정책을 추진해오던 중 1917년 사회주의 국가복지체계를 도입하고 1929년 대공황을 겪으면서 계획경제체제아래 사회복지에 대한 정부의 개입을 강화하였다. 1950년대부터 1970년대까지는 복지정책이 확대되어 복지의 황금기라고 부르기도 하였으나, 오일쇼크와 과도한 복지재정으로 1980년대에서 1990년대 사이에 경제위기를 겪으며 소위 '복지병'이라는 비판이 일어나기 시작하였다. 이후 경제 및 복지재정 회복을 위하여 경제구조개혁을 추진하며 복지제도를 개편하였다. 주로 복지정책의 효율성을 강조하며, 복지를 고용과 연계시키고자 하였다.

북유럽의 교육복지정책의 특징을 살펴보면 다음과 같다. 첫째, 국가가 주도하여 국민들의 세금으로 복지체제를 구축하고 있다. 북유럽국가들은 모든 인간이 경제적 지위, 소득, 지역 등에 의해서 차별받지 않고 교육을 받을 수 있어야 한다는 신념으로 모든 국민의 교육권을 국가에서 보장하고자 학용품이나 교재, 학교 급식비까지 의무교육을 위한 모든 교육비를 국민의 세금으로 지원한다. 이러한 복지재정은 일반 조세를 통해 충당하고 있어, 조세 비중이 국내총생산의 50% 정도에 이르고 있다. 이와 같은 높은 세금부담을 통해 복지급여 및 복지정책 등 국민의 복지와 관련한 부분을 담당하고 있으며, 공교육비 지출에서도 정부가 대부분을 부담하여 개인, 가족, 민간기업 등에서 책임지는 부분은 많지 않다. 이처럼 국가에서 양육비, 교육비 등을 제공하여 가정의 부담이 적고, 자녀 또한 가정 형편에 상관없이 하고 싶은 일을 할 수 있도록 복지체제가 잘 갖추어져 있다는 평가를 받고 있다.

둘째, 선별적인 복지보다는 보편적인 복지에 초점을 맞추고 있다. 평등주의 원칙을 기반으로 교육복지는 모든 국민을 대상으로 이루어진다. 교육은 모두 무상교육으로 이루어지며, 각종 사회보장 및 교육 프로그램 또한 모든 국민을 대상으로 실행되고 있다. 북유럽 국가들은 소외계층에만 제공되는 소극적, 선택적인 교육복지정책이 아닌 보편적인 교육복지정책을 실현하고 있다. 협동, 공동체의식을 중시하여 모든 국민을 위한 건강, 교육, 고용, 출산 및 육아 등 복지시스템이 뒷받침되어 있으며, 이를 바탕으로 높은 수준의 평등사회를 구현하고 있다.

셋째, 개별적으로 교육복지정책을 시행하거나 관련 법령을 제정하는 것이 아니라 교육은 복지체제에 핵심적으로 포함되어 있다. 교육복지는 독립적인 정책이 아니라 전체 국가의 복지체제에 일환으로 시행되고 있다. 교육복지정책의 추진 및 운영 또한 사회복지 부서에서 이루어지고 있다.

❷ 주요 교육복지정책 및 프로그램

(1) 이민자 대상 스웨덴어 교육

스웨덴은 1960년대부터 이민자들이 증가하기 시작하여 실업 및 지역격차, 교육소외 등의 문제들이 나타나기 시작했다. 스웨덴 정부에서는 이민자들이 겪는 문제들을 해결하고 이들의 사회 적응 및 이민자 아동의 학업성취도 향상을 위해 스웨덴어 교육 프로그램을 제공하고 있다. 학교에서는 이민자 기초코스Immigrant introduction course와 제2외국어로서의 스웨덴어Swedish as a second language; SSL 코스를 제공하고 있으며, 지방정부에서 이민자 대상 스웨덴어 교육Swedish for Immigrants; SFI을 시행하고 있다. 이 프로그램은 해당 지방정부 내에 거주하는 스웨덴어 능력이 부족한 주민, 스웨덴에 거주하지 않더라도 근교에서 일하는 핀란드인이나 정부가 허가한 사람을 대상으로 제공된다. 스웨덴어 교육은 무상으로 제공되며, 교과서와 교육을 위한 지원까지 무상으로 제공하고 있다.

(2) 스웨덴의 개인 프로그램과 청소년 프로그램

의무교육 대상이 아닌 경우 기초자치단체인 코뮌kommun에서 교육을 제공하고 있는데 개인 프로그램은 고등학교에 다니지 않는 청소년들에게 제공하는 교육 프로그램이다. 2006년부터는 개인 프로그램에 참여하는 학생들에게 전일제 교육이 제공되며, 이를 바탕으로 학생들이 고등교육을 마칠 수 있도록 중앙정부에서 코뮌에 재정을 지원하고 있다. 코뮌마다 다양한 개인 프로그램을 제공하고 있으며, 수업은 실습과 결합되어 제공되기도 한다. 목공소를 사용하게 하거나 청소년센터에서 특별활동을 제공하기도 하며, 연극, 음악, 사진, 재봉 등 다양한 활동을 할 수 있도록 지원하고 있다.

고등학교 교육을 받지 못한 학생들을 위한 프로그램으로는 청소년 프로그램이 있다. 청소년 프로그램은 20세 이하의 실업 청소년에게 제공되는 고용 프로그램으로, 1995년부터 이를 코뮌에서 개발하여 제공할 수 있게 되었다. 중앙정부에서는 청소년 프로그램을 위한 보조금을 코뮌에 제공하고 있다. 청소년들에게 학업 및 직업 경험을 제공하고자 직업소개소에서 구직 안내 및 코뮌의 담당자와 협의하여 고용계획을 작성하도록 한다. 이를 바탕으로 청소년들은 지식과 기술을 배우면서 급여를 받는다.

(3) 덴마크 언어자극프로그램

덴마크에서는 이민자를 포함하여 덴마크어가 아닌 다른 모국어를 가진 이중 언어 아동Bilingual children을 위한 교육 프로그램을 제공하고 있다. 취학 전 아동을 대상으로 언어교육을 위한 지원과 15시간의 언어교육이 제공된다. 또한 공립기초학교의 학교장의 결정에 따라 제2언어로서의 덴마크어 교육이 제공되며, 지원이 필요한 경우 보충수업이 실시된다. 지방당국에서는 3살 이하의 이중 언어 아동에게 언어자극프로그램을 제공하고 있다. 2004년부터는 언어자극프로그램에 의무적으로 참여하도록 하고 있으며, 보육센터에 다니지 않는 아동은 1주일에 15시간의 교육프로그램에 참여해야 한다.

❸ 교육복지 관련 법제

(1) 핀란드 기초교육법

핀란드의 기초교육법Basic Education Act에서는 의무교육과 사전 및 사후학교활동 등에 대해서 규정하고 있다. 교육은 사회의 평등을 도모해야 하며, 학생이 교육에 참여하는 데 필요한 요건을 구비하게 할 수 있어야 한다는 것이다. 이를 위하여 기초교육법에서는 교육제공자, 교육기간, 수업언어, 교육 내용 및 과정, 보충수업, 지원, 교육평가, 학생복지 등에 대해 규정하고 있다. 지방정부는 해당 지역 주민에게 기초교육과 사전초등교육을 제공해야 하며, 학생이 안전하고 편리하게 통학할 수 있도록 위치와 교통편을 고려하여 어린이집 및 학교를 배정해야 한다. 기초 교육과정 기간은 9년이며, 사전 및 사후 교육은 1년으로 규정되어 있다. 이 기간 동안 수업교재, 기자재, 교육 서비스, 식사 등이 무상으로 제공된다. 이민자들의 사전교육은 1년 교육과정에 상응해야 하며, 수업지도는 사미어Sami, 로마어, 수화로도 가능하도록 규정하고 있다. 또한 단기적 학습 지원이 필요한 학생은 보충수업을 받을 수 있고 학습이나 통학에 어려움이 있는 학생은 시간제 특수교육을 받을 수 있다.

(2) 노르웨이 초·중등교육법

노르웨이에서는 초·중등교육법에서 의무교육을 규정하고 있다. 이 법에 따르면 아동이 노르웨이에서 3개월 이상 거주할 경우에 초·중등교육에 대한 권리가 주어지며, 보통 6세부터 10학년 동안 무상교육이 제공된다. 학교가 아동의 거주지에서 4km 이상 떨어져있는 경우에는 교통지원이 이루어지며 교통이 적절하지 않은 경우에 기숙사를 제공해야 한다. 8학년부터는 학생 스스로가 수업언어를 선택할 수 있으며, 이주민은 해당 언어로 교육받으면서 노르웨이어 개별교육을 받을 수 있도록 지원한다. 시각장애 학생들은 점자를 사용한 교육과 자료를 제공받으며, 청각장애 학생들은 수화로 교육받거나 수화 통역사를 사용할 수 있도록 규정하고 있다. 이 법에서는 국가와 기초 및 광역 지자체의 책무에 대해서도 규정하고 있는데, 광역 지자체에서 지역주민에게 교육을 제공하며 국가에서는 이를 감독하고 지도하도록 규정하였다. 기초지자체와 광역지자체에서는 아동 및 청소년에게 통학지원과 병원 내에서의 학교교육, 음악 및 문화 활동 수업, 숙제지원 등을 제공해야 한다는 사항을 규정하고 있다.

(3) 스웨덴 교육법

스웨덴 교육법은 취학전 교육에서부터 고등교육 및 성인교육에 이르기까지의 학교교육과 특수교육에 관한 사항을 규정하고 있다. 교육목표를 달성하기 위해 학부모와 학생, 교사 모두가 참여하여 교육방식을 결정하는 형태로 이루어진다. 지방자치단체에서는 의무교육에 해당하는 모든 아동들이 차별 없이 교육을 받을 수 있도록 무상으로 교육을 제공해야 하며, 의무교육 대상이 아닌 경우 기초자치단체인 코뮌에서 학생에 대해 정보를 수집하고 교육프로그램을 개발하여 제공하도록 규정하고 있다. 이 외에도 지적 및 청각 장애자를 위한 학교와 사미족Sami 어린이를 위한 학교, 이민자를 위한 스웨덴어 교육, 학교 보건 등에 대해서 규정하고 있다.

❹ 시사점

북유럽 국가들의 교육복지정책을 통해 얻을 수 있는 시사점은 다음과 같다. 첫째, 모든 국민을 대상으로 한 무상교육 실시이다. 북유럽은 교육복지의 기본적 목적에 충실하고 있다. 모든 국민이 성별, 인종, 지역, 소득수준, 부모의 사회적 지위 등에 의해 차별받지 않고 질 높은 교육을 받을 수 있도록 하는 것이다. 이를 위해 초등학교부터 대학원까지 모두 무상으로 실시하고 있다. 또한 교육받는데 필요한 생활비, 교통비, 학업지원비 등을 제공해 주고 있다. 이러한 교육적 지원은 소외계층에만 선별적으로 제공되는 것이 아니라, 모든 국민을 대상으로 보편적으로 서비스가 이루어지고 있다. 북유럽의 국민들 모두 부정적인 낙인 없이 차별받지 않고 본인의 적성과 노력에 따라 교육받을 수 있다.

둘째, 차별 없는 소외계층 지원 정책이다. 북유럽국가들은 교육복지를 보편적으로 보장함과 동시에 장애인이나 이민 가정의 학생, 학습장애를 겪는 학생 등과 같은 교육 소외계층을 위한 배려를 하고 있다. 소외계층을 대상으로 시혜적인 복지정책을 시행하는 것이 아니라, 전체 복지체제 안에서 필요한 지원을 받을 수 있도록 하고 있다. 장애 학생의 경우에도 따로 분리하여 교육시키는 것이 아니라 일반 학교에서 일반 학생들과 함께 교육받도록 하고 있으며, 학교 시설은 장애학생이 편리하게 이용할 수 있도록 배려하고 있다. 기본적으로 교육은 학생 개개인의 요구와 차이에 주목하며 교사는 학생 개개인에 대한 정확한 분석을 바탕으로 학습방법, 평가 방식, 교육자료, 과제물 등을 학생 수준에 맞게 제공한다. 또한 학습에 지원이 필요한 경우에 보충수업, 통역, 전문가의 도움 등을 제공받을 수 있도록 하고 있다.

셋째, 정책의 일관성 유지이다. 북유럽 국가들의 교육복지정책은 교육적 철학과 가치, 비전을 바탕으로 실행되며, 국민적 합의에 따른 정책으로 정권에 따라 바뀌지 않고 일관성을 유지하고 있다. 교육복지정책은 국민과 여야 정당의 합의 및 적극적인 지원으로 이루어져 정책의 방향이 정권에 따라 변경되지 않는다. 예컨대 핀란드의 경우 교육의 방향과 원칙에 관해 교육계, 정치권, 사회단체, 산업계 등 범 정파적이고 전국민이 합의하도록 하여 국가교육청장을 중심으로 교육을 이끌어갈 수 있도록 한다. 이에 따라 교육복지정책이 시행된 이후 지금까지 정권이 바뀌어도 교육복지정책은 크게 변화되지 않고 시행되고 있다는 것이다.

12 당면과제와 전망[1]

학습목표
1. 교육복지를 증진시키기 위한 당면 정책과제를 파악할 수 있다.
2. 우리나라 교육복지정책의 현황을 설명할 수 있다.
3. 우리나라 교육복지정책을 둘러싼 쟁점과 이슈를 설명할 수 있다.

01 당면 과제

향후의 교육복지정책의 성패는 결국 교육복지수요를 얼마나 체계적으로 관리하고, 어떻게 양질의 교육복지서비스를 제공하느냐에 달려있다고 볼 수 있다. 본 장에서는 앞 장에서 제시된 교육복지모델의 효과적 시행과 안정적 정착을 위하여 필요한 당면 과제를 제시하고자 한다.

① 교육복지 담당 조직 및 전달 체계 정비

교육복지의 효과적 실천을 위해서는 추진조직 및 전달체계의 확보가 필수적이다. 교육복지정책도 결국은 정부가 주도할 수밖에 없는 현실을 고려할 때, 크게 중앙수준과 지방수준으로 나누어 교육복지추진 체계를 제시하고 각 체계와 담당조직들을 어떻게 재구성하여 효과적인 교육복지를 이루어나갈지를 제시하면 다음과 같다.

(1) 담당 조직: 가칭 '국가교육복지위원회' 구성·운영

교육복지는 매우 통합적인 활동영역이다. 중앙정부 각 부처에서도 협력이 필요

---

1 장덕호 외(2012). 미래지향적 교육복지정책의 방향과 과제. 한국교육개발원. 5장의 내용을 수정·보완하였음.

할 뿐만 아니라 교육청과 학교, 자치단체 등이 긴밀한 협조체계를 갖추어야 성공적으로 수행할 수 있는 사업이다. 현재는 교육부와 보건복지부, 여성가족부, 문화체육관광부 등 여러 부처에서 교육복지와 관련된 사업들을 적극적으로, 하지만 산발적으로 펼치고 있다. 지방수준에서 교육청과 지방자치단체의 교육복지 관련 사업들이 별개로 이루어지는 것도 이러한 중앙수준의 비통합성에 그 뿌리가 있다. 따라서 무엇보다도 시급한 것은 중앙정부 수준에서의 통합적 조직 구성이다.

많은 연구자들이 이미 중앙수준에서 각 부처들이 교육복지사업을 연계할 수 있는 체제를 구축할 필요가 있다고 주장해 왔다 김인희, 2011; 이혜영 외, 2006; 김정원 외, 2010. 이러한 중앙단위의 통합적 교육복지정책을 추진하기 위해 중앙정부에 '국가교육복지위원회'를 설립할 필요가 있다. 위원회는 각 부처의 사업들을 조정하고 국가 교육복지정책 전반에 있어서 실질적인 권한을 갖고 책임있는 역할을 수행하도록 하여야 한다. 이 위원회에서는 교육복지와 관련된 정부사업과 관련예산을 심의하여 정부에 제출한다.

이 위원회가 이러한 통합적 전달체계의 정점으로서 기능을 발휘하기 위해서는 각 기관이 참여할 수 있도록 그 위원을 구성해야 한다. 그래야 이 위원회에서 결정한 사업들이 해당 하위조직들에서 효율적으로 이루어질 것이다. 교육부, 보건복지부, 여성가족부, 문화체육관광부, 행정자치부, 기획재정부의 차관을 위원으로 하고 교육부가 그 주무를 담당하도록 한다. 궁극적으로 가장 기본적인 교육복지의 수혜자인 학교와 학생을 관장하기 때문이다.

국가교육복지위원회는 교육복지의 장기발전방향과 기본계획을 수립하고 부처간 정책을 조정하며 지원한다. 특히 국가적 수준의 교육복지사업을 주기적으로 평가하여 정책방향을 조정할 수 있다.

(2) 교육복지사업의 전달체계 구축

교육복지는 단순한 교육사업이 아니다. 무엇보다 중앙행정부처 간의 긴밀한 협조가 필요하다. 교육부와 보건복지부, 여성가족부는 교육과 청소년, 가정의 문제가 복잡하게 얽힌 문제를 해결하기 위한 국가 차원의 기획업무를 담당한다. 시·도교육청에서는 교육전문직과 일반직, 프로젝트조정자가 교육복지와 관련된 기획업무를 담당한다. 이에 따라 교육지원청에서는 교육전문직, 일반직, 프로젝트조정자가 실

[그림 12-1] 교육복지 협력 체계

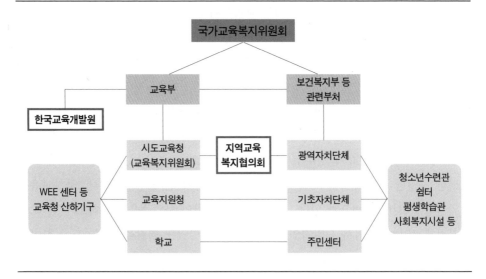

무를 집행한다. 시·도 단위에는 교육청과 지자체의 협력을 위하여 지역교육복지협의회를 설치한다. 교육감은 교육지원청에 지역교육복지센터나 담당부서를 설치하여 운영한다.

무엇보다 중요한 역할을 담당해야 하는 곳이 학교이다. 학교에서는 교장, 부장, 교사, 지역사회 교육전문가, 보건교사, 영양교사, 사서교사, 상담교사가 전면적인 협조체계를 갖추어야 한다. 특히 교육복지전문인력이 배치될 경우 이들이 지역사회와의 실질적인 연계와 학교에서의 사례를 관리하는 중요한 역할을 하기 때문에 학교를 중심으로 교육복지체계가 완성된다고 할 수 있다.

또한 사업의 방향을 결정함에 있어 교육복지의 객관적 현황을 파악하고 과학적 근거에 입각한 정책과제를 제시할 수 있도록 연구지원기관이 필요하다. 다음과 같이 그 교육복지사업의 전달체계를 구축할 필요가 있다. 조직체계를 제시하면 다음과 같다.

중앙정부와 자치단체, 시·도교육청, 교육지원청, 민간조직 등이 긴밀한 협력체계를 갖추어야 한다. 이를 위해서는 우선 중앙정부 관련부처에 실무자를 두어 이들이 예산의 공동배정, 교육청과 지방자치단체 연계를 위한 행정지침 전달 등의 역할을 할 수 있다.

❷ 관련 부처 및 기관별 역할과 과제

앞서와 같이 각 기관이 긴밀한 협력체계를 갖추고 어떤 역할을 담당해야 하는 지를 중앙행정기관, 교육청, 단위학교, 지방자치단체, 기타 민간단체로 나누어 제시 하였다.

(1) 중앙행정기관

교육부, 행정자치부, 보건복지부, 여성가족부 등 중앙행정기관은 교육복지사업 과 관련된 예산을 확보하고 배분하는 역할을 맡는다. 어떤 사업을 펼칠지, 그 사업 이 잘 집행되고 있는지, 예산은 적정하고 충분한지를 확인하기 위해서 중앙정부에 서는 교육복지추진실태를 파악할 필요가 있다. 이를 위해서는 체계적인 실태 파악 시스템을 갖추어야 한다.

요컨대 이 시스템은 중앙정부 차원에서 교육복지수요와 교육복지사업 추진실 태를 파악하는 시스템이다. 복지수요는 수시로 발생한다. 즉 학업중단이나 가출 등 의 학생행위와 관련된 복지수요는 수시로 발생한다. 이미 현행 NEIS 등 단위학교 정 보시스템에 이와 관련된 자료들을 입력하도록 되어 있다. 일부 사생활을 침해할 가 능성이 있는 개인정보에 대해서는 입력을 하지 않고 있지만 수치현황자료는 입력할 수 있다. 따라서 전술한 위원회에서 이러한 현황을 수시로 한 눈에 알아볼 수 있도 록 하는 '교육복지현황시스템'을 개발해야 한다. 또한 이 시스템을 통해 주기적으로 교육복지사업이 어떻게 추진되고 어떤 성과를 거두고 있으며 어떤 장애요인이 있는 지를 확인할 수도 있을 것이다.

다음 그림에서 볼 수 있듯이 단위학교에서는 교육행정정보시스템(NEIS)에 교육 복지와 관련된 개인정보_{정보접근이 제한된 자료}나 수치자료를 입력한다. 교육청에서는 이 를 장학시스템 등을 이용해 학교에서 입력된 자료를 통해 집계치를 작성하도록 시스 템을 구성하여 운영한다. 중앙정부 수준에서는 교육부에서 교육복지현황시스템을 구축하여 17개 시·도의 전국 현황자료를 집계하고 교육복지수요와 사업추진실태 를 파악한다. 이러한 정보는 다시 한국교육개발원(KEDI)의 교육통계연보와 연동되도 록 하고 개발예정인 교육지수 중 교육복지지수를 포함하여 개발한다. 이를 통해 중 앙정부에서는 연 1회씩 주기적으로, 필요에 따라 수시로 교육복지현황을 파악할 수

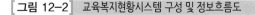

[그림 12-2] 교육복지현황시스템 구성 및 정보흐름도

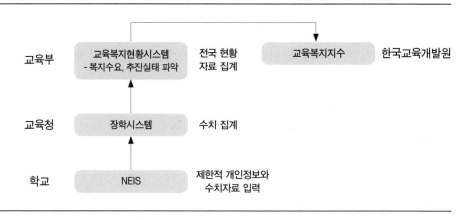

있게 된다.

또한 교육부에서는 교원들의 교육복지마인드를 제고하기 위한 노력을 펼칠 필요가 있다. 이를 위해 자격연수와 직무연수시에 교육복지관련 과목을 편성, 운영하도록 유도할 필요가 있다. 또한 교원양성과정에서부터 교육복지관련 과목을 편성하도록 유도하고, 필수과목으로 지정되어 있는 '교육봉사'의 범위를 현행 정규학교에서 대안학교 중 위탁교육기관과 공인된 기관평생학습관, 문화의 집, 청소년수련관 학교 밖 청소년지원센터 등이 포함되는 것으로 명시할 필요가 있다. 현재는 교육봉사를 유치원 및 초등ㆍ중등ㆍ특수학교에서 보조교사, 부진아 학생지도, 방과후학교 교사, 등하교지도, 장애아 복지시설 자원봉사 등으로 명시하고 있어 이러한 기관들이 포함되지 않는 것으로 생각할 수 있다. 따라서 이러한 기관에서 봉사하는 것을 교육봉사로 인정하도록 적극 유도해야 할 것이다.

(2) 교육청

시ㆍ도교육청은 교육복지사업을 기획하고 관리한다. 특히 교육복지수요는 어느 정도 있고, 사업이 제대로 추진되고 있는지, 학교에서 사업을 펼치는 데 문제점은 무엇인지를 수시로 파악할 필요가 있다. 이를 위해 '시ㆍ도 교육복지위원회'를 구성하여 운영할 필요가 있다. 이 위원회는 중앙정부의 교육복지정책이 지방에서 얼마나 잘 추진되고 있는지를 종합적으로 파악하고 점검하는 기구이다. 그 기능을 구체적으로 제시하면 다음과 같다.

- 교육복지사업의 추진실태 중간·총괄 점검
- 교육복지사업 관련의 예산 사전심의
- 교육복지사업 추진상의 애로점 등 교육복지사업에 대한 전반적 평가
- 단위학교 및 지방수준의 교육복지수요 조사
- 대정부 교육복지정책 건의 및 지원 요구

따라서 이 기구를 구성할 때는 교육청 교육전문직과 일반직 공무원은 물론이고 그 궁극적 수혜자라 할 수 있는 단위학교 관계자를 참여시켜야 한다. 이는 교육청별 규모에 따라 달라질 수 있는데 기본적으로 부교육감을 위원장으로 하고, 위원으로서 교육복지담당 교육전문직장학관, 일반직 공무원, 교장, 학부모, 자치단체광역, 기초 관계자가 참여하는 것이 바람직하다. 이렇게 구성되어야 중앙정부와 자치단체와의 적극적인 공조가 가능할 것이다.

또한 교육청에서는 교육복지사를 채용, 관리, 지원하는 역할을 맡는다. 교육복지사는 이 사업의 핵심적 주체이다. 이들에 대한 관리와 지원이 소홀하지 않도록 유의해야 한다. 교육복지사의 임용에 대해서는 뒤의 '교직원 인사 개선 방안'에서 상술할 것이다.

(3) 단위학교

앞서 말한 바와 같이 교육복지의 최전선은 단위학교이다. 조직적 토대로서 중요한 것이 교육복지부서를 신설하는 것이다. 열악한 환경의 아동들이 가정에서 불행한 경험들을 하면서 부정적 학습결과를 학교에서 표출하는 것이 일반적 현상이다. 이렇듯 복지적 문제와 생활지도 문제는 함께 나타난다. 그러나 학교에서는 상담자정규교사로서의 전문상담교사, 상담원, 상담사 등와 교육복지사통칭 지역사회교육전문가, 영양교사, 보건교사 등이 각자의 역할을 분절적으로 행하고 있다. 한 학생의 몸 안에 심리적 문제, 생활상 문제, 급식 문제, 건강 문제 등이 복합적으로 붙박혀 있음에도 이들의 역할수행은 분리되어 있다.

이러한 학생복지체제를 개편해야 한다. 학교에 '교육복지부서'를 신설하여 이 부서에서 교육복지사, 정교사, 상담교사, 보건교사, 영양교사, 사서교사, 특수교사들이 통합적으로 학생보호활동을 펼칠 수 있도록 해야 한다. 예컨대 소위 문제학생

에 대해서도 교육복지사는 가정부모에의 접근을, 상담교사는 심리적 접근을, 보건교사는 건강상의 접근 등을 통합적으로 행하는 것이다.

(4) 지방자치단체

이미 대부분의 자치단체에서 방과후돌봄과 도서관지원, 저소득학생지원, 급식지원, 학교시설지원 등 다양한 유관사업들을 시행하고 있다. 그러나 이와 관련하여 문제점들이 지적되고 있다. 교육청의 교육복지사업과 지방자치단체의 교육복지사업이 분절적으로 이루어지고 있다는 것이 가장 큰 문제이다. 결국 학생중심의 사업이 아니라 조직중심의 사업을 펼치다보니 학생에 대한 체계적이고 집중적인 지원이 이루어지지 못하고 산발적인 사업이 되고 있다김정원 외, 2010: 460, 김경애 외, 2011. 결과적으로 투자되는 재정규모는 참여정부에 비해 3배 이상 많지만 결과가 비효율적이라는 지적이 제기된다안선회, 2010.

따라서 무엇보다도 시급한 것은 지방자치단체와 교육청 간의 긴밀한 협조체계를 구축하는 것이다. 이러한 과정에서 시·도와 시·군·구 등 지방자치단체는 교육청에서 수시로 발생하는 교육복지수요에 대응하여 사업을 효율적으로 지원할 수 있게 된다. 교육복지사업예산이 부족한 경우에 이를 보전하기 위해 예산을 지원해 주어야 한다. 설문결과에서도 나타났듯이 응답자의 20% 이상은 지방자치단체가 교육복지재정부담의 주체로 역할을 해야 한다고 보고 있다. 특히 기초자치단체는 예산편성시 교육경비보조금을 확대 배정하여 수시로 발생하는 교육복지수요에 대응할 필요가 있다. 이에 더하여 교육복지사업 추진과 관련된 현물지원, 인력지원, 장소대여 등의 지원을 하여야 할 것이다.

또한 협력체계의 중요한 인적 자원으로서 주민자치센터 내의 사회복지사와 단위학교의 교육복지사 간에 긴밀한 협조가 이루어지도록 해야 한다. 사회복지사는 지역 내 복지 관련 정보를 제공하여 교육복지사의 사례관리를 지원할 수 있다. 문제는 개인정보보호를 위해 쉽게 그러한 정보를 제공하기 어렵다는 것이다. 따라서 공익적 목적으로 교육복지사업의 일환으로 정보를 제공하는 것을 합법화하는 것이 필요하다.

(5) 기타 민간기관 등

청소년수련관과 문화의 집, 평생학습관, 사회복지시설, 쉼터 등 교육복지와 직간접적으로 관련된 시설들이 많이 있다. 이 시설들이 교육복지문제를 해결하는 데 중요한 역할을 담당할 수 있다. 대상학생 사례관리를 하는 데 큰 도움을 줄 수 있다. 복지프로그램을 운영하는 노하우를 갖고 있다. 학교의 교육복지사와 긴밀한 연락과 협조체계를 갖출 필요가 있다.

이러한 시설들은 가출이나 학업중단, 미혼모학생과 같은 복지대상자들을 위탁교육하는 시설로서 활용할 수 있다. 이미 위탁교육제도가 시행되고 있으며 이러한 시설들이 위탁교육기관으로 지정되어 운영되고 있다. 학교에서는 교육복지대상자가 새로 발생할 경우에 이러한 시설들을 적극적으로 활용하여야 하고, 교육청에서는 이러한 시설들을 적극적으로 위탁교육시설로 확대 지정할 필요가 있다.

❸ 교육복지사의 임용과 활용 방안

교육복지사를 양성하고 임용하여 활용해야 한다. 앞서 말한 바와 같이 교육복지사는 이 사업을 추진하는 핵심적 주체이다. 그러나 현재는 교육복지사를 체계적으로 양성하는 프로그램도 없고 복지사에 대한 처우도 매우 열악하다.

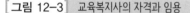

[그림 12-3] 교육복지사의 자격과 임용

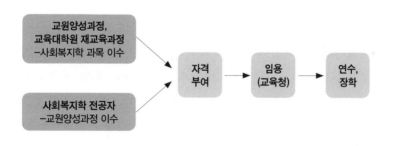

(1) 교육복지사의 양성과 자격

교육복지사를 양성하고 자격을 부여하는 체제를 갖추어야 한다. 이미 사회복지학과 등에서 학교사회복지학 등을 가르치고 있어 교육복지를 담당할 인적 자원은 꾸준히 양성되고 있다. 그러나 공식적으로 학교에 교육복지사를 배치하게 될 경우에는 교육복지전문가로서 양성하고 자격을 부여할 필요가 있다. 이를 위해서는 이원적 체제로 교육복지사 양성과 자격부여가 이루어져야 한다. 하나는 기존의 사회복지학과에서 학교사회복지학 관련과목과 함께 교원양성과정의 일정한 교직과목을 이수한 사람에게 자격을 부여하는 것이다. 다른 하나는 교사자격증 소지자 중에서 학교사회복지학을 일정 수준 이수한 사람에게 자격을 부여하는 것이다. 즉 교원양성과정에 있거나 교육대학원에 재학 중인 사람현직 교사 포함 중에서 학교사회복지학 관련 과목을 일정수준 이수한 경우에 자격을 부여하는 것이다.

그러나 교육복지사의 남발을 막기 위해 대학별로 그 인원을 최소화하고 필요하다면 확대하는 방향에서 제도를 운영해야 할 것이다. 따라서 그 인원은 대학별로 사회복지학 관련학과에서는 해당 정원의 10%, 교원양성과정의 10%로 그 수를 제한할 필요가 있다.

(2) 교육복지사의 임용과 처우

교육복지사를 교육청에서 임용하는 것으로 전제할 때 별도의 임용시험을 치르는 것은 불필요하다. 그 수가 교당 1명 내외이고 이 제도가 정착이 되어 거의 모든 학교에 배치가 되면 실제로 1년에 선발하는 인원은 매우 적게 된다. 그 수요가 획기적으로 증가하지 않는 한 별도의 시험은 불필요하다. 문제는 이렇게 선발한 교육복지사를 어떻게 관리, 지원하는가이다.

교육복지사들이 안정적으로 업무를 담당할 수 있도록 그 처우를 개선해야 한다. 이미 지적이 된 바와 같이 현재는 지역사회복지전문가라는 이름으로 학교에서 활동을 하고 있는데 신분은 불안하고 그 처우는 열악하다. 이를 개선하기 위해 이들을 교육청에서 채용하여 단위학교에 임명하고 현행 임시계약직에서 정규직으로 전환할 필요가 있다. 물론 인사체계와 재정적 측면에서 당장 정규직으로 전환하는 것이 곤란하다면 무기계약직으로라도 전환할 필요가 있다. 그 신분은 업무성격상 교육직렬인 교원에 포함되기 어렵고 행정적인 지원이 많이 필요하므로 행정실 직원에 포함하거나 제3의 직군으로 설정해야 할 것이다.

교육복지사들을 신규채용하는 것으로써 임용이 끝나는 것은 아니다. 교육복지만을 특화한 학과에서 양성된 것이 아니므로 보다 전문적인 인력으로 계발되기 위해서 지속적인 연수와 장학이 필요하다. 계속적인 상황변화에 맞춰 이들에게 보다 고도의 전문적인 지식과 기술을 습득시키도록 하기 위하여 임용후 직무연수를 주기적으로 이수토록 해야 한다. 또한 교육청 차원에서 이들의 활동에 대해 컨설팅을 하고 애로점을 수렴하여 이를 해결하기 위해 지원하는 노력이 필요하다.

그 보수는 현재 인턴교사와 같은 수준으로 책정되어 있는 경우가 대부분이고 사실상 고정급이다. 교육복지 전문인력에 대한 국가표준 임금기준표를 만들어 자격별, 경력별 최저임금 가이드라인을 제시하고 지자체 조례 및 시설단체 내규로 활용하도록 유도해야 한다. 물론 교육청에서 정규직으로 전환할 경우에는 일반직 공무원과 같은 대우를 하거나 별도의 보수체계를 마련하여야 할 것이다.

④ 교육복지 재정관리 방안

국가의 교육복지예산은 해마다 증가하고 있지만 그것을 좀 더 효율적으로 운용, 관리할 필요가 있다.

첫째, 무엇보다 중앙차원에서 효율적인 교육복지 통합관리체제가 구축되어야 한다. 교육복지에 관한 관심과 정책의 필요성은 높아지고 있으나, 이를 통합적으로 관리·추진하는 체제는 매우 미흡한 수준이라고 할 수 있다. 조속히 범정부 내지 범부처차원의 국가교육복지위원회를 설치하여, 이를 종합적인 컨트롤 타워로 삼아서 거시적인 국가교육복지의 비전을 수립하고, 유사 내지 중복성 사업들을 억제하고, 나아가 교육복지 예산과 관련사업들의 성과를 관리할 수 있는 체계가 구축되어야 할 것이다김민희, 2013.

둘째, 지역단위에서의 교육복지 협력 내지 협업체제가 마련되어야 한다. 지방자치단체 학교사회복지사업들을 보면 서비스 전달체계에서 교육청이 거의 관여되어 있지 않다. 지방자치단체에서 제정되고 있는 조례에는 교육청의 협력에 대한 규정이 있긴 하지만 실행과정에서 실제적인 교육청의 협력과 협업은 거의 부재한 상태이다. 그 이유는 학교사회복지 관련 조례들은 지방자치단체가 학교로 지원하는 교육경비를 재원으로 하고 있고 이 예산은 교육청을 거치지 않고 학교로 직접 지원되기 때문이다. 이에 따라 교육청의 협력을 이끌어내는 것은 물론 교육청에 학교사회복지 조정자의 배치가 힘들고, 교육청의 관여가 거의 없기 때문에 사업에 대한 학교의 적극성이 떨어지기도 한다. 따라서 향후에는 조례에 교육청을 관여시킬 수 있는 구체적인 방안이 규정될 필요가 있다. 또는 현재처럼 지방자치단체 조례가 아니라 교육(자치)조례로 제정하는 것도 고려해 볼 필요가 있어 보인다. 현 학교사회복지 관련 조례에서는 지방자치단체의 재원이 학교로 지원되고 있는 데 비해 교육조례로 제정이 되면 교육청 예산이 학교로 지원되기 때문에 서비스전달체계가 교육서비스 전달체계로 일원화될 수 있기 때문이다임경선, 2011.

[그림 12-4] 학습자 중심 통합 재정지원 체제

[현행] 사업별 관리 · 운영체제

사업	대상학생		예산집행 및 평가보고서
교육복지우선사업	학생 1, 2...	⇒	사업별
학비지원	학생 1, 2...	⇒	사업별
중식지원	학생 1, 2, 3...	⇒	사업별
방과후학교 지원	학생 1, 2...	⇒	사업별
학력지원	학생 1, 2, 3...	⇒	사업별
다문화지원	학생 2, 4	⇒	사업별
......	...		

학교 교육과정과 분리된 체제

↓

[변경] 학습자 중심 맞춤형 통합지원체제

대상학생	협의회	사업지원(유사 프로그램 통합)		예산집행	평가보고서
1		교육복지, 학비, 중식...			학생별
2	대상자 발굴	교육복지, 학력, 다문화			학생별
3	지원프로그램 선정	교육복지, 방과후	⇒	통합	학생별
4	해결방안 강구	학비, 중식			학생별
...		...			학생별

학교 교육과정 속에 내장된 교육복지 운영 체제

출처: 김민희(2013), p. 118, 그림을 수정.

셋째, 단위학교 예산활용의 자율성을 확대해야 한다. 학교에 교부되는 다양한 재정지원사업들이 궁극적으로 교육과정 운영의 질 개선, 학습자의 유의미한 학습을 통한 성취제고에 귀결될 수 있도록 활용되어야 한다. 유관 정책 사업예산도 팀티칭을 위한 교수학습활동 예산을 확보하거나 학습보조교사를 배치하는 등 교수-학습 수준을 향상시키기 위한 예산을 편성할 수 있도록 해야 한다류방란 외, 2011.

넷째, 학습자 중심의 통합재정지원체제를 구축하여야 한다. 중앙정부와 지방정부 차원에서 확보되고 배분되는 교육복지재정은 유사 사업 간 중복성, 수혜 대상자의 중복성, 운영의 비효율성 등 여러 문제들이 지속적으로 제기되어 왔다. 앞으로 교육복지는 공급자 중심의 관리형 교육복지에서 학습자 중심의 성장형 교육복지가 되어야 한다. 이를 위해서는 교육복지의 추진체계, 담당조직, 사업내용과 운영방식 등이 모두 학습자 중심으로 전환되어야 한다. 따라서 학습자를 가운데에 두고, 이 학습자에게 필요한 교육적, 경제적 지원들이 무엇이 있고, 어떤 노력이 있어 왔고, 현재까지 그 성과학습자의 변화는 무엇이며, 앞으로 무엇이 더 필요한 것인지에 관한 정보를 관리하는 노력이 필요하다. 이러한 학습자 맞춤형 통합지원체제는 학교 내에서 불리한 상황에 처한 학생, 취약집단 학생들을 발굴하고 이들이 지닌 필요를 빠짐없이 파악하여 그에 부합하는 적절한 지원을 제공하는 것이며, 이를 위해 관계자들이 협의와 소통을 지속적으로 실시하는 것이다김민희, 2013. 이 과정에서 사업의 중복을 제거하고, 학습자의 성장에 반드시 필요한 필수사업 내지 프로그램 중심으로 교육복지를 꾸려나감으로써 재정투자의 효과성을 높일 수 있을 것이다.

02 향후 전망

❶ 교육복지의 방향 설정

그동안 정부의 교육복지를 위한 중앙정부 차원의 방향과 과제설정은 참여복지 5개년 계획2004~2008 중 교육부문계획, 이명박 정부의 교육복지대책2008~2012의 흐름으로 이어져 왔다. 박근혜 정부에서 특별한 교육복지 종합 정책은 아직 발표되지 않고 있으나, 국정과제를 중심으로 교육복지 시책들은 추진되고 있다. 참여복지 5개년 계획은 교육복지를 위한 추진체제를 구축하고, 교육복지투자우선지역지원사업을 중심으로 한 제도 정비 및 지원 확대에 집중하였고, 이명박 정부의 교육복지대책은 저소득층과 소외계층의 교육기회 확대와 학력 격차의 해소를 위하여 다양한 재정지원사업을 추진하였다는 특징이 있다. 또한 박근혜 정부에서는 소외계층을 위한 고른 교육기회의 보장ICT를 활용한 농어촌 교육여건 개선, 학업중단 예방 및 학업복귀 지원 강화, 탈북학생 대안교육 및 진로직업교육을 통한 취업지원, 다문화학생에 대한 실질적 교육기회 확충, 모든 학생에게 맞춤형 교육지원장애학생에 대한 교육 여건 개선, 학습부진 학생의 성장을 돕는 기초학력 보장, 영재교육의 질적 도약 기반 마련, 교육비 경감유·초·중등학교 교육비 부담 완화 등을 추진하고 있다. '맞춤형 복지'라는 정책적 지향성에 따라 교육부에 학생복지정책과를 두고, 개인중심의 교육복지를 추진하고 있는 것이 특징이다. 교육복지의 실천 경험이 일천하고, 우리 풍토에 적합한 이렇다 할 사례도 찾기 어려운 상황에서 그나마 교육복지를 위한 다양한 계획들이 수립되고, 그에 따라 어느 정도 실천되고 있다는 것은 대단히 다행스러운 일이다.

그럼에도 불구하고 선진국 수준의 교육복지가 충분히 구현되기 위해서는 아직 갈 길이 멀다. 앞으로 새롭게 추진될 교육복지는 앞선 정부가 제시한 선행의 계획(안) 및 대책들이 가진 한계를 극복하는 동시에 새로운 교육복지계획의 수립을 통해 한국 교육의 수준을 높이고, 사회의 통합에 기여해야 하는 과제를 안고 있다. 교육복지 종합계획의 효과적 수립·실천을 위해서는 다음 방향에서 정책을 설계할 필요가 있다.

첫째, 교육복지의 패러다임의 변화를 반영하는 노력이 필요하다. 교육복지의 문제가 단순한 대상의 문제가 아니라 교육복지서비스의 내용과 질에 관한 문제이므로, 이를 반영할 수 있는 정책적 노력이 구체화 되어야 할 것이다. 교육복지의 대상을 두고 보편주의로 갈 것인가, 아니면 선별주의로 갈 것인가 하느냐의 소모적인 논쟁은 이제 종식되어야 할 것이고, 제1장에서 제시된 현실적 필요주의에 근거한 제도 전반의 설계에 더욱 노력할 필요가 있다. 현실적 필요주의에 근거한 교육복지는 실재實在하는 교육복지적 수요를 지역과 단위학교가 공동의 자원을 바탕으로 전문가들의 노력과 유관기관과 지역공동체의 협력에 의하여 체계적으로 흡수·관리하는 것이다.

둘째, 교육복지는 관료적 한계를 넘는 인간중심의 교육복지로 전개되어야 한다. 그동안의 교육복지는 위계적 행정시스템 속에서 사업전담부서와 인력을 두고,

주어진 예산과 업무분장 범위 내에서 이루어진 사업성project-based 교육복지라고 해도 과언이 아니었다. 사업성 교육복지는 현장 실천가들의 인식의 혼란과 보이지 않는 갈등과 알력, 그로 인한 사기의 저하 등 전형적인 관료제의 문제점을 야기하고 있다. 따라서 향후의 교육복지는 이러한 위계적 교육복지 행정질서를 극복하면서 복지적 활동의 곳곳에 '인간적 손길과 숨결'을 얼마만큼 불어 넣을 수 있는가에 집중되어야 한다. 그러나 인간중심적 교육복지 역시 제도의 뒷받침 속에서만이 가능하다. 따라서 보편적으로 작동할 수 있는 규범적 법체계를 갖추는 노력이 무엇보다 시급하고, 동시에 기존 교사집단의 교육복지 감수성, 전문성의 배양 노력과 함께 교육복지 전문가들의 전문적 지식과 기술에 기반한 열정이 필요하다.

셋째, 교육복지는 자율과 책임의 균형 속에서 설계되고 실천되어져야 한다. 그 동안 다양한 정책주체들이 교육복지사업들을 시행하면서 교육복지의 태양도 매우 다양해졌음을 부인할 수 없다. 시·도교육청의 사업이 된 교복우사업도 이제 서울이 다르고, 부산이 다르게 된 것이다. 이 과정에서 교육복지를 둘러싼 실천가들의 적극적인 참여와 창의적인 아이디어는 교육복지사업에 인간적 숨결을 불어 넣는 촉매제가 되고 있다. 그러나 이 과정에서 결코 놓쳐서는 안 되는 것이 교육복지사업 참여자들의 책무성이다. 교육복지 참여자들의 책무성이 문서 내지 회계장부상의 무결점을 추구하는 관료적 책무성bureaucratic accountability에만 머물고 있다면, 이는 지금까지 숱하게 지적되어 온 보고서상의 복지에 그치고 말 것이다. 앞으로 새롭게 전개될 교육복지의 책무성은 철저히 수요자, 즉 교육복지 대상을 향해 존재하여야 할 것이다. 교육복지사업의 성과에 대한 모니터링과 사업의 개선을 위한 피드백에 관한 공식적이고 제도적인 노력도 뒤따라야 할 것이다.

넷째, 교육복지를 둘러싼 학문공동체와 실천공동체의 협력체계 형성과 조화로운 참여가 이루어져야 한다. 새로운 교육복지의 실천을 위해서는 각 학문과 정책영역의 공존을 인정하는 노력과 함께 각 학문공동체 및 실천공동체의 협력이 무엇보다 필요하다. 이를 위해서는 교육학자, 학교사회복지학자, 교육정책부처, 사회복지부처 담당자들 간의 협력과 소통이 중요한데, 국가교육복지위원회, 지역교육복지위원회 등의 제도적 차원의 협의체의 운영과 함께 그러한 제도적 운영체를 외곽에서 지원하고, 자문하는 자율적 민간협의체의 구축도 필요하다.

❷ 실천이 시급한 과제들의 조속한 시행

우선 시급한 과제는 현행의 제도 및 사업 속에서 문제점들을 조속히 파악하여 보완하는 노력이 필요하다.

첫째, 전국차원의 교육복지가 균형 있게 실천될 수 있는 중앙정부차원의 리더십이 필요하다. 지방자치 및 지방교육자치가 확대·강화되면서 지역차원의 다양한 교육복지사업들이 전개되고 있다. 문제는 이러한 민선교육감들의 교육복지에 관한 독자 행보로 인해 지역 간 교육복지 불균형이 나타나고 있다는 사실이다. 물론 표를 의식한 시도지사 및 교육감들의 복지경쟁은 한편으로는 긍정적인 측면이 많다고 하겠으나 교육복지재원의 비효율적 지출을 부추겨서 결국 교육재원의 중복투자와 낭비로 이어질 가능성이 있다. 현재로서는 이를 조정할 수 있는 거의 유일한 주체는 바로 교육부라고 할 수 있다. 교육부는 지역 간 교육복지수혜의 불균형 여부를 분명히 모니터링하여 이를 특별교부금시책사업의 반영 등을 통해 제어할 필요가 있다. 특히, 전국적 최소기준national minimum을 만들기 위한 지표 선정 노력에 본격적으로 착수해야 할 것이며, 이를 위해 학계 및 전문연구기관이 머리를 맞대야 할 것이다.

둘째, 각 지역별 여건과 특성에 부합하는 다양한 '교육복지모델'이 개발되고 실천되어야 한다. 가장 바람직하기로는 교육복지법(안)이 먼저 국회를 통과하고, 필요한 시행령의 제정 및 관련 예산의 확보와 조직적 체제를 갖춘 상태에서 교육복지사업들이 펼쳐지는 것이 순서일 것이다. 그러나 법제의 정비 없이도 새로운 모델에 근거한 사업의 시행도 충분히 가능하다.

셋째, 새로운 모델이 적용된 사업으로서 고려해 볼 수 있는 모습은 교육부가 주도하여 지자체-교육지원청-단위학교를 중심으로 한 '지역형 교육복지사업'을 전국적 공모사업의 형태로 추진하는 것이다. (가칭)'지역자율형 교육복지사업' 또는 '교육복지 마중물 사업'으로 명명할 수 있는 사업으로서 이는 철저히 지역이 스스로 설계하고, 운영하는 사업이라고 할 수 있다. 중앙정부는 필요한 최소한의 참여 자격요건기초생활수급자수, 기초학력미달학생수 등만을 제시하고, 참여인력, 운영방안, 실천계획 등을 오로지 지역에서 스스로 설계해오도록 하는 것이다. 중앙정부와 시·도교육청은 필요한 예산을 지원하고, 핵심적 사업성과만을 확인하는 사업이다. 이를 통해 지자체와 교육지원청의 협치협력적 거버넌스를 유도하고, 교육복지의 실천을 위한 공동체의 형성을 촉진하며, 지역의 교육복지적 자원의 낭비와 비효율을 제거하도록 유도한다.

넷째, 교육복지 전문인력의 양성 및 확보, 배치에 관한 문제는 조속히 해결되어야 할 것이다. 교육복지 전문인력은 여하한 교육복지정책을 펼치는 데에 필수불가결한 존재이기 때문이다. 다만 그 방법이 문제인데, 교육학적 배경교사자격증을 가지면서 사회복지학적 소양과 전문성을 가진 자와 사회복지학적 배경사회복지사 자격증을 가지면서 교육학적 소양과 전문성을 가진 자에게 고루 기회를 부여하는 것이 바람직할 것이다. 각자의 장점이 있는 반면에 단점도 있을 것이다. 각자의 단점은 연수와 장학supervision으로 극복할 수 있을 것으로 판단된다. 무엇보다도 중요한 점은 교육복지적 수요가 집중된 학교, 지역에 조속히 안정적인 신분을 가진 전문가를 파견하여 위험에 노출된 학생들을 발굴, 지지, 관리, 보호하는 문제가 시급하다는 사실이다.

❸ 중장기적 과제와 실천을 위한 전략 마련

중장기적 관점에서 교육복지의 안정적 시행을 위한 과제와 실천전략을 제시하면 다음과 같다.

첫째, 교육복지의 문제는 교육의 문제에 그치지 않고 교육, 고용, 연금, 주택 등 사회전반의 제도와 많은 연관을 맺고 있다. 최근 쟁점이 되고 있는 누리과정 예산확보, 무상급식, 학교폭력, 교권추락 등의 문제는 순수한 교육적 문제라기보다는 사회정치적socio-political 내지 사회문화적socio-cultural 문제라고 보아야 하고, 보다 거시적 시각에서 그 해결의 실마리를 찾아야 할 것이다. 교육복지 역시 마찬가지로 근본적으로는 사회복지의 안정화라는 틀 속에서 해법을 찾는 노력이 필요하다. 이를 위해서는 국가차원의 복지문제를 논의하는 공식적 기구를 설치할 필요가 있으며, 그 가운데 교육복지의 문제를 근본적으로 제기하고 대안을 탐색하는 노력이 필요하다.

둘째, 무엇보다도 공교육의 신뢰와 교육력을 회복하는 일이 중요하다. 공교육은 결국 정의로운 교육을 지향하는 것이며, 오늘날의 정의로운 교육은 바로 기회-과정-결과 등 교육의 모든 국면에서의 균등을 동시에 추구하는 교육이다. 정의로운 교육의 실천은 교육의 본질적 가치의 회복에서 출발해야 하고, 교육복지 역시 궁극적으로 교육의 본질적 가치를 회복하는 일임에는 분명하다정영수, 2009. 그렇다면 교육복지의 과제와 전략은 결국 오늘날 우리 사회가 당면한 교육의 변화를 위한 과제와 전략으로 연계하여야 할 것이다. 정부마다 새롭게 제시되는 교육복지정책과 사업들의 뚜렷한 성과에도 불구하고 각종의 한계점을 아울러 갖는 것도 바로 '교육 따로, 복지 따로'라는 인식이 정책 및 실천공동체 구성원들에게 자리 잡고 있는 원인이기도 할 것이다. 따라서 교육복지의 과제와 실천 전략은 저마다 제시되는 교육개혁(안)의 부분으로 여겨지기보다는 교육적 변화를 개혁 논의의 중심 속에 자리 잡을 수 있어야 할 것이다. 이를 위해 모든 정책들이 입안되기 이전에 그 정책이 미칠 교육복지적 영향에 대한 조사와 평가를 실시하는 것도 하나의 대안이 될 것이다.

셋째, 정부, 정치권, 교육계 모두 교육복지입법에 본격적으로 나서야 할 것이다. 교육복지입법이 수차례에 걸쳐 시도되었음에도 불구하고 공전을 거듭하고 있는 근본적인 이유에는 복수의 정부부처가 관여한다는 점, 교육법체계와 사회복지법체계가 병존한다는 점, 교원외 제3의 직역이 교내로 진입한다는 점, 입법형태를 기본법 체계로 할 것인지, 아니면 특별법 형태로 할 것인지에 관한 혼란을 명쾌하게 정리하기 어렵다는 점 등이 지적된다. 그러나 교육복지에 관한 입법인 만큼 교육부 및 교육청 체제가 중심이 되어야 한다는 점, 교육계 내의 복지전문인력에 대한 인식만 개선된다면 교육법 체계에 전문직역을 신설하는 것도 얼마든지 가능하다는 점, 관장부서가 교육부가 됨으로써 특별법 체제가 가능하다는 점 등을 고려 할 때 결코 불가능한 일은 아니라는 사실이다. 문제는 누구에 의해서 어떻게 실천하느냐의 문제라고 할 수 있다. 이러한 쟁점보다는 오히려 재원의 문제가 더욱 심각하다고 할 수 있다. 재원의 문제는 교육복지전문인력의 사실과 처우개선을 중심으로 지원하고, 학교 내 프로그램, 지자체 및 민간단체의 지원을 통해 순차적으로 해결하는 것이 바람직할 것이다.

사례 탐구

최근 일부에서는 그동안의 국가중심의 교육복지 체계에서 벗어나 중앙과 지방, 지방과 현장 간 다양한 연계를 목적으로 한 새로운 교육복지 모델들이 제안되고 있다. 교육복지 재구조화 모형이라고 불리는 이 모형은 이전 모형과 다음과 같은 차별성이 존재한다(한국교육개발원, 2013).

[**표 12-1**] 교육복지우선지원사업 이전 모형과 재구조화 모형 비교

구분	이전 모형	재구조화 모형
사업명	○ 교육복지우선지원사업	○ 교육복지프로젝트 (교육복지우선지원사업, 위(Wee) 프로젝트, 방과후학교, 학력향상형 창의경영학교, 돌봄교실, 다문화가정 학생 지원, 북한이탈가정 학생 지원 등 교육부 추진 유관사업 통합)
비전	○ 능동적 시민 양성을 통한 사회 통합	○ 지역교육공동체 구현을 통한 모두의 학습과 성장 실현
목표	○ 통합지원을 통한 교육취약 아동·청소년의 교육적 성취 제고, 전인적 성장 도모	○ 관계형성을 통한 아동·청소년의 전인적 성장 ○ 불리한 집단을 고려하는 학교와 지역 문화 조성 ○ 지역교육공동체 구축을 통한 취약집단의 삶의 질 제고
사업내용	○ 학습능력 증진 ○ 문화체험 활동 지원 ○ 심리·정서 발달 지원 ○ 진로 탐색 지원 ○ 복지 프로그램 활성화 ○ 교사와 학부모 지원 ○ 영·유아 교육·보육 지원	○ 뒤처진 학생을 고려한 학교 교육과정 재구성과 수업 혁신 ○ 인간관계 증진을 통한 학습자의 학습경험 인도 ○ 통합적 성장지원시스템 마련 ○ 지역 교육복지공동체 구축 ○ 지역 교육력 강화
전략	○ 학교를 중심으로 한 지역교육공동체 구축	○ 다각도의 관계 진작 ○ 시스템 구조화 및 지원체제 강화 ○ 교육복지 협력적 거버넌스 구축
추진체제	○ 교육부-교육청-학교 중심의 지역 연계 체제 ○ 개별 사업별 추진체제	○ 교육부-교육청-학교 중심의 지역 연계 체제 ○ 교육청-지자체 연합 ○ 유관사업 통합 추진체제(지역교육복지센터 중심)
유형	○ 교육복지우선지원사업 학교형(일부 연계학교형)	○ 교육복지 지역사회학교형 ○ 교육복지 거점형 ○ 교육복지 마을형
실무인력	○ 지역사회교육전문가 ○ 프로젝트조정자	○ 교육복지네트워커 ○ 교육복지조정관 ○ 기타 전문 상담사, 학력부진 전문교사 등

출처: 한국교육개발원(2013).

이 모형에는 기본적으로 취약집단 밀집학교를 대상으로 학교중심의 지역사회네트워크를 통한 교육복지 강화를 실천하는 지역사회학교형, 취약집단 희소학교의 취약학생을 위해서는 학교, 교육지원청, 지역기관 중 거점기관이 인근의 학교 및 지역기관과 협력하고 공동으로 대응하는 거점형, 그리고 이상의 두 유형을 기본단위로 하되 여기에 지역주민 전반의 교육역량 강화, 지역개발 등을 통한 총체적 접근을 하는 마을 단위 접근이 가능한 마을형 등 세 가지가 존재한다.

먼저 지역사회학교형은 기존 교육복지우선지원사업을 내실화하고 유관사업을 통합하는 모형이라고 할 수 있다.

[그림 12-5] 교육복지 재구조화 모형: 지역사회학교형

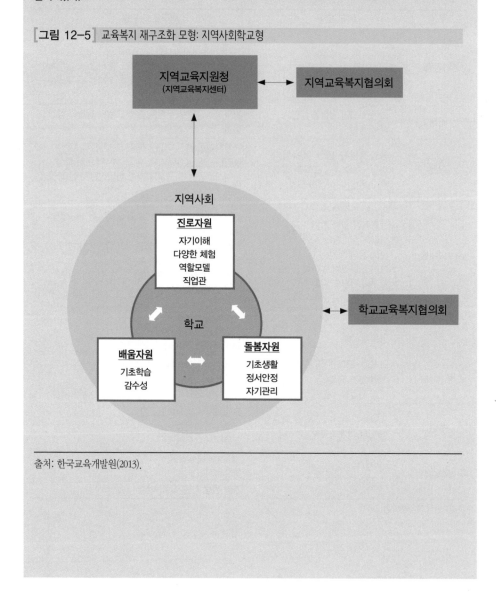

출처: 한국교육개발원(2013).

거점형은 기존 교육복지우선지원사업 사각지대를 해소하고 유관사업을 통합하는 모델이다.

[그림 12-6] 교육복지 재구조화 모형: 거점형

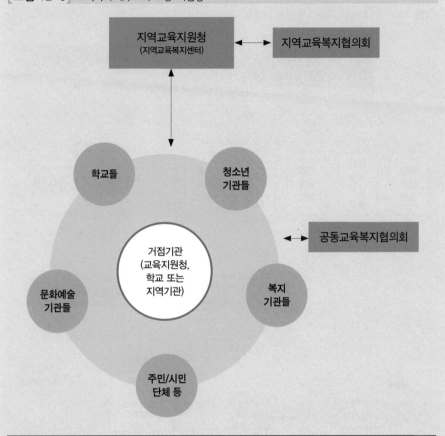

출처: 한국교육개발원(2013).

마지막으로 마을형은 교육부 및 타부처 유관사업 통합 및 전반적인 지역개발을 통한 총체적 주민 교육복지를 실현하는 모델이라고 할 수 있다.

[그림 12-7] 교육복지 재구조화 모형: 마을형

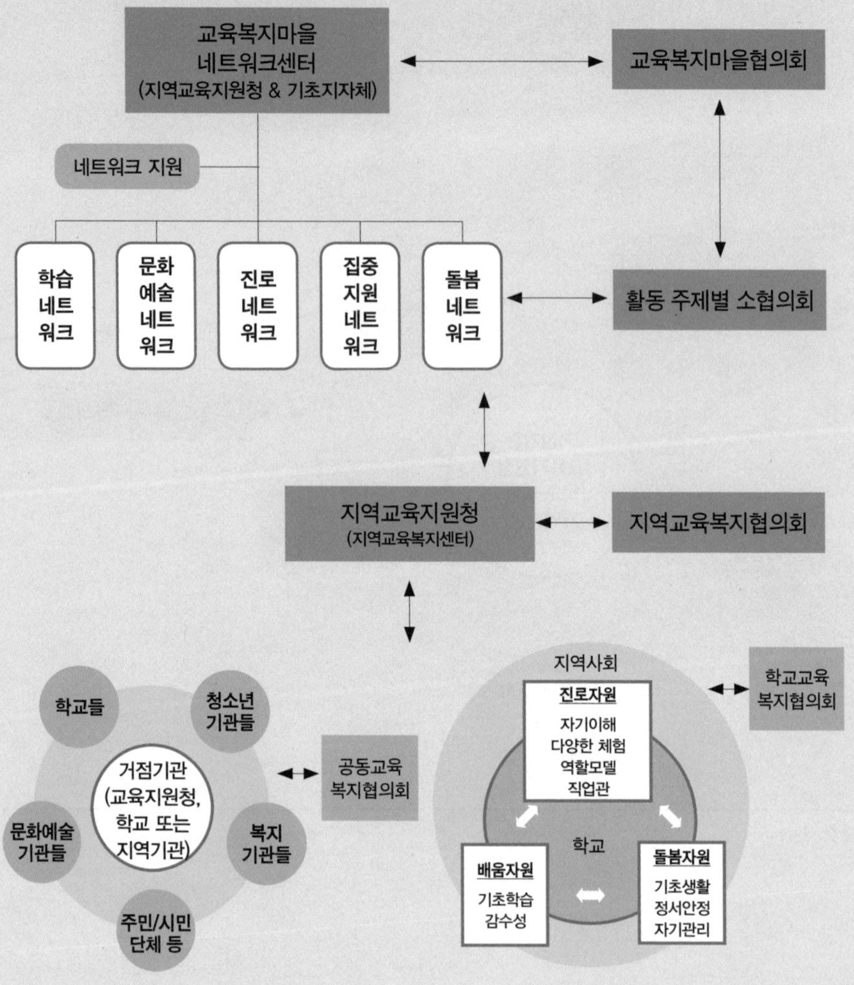

출처: 한국교육개발원(2013).

확인학습

1. 교육복지 담당조직 및 전달체계의 정비를 위해서는 중앙차원에서 '국가교육복지위원회'를, 시도차원에서 '지역교육복지협의회'를, 단위학교 차원에서 실질적인 교육복지전문가가 주도하는 '교육복지부'를 설치하여 운영할 필요가 있다.
2. 교육복지의 성공적인 실천을 위해서는 교육복지사와 같은 전문인력에 대한 지속적인 수퍼비전 등 역량개발이 필요하다.
3. 교육복지의 성공을 위해서는 교육복지 전략과 실천과제의 수립이 필요하고, 안정적이고 효율적인 재원관리 대책이 필요하다.

 생각해 볼 문제

우리나라 교육복지의 가장 큰 문제는 무엇이라고 할 수 있는가? 정책과 제도, 실천의 측면에서 구분하여 말해보라. 이를 개선하기 위한 대안에는 무엇이 있을까?

참고문헌

■ 1장

김경애, 류방란, 이은미, 강영혜, 김민희(2011). 현장 중심의 자율적 교육복지우선지원사업 추진 방안 연구. 한국교육개발원.

김병욱, 김인홍, 이두휴(1999). 광주·전남 지역 교육복지의 수준 분석. 교육사회학연구, 9(3), 25-64.

김신일(2009). 교육사회학. 경기 파주: 교육과학사.

김인희(2006). 교육복지 개념에 관한 고찰: 교육 소외 해소를 위한 교육복지의 이론적 기초 정립에 관하여. 교육행정학연구, 24(3), 289-314.

김정원, 김경애, 김가영(2009). 교육복지투자우선지역 지원사업 연수 프로그램. 한국교육개발원.

류방란, 이혜영, 김미란, 김성식(2006). 한국 사회 교육복지지표개발 및 교육격차분석-교육복지지표 개발. 한국교육개발원.

성기선, 박철희, 양길석, 류방란(2009). 농산어촌 교육 실태 분석 및 교육복지 방안 연구. 한국교육개발원.

오혁진(2009). 개념 정의 분석을 통한 평생교육학과 사회교육학의 학문적 정체성 탐색. 평생교육학연구, 15(4), 275-297.

윤여각(2005). 교육 소외계층의 교육복지 실태와 대책에 관한 토론. 교육 소외계층의 교육복지 실태와 대책. 한국교육개발원.

이기범(1996). 복지사회와 교육: 자유, 평등, 공동체를 위한 교육복지. 교육학연구, 34(2), 21-39.

이돈희(1983). 교육철학개론. 서울: 교육과학사.

이돈희(1999). 교육정의론. 서울: 교육과학사.

이혜영, 류방란, 윤종혁, 천세영(2002). 교육복지투자우선 지역선정을 위한 연구. 한국교육개발원.

이혜영, 박재윤, 황준성, 류방란, 장명림, 이봉주(2005). 교육복지에 관한 법제 연구. 한국교육개발원.

이홍우(1991). 교육의 개념. 서울: 문음사.

임연기, 이병승, 최준렬, 이영재, 박성희, 박혜원 외(2013). 교육복지의 이해. 서울: 학지사.

장덕호, 김성기, 박경호, 손병덕, 유기웅, 윤철수, 이덕난, 하봉운(2012). 미래지향적 교육복지정책의 방향과 과제. 한국교육개발원.

정동욱(2011). 교육복지정책의 쟁점과 추진 방향 연구. 한국인적자원연구센터.

정영수(2009). 교육복지정책의 방향과 과제. 교육정치학연구, 16(3), 31-52.

최송식, 김효정, 박해긍, 배은석, 송영지(2007). 한국 교육복지정책의 지역적 접근에 관한 사례연구. 한국사회복지교육, 3(2), 125-153.

한만길, 김정래, 윤여각, 윤종혁(2000). 21세기 교육복지 발전 방안 연구. 한국교육개발원.

홍봉선(2004). 우리나라 교육복지의 방향과 과제, 한국사회복지학, 56(1), 253-282.

Coleman, J. (1966). Inequality of educational opportunity. National Center for Educational Statistics, Washington, DC. USA.

Rawls, J. (1971). A theory of justice. Cambridge, MA: Harvard University Press.

Sandel, M. J. (2009). Justice: What's the right thing to do? New York: Farrar, Strauss and Giroux.

■ 2장

교육부(2018). 교육급여 개선방안. 교육부 교육복지정책과.

교육부(2019). 제9기 중앙생활보장위원회 교육급여 소위원회 워크숍 자료. 교육부 교육복지정책과. 김용일 (2012). 교육복지 실현을 위한 교육개혁 과제 도출에 관한 시론. 교육정치학연구, 제19권 제4호, 35-59.

김민희(2012). 교육복지재정의 방향과 과제. 교육재정경제연구, 21권 제1호, 91-124.

김한나, 장덕호(2017). 메타분석을 통한 교육복지우선지원사업의 효과 검증 연구. 학교사회복지, 38, 173-199.

노대명 외(2014). 국민기초생활보장제도의 맞춤형 급여체계 개편방안 마련을 위한 연구. 서울: 한국보건사회 연구원.

문재인정부 국정운영5개년 계획(2017)

박지연·김병찬(2010). 방과후 자유수강권제도 운영과정에 대한 질적 사례연구: 희망초등학교 사례를 중심으로. 교육행정학연구, 제28권 제2호, 103-129.

설세훈(2018). 포용사회를 위한 현정부 교육복지정책. 교육개발 2018년 9-10월호.

안병영·김인희(2009). 교육복지정책론. 서울: 다산출판사.

이근영 외(2014). 경기도 교육복지발전방안. 경기도교육연구원.

이선호 외(2018). 교육급여 개편방안. 현안보고 OR2018-06. 한국교육개발원.

이준호·박현정(2012). 방과후학교 자유수강권 지원금은 교육 기회 및 결과의 평등에 기여하였는가? - 서울 지역 고등학생의 경우. 교육재정경제연구, 21권 제2호, 53-85.

이태수(2011). 교육복지 4대 사업의 법적 근거와 제도화, 연계 구축 방안. 2011년 학교사회복지학회 정기학술 대회 자료집.

장덕호 외(2012). 미래지향적 교육복지정책의 방향과 과제. 한국교육개발원.

한국교육개발원(2013). 교육복지우선지원사업 재구조화 방안: 교육복지프로젝트(가제). 교육복지우선지원사 업 재구조화 방안 논의를 위한 전문가 협의회 자료(2014.7.4).

허진옥(2010). 저소득층 교육정보와지원사업 수혜자 정보활용 실채조사 연구-대전광역시초·중학생들을 중 심으로-, 한국교원대학교 교육정책전문대학원 석사학위 논문.

Powell, W. & DiMaggio, P.(1983). The iron cage revisited: Institutional isomorphism and collective rationality in organizational fields. American Sociological Review, 48(2), 147-160.

■ 3장

http://www.index.go.kr/egams/stts/jsp/potal/stts/PO_STTS_IdxMain.jsp?idx_cd=2760

교육부(2010). '10년 다문화가정 학생 교육 지원계획

교육부(2013). "학업중단 예방 및 학교 밖 청소년 지원 대책".

교육부(2014). '다문화 학생 통계 현황' 보도자료

교육부(2014.7.25.). '2014년 탈북학생 통계' 보도자료

김대일(2004). "빈곤의 정의와 규모", 유경준 · 심상달 편. 취약계층 보호 정책의 방향과 과제. 59-118.

김성기(2014a). "학업중단 청소년 실태와 정책과제에 대한 토론". 국회입법조사처, 한국청소년정책연구원 공동세미나

김성기(2014b). "한국의 대안교육 발전동향과 정책현황". 한국청소년정책연구원. 대안교육 관련 국제세미나.

김성기 · 조동섭 · 전제상(2009). '학업중단 청소년 실태 분석'. 부산광역시교육청.

김인희(2010). 교육소외의 격차 해소를 위한 교육복지정책의 과제. 한국사회정책, 17(1), 129-175.

이혜영, 류방란, 김경애, 김경희, 김민희(2011). 교육복지 통합적 지원체제 구축방안 연구. 한국교육개발원.

장덕호 외(2012). 미래지향적 교육복지정책의 방향과 과제. 한국교육개발원.

탈북청소년교육지원센터(2012). 2012년 탈북학생 통계.

통계청(2012). e-나라지표.

한국교육개발원(2012). 간추린 교육통계

한국교육개발원(2012). 교육통계연보

■ 4장

교육부(2014). 2014년 학업중단예방 340억원 집중지원(보도자료).

교육부 · 여성가족부(2013). 학업중단예방 및 학교밖 청소년 지원방안.

권영성(2003). 헌법학원론. 서울: 법문사.

김수갑(1993). 헌법상 문화국가원리에 관한 연구. 고려대학교 박사학위논문.

김형기(2007). 교육복지정책 및 관련 법제의 현황과 과제에 대한 토론. 대한교육법학회 제48차 정기학술대회 자료집.

박재윤 · 황준성(2008). 교육복지에 관한 법리 및 관련 법제의 현황과 과제. 교육법학연구, 20(1), 49-81.

이계탁(1994). 복지행정학 강의. 서울: 나남출판사.

이시우 외(2005). 교육복지체제 구축을 위한 법제 연구. 서울: 국회사무처법제실.

이태수 외(2004). 교육복지 구현 종합방안 연구. 서울: 교육인적자원부.

장덕호 외(2012). 미래지향적 교육복지정책의 방향과 과제. 한국교육개발원.

■ 5장

권기헌(2013). 행정학 강의. 서울: 박영사

박성식(2011). 교육행정학. 서울: 학지사.

Bidwell, C. E. (1965). The school as a formal organization. Handbook of organizations, 972, 1019.

Cohen, M. D., & March, J. G.(1974). Leadership and ambiguity: the American college president, 174-205.

DiMaggio, P. J., & Powell, W. W. (1983). The iron cage revisited: Institutional isomorphism and collective rationality in organizational fields. American sociological review, 147-160.

Donaldson, L. (1987). Strategy and structural adjustment to regain fit and performance: in defence of contingency theory. Journal of management studies, 24(1), 1-24.

Furman, R., & Gibelman, M. (2013). Navigating human service organizations. Lyceum Books.

Garrow, E., & Hasenfeld, Y.(2010). Theoretical approaches to human service organization. In Y. Hasenfeld (Ed.). Human services as complex organizations(pp. 33-57). Sage.

Holland, J. H. (1995). Hidden order: How adaptation builds complexity. Basic Books.

Hoy, W., & Miskel, C.(2013). Educational Administration: Theory, Research, and Practice. McGraw-Hill.

Mintzberg, H. (1979). The structuring of organizations: A synthesis of the research. University of Illinois at Urbana-Champaign's Academy for Entrepreneurial Leadership Historical Research Reference in Entrepreneurship.

Morgan, G., Gregory, F., & Roach, C. (1997). Images of organization.

Perrow, C.(1986). Economic theories of organizations. *Theory and society*, 15(1-2), 11-45.

Porter, L. W., Lawler, E. E., & Hackman, J. R. (1975). Behavior in organizations. New York: McGraw-Hill.

Rowan, B., & Miskel, C. G. (1999). Institutional theory and the study of educational organizations. Handbook of research on educational administration, 2, 359-383.

Salancik, G. R., & Pfeffer, J. (1978). A social information processing approach to job attitudes and task design. Administrative science quarterly, 224-253.

Thompson, J. (1967). Organizations in Action: Social Science Bases of Administrative Theory. Classics in Organization and Management Series. Trans. Publishers.

Weber, M. (2009). The theory of social and economic organization. Simon and Schuster.

■ 6장

고용노동부(2011). 공공부문 비정규직 실태조사 자료.

교육부(2014). "2014년 시·도교육청 총액인건비 산정".

김성기(2013). "교사와 비교과교사, 학교지원인력 간의 직무관계 설정방안". '교원의 적정업무 설정을 위한 교사직무법제화 방안'. 국회의원 정진후·국회입법조사처 공동 개최 정책토론회.

김인희(2010). 교육소외의 격차 해소를 위한 교육복지정책의 과제. 한국사회정책, 17(1), 129-175.

김인희, 양병찬, 박철희(2011). 교육복지 전문역량 강화 방안 연구: 학교기반 교육복지를 중심으로. 한국교육개발원.

유기홍(2012). 학교 비정규직근로자 실태와 개선방안. 2012년 국정감사 정책자료집.

장덕호 외(2012). 미래지향적 교육복지정책의 방향과 과제. 한국교육개발원.

배을규, 동미정, & 이호진. (2011). 전문성 연구 문헌의 비판적 고찰: 성과, 한계, 그리고 HRD 함의. HRD 연구 (구 인력개발연구), 13(1), 1-26.

이명진(2013.2.4.). [시론]프로페셔널리즘(전문직업성)의 위기. 의사신문.

Herling, R. W. (2000). Operational definitions of expertise and competence. Advances in developing human resources, 2(1), 8-21.

Schön, D. A. (2017). The reflective practitioner: How professionals think in action. Routledge. 배을규 역 (2018). 전문가의 조건: 기술적 숙련가에서 성찰적 실천가로. 박영스토리.

■ 7장

경상북도 안동교육지원청(2011). 교육복지지원사업 우수사례. 내부자료.

교육부(2011). 현장공감! 교육지원청 학교현장 지원 우수사례집. 교육부.

김정원, 김경애, 김가영(2009). 교육복지투자우선지역 지원사업 연수프로그램. 한국교육개발원.

김한별, 박소연, 유기웅(2010). 평생학습을 위한 프로그램 개발 및 평가. 경기 파주: 양서원.

서울특별시교육청 꿈사다리(2014). http://kkumsadari.sen.go.kr/index.do.

황준성, 김성기, 조옥경, 유기웅, 박주형(2012). 교육지원청 조직·기능 개편 우수 사례 및 요구 분석 연구. 한국교육개발원.

Cervero, R. M., & Wilson, A. L. (2006). Working the planning table: Negotiating democratically for adult, continuing and workplace education. San Francisco: Jossey-Bass.

Kirkpatrick, D. L. (1994). Evaluating training program: The four levels. San Francisco: Berrett-Koehler.

Stufflebeam, D. L. (1971). The relevance of the CIPP evaluation model for educational accountability. Journal of Research and Development in Education, 5, 19-25.

Tyler, R. W. (1949). Basic principles of curriculum and instruction. Chicago: University of Chicago Press.

Walker, D. F. (1971). A naturalistic model for curriculum development. School Review, 80(1), 51-65.

■ 8장

서울특별시교육청(2012). 서울시 교육복지투자우선지원사업성과보고 자료집.

서울특별시교육청(2013). 2013 교육복지특별지원사업기본계획 자료집.

성민선 외(2008). 학교사회복지이론과 실제. 학지사.

윤철수(2004). 산타가 만난 아이들: 학교사회사업가의 이야기. 서울: 학지사.

윤철수(2013). 지역사회교육전문가의 조직몰입에 영향을 주는 요인 연구, 학교사회복지 No, 24. 한국학교사회복지학회.

이준영(2007). 사회복지 네트워크의 이론과 과제. 춘계학술대회 workshop자료집. 한국사회복지행정학회.

장덕호 외(2012). 미래지향적 교육복지정책의 방향과 과제. 한국교육개발원.

최경원(1987). 사회사업실천에 있어서 체계론적 관점에 관한 연구. 석사학위 논문, 서울대학교 대학원.

홍현미라(2005). 지역사회 변화전략으로써의 자원개발과정에 관한 연구. Vol. 7 No. 3, 한국사회복지행정학회.

한국사회복지행정학회(2008). 사회복지네트워킹의 이해와 적용. 학지사.

Berger, P. L., & Luckman, T. (1966). The Construction of Reality, A Treatise in the Socialogy of Knowledge.

Payne, M. (1991). *Modern Social Work Theory*. Macmillan Education Ltd., 147-152.

Saleebey, D. (ed.). (1992). *The Strength Perspective in Social Work Practice*. Longman, 175.

Solomon, B. B. (1982). Social Work Values and Skills to Empower Women. In Weick & Vandiver (eds.). *Women, Power, and Change* (pp. 206-214). NASW.

■ 9장

교육부(2010b). 교육복지투자우선지역지원사업 개선방안 자료집(2010.5.11. 자료집)

교육부(2010c). 2011년 교육복지우선지원사업 발전 방안.

교육복지투자우선지역지원사업 중앙연구지원센터(2011). 2010년 교육복지투자우선지역 지원사업 평가보고서. 한국교육개발원.

교육복지투자우선지역지원사업 중앙연구지원센터(2012). 2012년 교육복지우선지원사업 현황. 한국교육개발원.

김경애(2013). 교육복지 전문역량 강화 프로그램 I 교육복지, 삶을 살리는 교육. 한국교육개발원.

김정원 · 박현정 · 이경희 · 김태은 · 배성우(2008). 교육복지투자우선지역 지원사업 종단적 효과분석을 위한 기초 연구. 한국교육개발원.

류방란(2013b). 교육공동체를 지향하는 교육복지의 발전 과제. 한국교육개발원.

류방란 · 김경애 · 김인희 · 양병찬 · 장덕호(2013). 교육복지우선지원사업 재구조화 방안: 교육복지 혁신 프로젝트(안).

류방란 · 김준엽 · 송혜정 · 김진경 · 김도희(2012). 교육복지우선지원사업 종단적 효과분석연구 (3차년도). 한국교육개발원.

박미진(2010). 교육복지투자우선지역 지원사업 프로그램이 저소득층 아동의 학교적응에 미치는 효과성에 관한 연구; 춘천지역을 중심으로. 학교사회복지 18, pp. 129-157.

박진여(2014) 사회복지사의 교육복지우선지원사업의 수행경험에 관한 현상학적 연구: 역량강화를 중심으로. 한국학교사회복지학회.

서울시 교육청(2012). 서울시 교육복지투자우선지원사업성과보고 자료집.

윤철수(2005). 지역사회교육전문가의 역할 수행과정 연구. 아동복지학회.

윤철수(2011). 교육복지사업 기초다지기. 교육복지사업관계자 연수자료집. 충청남도교육청.

윤철수(2012). 교육복지우선지원사업을 통한 학생 변화에 관한 연구. 사회복지연구 26집 2호. 경성대학교 사회과학연구소.

윤철수, 진혜경, 라미영(2013). 교육복지사업 10년의 성과와 과제. 한국학교사회복지 추계학술대회 자료집. 한국학교사회복지학회.

이봉주 · 김예성 · 김광혁(2008). 교육복지투자우선지역 지원사업 효과분석: 참여 학교와 비참여 학교 아동의 발달에 대한 종단적 비교. 한국청소년연구, 19(3), pp. 169-195.

장덕호 외(2012). 미래지향적 교육복지정책의 방향과 과제. 한국교육개발원.

충청남도 교육청(2011), 2010년 충남교육복지투자우선지원사업 연구지원센터 최종보고서. p. 18.

■ 10장

경기도교육청(2012). 「교육복지통합사례관리 메뉴얼」. 경기도교육청.

교육개발원(2006). 「교육복지투자우선지역 지원 사업 이렇게 합니다」. 교유인적자원부.

교육인적자원부(2004). 「교육복지투자우선지역 지원 사업 길잡이」. 교육인적자원부.

권진숙 역(2004). 「사례관리: 개념과 기술」, Authur J. Frankel & Sheldon R. Gelman (2004). *Case Management*. 서울: 학지사.

권진숙, 박지영(2008). 「사례관리의 이론가 실제」. 학지사.

김만두 역(1993). 「효과적인 복지서비스를 위한 케어 매니지먼트 실천론」, David P. Moxley. (1989) *The Practice of Case management*. 서울: 홍익제.

노수현(2008). "희망복지전달체계 개편방안". 2008년 성남시지역사회복지협의체 워크숍 자료집. 성남시 · 성남시 지역사회복지협의체.

노혜련, 김상곤(2004). "학교사회복지사의 직무와 역할에 관한 연구". 학교사회복지학회 2004년 춘계학술대회 자료집. pp. 23~69.

빈부격차 차별시정위원회(2004). 빈곤대물림 차단을 위한 희망투자전략-빈곤아동청소년 종합대책- 관계부처 합동.

안정선, 진혜경, 윤철수(2006). "학교사회복지사의 직무분석과 직무표준안 개발". 한국아동복지학 21호. 147~177.

이봉주 · 김상곤 외(2008). 「위 스타트 통합사례관리 매뉴얼」. 위 스타트 운동본부.

이봉주 · 양수 · 김명숙(2004). 「We Start 경기도 마을 복지 · 교육 · 보건 욕구조사 및 지원방안 연구용역」. 경기도.

이봉주 · 양수 · 김명순(2006). 위 스타트 마을만들기 사업 매뉴얼. 위 스타트 운동본부.

장덕호 외(2012). 미래지향적 교육복지정책의 방향과 과제. 한국교육개발원.

한국사례관리학회. (2012). 사례관리론. 학지사.

한국보건복지인력개발원(2009). 지방자치단체 사례관리 업무 매뉴얼.

Alderson, J. & Krishef, C. (1973), Another perspective on tasks in school social work, *Social Casework*, 54, 591-600.

Bellow, J. & Mink, G. (1996). Case Management in Social Work. The Charles C. Thomas Publisher, Ltd.

Costin, L. B.(1968). An analysis of the tasks in social work, *Social Work Review*, 43(3), pp. 274-285.

Moore, S. (1992). Case Management and Integration of services: How Service Delivery Systems Shape Case Management, *Social Worker*, 37(5), Washington D. C.: NASW Inc. p. 419.

Moxley, D. P., & Buzas, L. (1989) Perceptions of case management services for elderly people, Heatlth and Social Work, 14.

National Association of Social Workers (1992). Standards for Social Work Case Management. Washington D. C.: Author.

National Association of Social Workers (1996). Standards for Social Work Case Management. Washington D. C.:Author.

Kordesh, R. & Constable, R.(2002). Case management, Coordination of Service, and Resources Development. In R., Constable, S., Mcdonald, & J., Flynn (2002). *School Social Work: practice, policy, and Research Perspectives*(fifth Ed., 385-403) IL. Lyceum Books, Inc.

Woodside, M. & McClam, T. (2006). *Generalist Case Management: A Method of Human Service Delivery* (3rd ed.). United States: Thomson Brooks/Cole.

Weil, M. & Karls, J. (1985). *Case Management in Human Service Practice*. San Francisco, CA: Jossey-Boss, Inc., Publishers.

■ 11장

강대구, 장현진, 이병환, 장덕호 외(2013). 학생맞춤형 행복한 교육복지 시스템 구축 방안 연구. 교육부.

강순원(2012). 영국과 프랑스의 교육복지사업 비교연구를 통해서 본 우리나라 교복투사업의 정치사회학적 성격. 비교교육연구, 22(4), 1-24.

강영혜, 박소영, 김민조(2009). 선진형 미래학교 모형에 관한 연구. 한국교육개발원.

김경애(2012). 교육복지 실천을 위한 포괄적 접근방식. 평생교육학연구, 18(2), 153-181.

김경애, 류방란, 이은미, 강영혜, 김민희(2011). 현장 중심의 자율적 교육복지우선지원사업 추진 방안 연구. 한국교육개발원.

김병찬(2011). 핀란드 교육복지제도의 특징과 시사점. 교육비평, 30, 82-104.

김보영, 김성이(2007). 미국의 사회복지 교육제도가 한국의 사회복지교육에 주는 함의. 한국사회복지교육, 3(2), 57-79.

김상곤, 배진형, 한정숙, 김희영(2013). 영국, 미국, 노르웨이, 독일의 학교폭력 예방과 문제 해결을 위한 대처방안 분석연구. 학교사회복지, 25, 333-364.

김용훈(2014). 교육 복지의 구현을 위한 정책적 함의. 서울법학, 21(3), 215-261.

김정원, 김성식, 김원경, 김홍원, 김홍주, 문무경 외(2008). 교육복지 마스터 플랜 수립 연구. 한국교육개발원.

김정원, 이은미, 하봉운, 이광현 외(2008). 교육복지정책의 효과적 추진을 위한 법·제도 마련연구. 한국교육개발원.

김정현(2013). 북유럽의 교육복지 법제에 관한 비교법적 연구-종합보고서. 한국법제연구원.

노기호(2006). 독일의 교육복지정책과 법제의 동향. 법과정책연구, 6(2), 759-780.

노기호(2007). 미국의 교육복지정책과 법제의 동향. 공법연구, 35(3), 27-55.

노기호(2013). 북유럽의 교육복지 법제에 관한 비교법적 연구-스웨덴. 한국법제연구원.

박선영(2009). 21세기 교육복지와 영국의 아동·청소년 사업 고찰. 미래청소년학회지, 6(4), 119-138.

박성희(2010). 아동청소년의 행복권 보장을 위한 독일의 교육복지적 가족지원과 부모교육방법의 의의. 한국교육, 37(1), 207-224.

박성희(2011). 아동·청소년의 행복 보장을 위한 독일의 교육복지 개념 고찰. 한독사회과학논총, 21(2), 143-165.

손병덕(2008). 아동복지 통합서비스 개발. 한국사회복지교육, 4(2), 41-66.

엄철현(2014). 미국, 영어권 국가의 교육복지 및 학생안전 입법사례 연구. 교육법학연구, 26(1), 47-71.

윤성현(2013). 북유럽의 교육복지 법제에 관한 비교법적 연구-덴마크. 한국법제연구원.

윤창국(2010). 미국교육복지정책의 변화. 비교교육연구, 20(4), 203-226.

이덕난(2013). 북유럽의 교육복지 법제에 관한 비교법적 연구-노르웨이. 한국법제연구원.

이영란(2013). 프랑스 우선교육정책의 새로운 방향과 모색. 교육사회학연구, 23(3), 169-199.

이태수, 정무권, 이혜영, 박은혜, 윤철경, 김현숙 외(2004). 교육복지 구현 종합방안 연구. 교육인적자원부.

이혜영, 박재윤, 황준성, 류방란, 장명림, 이봉주 외(2005). 교육복지에 관한 법제 연구. 한국교육개발원.

정수정, 류방란(2012). 독일의 이주청소년을 위한 교육지원 정책. 비교교육연구, 22(2), 47-77.

조미숙(2004). 독일의 학교사회복지에 관한 고찰. 학교사회복지, 7, 25-48.

조미숙(2007). 지역사회보호(Community Care)를 기반으로 한 독일의 장애아동 교육복지서비스에 관한 연구. 한국지역사회복지학, 21, 115-132.

조발그니(2005). 프랑스 'ZEP'이 한국의 '교육복지투자우선지역' 정책 보완에 주는 시사점. 교육사회학연구, 15(3), 239-262.

최길호(2005). 미국 사회복지교육의 역사, 당면과제, 그리고 미래에 대한 전망. 한국사회복지교육, 1(2), 19-49.

한만길, 김정래, 윤여각, 윤종혁(2000). 21세기 교육복지 발전 방안 연구. 한국교육개발원.

홍봉선(2004). 우리나라 교육복지의 방향과 과제. 한국사회복지학, 56(1), 253-282.

홍세영(2013). 스웨덴 공교육복지의 발달과정과 성격에 관한 연구. 스칸디나비아연구, 14, 215-244.

Rossmiller, R. A. (1987). Achieving equity and effectiveness in schooling. Journal of Education Finance, 12(4), 561-577.

Turnbull, H. R., & Turnbull, A. P. (2000). Free appropriate public education: The law and children with disabilities (6th ed.). Denver, CO: Love Publishing.

■ 12장

김경애, 류방란, 이은미, 강영혜, 김민희(2011). 현장 중심의 자율적 교육복지우선지원사업 추진 방안 연구. 한국교육개발원.

김인희(2011). 교육복지 통합적 지원체제 구축을 위한 국가 수준 과제. 교육복지 통합적 지원체제 구축 방안 연구 워크숍 자료 2011. 9. 한국교육개발원 교육제도복지연구실.

김인희(2012). 교육복지재정의 방향과 과제. 교육재정경제연구, 21(1). 91-124.

김정원, 이은미, 김경애, 강일국, 송혜정, 김도희, 김가영, 임용우, 김영진(2010). "교육복지투자우선지역 지원사업 종단적 효과분석연구(II): 1차년도 추가조사와 사례분석". 서울: 한국교육개발원.

류방란, 김경애, 이은미, 김인희, 이광현(2011). 교육복지투자우선지역 지원사업 제도화 방안연구. 서울: 한국교육개발원.

안선회(2012). 미래형 교육복지설계를 위한 심포지움 자료집. 미간행자료집. 미래형 교육복지연구팀.

이혜영(2006). 도시 저소득 지역의 교육복지 실태. 한국교육개발원(2005). 교육 소외계층의 교육복지 실태와 대책. 2005 교육인적자원혁신박람회 정책세미나. RM 2005-13.

임경선(2011). 지방자치단체 학교사회복지사업의 현황과 과제. 학교사회복지학회 학술대회 발표문.

장덕호 외(2012). 미래지향적 교육복지정책의 방향과 과제. 한국교육개발원.

정영수(2009). 교육복지정책의 방향과 과제. 교육정치학연구, 16(3), 31-52.

참고문헌

색인

색인

[공저자 소개]

장덕호

미국 펜실베니아주립대 대학원 졸업
　(교육행정학 박사)
교육부 교육복지정책과 서기관(역임)
상명대학교 교수(재직 중)

김성기

서울대학교 대학원 졸업(교육학 박사)
한국교육개발원 부연구위원(역임)
협성대학교 교수(재직 중)

유기웅

미국 조지아대학교 대학원 졸업(성인교육학 박사)
상명대학교 교수(역임)
숭실대학교 교수(재직 중)

최경일

숭실대학교 대학원 졸업(사회복지학 박사)
한국학교사회복지사협회 사무국장(역임)
한라대학교 교수(재직 중)

제 2 판
교육복지론

초판발행　　2015년 3월 5일
제 2 판발행　2020년 2월 28일
중판발행　　2023년 9월 25일

공저자　　　장덕호 · 김성기 · 유기웅 · 최경일
펴낸이　　　노　현

편　집　　　배근하
기획/마케팅　이선경
표지디자인　조아라
제　작　　　고철민 · 조영환

펴낸곳　　　㈜피와이메이트
　　　　　　서울특별시 금천구 가산디지털2로 53, 한라시그마밸리 210호(가산동)
　　　　　　등록 2014. 2. 12. 제2018-000080호
전　화　　　02)733-6771
ｆａｘ　　　02)736-4818
e-mail　　　pys@pybook.co.kr
homepage　www.pybook.co.kr
ISBN　　　979-11-90151-48-1　93370

정　가　　20,000 원